suhrkamp taschenbuch 2339

Detailliert schildert Maria Razumovsky die mythenumrankte Biographie der russischen Dichterin Marina Zwetajewa (1892–1941), die »Auf eigenen Wegen« (Bibliothek Suhrkamp 953) durchs Leben schritt. Ihre autobiographische Prosa erleichtert zwar die Spurensuche in ihrem Leben, viel aufschlußreiches Material ist aber erst spät aus den Archiven aufgetaucht. Entsagungsreich erlebte die intensiv schreibende Dichterin die Revolutions- und Bürgerkriegsjahre in Rußland, 1922 folgte sie dann ihrem Mann Sergej Efron, der als Offizier auf seiten der Weißen gekämpft hatte, in die Emigration, lebte erst in Prag, dann in Paris. Überall blieb sie eine politische und künstlerische Außenseiterin, die, schon seit 1910 in Rußland viel beachtet, sich keiner der damaligen tonangebenden literarischen Gruppierungen anschließen wollte, weder den Symbolisten noch den Futuristen, auch nicht den Akmeisten. Und isoliert von den Emigrantenkreisen schrieb sie 1933 einer Freundin: »Verstehen Sie mich in meiner einsamen Position (die einen halten mich für eine ›Bolschewikin‹, die anderen für eine ›Menschewikin‹, die dritten für das eine und andere, und alle gehen sie daneben) – die Welt schreitet voran und *muß* voranschreiten, ich aber *mag nicht,* es GEFÄLLT mir nicht, ich habe das Recht, nicht mein eigener Zeitgenosse zu sein . . .« 1939 kehrte sie nach Rußland zurück und wählte erschöpft von ihrer existentiellen Heimatlosigkeit den Freitod.

Maria Razumovsky
Marina Zwetajewa

Eine Biographie

Suhrkamp

Erstmals erschien *Marina Zwetajewa* 1981
im Age d'Homme-Karolinger Verlag, Wien
Die hier vorliegende Ausgabe ist mit einem neuen Vorwort
versehen, revidiert und überarbeitet.
Umschlag: Hermann Michels
Illustration: Hans-Jörg Brehm

suhrkamp taschenbuch 2339
Erste Auflage dieser Ausgabe 1994

Druck: Nomos Verlagsgesellschaft, Baden-Baden
Printed in Germany

1 2 3 4 5 6 – 99 98 97 96 95 94

Marina Zwetajewa

Meiner Mutter,
der ich den Zugang zur russischen
Kultur und Geisteswelt verdanke.

Inhalt

Vorwort

Als mir Ende der sechziger Jahre ein in Moskau im Samizdat kursierendes, Marina Zwetajewa zugeschriebenes Gedicht in die Hände geriet und ich mich für die Verfasserin zu interessieren begann, von der ich nicht mehr wußte, als daß sie eine russische Dichterin des 20. Jahrhunderts gewesen war, ahnte ich nicht, wohin mich dieses hektographierte Blatt führen würde. Das Gedicht erwies sich als nicht authentisch, aber die Spätfolge ist dieses Buch.

Näheres über Marina Zwetajewa zu erfahren, die nach der russischen Revolution siebzehn Jahre lang als Emigrantin im Westen gelebt und 1941, zwei Jahre nach ihrer Rückkehr in die Sowjetunion, in Jelabuga an der Kama, Selbstmord verübt hat, erwies sich als außerordentlich schwierig. Erst 1966 erschien über die Dichterin ein Buch in englischer Sprache, die Dissertation des amerikanischen Slawisten russischer Abstammung Simon Karlinsky, die in einem amerikanischen Universitätsverlag erschienen und einem größeren Interessentenkreis kaum zugänglich war. Weder in ihrer Heimat noch in russischen Exilverlagen gab es annähernd vollständige Ausgaben ihrer Werke. Übersetzungen in westliche Fremdsprachen waren so gut wie keine vorhanden. Die große, Anna Achmatowa und Boris Pasternak ebenbürtige Dichterin Marina Zwetajewa, in ihrer Heimat verfemt, dennoch von den Kennern russischer Lyrik dort verehrt und geliebt, war im Westen nur für einen kleinen Kreis von Spezialisten ein Begriff.

Gründe hierfür gibt es mehrere. Die Dichterin ist zu ihren Lebzeiten bei weitem nicht von allen ihren Lesern anerkannt und in ihrer Bedeutung richtig eingeschätzt worden; Teile ihres Werkes sind auch heute noch ohne Erklärung schwer verständlich und wegen ihrer sprachlichen und rhythmischen Eigenheiten in anderen Sprachen nur schwer wiederzugeben. Schuld sind jedoch ebenso die speziellen Umstände ihres Lebens. Die in der UdSSR erschienene Zwetajewa-Literatur handelt entweder von ihrer Kindheit und Jugend in Moskau oder war bis vor kurzem sorgfältig darauf bedacht, den Mythos aufrechtzuerhalten, allein die »bösen« Emigranten hätten sich an ihrem Unglück verschuldet. Erst in jüngster Zeit erscheinen auch dort interessante und objektive Berichte. Aus den im russischen Westen veröffentlichten Erinnerungen ist manchmal eine gewisse Verlegenheit gegenüber dieser eigenwilligen Dichterin herauszulesen: Keiner der literarischen Schulen in den beiden ersten Dekaden des 20. Jahrhunderts wollte sie angehören, und sie schrieb eine Lyrik und Prosa, die kaum einer verstand. Durch ihren schwierigen Charakter verletzte, begeisterte und verwirrte sie, und schließlich entpuppte sich ihr Mann sogar als sowjetischer Agent.

Anfang der siebziger Jahre wurde Marina Zwetajewa auch bei uns »entdeckt«. Nachdrucke ihrer Werke, Erinnerungen von Zeitgenossen, Briefsammlungen, wissenschaftliche Untersuchungen erschienen in großer Zahl. Sie lassen uns Marina Zwetajewa als Mensch und Dichter besser verstehen. Doch erschienen erst seit 1979 in einem russischen Emigrantenverlag in New York zwei Ausgaben fast aller ihrer bisher bekannten Dichtungen und Prosawerke; zuvor hatten sie in mühevoller Arbeit in längst vergriffenen russischen Emigrantenzeitschriften und -Zeitungen der zwanziger und dreißiger Jahre aufgespürt werden müssen.

Der Biograph verfügt über einige Quellen, die er für seine Arbeiten heranziehen kann. Außer den Erinnerungen von Verwandten und Bekannten, wobei jenen ihrer Schwester Anastassja Zwetajewa, ihrer Tochter Ariadna Efron sowie jenen von Mark Slonim besondere Bedeutung zukommt, sind es vor allem die zahlreichen biographischen Anhaltspunkte im Werk Zwetajewas, in ihren Gedichten, Prosaschriften, Dramen und Briefen, die dem Forscher weiterhelfen. Denn ihr Leben lang fühlte sich Marina Zwetajewa verpflichtet, alles, was sie bewegte und empfand, in epischer und lieber noch in lyrischer Form festzuhalten, »und es von da zu betrachten«. Ihre seit ungefähr 1908 entstandenen Gedichte – die letzten, die wir bis jetzt kennen, stammen aus dem Frühjahr 1941 – bilden eine Art lyrisches Tagebuch, das ihre Stimmungen wiedergibt und in manchem der Wirklichkeit vielleicht besser entspricht als die später entstandene autobiographische Prosa. Hier hat sich Marina Zwetajewa gewisse dichterische Freiheiten im Umgang mit der Wahrheit erlaubt, wie einige ihrer Kritikerinnen in der Sowjetunion mit großem Eifer nachweisen. Doch war Marina Zwetajewa, um deren Leben sich von allem Anfang an Mythen rankten, die sich nach ihrem Tod vervielfacht haben, selbst eine große Schöpferin von Mythen und hat der poetischen Spiegelung von Ereignissen in ihrer Seele stets mehr Wert beigemessen als der pedantischen Wiedergabe exakter Tatsachen.

Inzwischen wurde manches zurechtgerückt und in größeren Zusammenhängen gesehen, z. B. in Simon Karlinskys zweitem Buch (*Marina Tsvetaeva. The Woman, her World and her Poetry,* Cambridge 1986) und in Véronique Losskys grundlegendem Werk (*M. Tsvétaeva, une itinéraire poétique,* Paris 1987). Aus Rußland kommen viele Arbeiten, die sich mit einzelnen Abschnitten im Leben Zwetajewas beschäftigen, wobei für die Zeit von 1910-1922 das Buch von Anna Saakjanc (*Marina Cvetaeva. Stranicy žizni i tvorčestva,* Moskau 1986) derzeit wohl das wichtigste ist, aber ein von dort kommendes umfassendes biographisches Werk steht noch aus.

Eine Schwierigkeit besteht allerdings nach wie vor: Bisher ist nicht alles, was Marina Zwetajewa geschrieben hat, veröffentlicht worden. Das Zwetajewa-Archiv, das Ariadna Efron bis zu ihrem Tod (1975) verwaltete und das sich jetzt im Moskauer »Staatlichen Zentralarchiv für Literatur und Kunst« (CGALI) befindet, birgt noch unbekannte Dichtungen und ist bis 2000 gesperrt, dennoch tauchen trotz dieser Sperrfrist gelegentlich neue Informationen auf. Auch im Westen liegen noch bislang unveröffentlichte Briefe Zwetajewas an Salomea Halpern, Raissa Lomonossowa, Nikolai Gronski und andere. Einige Werke dürften allerdings für immer verschwunden sein: Sie fielen in Holland dem Krieg zum Opfer.

Es gibt noch einen anderen Grund, warum es dafürsteht, sich mit Marina Zwetajewa zu beschäftigen. In dem, was sie erlebte, konzentriert sich wie in einem Brennspiegel das Schicksal ihrer Generation, jener um die Jahrhundertwende geborenen russischen Oberschicht, auf deren Rücken Glanz und Elend der »weltgeschichtlichen Ereignisse« unserer Zeit ausgetragen wurden. In Rußland sollte die Utopie vom »neuen Menschen« und der »neuen Gesellschaft« verwirklicht werden: Sie hat dieser Generation das Leben gekostet oder das Rückgrat gebrochen, wenn es ihr nicht gelang, sich durch Flucht in eine Sicherheit zu bringen, die nur zu oft neues Elend bedeutete. Die einen starben in Lagern oder unter den Kugeln der GPU oder hüteten ihre Zungen aus Angst vor jedem gefährlichen Wort; die anderen arbeiteten in der Fremde bis zur Erschöpfung, um die nackte Existenz zu sichern, oder scheiterten an der Sinnlosigkeit ihres Flüchtlingsdaseins. Viele gingen unter, viele andere überlebten in schwierigsten Verhältnissen, in vorbildlicher Haltung und durch eiserne Willenskraft. Auch ihnen soll dieses Buch ein bescheidenes Denkmal setzen.

Für die Wiedergabe russischer Namen bzw. Buchstaben wird nur im Anmerkungsteil und für die Bibliographie die wissenschaftliche Transliteration angewendet, ansonsten die deutsche Transkription. Auch weicht die westliche Datierung von der russischen ab, die bis zum Februar 1918 gültig war: entsprechend dem Julianischen Kalender beträgt der Unterschied vor 1900 zwölf, danach dreizehn Tage. Viele ihrer Werke und Briefe hat Marina Zwetajewa mit dem alten »russischen« Datum versehen und bis fast an ihr Lebensende in der alten, nach der Revolution ebenfalls reformierten Orthographie geschrieben. Nur bei politischen Ereignissen, Geburts- und Todesdaten werden die Daten doppelt angegeben.

Seit dem frühen Tod Marina Zwetajewas ist nun bald ein halbes Jahrhundert vergangen, verstorben sind auch ihre Kinder, ohne Nachkommen zu hinterlassen. Ihre Generation ist heute bis auf wenige Ausnahmen verschwunden. Um so glücklicher bin ich, daß ich einige ihrer Freunde kennenlernen durfte, die mir bei meinem Buch geholfen haben: Vor allem ihre bewundernswerte Schwester Anastassja Iwanowna Zwetajewa, die noch heute unermüdlich tätig ist, sowie die Professoren Mark Slonim und Alexander Bachrach. Ihnen allen bin ich zu großem Dank verpflichtet. Auch möchte ich der Vermittlerin des angeblichen Zwetajewa-Gedichtes gedenken, der unvergessenen Galina Schaposchnikowa, die, kaum fünfzigjährig, in Moskau an den Folgen eines GULAG-Aufenthaltes vor 17 Jahren gestorben ist.

Wien, im März 1988

I. Teil
Kindheit

Die Kindheit ist die Geschichte meiner Wahrheiten. Die Jugend die meiner Irrtümer. Beide sind wertvoll. Die erste: Gott und ich, die zweite: ich und die Welt. Wenn ihr die heutige [Künstlerin] finden wollt, kehrt zurück zu ihrer Kindheit, wenn ihr könnt in die frühere Kindheit. Dort liegen die Wurzeln.

Natalja Gontscharowa

Erstes Kapitel

Eine märchenhafte Welt, untergegangen wie die sagenhafte russische Stadt Kitesh, eine Welt, die von der heutigen so verschieden ist, daß auch aus ihr bereits wieder ein Mythos geworden ist, – das ist das Rußland des ausklingenden 19. Jahrhunderts. Ungeheuer groß wie das Land waren die Gegensätze: neben dem geruhsamen, gastfreundlichen, nur durch die Aufeinanderfolge der Jahreszeiten und Kirchenfeste gegliederten Leben der Gutsbesitzer, zu deren Familie auch die zahlreichen Dienstboten gehörten, gab es das rastlose, wie von Furien getriebene, auf Wandlung und Reform ausgerichtete Leben der politischen Idealisten, die auch vor Morden nicht zurückschreckten, um das zu erreichen, was sie sich unter einer gerechteren Welt vorstellten; neben einem von besten Absichten geleiteten und auf die Bewahrung des überkommenen Erbes bedachten, aber unsicher gewordenen und schädlichen Einflüsterungen zugänglichen Herrscherhaus eine Künstler- und Intellektuellenschicht, die visionär die Zukunft erschauen und sittliche Maßstäbe für kommende Jahrzehnte setzen wollte; eine Welt, in der ein Hase fünf Kopeken kostete, Menschen aber an Hunger und Tuberkulose starben; die Platz hatte für die christlichen Tugenden in reinster Ausbildung neben den brutalsten Lastern, die Tausende von Ausländern assimilierte, aber Judenprobleme guthieß; eine Welt, die den Tüchtigen den Weg zum Erfolg öffnete, aber über ihre politische Integrität wachte und gefährliche Druckwerke verbot. All dies ist das Rußland des 19. Jahrhunderts und hat die Seele und Persönlichkeit von Marina Zwetajewa mitgeformt.

Marinas Vater, Iwan Wladimirowitsch Zwetajew, war ein Ur-Russe. Er stammte aus dem Dorf Taliza im Gouvernement Wladimir und wurde 1846 als dritter Sohn eines armen Dorfpfarrers, eines einfachen, aber hoch angesehenen Priesters geboren. Seine Mutter starb kurz nach der Geburt ihres vierten Sohnes im Alter von 35 Jahren, danach wuchsen die Kinder ohne Mutter auf. Iwan Zwetajew besaß als Kind nur ein Paar Schuhe, das er anzog, wenn er in die Stadt ging. Die beiden jüngsten Söhne setzten sich durch eisernen Fleiß durch und beschritten die Universitätslaufbahn, Dmitri wählte als Fach russische Geschichte, Iwan war mit 29 Jahren bereits Professor der Kunstgeschichte:

»Er begann seine wissenschaftliche Karriere mit einer Dissertation in lateinischer Sprache über das alt-italische Volk der Osker; die Unterlagen beschaffte er sich auf einer Fußwanderung durch Italien zu den alten Denkmälern und Grabstätten, deren Inschriften er kopierte, entzifferte und kommentierte. Dadurch erlangte er europäische Berühmtheit.«[1]

1888 wurde Iwan Wladimirowitsch auf den Lehrstuhl für Kunstgeschichte der Universität Moskau berufen, daneben wurde er Abteilungsleiter und später Direktor des Rumjanzew-Museums und widmete den Hauptteil seiner Arbeitskraft und Energie der Errichtung eines Museums der schönen Künste, dessen Eröffnung im Jahre 1912 die Krönung seines Lebenswerkes darstellte. Seine beiden Töchter rühmen übereinstimmend seinen nie erlahmenden Fleiß, seine schlichte Güte, Anständigkeit und Freundlichkeit gegenüber jedermann. Alexandra Shernakowa-Nikolajewa nennt ihn »einen weichen Menschen mit zarter Seele, manchmal völlig naiv«. Marina Zwetajewa sagt über die Herkunft ihres Vaters:

»Aus dem Dorf Taliza, in der Nähe der Stadt Schuja im Gouvernement Wladimir stammt unser Geschlecht der Zwetajew. Ein Geschlecht von Geistlichen. Von dort kommt das Alexander-III.-Museum auf der Wolchonka, [. . .] von dort kommen meine Gedichte [. . .] und der große Kopf meines Sohnes, dem keine Mütze paßt. Große Köpfe haben wir alle. Und von dort kommt etwas Besseres, Größeres als die Gedichte (die Gedichte, so wie alle meine Nöte, stammen von meiner Mutter), nämlich der Wille, sie hervorzubringen, sie und alles andere, angefangen vom Vierzeiler bis zum vier Pud schweren Sack, den man nicht nur heben, sondern auch nach Hause tragen mußte. Von dort kommt das Herz, nicht die Allegorie, sondern die Anatomie, [. . .] nicht das Herz des Dichters, sondern des Fußgängers.«[2]

Aus gänzlich anderem Stoff und Milieu war die Mutter, die um 24 Jahre jüngere Maria Alexandrowna Meyn, die Iwan Zwetajew 1891 in zweiter Ehe heiratete. Seine erste Frau war Warwara Ilowajskaja gewesen, die Tochter seines Freundes, des bekannten Historikers Dmitri Ilowajski, die ihm zwei Kinder geboren hatte: Valerija (geb. 1882) und Andrej (geb. 1890). Warwara Dmitriewna, »Vaters große Liebe, Vaters einzige Liebe und Sehnsucht«, war bald nach der Geburt ihres Sohnes an Tuberkulose gestorben. Seine zweite Frau war ihm zwar eine hochgebildete Gefährtin und unersetzliche Hilfe bei seiner Arbeit, aber eine echte seelische Gemeinsamkeit dürfte wohl nicht bestanden haben: der Altersunterschied war zu groß, die Charaktere zu verschieden.

Die Familie Meyn stammte aus Deutschland; seit wann sie in Rußland ansässig war, wissen wir nicht. Alexander Danilowitsch Meyn war der Typus des blonden, korrekten Baltendeutschen und muß ein vermögender Mann gewesen sein. In sowjetischen Veröffentlichungen wird sein Beruf als Bankier angegeben; Marina berichtet, daß er eine Zeitschrift herausgegeben habe. Seine Frau Maria entstammte der vornehmen polnischen Familie Biernacki, ihre Mutter oder Großmutter war eine Gräfin Lanckorońska. Er heiratete Maria, als sie 20 Jahre alt war. Kurz nach der Geburt ihrer einzigen Tochter starb sie im Alter von 28 Jahren. Ein Bild der jugendlichen Großmutter hing später im Zwetajewschen Salon, das Marinas Phantasie von Kindheit an beschäftigte:

Längliches, ausdrucksvolles Gesicht,
Schwarzes Gewand, streng geschnitten.
Junge Großmutter, wer hat geküßt
Deine verächtlichen Lippen?

Dunkler, gerader und forschender Blick,
Stets zur Abwehr gerüstet. –
Junge Frauen blicken nicht so!
Wer, junge Großmutter, bist du?

Klar war der Tag und frisch weht der Wind,
Dunkle Sterne verglommen.
Großmutter, ist mir der Aufruhr im Herz
Etwa von dir überkommen?[3]

Maria Alexandrowna Meyn war mit sieben Jahren eine Halbwaise: »Mamas Tage verliefen zwischen ihrem Vater und der schweizerischen Gouvernante, ein verschlossenes, phantastisches Leben. Mit sieben Jahren kannte sie die gesamte Mythologie, träumte von Helden und spielte wunderbar Klavier. Kinder sah sie fast keine . . . Ihre Jugend war einsam wie ihre Kindheit. Ihre Schwärme: Wallenstein, Possart, Ludwig von Bayern. In einer Mondnacht fuhr sie über den See, in dem er ertrunken war. Sie ließ einen Ring von ihrer Hand ins Wasser gleiten – sie verlobte sich mit dem toten König. Der ganze Geist ihrer Erziehung: deutsch. Ein Berauschen an Musik, enormes Talent, große Begabung für Sprachen, ein glänzendes Gedächtnis, Gedichte in russischer und deutscher Sprache, Stolz, der oft mit Kälte verwechselt wurde, Schüchternheit, Zurückhaltung, äußerliche Schroffheit, Schwermut ... Mit 12 Jahren lernte sie einen jungen Mann kennen – er war 22 –, mit dem sie in Mondnächten ausritt. Als sie 16 war, begriffen beide, daß sie sich liebten. Aber Serjosha war verheiratet. Eine Scheidung betrachtete Großvater als Sünde ... Mama liebte ihren Vater und verzichtete. Serjosha reiste ab. Sechs Jahre lang verzehrte sich Mama in Sehnsucht nach ihm, dann heiratete sie Vater, um seinen verwaisten Kindern eine Mutter zu sein ... Ihre gequälte Seele lebt in uns fort, nur offenbaren wir, was sie verheimlichte. Ihre Rebellion, ihre Ungebärdigkeit, ihre Sehnsucht sind bis ins letzte auf uns übergegangen.« (An W. Rosanow, 8. April 1914)[4]

So sind es also die Eigenschaften von drei Völkern, die sich in Marina Zwetajewa vereinigen: vom Vater hat sie die Zähigkeit, den Fleiß, die Liebe zur russischen Sprache und Vergangenheit, von der Mutter die überspannte Romantik und Begeisterung für alles Deutsche, von der Großmutter Ehrgefühl und das Bewußtsein ihres Wertes, den »polski honor«. »Täuschen Sie sich nicht, an mir ist wenig Russisches« schreibt sie 1934 Jurij Ivask. »Ich bin blutmäßig ein zu starkes Gemisch [...] Von seiten meiner Mutter habe ich nichts von Rußland, dafür von seiten meines Vaters alles. So ist es auch bei mir: einmal nichts, ein anderes Mal alles. Ich bin auch geistig ein Halbblut.« (An Ju. Ivask, 12. Mai 1934)[5]

Über Marina Zwetajewas Kindheit und Jugend besitzen wir vor allem zwei Quellen: ihre autobiographischen Anmerkungen, die in vielen ihrer späteren Prosawerke zu finden sind und ein lebendiges Bild des geistigen Wachstums der Dichterin vermitteln; auf die Alltäglichkeiten des Lebens gehen sie allerdings kaum ein, biegen sie gar da und dort zurecht, wie sie ihr in der Erinnerung erscheinen oder im Text gerade gebraucht werden; sowie die Memoiren ihrer Schwester Anastassja. Diese, ein Menschenalter später verfaßt, verweilen gerade bei den Alltäglichkeiten in epischer Breite und sind auf diese Weise eine unschätzbare Ergänzung zu Marinas Aufzeichnungen.

In ihrer Beurteilung der Mutter weichen die Schwestern mitunter voneinander ab, aber beide betonen, daß sie eine außergewöhnliche Frau war und das Leben ihrer Töchter in stärkster Weise beeinflußte.

»Sie kam als zweite Gattin in ein Haus, in dem der Tod noch umging. In ihrem Verhältnis zu ihrer Stieftochter hatte sie ihre Kräfte überschätzt: es gelang ihr weder mit deren Verschlossenheit, noch mit ihrem eigenen aufbrausenden Temperament fertig zu werden. Vielleicht hatte sie auch ihre Kräfte als Frau und Gattin falsch eingeschätzt. Wahrscheinlich war sie nicht imstande, alle ihre Kümmernisse in Büchern, in ihrem Tagebuch oder durch Klavierspielen zu begraben, vielleicht beging sie in dem Haus, in das sie gekommen war, viele Fehler?«[6]

»Vater und Mutter waren völlig verschieden. Jeder von ihnen trug eine Wunde in seinem Herzen. Bei Mutter war es die Musik, die Poesie, die Schwermut, bei Vater die Wissenschaft. Ihre Leben liefen nebeneinander her, ohne zu verschmelzen, liebten sie einander sehr.« (An W. Rosanow, 8. April 1914)[7]

Marina, die ältere der beiden Töchter, wurde am 26. September (8. 10.) 1892 geboren, am 14. (26.) September kam Anastassja, genannt Assja, zur Welt. Maria Alexandrowna war zuerst nicht zufrieden; sie hatte sich leidenschaftlich Söhne gewünscht (»daher wurde ich nicht eine Dichterin, sondern ein Dichter . . .«): »Als anstelle des erwünschten, von Anfang an geplanten, fast befohlenen Sohnes Alexander, bloß ich zur Welt kam, unterdrückte Mutter ehrgeizig einen Seufzer und sagte: ›So wird sie wenigstens eine Musikerin.‹ Als mein erstes, vor meinem ersten Geburtstag hervorgebrachtes, offensichtlich sinnloses, aber völlig verständliches Wort ›Gamma‹ (Tonleiter) war, versicherte Mutter: ›Ich habe es gewußt.‹ Und unverzüglich begann sie mir Musikunterricht zu geben, indem sie mir endlos diese Tonleiter vorsang: ›Do, Mussja, do und das ist re.‹ Zwei Jahre später, als nach Alexander (mir) der erwartete Kirill (Assja) geboren wurde, sagte Mutter, diesmal eines Besseren belehrt: ›Das macht nichts, sie wird eben auch eine Musikerin.‹ Doch als das erste verständliche Wort dieser Assja ›Fuß‹ lautete, zeigte sich Mutter nicht nur betrübt, sondern auch aufgebracht: ›Soll das heißen, daß sie eine Tänzerin wird? *Meine* Tochter – eine Tänzerin? Das hat es zum Glück in unserer Familie nie gegeben!‹«[8]

In ihrem Buch spricht Anastassja Zwetajewa von einer Photographie, die sie als Zweijährige und Marina als Vierjährige zeigte und die ihr später abhanden kam: ». . . das runde Gesicht mit der hohen Stirn der Älteren . . . ein erwachsener Blick in einem Kindergesicht, ein wenig hochmütig-verwirrt durch angeborene Kurzsichtigkeit.« Sie fragt: »Meine erste Erinnerung an Marina? Ich habe keine. Unsere Gemeinsamkeit war älter als ich, sie war selbstverständlich wie das Atmen. Mussjas Stellung als Ältere, ihr Eigensinn, ihre Stärke, ihre Überlegenheit, ihre Eifersucht auf die Mutter. Unsere Gemeinsamkeiten zu dritt: die Mutter voll des Stolzes auf ihre ältere, wohlgeratene Tochter, voll der Bewunderung und des Mitleids für die jüngere, die öfters kränkelte.«[9]

Acht Jahre später geht Anastassja Zwetajewa nochmals auf das Verhältnis zu ihrer Schwester ein: »Unsere Auffassungen glichen nicht bloß einander, sondern waren so wie dies vielleicht bei Zwillingen vorkommt – sie waren zwillingshaft . . . Bei einer verblüffenden Ähnlichkeit des Seelenklimas eine grundlegende Verschiedenheit in Charakter und Zielsetzung . . .«[10]

Eine Gemeinschaft, die so selbstverständlich wie das Atmen ist, erlaubt jedoch wenig Distanz. Es fragt sich, ob Assja ihre bewunderte, vergötterte, wegen ihrer Stärke und Tyrannei gefürchtete ältere Schwester trotz aller Nähe immer richtig gesehen hat, ob sie sich wirklich in die komplizierten Schwingungen ihrer Seele hineindenken konnte. Marina aber hatte das Gefühl, daß die Mutter, die große, zentrale Gestalt ihrer Kindheit, um deren Gunst sie buhlte und an deren Überlegenheit sie ihre eigene Stärke maß, die kleine, anmaßende, oft weinende Schwester bevorzugte: »Ich war ihre älteste Tochter, aber ihr Liebling war ich nicht. Auf mich war sie stolz, geliebt hat sie die andere. So habe ich frühzeitig das Unrecht mangelnder Liebe zu spüren bekommen«, schreibt Marina 1939.[11]

Mark Slonim ergänzt das Bild aus seiner Sicht: »Maria Alexandrowna verhielt sich Marina gegenüber kühl. Sie reagierte zurückhaltend auf die Liebe ihrer Tochter und bemühte sich unaufhörlich, ihre Phantasie zu zügeln und ihr Temperament in ruhigere Bahnen zu lenken . . . Die Spuren ihrer strengen, ziemlich prüden Erziehung waren an Marina Iwanowna ihr Leben lang zu bemerken; ihr Auftreten in Gesellschaft verriet ihre gute Kinderstube und ihre Herkunft aus gutem Hause, aber ich glaube, daß ihr die mütterliche Zärtlichkeit und Liebe fehlten und daß dies erklärt, warum sie immer die Freundschaft von Frauen suchte und z. B. an ihrer älteren tschechischen Freundin Anna Tesková offenbar diese mütterliche Wärme und Aufmerksamkeit schätzte.«[12]

Gerade dieser Auslegung tritt allerdings Anastassja Zwetajewa mit Vehemenz entgegen. Ihr Artikel »Wurzeln und Früchte« ist eine, wie sie glaubt, notwendige Ehrenrettung ihrer Mutter, die sie vor dem Vorwurf verteidigt, sie habe Marina zu wenig Liebe entgegengebracht.

Maria Alexandrowna, die zu ihren Stiefkindern wenig Kontakt fand und sich besonders mit Walerija schlecht vertrug, suchte in der Erziehung ihrer eigenen Kinder eine Kompensation für ihre nicht erfüllte Jugend und ihre enttäuschten Hoffnungen: wenigstens sie sollten werden, was ihr versagt geblieben war – frei schaffende Künstlerinnen. Obwohl ständig französische Gouvernanten und deutsche Fräulein im Hause weilten und anderes Dienstpersonal aller hierarchischen Abstufungen vorhanden war, überwachte die Mutter die Ausbildung ihrer Töchter selbst und setzte die ethnischen und moralischen Maßstäbe ihrer geistigen Entwicklung: »Eine religiöse Erziehung (kirchliche Traditionen, regelmäßiger Besuch der Gottesdienste, Beten) erhielten wir nicht, obwohl Weihnachten und Ostern gefeiert und die Fastenwochen eingehalten wurden. Meine Eltern verhielten sich wie die Schulen und wie andere Professorenfamilien: es wurde nicht streng gefastet, wir wurden nicht gezwungen, früh aufzustehen, um die Messe zu besuchen, alles wurde erleichtert. Aber dafür wurden uns die sittlichen Grundlagen, das Problem von Gut und Böse, tief eingeprägt – vielleicht mit mehr Eifer, als es für Kinder gut war: heftig, zornentbrannt über jede Verfehlung. Manchmal wurde es uns langweilig, immer wieder das gleiche zu hören, und rief geheimen Protest hervor.«[13]

Zu Maria Alexandrownas Grundsätzen gehörte eine spartanische Verachtung des »süßen Lebens«. Von klein auf wurde den Kindern Mißtrauen gegenüber Geld und Reichtum eingeimpft: »Von Geburt an waren mir wie unserer ganzen Familie zwei Begriffe fremd: Ruhm und Geld.«[14] »Von Jugend an hat man uns beigebracht: Geld ist Dreck!« (An Steiger, 22. August 1936)[15] Marinas »organisches Zurückprallen vor Sattheit und Selbstzufriedenheit«, das Slonim später feststellt, hat wohl hier seinen Ursprung.

Als völlig ungehörig galt es auch, um die Erfüllung eines Wunsches zu bitten: »Wenn wir uns etwas wünschten, bekamen wir es nicht. Wie eine Wurst, die man nur anzuschauen braucht, um sie nicht zu erhalten. Das Recht auf eine Bitte gab es nicht, nicht einmal, wenn das Auge eine Bitte andeutete . . .«[16]

Obschon die Mutter bemerkte, daß sich Marina auffallend für

Wörter und Reime interessierte (». . . meine vierjährige Mussja umkreist mich und bildet Reime – vielleicht wird sie eine Dichterin?« schrieb Maria Alexandrowna in ihr Tagebuch), wollte sie aus ihrer Tochter eine Pianistin machen. Marina Zwetajewa schrieb später, die Mutter habe ihr, die so gern schrieb, das Papier weggenommen und die Fünfjährige mit eiserner Konsequenz ans Klavier gesetzt. Und das Klavierspiel gehört zu Marinas nachhaltigsten Erinnerungen: »Aus dem tiefsten, schwärzesten Grund taucht ein rundes Kindergesicht herauf, ernst, sogar durch die schwarze Farbe rosig hindurchschimmernd . . . Das Klavier war mein erster Spiegel; die erste Erkenntnis meiner selbst, meines Gesichtes, wurde mir durch Schwärze vermittelt, durch die Übertragung meines Gesichtes ins Schwarze wie in eine dunkle, aber verständliche Sprache. Ebenso muß ich mein Leben lang selbst die einfachsten Dinge, wenn ich sie verstehen will, in ein Gedicht kleiden und sie von dorther betrachten.«[17]

Marina machte beim Klavierspiel so gute Fortschritte, daß sie mit fünf Jahren in die Musikschule Zograf-Plaxina eingeschrieben wurde und im darauffolgenden Jahr – es muß 1899 oder 1900 gewesen sein – bei einem Schülerkonzert öffentlich auftrat. Ihre Partnerin bei diesem Konzert war Walerija Jakowlewna Brjussowa, eine Schwester des Dichters Brjussow. Anastassja Zwetajewa schildert die Episode mit der Begeisterung der kleinen Schwester.

In den Augen der Mutter war aber das pflichtbewußte Streben wichtiger als der erste Erfolg: »Mutter freute sich über mein Gehör und lobte mich wider Willen, aber jedem Lob fügte sie sofort kühl hinzu: ›Übrigens ist das nicht dein Verdienst. Das Gehör hast du von Gott bekommen.‹ Seither habe ich es mir für immer eingeprägt, nicht mein Verdienst ist es, daß das Gehör von Gott kommt. Das hat mich sowohl vor einer zu hohen Einschätzung meiner selbst, als auch vor Zweifeln bewahrt, vor jedem Ehrgeiz in der Kunst – wozu, wenn das Gehör von Gott kommt? ›Nur der Fleiß kommt von dir, denn jede Gabe Gottes kann man zugrunde richten‹, sagte meine Mutter über meinen vierjährigen, nichts verstehenden Kopf hinweg. [. . .] Oh, wie beeilte sich Mutter mit den Noten, den Buchstaben, den Geschichten über Undine, über Jane Eyre – so, als habe sie gewußt, daß ihr keine Zeit bleiben, es auf jeden Fall zu spät sein würde; so sollte es wenigstens noch dieses und das sein! Damit wir später etwas zum Erinnern haben würden.

Um uns gleich fürs ganze Leben zu sättigen. Sie gab uns von der ersten bis zur letzten Minute, preßte es von oben in uns hinein, Eindruck auf Eindruck, Erinnerung auf Erinnerung, wie in einen bereits prall gefüllten – übrigens bodenlosen – Reisesack; zufällig oder absichtlich? [. . .] Was für ein Glück, daß dies alles nicht Wissenschaft war, sondern Poesie, von der man nie genug bekommen kann, weil sie selbst ein ›zu viel‹ ist. [. . .] Mutter erzog uns nicht, sie erprobte unsere Widerstandskraft: gibt der Brustkorb nach? Nein, er gab nicht nach, er weitete sich so, daß man uns später nicht mehr satt bekam. Nach so einer Mutter blieb mir nur die Möglichkeit: Dichter zu werden. Um ihr Geschenk an mich zu bewältigen, das mich sonst erstickt hätte.«[18]

Marina und Assja wachsen zusammen auf, sie teilen alles und sehen sich äußerlich, in Bewegungen und Tonfall, sehr ähnlich, aber von Anfang an ist Marinas Seele, ihre »Psyche«, anders beschaffen als die ihrer Schwester und anderer Kinder. Sie hat eine ungeheure Phantasie, fühlt ungemein intensiv und ist außerordentlich leicht zu verletzen. Glücklich ist sie nicht, sie glaubt sich nicht genug geliebt und möchte deshalb zu den Zigeunern oder in ein Altgläubigenkloster fliehen, dann wieder ist sie davon überzeugt, daß der Teufel sie adoptiert hat und in Walerijas Zimmer auf sie wartet.

»Angst und Mitleid, außerdem Zorn, Sehnsucht, Selbstverteidigung waren die wichtigsten Leidenschaften meiner Kindheit. Wo sie keine Nahrung fanden, war ich nicht beteiligt.«[19]

Dieses Selbstbildnis ergänzt Anastassja Zwetajewa um einige interessante Einzelheiten.

»Ein ständiger Eindruck seit frühester Kindheit: das Berauschen am Wort in ursprünglicher Bedeutung, fast könnte man sagen an den Buchstaben, aus denen es sich zusammensetzt. Der Klang eines Wortes, schwer beladen mit Sinn, bereitete uns eine fast mit der Hand zu greifende Freude. [. . .] Die kostbare Existenz eines Wortes weckte in uns ein Echo, das bereits im Alter von 6 bis 7 Jahren Qual und Glück zugleich bedeutete. Die Niederschrift der ersten Gedichtzeile oder meines ersten Prosasatzes kam dann der ersehnten Befreiung von dem mit Sinn überfrachteten Wort gleich.«

»Bei Marina zeigte sich von Kindheit an eine Art Sperre im Verhältnis zwischen Gut und Böse: wenn sie von einer Leidenschaft gepackt wurde, konnte sie in maßlosem Stolz leicht und voller Absicht etwas Böses tun. Für eine gute Tat gab sie sich weniger leicht her. Sie war spöttisch und verstockt, wenn jemand sie deswegen zur Rede stellte. Wenn Marina aber von Reue übermannt wurde, tilgte sie ihre Schuld durch schwere, spärlich fließende Tränen. Nie werde ich ihr Gesicht an solchen Tagen vergessen: die hellen Augen erschienen durch die vergossenen Tränen und ihre Verlegenheit noch heller. Ihr Gesicht trug einen Ausdruck von Entrücktheit und Losgelöstheit, so als vernehme sie etwas, das nur ihr zu hören bestimmt war.«

»Undeutlich begriff ich eine Besonderheit von Marussjas Gefühlen: ihre Sucht, andere nicht an ihrer Freude teilhaben zu lassen, ihren Wunsch, alles möge nur ihr, ihr allein gehören, ihre Angst, jemand anders (vor allem ich, die ihr so ähnlich war) könnte die Bäume, die Wiesen, den Weg, den Frühling ebenso lieben wie sie. Ein Schatten von Feindseligkeit fiel von ihren Besitztümern, den Büchern, der Musik, der Natur, auf jene, die ähnlich fühlten; eine Anwandlung wegzustoßen, abzuschirmen, für sich zu okkupieren, mit niemandem zu teilen, in allem und jedem die erste zu sein.«[20]

Diesen letzten Punkt bestätigt Marina. Sie spricht selbst von ihrer »angeborenen Eifersucht«, von der »völligen Unmöglichkeit, etwas gleichzeitig mit jemanden anderen zu lieben«, und fügt hinzu: »Nein, die Götter haben vergessen, mir die Gabe der allumfassenden Liebe in die Wiege zu legen.«[21]

Verglichen mit der alles dominierenden Mutter spielten die anderen Familienmitglieder im Leben der jungen Mädchen nur Nebenrollen. Der gütige, zerstreute, geliebte Vater, ein echter Gelehrter, saß Tag und Nacht in seinem Arbeitszimmer und trat im allgemeinen kaum in Erscheinung. Auch die Stiefgeschwister waren im Grunde nur Statisten. Walerija, genannt Ljora, war viel älter und kam nur selten nach Hause, da sie in einem Internat untergebracht war. Sie war freundlich zu den beiden Stiefschwestern, verteidigte sie vor der Strenge der Mutter und bevorzugte Marina wegen ihres Verstandes und ihres unabhängigen Charakters. Als Kind hing Marina an ihr, später trat allerdings eine nicht mehr zu heilende Entfremdung ein. Andrej war gut aussehend, aber faul, phantasielos und »nicht von ihrem Geist«, so daß es oft Streit gab.[22]

Die »Fräulein«, Gouvernanten, Hausdamen, Andrejs Hauslehrer, Assjas Kinderfrau (Marina hatte keine) trugen kleine Steinchen zur Bildung der Persönlichkeit der Kinder bei, beeinflußten sie aber nicht nachhaltig. Eine größere Rolle spielte die ältere Generation. Marinas und Assjas Großvater Alexander Meyn kam oft mit seiner zweiten Frau, der welschschweizerischen ehemaligen Gouvernante ihrer Mutter; sie überlebte ihren Mann um viele Jahre, lernte niemals ordentlich russisch und wurde allgemein »Tante Tjo« genannt, weil sie das russische Wort für »Tante« nicht richtig aussprechen konnte. Sie wurde von beiden Zwetajew-Schwestern als komische Alte beschrieben. Großen Eindruck machte auf sie Ljoras und Andrejs Großvater Dmitri Ilowajski, ein erzkonservativer und betont antisemitisch eingestellter Historiker, dem Marina später im *Dom u starogo Pimena* (Haus beim Alten Pimen) ein Denkmal gesetzt hat. Dort merkte sie an, Ilowajski habe sich mit ihrer Mutter gut verstanden, obwohl diese eine ausgesprochene Freundin des Judentums gewesen sei und die Gesellschaft von Juden gesucht habe; »[. . .] was sich weder durch ihr Blut (halb polnisch), noch durch ihren Kreis (äußerste Rechte) erklären ließ, sondern *nur* durch Heinrich Heine, *nur* durch Rubinstein, *nur* durch das Genie des Judentums, *nur* durch ihren Verstand und ihr Gewissen. [. . .] Das Leitmotiv *ihres* und *meines* Lebens: das Tolstoische ›Gegen den Strom‹ – selbst wenn es gegen das eigene Blut ist.«[23]

Vielleicht ist es dieses frühe Beispiel der Mutter, das Marina veranlaßt, später ebenfalls die Gesellschaft und Freundschaft von Juden zu suchen und in eine jüdische Familie einzuheiraten.

Marina Zwetajewa hat ihre Kindheit als die wichtigste Zeit ihres Lebens betrachtet. »47 Jahre nach meiner Geburt würde ich sagen, daß ich alles, was mir zu erkennen bestimmt war, vor meinem siebenten Jahr erkannt habe, die Jahre danach habe ich nur gelernt, es zu begreifen«, sagt sie 1939 in ihrem Lebenslauf.[24]

Unter den Faktoren, die ihre Phantasie anregten und ihren Charakter formten, gebührt ein wichtiger Platz ihrer unmittelbaren Umgebung, ihrem Vaterhaus in Moskau, Trjochprudny pereulok Nr. 8. Anastassja Zwetajewa hat dieses behäbige, schokoladenfarbene Holzhaus mit Seitenflügel, Hof und markantem Baumbestand, in dem sich der Alltag der Familie abspielte, liebevoll beschrieben. Vieles davon findet sich auch im Werk von Marina Zwetajewa wieder: Vaters Arbeitskabinett mit der Zeus-Statue, der kalte, für gesellige Ereignisse bestimmte »Saal«, in dem das Klavier stand und der Christbaum angezündet wurde, das gemütliche Kinderappartement im Oberstock. Ein Bild, Puschkins Tod im Duell darstellend, erregte Marinas Aufmerksamkeit in besonderem Maß:

»Das erste, was ich von Puschkin erfuhr, war, daß man ihn umgebracht hatte. Dann hörte ich, daß er ein Dichter war und d'Anthès ihn haßte, weil er selbst keine Verse schreiben konnte. [. . .] Ein schwarz-weißes Bild ohne einen einzigen Farbfleck. Auf der Weiße des Schnees vollzog sich eine schwarze Tat: die ewige schwarze Tat der Ermordung eines Dichters. Puschkin war mein erster Dichter, und mein erster Dichter wurde ermordet. Seit dieser Zeit, als vor meinen Augen ein Dichter getötet wurde, täglich, stündlich, teilte ich die Welt ein in den Dichter und die anderen, und ich wählte die Partei des Dichters – um ihn gegen alle anderen zu verteidigen, wie auch immer sie sich kleideten oder nannten.«[25]

War schon das Leben in Moskau in Anastassjas Erinnerungen eine Kette von glücklichen Tagen, so scheinen ihr die Sommermonate in Tarussa vollends ein Paradies gewesen zu sein. Lange Zeit mietete die Familie Zwetajew dort eine Datscha, die unweit der Stadt auf einem Hügel oberhalb der Oka lag, ein einfaches graues Haus mit einem verwilderten Garten. »Eine vollwertigere, glücklichere Kindheit als unsere in Tarussa kenne ich nicht; ich könnte sie mir auch nicht vorstellen«, sagt Anastassja Iwanowna, und Marina erinnert sich 1934 sehnsuchtsvoll:

»Ich wünsche mir, auf dem Altgläubigenfriedhof von Tarussa unter einem Holunderstrauch zu liegen, in einem jener Gräber mit den silbernen Tauben, da, wo die größten und rötesten Erdbeeren wachsen. Wenn das nicht möglich ist, möchte ich, daß auf einem jener Hügel ein Stein mit der Aufschrift angebracht wird: Hier würde gern ruhen Marina Zwetajewa.«[26]

Ihr schönstes Denkmal für Tarussa hat die Dichterin aber schon 1909 gesetzt.

Herbst in Tarussa

Ein heller, erfrischender Morgen.
Leicht laufe ich über das Gras.
Stromabwärts treibt eine Barke
Auf der Oká.

Im Kopf hab ich einige Worte,
Die wollen nicht aus dem Ohr.
Der Klang eines Glöckchens vom Felde
Tönt hervor.

Wo läutet's? Im Feld, auf der Wiese?
Beginnt das Dreschen bloß?
Sekundenlang spähen die Äuglein
In fremdes Los.

Die Ferne erblaut zwischen Fichten,
Vom Hof hört man Reden und Scherz.
Unserem blühenden Frühling
Lächelt der Herbst.

Das Leben verändert sich weiter.
O Gott, wie vergeht die Zeit!
Ach, diese goldenen Tage –
Gott, sind die weit![27]

Zweites Kapitel

Eine öffentliche oder private Volksschule besuchten Marina und Assja nicht. Sie wurden von ihrer Mutter unterrichtet. Von Kindheit an sprachen sie russisch und deutsch, ab Marinas siebentem Jahr auch französisch; bald kannten sie alle Kinderbücher und Märchen der Weltliteratur. Wann und durch wen sie lesen lernten, kann sich Anastassja Iwanowna nicht erinnern.

Für Marina begann das geregelte Schulleben kurz nach ihrem 9. Geburtstag, im Herbst 1901. Sie besuchte die 1. Klasse des sogenannten Vierten Gymnasiums in der Sadowaja uliza und war nach dem Bericht ihrer Schwester von allem Anfang an eine glänzende Schülerin. Marina mochte die Schule nicht; sie betrachtete sie als Zeitverschwendung und träumte von der weiten Welt, die sich hinter dem Klassenfenster auftat. Unter den gleichaltrigen Mädchen hatte sie keine Freundinnen.

Nachmittags wurde Marina meist von Assja und der Gouvernante abgeholt. Als sich eines Tages bei Schulschluß niemand einfand, um sie nach Hause zu bringen, nahm sie eine Schülerin aus der letzten Klasse, die auch im Trjochprudny pereulok wohnte, bei der Hand und lieferte sie in ihrem Elternhaus ab. Sie hieß Natalja Gontscharowa, gehörte der gleichen Familie an wie die Frau Alexander Puschkins, und als sich die beiden in einem Café im Pariser Exil 1929 wieder trafen, war Marinas ehemalige Schulkollegin eine der berühmtesten Malerinnen der Moderne.

Eine andere Begebenheit, von der Anastassja Zwetajewa berichtet, muß sich in diesem Jahr zugetragen haben. Andrej hatte einen Hauslehrer, einen viel und laut lachenden Studenten aus Sibirien. Dieser Student »wirkte auf Marinas Einbildungskraft«, sie verliebte sich in ihn. Über die Liebe ist Marina genauestens orientiert, seitdem sie in ihrer Musikschule eine Szene aus »Eugen Onegin« gesehen hat:

»Eine Bank. Auf der Bank sitzt Tatjana. Dann kommt Onegin, aber er setzt sich nicht, *sie* steht auf. Beide stehen. Nur er spricht, lange Zeit, sie sagt kein Wort. Und ich verstehe, daß [. . .] das Liebe ist. Eine Bank, auf der Bank sie, dann kommt er, spricht viel, sie sagt kein Wort . . .«[1]

Die verliebte Tatjana hat Onegin einen Brief geschrieben, also folgt Marina ihrem Beispiel und schreibt dem Hauslehrer, um ihm ihre Gefühle zu gestehen. Noch ahnt sie nicht, welch wichtige Rolle ähnliche Briefe und die daraus entstehenden Korrespondenzen später in ihrem Leben und in ihrem Opus spielen werden; sie weiß auch nicht, daß das Schicksal dieses ihres ersten Briefes ein Modellfall für die Zukunft ist: er wird mißverstanden. Der indiskrete Hauslehrer lacht schallend und streicht ihre Schreibfehler mit roter Tinte an. Der Vorfall erregt großes Aufsehen im Haus, Marina weint und ist zutiefst in ihrem Stolz getroffen. Aber diesmal ist das Schicksal gerecht, es holt zum Schlag gegen den Spötter aus. Der Student verliebt sich seinerseits in Walerija und möchte sie heiraten; Walerija lacht ihn aus und die erbosten Eltern verbannen ihn in den Seitenflügel.

Ein Anklang an diese Geschichte findet sich in Marinas Beschreibung der Zwetajewschen Familienrunde:

»Ein runder Tisch. Der Familientisch. Auf einem blauen Teller liegen die Sonntagskuchen, für jeden einer. Ich hätte gern ein Baiser und nehme ein Eclair. Der durchdringende Blick der Mutter bringt mich aus dem Konzept und ich beginne, eines meiner Gedichte aufzusagen: ›Flieg, mein Pferd, und trag mich dorthin!‹ – ›Wohin?‹ – Alle lachen: Mutter (triumphierend – aus ihr wird keine Dichterin!), Vater (gutmütig), der Hauslehrer des Bruders, ein Student aus dem Ural (hohoho), der Bruder (als Echo auf den Hauslehrer), die um zwei Jahre jüngere Schwester (als Echo auf die Mutter); nur die ältere Schwester, die 17jährige Institutsschülerin Walerija, lacht nicht, um die Stiefmutter zu ärgern. Und ich, rot wie eine Pfingstrose, nichts hörend und sehend, weil mir das Blut zu Kopf steigt, ich schweige zuerst und schreie dann, gegen die aufsteigenden Tränen kämpfend: ›Dorthin, weit, weit weg!‹«[2]

Den Sommer 1902, die ersten richtigen Ferien nach Marinas erfolgreich bestandenem Schuljahr, verbrachte die Familie wieder in Tarussa. Marina begeisterte sich für Puschkin, den sie heimlich las. Besonders liebte sie sein Gedicht »An das Meer«. Das Wort *Meer* wurde für sie zum Inbegriff eines fernen Wunderlandes ihrer Sehnsucht.

Kurz nach dem Geburtstag der beiden Mädchen fuhren sie in die Stadt zurück und waren gerade dabei, sich in altgewohnter Weise auf den Winter vorzubereiten, als die Familie ein Blitz aus heiterem Himmel traf: eine harmlose Erkrankung der Mutter, die wie eine Influenza ausgesehen hatte, entpuppte sich als Tuberkulose, die russische Volksseuche, die auch die wohlhabendsten Familien nicht verschonte. Die Anordnung der Ärzte war kategorisch: Maria Alexandrowna mußte sofort das kalte nebelige Moskau verlassen und nach dem Süden reisen. Man kann sich vorstellen, was diese Nachricht für sie bedeutet haben muß, die ein so tätiges Leben zu führen gewohnt war, die musizierte, malte und ihren Mann bei der Planung und Errichtung des neuen Museums der schönen Künste aktiv unterstützte. Es wurde beschlossen, daß die Familie sie nach Italien begleiten sollte.

Beide Schwestern beschreiben den dramatischen Augenblick, in dem sie von der schweren Krankheit der Mutter und der bevorstehenden langen Reise erfahren. Anastassja:

»Wie anders wurde das Haus von dem Moment an, als wir erfuhren, daß wir es verlassen mußten. Jeder Lauf über die Treppe, jeder vorüberfliegende Augenblick, alles wurde hundertmal kostbarer und schmeckte so bitter von der furchtbaren Trennung, die uns bevorstand, daß für uns später, in diesem unendlichen ›Danach‹, welches dann kam und bis heute dauert, die Trennung von Menschen, und seien es auch die am meisten geliebten, von denen uns Züge, Kriege, Revolutionen oder andere Menschen wegrissen, nichts Neues mehr war. Wir erinnerten uns an dieses erste Lebewohl, das während dieser Wochen des Packens durch das Haus schallte. Vielleicht waren wir deshalb in unserer Einstellung gegenüber dem Leben, dem größten aller Räuber, so großzügig, weil wir heimlich wußten: wir werden es überleben, wir haben es schon einmal überlebt.«[3]

Ganz anders reagiert Marina. Weder die schwere Erkrankung ihrer Mutter noch die bevorstehende Abreise berühren sie; sie begreift nur eines: wir fahren ans Meer, an Puschkins »freies Meer«:

»Als Mutter im November 1902 in unser Kinderzimmer trat und ›ans Meer‹ sagte, wußte sie nicht, daß sie ein magisches Wort ausgesprochen, daß sie *Ans Meer* gesagt, d. h. ein Versprechen gegeben hatte, das sie nicht einhalten konnte. Von dieser Minute an fuhr ich *Ans Meer.* Diesen ganzen, unendlich langen Monat vor der Abreise, als ich schon nicht mehr in die Schule ging und nichts zu tun hatte, fuhr ich allein und ohne Unterbrechung *Ans Meer*.«[4]

Als sich die Familie Zwetajew Ende November oder Anfang Dezember 1902 in Bewegung setzte, blieb nur Andrej, er sollte eine russische Erziehung erhalten, bei seinem Großvater Ilowajski in Moskau zurück. Schon in Wien mußte die Reise für ein paar Tage unterbrochen werden, weil Maria Alexandrowna einen Schwächeanfall erlitt. Marina und Assja gingen mit Ljora in den eleganten Geschäftsstraßen spazieren; sie betrachteten die hübsch gekleideten Kinder und schämten sich ihrer unförmigen Moskauer Wintermäntel und Galoschen. Die Fahrt durch Tirol versetzte sie in Entzücken, ebenso die Ankunft in Italien. Aber dann kam die unausbleibliche Enttäuschung: der Golf von Genua entsprach nicht dem, was sich Marina unter dem Begriff Meer vorgestellt hatte. Der Mythos vom »freien Element« brach zusammen, übrig blieb nur schaler Salzgeschmack:

»Mein Meer – meines und Puschkins ›Ans Meer‹ – konnte nur auf dem Papier existieren und tief in einem selbst. [. . .] Puschkins Meer war ein Meer des Abschiednehmens. So begrüßt man weder Meere noch Menschen. So nimmt man Abschied.«[5]

Die Familie fuhr nach Nervi und bezog eine Suite in einer »Pension russe« am Rande der Stadt direkt über dem Meer. Sie gehörte einem verwitweten Deutschen, dessen elfjähriger Sohn Wolodja für Marina und Assja sogleich zu einer wichtigen Persönlichkeit wurde. Während die Mutter krank im Bett lag und von italienischen Spezialisten betreut wurde und der Vater eine Reise zu den wichtigsten italienischen Museen vorbereitete, durften die Kinder unter Wolodjas Aufsicht im Garten spielen. In Wirklichkeit kletterten sie mit ihm in den Felsen herum, fielen gelegentlich ins Meer, brieten auf offenem Feuer Fische, aßen italienisches Konfekt und lernten von ihrem Mentor sogar rauchen. Von einem solchen Leben hatten sie zu Hause nicht einmal zu träumen gewagt. Marina Zwetajewa widmete später ihrem »ersten Ritter« drei Gedichte.[6] Zweifellos verdankten sie ihm viel; bisher hatten sie sich immer wie kleine Erwachsene benehmen müssen, nun lernten sie zu spielen und zu toben wie richtige Kinder.

Aber sie wurden nicht nur körperlich größer, stärker und selbständiger. Der Aufenthalt in Nervi weitete ihren Gesichtskreis durch die Bekanntschaft mit einer fremden Lebensart und das Zusammentreffen mit Menschen, die nicht zu ihrer festgefügten Hausgemeinschaft gehörten. Im Oberstock der »Pension russe« wohnte ein junger, schwer kranker Buchhalter aus Berlin, der noch während des Aufenthaltes der Familie Zwetajew an Tuberkulose starb. Wenn ihn die Mädchen besuchten, zündete er Zigarettenpapier an und ließ es über der Petroleumlampe aufsteigen bis es verschwand: »Seht, die Seele fliegt!« Er schrieb Marina einen Satz ins Stammbuch, der für sie zum Inbegriff des Deutschen wurde: »Tout passe, tout casse, tout lasse, excepté la satisfaction d'avoir fait son devoir.«

»Seele und Pflicht. Die Pflicht der Seele ist der Flug. Das habe ich von Reinhard Roever gelernt«, notierte Marina 1919 in ihr Tagebuch.[7]

Eines Tages erschien in der »Pension russe« Alexandra Ilowajskaja, die zweite Frau von Andrejs Großvater, mit ihren ungefähr zwanzigjährigen Kindern Serjosha und Nadja. Die beiden schönen, fröhlichen jungen Menschen waren ebenfalls an Tuberkulose erkrankt. Da sich aber zwischen Nadja und einem armen Studenten eine zarte Liebesgeschichte anbahnte – Assja und Marina figurierten gelegentlich als Postboten –, verfrachtete die empörte Mutter die Kranken schleunigst zurück nach Rußland, obwohl sich gerade die ersten Heilerfolge einstellten. Kaum zwei Jahre danach starben beide innerhalb eines Monats.

Nadja Ilowajskaja, »eine Rose auf den Gräbern von Nervi«, machte auf Marina einen tiefen Eindruck: »Befreundet waren wir nicht – nicht wegen des Altersunterschieds, das ist Unsinn –, sondern wegen meiner Befangenheit gegenüber ihrer Schönheit, die ich damals in Gedichten nicht bewältigen konnte. [. . .] Einfach: befreundet waren wir nicht, weil ich sie liebte. Und dann, kaum zwei Jahre später: ihr Tod . . . Nadja Ilowajskaja, das bin ich mit zehn Jahren – ein Abgrund. Und was ist seit damals aus mir geworden? Ich habe gelernt zu schreiben und verlernt zu lieben.« (An Bunina, 23. Mai 1928)[8]

Noch größeres Aufsehen verursachte eine Gruppe von russischen Anarchisten, die sich ebenfalls in der »Pension russe« einquartierten. Ihr Anführer Wladyslaw Kobylanski, erhielt von Marina und Assja den Spitznamen »Tiger« und imponierte ihnen ungeheuer. Während der Vater, zumindest zeitweise von Walerija begleitet, durch Italien reiste, entwickelte sich zwischen Maria Alexandrowna und den Revolutionären eine enge Freundschaft. Abends versammelten sich alle im Zwetajewschen Salon; es wurde heftig über Politik und die Verhältnisse in Rußland diskutiert, man sang revolutionäre Lieder, die die Mutter auf der Gitarre begleitete. Auch die Kinder durften dabei sein:

»Marussja ist in ihrer Gegenwart wie ausgewechselt, sie macht fast den Eindruck einer Erwachsenen. Sie sprechen mit ihr wie mit ihresgleichen, interessieren sich für ihre Gedichte – sie schreibt Gedichte über sie, die Feinde des Zaren, und ist erfüllt von einer neuen Leidenschaft: vom Haß auf den tyrannischen Zaren. Selbst der laute, rechthaberische Herb lacht Mussja nicht aus, wie es alle tun. Er verehrt sie. [. . .] Etwas verbindet diese Leute mit diesem merkwürdigen Mädchen, das Gedichte und Tagebuch schreibt und schwierige Stücke auf dem Klavier spielt. [. . .] Sie triumphieren und sind stolz, daß Mussja schon zu ihnen gehört.«

Kobylanskis Einfluß wurde immer größer. »Wir wußten ebenso wie Mama, daß die Begegnung mit dem ›Tiger‹ die Grundlagen unseres Lebens erschütterte. Er lehnte alles ab, was wir bejahten: die Familie, die Gesellschaft, Gott. Mama war mit seinen Ansichten über Gott nicht einverstanden, aber wir verfielen ihnen schnell und gedankenlos. Alle unsere Freunde lächelten über Gott, das ›Kätzchen‹ sprach so gescheit, so geduldig und überzeugend von den Irrtümern der Religion und entfernte uns mit Leichtigkeit von Gott und vom Beten. Vielleicht ging das so leicht, weil uns die Religion in Wirklichkeit fern lag. Keine Großmutter, keine Njanja hatte uns erzogen, wir besuchten mit Mama den Gottesdienst, weil Papa, der Sohn eines Priesters, zur Kirche ging. Mutter glaubte an Gott, aber auf ihre eigene Art.«[9]

Anscheinend schwärmten nicht nur die beiden kleinen Mädchen für den »Tiger«, auch die schwer kranke, romantisch veranlagte Mutter, die sich um ihre große Liebe betrogen fühlte, war von ihm sehr beeindruckt. Sie scheint sogar erwogen zu haben, ihren alternden Gatten und die Kinder zu verlassen und ihm nach Zürich zu folgen. Anastassja Zwetajewa berichtet, daß eines stürmischen Abends, als Maria Alexandrowna und Kobylanski am Ufer des Meeres spazierengingen, Marina auf einer regennassen Treppe ausglitt und sich eine Kopfverletzung zuzog, auf diese Art gleich einem Deux ex machina die Mutter an ihr Krankenbett fesselnd.

Marina Zwetajewa erwähnt diesen Unfall mit keinem Wort. Aber der Konflikt einer Mutter, die nicht weiß, ob sie bei ihren Kindern bleiben oder einem Räuber folgen soll, der ihren Mann erschlagen hat (»denn sie hat ihn ja schon vorher geliebt, nur war sie schon verheiratet wie Tatjana«), bildet den Inhalt einer Jahrzehnte danach entstandenen Geschichte *Das Märchen der Mutter.*

Die Freiheit auf den Klippen von Nervi dauerte für Marina und Assja nur ein paar Wochen. Offensichtlich war weder der Umgang mit Wolodja noch die Freundschaft mit den Anarchisten nach dem Geschmack der Eltern; da Maria Alexandrowna noch ein Jahr in Italien bleiben sollte, wurde beschlossen, die Kinder in ein Pensionat nach Lausanne zu schicken. Tante Tjo erschien in Nervi, um sie abzuholen. Marina und Assja mußten in das elegante Hotel der Tante übersiedeln und wieder lernen, Hut und Handschuhe zu tragen und im Wagen spazierenzufahren, statt barfuß auf Felsen herumzuklettern. Assjas Verzweiflung über den Abschied von Nervi und den liebgewonnenen Freunden war tief.

Von Frühling 1903 bis zum Sommer 1904 verschlug das Schicksal Marina und Assja an den Genfer See. Im Lausanner Pensionat der Schwestern Lacaze, Boulevard de Grancy Nr. 3, verbrachten sie eine glückliche Zeit. Im Internat herrschte ein angenehmes Klima, Mitschülerinnen und Erzieherinnen waren freundlich; es wurde mehr Wert darauf gelegt, positive Leistungen zu belohnen, als böse Taten zu bestrafen. Öfters wurden Ausflüge in die Umgebung oder Fahrten auf dem Genfer See unternommen.

Unerwartete Reibungsflächen zwischen Marina und ihrer Umgebung tauchten nur in religiösen Fragen auf. Die beiden alten Fräulein Lacaze waren glühende Katholikinnen und erzogen die ihnen anvertrauten Mädchen in diesem Geist, wobei ihnen als Seelsorger ein kluger, erfahrener Abbé zur Seite stand. Als Marina unter ihren neuen Freundinnen ihre in Nervi erworbenen atheistischen Kenntnisse zu propagieren begann, brach im Internat tiefe Konsternation aus. Monsieur l'Abbé berief Marina immer wieder zu Gesprächen unter vier Augen und führte mit ihr lange Diskussionen. Er muß ein geübter Seelenfischer gewesen sein, denn im Laufe dieses Jahres machten Marina und Assja eine radikale Kehrtwendung. Aus kämpferischen Atheistinnen verwandelten sie sich in richtige kleine Betschwestern, die eifrig die katholischen Gottesdienste besuchten, abends lange vor ihren Betten knieten und beteten und ihre Eltern durch ihre Briefe in höchstes Befremden versetzten. Marina legte in Lausanne sogar ihre »erste und einzige echte Beichte« vor einem katholischen Priester ab. Obwohl sie diese fromme Phase später mit keinem Wort erwähnen wird – von ihr wissen wir nur, daß es immer der Teufel war, der sie anzog –, spiegelt sie sich doch deutlich in dem undatierten Gedicht »Die Dame in Blau« im *Abendalbum*. Es geht um ein Wunder in den Schweizer Bergen, und die *Dame in Blau* ist unverkennbar die Muttergottes von Lourdes.

Im Juni 1904, kurz vor Beginn der Sommerferien, kam Maria Alexandrowna nach Lausanne, um ihre Töchter zu besuchen. Sie stieg in einem Hotel in Ouchy ab und die beiden Mädchen durften ihre freie Zeit bei der Mutter verbringen, der es gesundheitlich besser ging. Anastassja Zwetajewa erzählt ausführlich über diesen Besuch, Marina widmete ihm das Gedicht »In Ouchy«.

Auf Anraten der Ärzte sollte die Mutter noch ein Jahr in Mitteleuropa zubringen, um sich langsam wieder an das kalte Klima zu gewöhnen. Als Aufenthalt wurde Freiburg im Breisgau gewählt. Für Assja und Marina begann ein neuer Lebensabschnitt: Deutschland.

Vater und Mutter holten sie in Lausanne ab; vor Beginn der Schule bezog die Familie Quartier im »Gasthof zum Engel« im Schwarzwald-Dörfchen Langackern: Ausgedehnte Wälder, die an Tarussa erinnerten, ein rauschender Bach, himmlische Ruhe im gemütlichen, nach Holz und Sauberkeit duftenden Gasthof. Die Kinder fanden Spielkameraden in den Kindern des Wirtes und ließen sich im Garten von der Mutter Hauffs *Lichtenstein* und Schwarzwaldsagen vorlesen. Mehrere Gedichte im *Abendalbum* berichten von diesem glücklichen Intermezzo.[10]

Die nächste Station, das Schuljahr 1904/05, war das Pensionat der Schwestern Brink in Freiburg, Wallstraße Nr. 10. Dieses Internat unterschied sich grundlegend von Lausanne, es herrschte ein Ton wie in einer preußischen Kaserne. Um 6.30 Uhr schwang die Erzieherin auf dem Gang eine Glocke; wenn sie den Schlafsaal betrat, mußten die Kinder bereits auf den Füßen sein. Das Waschen mit eiskaltem Wasser durfte nur wenige Minuten dauern, danach schritt man paarweise zum frugalen Frühstück in den Speisesaal, es mußte innerhalb von acht Minuten eingenommen werden. Nach den Schulstunden und dem Mittagsmahl – es war so karg bemessen, daß die Schülerinnen immer hungrig waren und nur vom Essen sprachen – wurden sie tagaus, tagein in Zweierreihen auf den Schloßberg geführt. Der Weg dorthin führte sie durch das Schwabentor. Täglich betrachtete Marina die romantisch-heroische Darstellung des heiligen Georg mit dem hochgeschwungenen Schwert, die erst im Jahre zuvor, 1903, vom Maler F. Geiges fertiggestellt worden war. Zehn Jahre später begegnen wir dem »Heiligen Georg vom Freiburger Schwabenthor« in Marinas Gedicht »Deutschland«.[11]

Die Schule bereitete ihnen auch hier keinerlei Schwierigkeiten. Die begabten Mädchen konnten dem Unterricht in deutscher Sprache mühelos folgen. Aber sie revoltierten gegen die Atmosphäre im Internat: »Bei Marussja rief die Strenge des Pensionatslebens eine immer größer werdende Verbitterung hervor. Sie schloß sich von den anderen ab; in ihren Augen blitzte Protest und Hohn. Manchmal entfernte sie sich auch von mir. Ich, die weichere von uns beiden, gab mich trostloser Verzweiflung hin.«[12]

Warum sich Marina von den anderen abschloß und auch von Assja entfernte, kann diese nicht wissen: Nicht das Internat versetzt Marina in Verzweiflung, sondern die Nachricht vom Tod der bewunderten Nadja Ilowajskaja. Sie flüchtet ans Klavier, an den einzigen Ort, der Ruhe bietet; sie spielt und hört nichts anderes als den Namen »Nadja, Nadja«: »Damals nahm ich mir die Freiheit, sie zu lieben – volle zwei Jahre lang. [. . .] und warum ich damals nicht gestorben bin, weiß ich nicht. Diese Liebe habe ich in mir verborgen – bis heute. Sie trug mich durch das Jahr 1905, sie hat den Tod meiner Mutter in den Schatten gestellt.« (An Bunina, 23. Mai 1928)[13]

Anfangs, solange die Mutter noch neben dem Pensionat ein Zimmer gemietet hatte (Marienstraße Nr. 2), war alles leichter zu ertragen. Die Kinder konnten sie besuchen und sich von ihr trösten lassen; abwechselnd durften sie von Samstag auf Sonntag bei ihr übernachten. Maria Alexandrowna bereitete ihnen auf einem Spirituskocher den heimatlichen Tee und erzählte von den unerfreulichen Nachrichten aus Rußland, von der Kapitulation der Festung Port-Arthur vor der japanischen Armee und von der Arbeiterdemonstration vor dem Petersburger Winterpalais am 9. Januar, die in ein fürchterliches Blutbad ausartete.

Dann erkrankte Maria Alexandrowna neuerlich. Als der Schauspieler Emil Possart im Februar nach Freiburg kam und Verstärkung für seinen Chor suchte, hatte sie sich gemeldet und die Erfüllung ihres Traumes, als Künstlerin auf der Bühne zu stehen, zum Greifen nahe gesehen. Bei einer Probe erkältete sie sich, zog sich eine Rippenfellentzündung zu, und die Tuberkulose kam mit erneuter Wucht zum Ausbruch. Professor Zwetajew wurde gerufen. Während er am Bett seiner delirierenden Frau wachte, brach in seinem halbfertigen Museum in Moskau eine Feuersbrunst aus, durch die unersetzliche Kunstwerke vernichtet wurden. Die Mutter wurde ins Spital und anschließend in ein Sanatorium in St. Blasien gebracht. Es war deutlich zu sehen, daß es um sie schlecht stand.

Zu Ostern fuhren die anderen Kinder nach Hause, nur Marina und Assja mußten im Pensionat bleiben. Die Schwestern Brink erbarmten sich ihrer, und als sie eines Tages zur Fürstin von Thurn und Taxis zum Tee eingeladen wurden, nahmen sie sie mit. Dieser Nachmittag, der sich so sehr vom grauen Freiburger Alltag unterschied, blieb Marina als großes Ereignis in Erinnerung. Er fällt ihr wieder ein, als sie von Rilke die *Duineser Elegien* zum Geschenk erhält, und 1933 beschreibt sie ihn in ihrem Prosastück *Der Efeuturm.*[14]

Kurz vor Ende des Schuljahres wurden die beiden aufsässigen Russinnen, die die Erzieherinnen anarchistischer Umtriebe bezichtigten, fast aus dem Internat geworfen; erst nach einer Intervention von Professor Zwetajew durften sie bis zum 25. Juli bei den Schwestern Brink bleiben. Danach befreite sie der Vater und brachte sie für kurze Zeit in einem Gasthaus in St. Blasien unter, das mit Langackern nicht zu vergleichen war. Die Mutter lag immer noch im Sanatorium. Meist waren die Mädchen sich selbst überlassen; wenn der Vater für sie Zeit fand, unternahm er mit ihnen weite Fußmärsche in die Umgebung, die für Assja viel zu anstrengend waren. Iwan Wladimirowitsch war ein begeisterter und ausdauernder Wanderer und entdeckte in diesem Sommer in Marina eine ebenbürtige Partnerin.

Nach dreijährigem Wanderleben und Pilgern zu den ärztlichen Kapazitäten Westeuropas war Maria Alexandrowna nicht gesund, sondern noch kränker geworden. Die Ärzte wollten den hoffnungslosen Fall abschieben und rieten zu einer Heimkehr und zu einem Aufenthalt auf der Krim. Um seine Hoffnungen betrogen, verfrachtete Professor Zwetajew im Herbst 1905 seine Familie zurück nach Rußland.

Die Rückreise ging über München und die österreichische Grenzstation Podwoloczyska in Galizien. Auf der gegenüberliegenden Seite des Flusses Zbrucz befindet sich die russische Schwesterstadt Wolotschisk, das Tor zum russischen Reich. Hier ist die Grenzkontrolle, man steigt in die russischen Waggons mit breiter Gleisspur um. Schnittblumen dürfen nicht hinübergenommen werden; die Reisenden pflegen sie unter die barfüßigen, neugierigen Kinder zu verteilen, die sich täglich auf dem Bahnhof einfinden, um etwas vom Duft der weiten Welt zu verspüren. Unter ihnen ist eine kleine Gruppe von Freunden, die später, nachdem sie gemeinsam in der GPU Karriere gemacht haben und bereits ahnen, daß sie ihr bald zum Opfer fallen werden, sich immer dann an die Blumen von Podwoloczyska erinnern werden, wenn alle anderen Gesprächsthemen zu schmerzhaft geworden sind.[15] Kann Marina auch nur im entferntesten ahnen, daß sie hier möglicherweise mit demjenigen zusammentrifft, der später einmal »Ignaz Reiss« heißen und ihrem Leben eine tragische Wendung geben wird?

Drittes Kapitel

Es muß Ende August oder Anfang September 1905 gewesen sein, als die Familie Zwetajew nach Rußland zurückkehrte, um den Winter auf der Krim zu verbringen. Bereits in Sewastopol mußte eine Pause von einigen Tagen eingelegt werden, weil Maria Alexandrowna sich schlecht fühlte.

In der Stadt riecht es nach Meer wie in Nervi. Die beiden Mädchen besuchen mit Iwan Wladimirowitsch die Sehenswürdigkeiten der Stadt: den »Grafenkai« am Fuß einer säulengeschmückten Marmortreppe und das »Panorama der Verteidigung von Sewastopol«, auf dem die Kämpfe des Krimkrieges dargestellt sind. Die Familie schwelgt in Erinnerungen an die heldenhafte Vergangenheit der Stadt und wissen, direkt aus dem Ausland zurückgekehrt, nicht, was sich gegenwärtig in ihrem Land abspielt: daß seit dem Petersburger Blutsonntag im Januar und der Vernichtung der russischen Flotte bei Tsushima durch die Japaner überall Unruhe herrscht, daß alle politischen Parteien und Gruppen vom Zaren mehr Freiheit, zumindest aber eine Konstitution fordern, daß da, wo sie stehen, demnächst wieder viel Blut fließen wird. Größeren Eindruck hinterläßt bei der 11jährigen Assja, daß sie in Sewastopol ihren Vater gebeten hatte, ihr ein Rätselheft zu kaufen, und deshalb von Mutter und Marina mit Verachtung gestraft wird.[1]

Von Sewastopol nach Jalta, dem geplanten Aufenthaltsort, gab es keine Bahnverbindung; man mußte entweder auf dem Seeweg per Schiff oder auf dem Landweg über das Gebirge im Wagen fahren. Die Familie bestieg einen Dampfer und Marina war während der ganzen Reise seekrank.

Das genaue Ankunftsdatum in Jalta ist uns von Anastassja Zwetajewa nicht überliefert worden: »Es war kalt, der Wind blies.« Mutter und Töchter bezogen zuerst ein Stockwerk im Gästehaus »Quisisana«, das einem alten Arzt gehörte. Seine älteste Tochter Vera, ein ernstes, dunkeläugiges Mädchen, betrachtete sich als Revolutionärin. Während die Eltern begannen, sich für das Leben in der fremden Stadt einzurichten, Kontakt mit Ärzten aufnahmen und für ihre Töchter keine Zeit hatten, während Assja mit den jüngeren Kindern des Arztes spielte, verschwand Marina oft in Veras Zimmer, in dem sich auch einige verdächtige Gestalten zeigten. Daß der Aufenthalt im »Quisisana« nach kurzer Zeit ein abruptes Ende fand, führt Anastassja Iwanowna auf Marinas Umgang mit diesen neuen Bekannten zurück, der in diesen aufregenden Tagen viel zu gefährlich war.

Die neue Wohnung der Zwetajews lag auf dem Darsanowski-Hügel oberhalb von Jalta. Das Haus gehörte einem Cousin des Vaters, dem Schriftsteller Jelpatjewski, der es an heilungssuchende Kranke vermietete. Es lag frei auf einem karstigen Hügel hoch über dem Meer, den eisigen Stürmen dieses Herbstes ausgeliefert. Im unteren Stock wohnten drei weitere Pensionsgäste, im oberen eine Familie Nikonow, von der es hieß, sie veranstalte illegale Versammlungen. Assja durfte mit den Kindern der Familie Nikonow spielen, aber Marina wurde jeder Kontakt streng verboten. Nach Professor Zwetajews Abreise nach Moskau nahmen alle Gäste des unteren Stocks die Mahlzeiten gemeinsam ein und diskutierten über die aufregenden Ereignisse. In dieser Umgebung erlebte und erlitt Marina Zwetajewa das Revolutionsjahr 1905/06.

Die Spannung in Jalta wie in ganz Rußland hatte im Spätherbst 1905 ihren Höhepunkt erreicht. In verschiedenen Teilen des Reiches flammten Streiks auf, die Druckereiarbeiter, die Eisenbahner legten die Arbeit nieder, kurz nach Iwan Wladimirowitschs Abfahrt kam es zum Generalstreik, so daß die Verbindungen abgerissen waren. In Petersburg trat der erste Arbeiterrat zusammen, in Sewastopol brach ein Aufstand aus, an dem sich Angehörige der Kriegsflotte unter dem Befehl eines seit der Meuterei auf dem Panzerkreuzer Potjomkin bekannten Leutnants namens Schmidt beteiligten; vom 8. Dezember bis zum 2. Januar wurde in den Straßen Moskaus gekämpft. Als Antwort organisierte die rechtsstehende »Schwarze Hundertschaft« fürchterliche Judenpogrome, die von der Regierung geduldet wurden, z. B. in Odessa. In Jalta blieb die Lage ruhig, da ein gefürchteter Stadtkommandant die Macht fest in der Hand hielt und zahlreiche Verhaftungen vornehmen ließ; auch die Familie Nikonow, die Marina trotz des Verbotes besuchte, war davon betroffen. Am 17. Oktober gab der Zar nach und bewilligte dem Land die Konstitution, in der ein Parlament eingesetzt und Rede- und Versammlungsfreiheit garantiert wurden; danach gewann die Regierung allmählich die Oberhand, wenn auch die Unruhen noch einige Zeit andauerten. Im März 1906 wurde Leutnant Schmidt erschossen.

Für die dreizehnjährige Marina wird dieser Winter zur ersten großen Krise. Sie nimmt leidenschaftlichen Anteil an dem, was rund um sie geschieht. Über Nacht verliert sie jedes Interesse an den kindlichen Spielen ihrer Schwester; sie identifiziert sich mit den Männern und Frauen, die für die Freiheit des Volkes und gegen den Tyrannen kämpfen, und hat nichts anderes im Kopf als die Heldentaten des Leutnants Schmidt und die Opferbereitschaft der jungen Revolutionärin Maria Spiridonowa. Das Scheitern der Bewegung, für die sie am liebsten ihr Herzblut vergießen möchte, verletzt sie tief:

»Marussja ging unter uns Kindern einher wie ein verwundetes Tier, sie blickte wild um sich, verzehrte sich von innen. Die Ereignisse des Winters hinterließen Wunden. Mit zusammengekniffenen Lippen, verschlossen, wie sie immer war, wenn sie etwas begeisterte oder schmerzte, schloß sie sich von uns ab. Voll Abscheu und Zorn verdächtigte sie uns alle, besonders die ihr Nahestehenden wie Mama oder mich, ihr nachzuspionieren und uns an ihren Qualen zu weiden, die sie um ihre Idole litt, und um ihre Begeisterung für die Zukunft lächerlich zu machen. [. . .] Als die Nachricht kam, daß Leutnant Schmidt vor ein Kriegsgericht gestellt und hingerichtet werde, zog sie sich völlig in sich selbst zurück und verbarg vor den Erwachsenen ihre von Schmerz aufgewühlte Seele. Es war eine Wunde, niemand durfte sie berühren.«[2]

Marinas Unglück ist es, daß sie in dieser komplizierten, psychologisch so schwierigen Phase zwischen Kindheit und Jugend niemanden hat, dem sie sich anvertrauen kann. Ljora, die hier eine wichtige Rolle hätte spielen können, ist weit weg, und im Verhältnis zur Mutter entstehen ernste Spannungen. Maria Alexandrowna hat politisch andere Ansichten, sie steht den »Konstitutionellen Demokraten« nahe und ist glücklich über die konstitutionelle Monarchie. »Marussja kniff bloß fester die jetzt unguten Lippen zusammen, in den Mundwinkeln zeigte sich ein Anflug von Verachtung. Oben sprach man anders.« Der Mutter aber geht es gesundheitlich so schlecht, daß sie nicht mehr ausgehen kann; sie ahnt, ihr Leben neigt sich dem Ende zu, und sie kann sich auf die Probleme der Tochter nicht mehr einstellen. Sie verbietet ihr den Umgang mit Leuten vom Schlage der Nikonows und übersieht, Marina hat aufgehört, ein Kind zu sein, und kann nicht mehr wie ein Kind behandelt werden. Die Animosität gegen die Mutter, die in den späten Prosawerken der Zwetajewa immer wieder zum Vorschein kommt und in der Behauptung gipfelt, die Mutter habe sie verfolgt und benachteiligt, hat zweifellos ihre Wurzeln in diesem Revolutionswinter in Jalta.

Vor ihren Hausgenossen verheimlicht Marina ihre leidenschaftliche Heldenlyrik. Sie muß um diese Zeit viel geschrieben haben, Dichtungen, die niemals im Druck erschienen und wohl für immer verschollen sind. Ein Gedicht aus dieser Zeit zitiert Anastassja Zwetajewa in ihrem Buch aus dem Gedächtnis; es ist zwar noch keine große Kunst, dafür sehr aufschlußreich für die Geisteshaltung der jungen Zwetajewa:

Hört auf, die Jugend zu verlachen!
Niemals begreift ihr das Bestreben,
Den Durst, der sie beseelt, für Freiheit
Und für das Gute nur zu leben!

Ihr wißt ja nicht, wie glühend lodert
Vor Tapferkeit des Kämpfers Brust,
Wie heilig stirbt gar mancher Jüngling,
Getreu dem Wahlspruch bis zum Schluß!
[. . .]

Drum laßt sie, ruft sie nicht nach Haus
Und stört sie nicht in ihrer Tugend!
Denn jeder Kämpfer ist ein Held!
Seid lieber stolz auf eure Jugend!

Assja ließ sich von allem, was um sie herum geschah, weniger beeindrucken. Sie war noch ein richtiges Kind und spielte zuerst mit den Nikonow-Kindern, dann, als die Familie nach der Verhaftung des Sohnes verschwand, mit den Kindern der neuen Mieterin des oberen Stockwerks. Dies waren Max und Katja Peschkow, die Kinder von Maxim Gorki, der seine Familie gerade wegen der Schauspielerin Andrejewa verlassen hatte, manchmal aber noch zu Besuch kam. Die hier entstandene erste Beziehung zu Gorki wurde für beide Schwestern später von großer Bedeutung: während er Marinas Kunst verachtete und es ablehnte, sich für sie einzusetzen, hat er über Anastassja bis zu seinem Lebensende seine schützende Hand gehalten und ihr zweifellos große Dienste erwiesen. Die Persönlichkeit von Gorkis Frau Jekaterina Pawlowna Peschkowa, die später als Leiterin des »Politischen Roten Kreuzes« große Verdienste erwarb, machte auf beide einen starken Eindruck.

Als Lichtblick und willkommene Ablenkung von den Sorgen um die Mutter und um die Zukunft des Landes empfanden Marina und Assja das Studium. Den Eltern war es gelungen, eine hervorragende, pädagogisch sehr begabte Lehrerin zu finden, die sie in Privatstunden auf die 2. und 4. Gymnasialklasse vorbereitete und den Lehrstoff so fesselnd darbot, daß beide mit großem Interesse und viel Freude lernten und die kleine, verwachsene Lehrerin innig liebten.

Im März hatte Maria Alexandrowna den Blutsturz, vor dem sie sich so fürchtete. »In unsere Räume zog die Krankheit ein. Nicht die, welche bisher geherrscht hatte. Bis jetzt hatten die Ärzte einen Unterschied zwischen Mama und anderen Patienten gemacht, denn sie entdeckten keine Kaverne. Von dieser Nacht an beschritt sie den Weg, den alle gingen.«[3]

Die Mutter gab sich über ihren Zustand keinerlei Illusionen hin. Aber immer noch hielten sich die Mädchen viel im Krankenzimmer auf, nur der Tisch, an dem sie ihre Aufgaben machten, wurde vom Bett weg in die Mitte des Zimmers gerückt. Daß Marina wegen ihrer Krankheit und der vielen Schulaufgaben das Klavierspiel fast aufgegeben hatte, bereitete der Mutter zusätzlichen Kummer.

Im Frühsommer bestanden Marina und Assja ihre Externistenprüfungen am Mädchenlyzeum von Jalta mit Auszeichnung. In die Freude über den großen Erfolg mischte sich bei Assja ein Gefühl der Leere und des Nicht-mehr-Dazugehörens: Erneut schlug die Stunde des Abschiednehmens von einer zauberhaften Gegend, von vertrauten Menschen und heißgeliebten Hunden.

Als Iwan Wladimirowitsch im Juni 1906 nach all den Ereignissen des vergangenen Winters seine Familie wiedersah, hatte er eine schwere Aufgabe zu vollbringen: er mußte die Übersiedlung seiner sterbenden Frau nach Tarussa in die Wege leiten. Für eine Schiffsreise war Maria Alexandrowna zu schwach, die 75 Kilometer lange Strecke von Jalta bis zur Bahnstation Sewastopol mußte daher im Wagen zurückgelegt werden.

Beide Schwestern beschrieben die Ankunft in Tarussa: »Den ganzen Weg von Jalta bis Tarussa mußte Mutter von einem Fahrzeug ins andere getragen werden. (›In einem Passagierzug bin ich losgefahren, in einem Güterzug komme ich an‹, sagte sie scherzend.) In den Reisewagen wurde sie auf den Armen getragen. Aber ins Haus wollte sie sich nicht tragen lassen. Sie stand auf, jede Hilfe zurückweisend, ging an uns, die wir wie erstarrt zuschauten, vorbei, die wenigen Schritte von der Freitreppe bis zum Klavier, nicht wiederzuerkennen und riesengroß nach den vielen Monaten in der Horizontalen, in ihrer beigen Reisepelerine, die angefertigt worden war, um ihr das Maßnehmen an den Armen zu ersparen. ›Wollen wir sehen, ob ich noch etwas tauge‹, sagte sie lächelnd, offenbar zu sich selbst. Sie setzte sich. Alle standen. Und unter ihren Händen. [. . .] Es war ihr letztes Spiel.«[4]

»Stolz betrat sie ihr Haus, so wie sie es vor fast vier Jahren verlassen hatte: allein, ohne Hilfe; sie ließ sich nicht dazu herab, die Krankheit zur Kenntnis zu nehmen. Sie fegte sie zur Seite – und trat ein.«[5]

Das Wiedersehen mit Walerija und dem fast erwachsenen Bruder Andrej, mit den Hausangehörigen und dem sommerlich blühenden Paradies der Kindheit kann nicht darüber hinwegtäuschen, daß die Mutter stirbt. Wenige Tage nach ihrer Ankunft setzt eine Lungenentzündung ein. Am 4. Juli läßt Maria Alexandrowna ihre Töchter zum letzten Mal rufen, um von ihnen Abschied zu nehmen.

»Mamas Blick begrüßte uns bei der Tür. Jemand sagte: geht näher! Wir traten näher. Mama legte ihre Hand auf unsre Köpfe, zuerst auf Marussjas, dann auf meinen. Papa stand am Fußende des Bettes und weinte. Sein Gesicht war wie zerknittert. Mama drehte sich um und versuchte, ihn zu trösten. Dann sagte sie zu uns: ›Lebt in der Wahrheit, Kinder, in der Wahrheit!‹«[6]

Die Todesnachricht erreichte sie im Wald, Walerija war mit ihnen Haselnüsse sammeln gegangen, um sie abzulenken. Am 5. Juli 1906, ihrem Todestag, war Maria Alexandrowna Zwetajewa 37 Jahre alt.

Die romantische Vergangenheit der Mutter machte sich über den Tod hinaus bemerkbar. Beim Begräbnis auf dem Moskauer Wagankowski-Friedhof trat ein bärtiger, dunkelhäutiger Herr an den Wagen, in dem Marina und Assja saßen. »Manjas Töchter?« fragte er mit tiefer, warmer Stimme und blickte sie an, als wollte er sie für sein ganzes Leben im Gedächtnis behalten. Sie verstanden, daß dieser Herr die große Jugendliebe ihrer Mutter gewesen war.

Marina Zwetajewa ist später immer wieder auf ihre Mutter zurückgekommen. Sie hat ihr indirekt Mangel an Zärtlichkeit und Wärme vorgeworfen. Manche Eigenschaften der Mutter haben in ihrer Erinnerung Formen angenommen, die sie, wie Anastassja Zwetajewa ausführlich begründet, gar nicht hatten, wozu wohl auch die zeitliche Entfernung beigetragen haben mag. Das Porträt, das Marina im *Abendalbum* von ihrer Mutter zeichnet, trägt wahrscheinlich unverfälschtere Züge als ihr späteres Werk:

Für Mama

In einem Straußschen, altvertrauten Walzer
Traf uns zum ersten Mal dein stiller Ruf.
Seit jenem Tage sind uns fremd die Menschen
Und tröstlich nur der Stunden rascher Flug.

Genau wie du begrüßen wir die Neige,
Wir freuen uns, wenn alles bald zu End'.
Was an den besten Tagen wir besitzen,
Das wurde uns von dir ins Herz gesenkt.

Den Traum der Kinder, den jetzt nur der Mond sieht,
Hast ohne Ruhe treulich du beschirmt
Und deine Kleinen an den scharfen Klippen
Des rauhen Lebens stets vorbeigeführt.

Seit Anfang ist uns nahe das, was Leid bringt,
Das Leben schal, die Häuslichkeit scheint fremd.
Das Schifflein unsres Lebens stieß zur Unzeit
Vom Ufer und wird nun vom Sturm bedrängt.

Die blaue Insel Kindheit wird stets blasser.
Wir stehn allein jetzt auf dem Floß der Zeit.
Du hast den beiden Töchtern hinterlassen
Als Erbe, Mutter, deine Traurigkeit.[7]

»Sie blieb für uns immer die Mutter mit dem großen Anfangsbuchstaben, auf der niemals auch nur der Schatten eines Vorwurfs lastete«, schreibt Anastassja Zwetajewa, »die Heißgeliebte, die alle anderen überragte an Heroismus und der Ehrenhaftigkeit, mit der sie den Kampf gegen sich selbst bestand, den Kampf zwischen Glück und Pflicht, der die Kräfte aufzehrte, die sie im Kampf gegen ihre Krankheit gebraucht hätte. Sie machte sich los von dem, den sie liebte, um nicht das Leben ihres alternden Gatten, unseres guten Vaters, zu zerstören. Sie war Jahrzehnte später für uns eine

Richtschnur in unserem Ringen mit dem Leben. Was für eine Freude, von einem so reinen und starken Menschen abzustammen wie unser Vater, der lebte, ohne an sich zu denken, und von einer Frau, die ihr Leben so tapfer bestand wie Mutter. Dank ihnen beiden und Friede ihrer Asche!«[8]

Viertes Kapitel

Der Tod der Mutter stellt im Leben von Marina und Assja die große Zäsur dar, den plötzlichen, übergangslosen Wechsel von einer behüteten, abgeschirmten Kindheit zur »Freiheit« und zum Ausgestoßensein der Erwachsenen. Er versetzte Marina einen Schock, den sie nie ganz überwinden konnte: »Ich bin ohne Mutter aufgewachsen, d. h. ich habe mich an allen Ecken gestoßen. Die Eckigkeit (aller jener, die ohne Mutter aufwachsen) ist mir geblieben. Aber eher eine innere. Und das Verwaistsein«, schrieb sie 1936 an Anna Tesková.[1]

Der Gedanke, nach dreijähriger Abwesenheit in das geliebte Moskauer Elternhaus zurückzukehren und dort ohne Mutter zu leben, scheint für Marina unerträglich gewesen zu sein. Sie bat darum, in das Internat des strengen, konservativen Moskauer Von-Derwies-Gymnasiums eintreten zu dürfen. Wahrscheinlich wäre es auch für Assja das beste gewesen, eine öffentliche Schule zu besuchen, aber sie war zart und weniger robust als ihre Schwester und der Vater machte sich Sorgen um ihre Gesundheit. So kam für Assja zum Verlust der Mutter auch die erste Trennung von Marina. Ihr Vater, mit dem sie, als Marina ins Internat abreiste, vorerst allein in Tarussa zurückblieb, erlitt vor ihren Augen einen Schlaganfall und mußte für lange Zeit ins Spital; sie fühlte sich zu Hause im Moskauer Trjochprudny pereulok sehr einsam.

An den Halbgeschwistern hatte Assja keine nennenswerte Stütze. Andrej war ein Sonderling, der meist allein in seinem Zimmer saß und auf der Gitarre spielte. Walerija »arbeitete fürs Volk« und hatte weder Zeit noch Lust, sich um die kleine Schwester zu kümmern. Obwohl sie von seiten ihrer Mutter über beträchtliche Geldmittel verfügte, hatte sie aus ideellen Gründen darauf verzichtet, ihre prachtvolle Stimme ausbilden zu lassen, und war Volksschullehrerin geworden. Sie besaß eine Wohnung im Seitenflügel des Hauses und wurde dort häufig von resolut blickenden »Genossen« in Russenhemden aufgesucht. Wenn Marina zu Hause war, schloß sie sich diesem Kreis gelegentlich an.

Assja wurde daheim von einem Hauslehrer unterrichtet. Der psychologisch nicht sehr begabte Vater suchte für sie einen Mutter-Ersatz und berief die Lehrerin aus Jalta, die Marina und Assja im Vorjahr so geliebt hatten. Diese gute Absicht endete mit einem

Mißerfolg. Nach ihr zog eine Deutschbaltin als Haushälterin ein, die allen unsympathisch war und vollends jede Gemütlichkeit zerstörte. Marina Zwetajewa hat in ihrem Gedicht »Das Speisezimmer« ausdrucksvoll geschildert, wie die Hausgemeinschaft, »all jene, die sich völlig fremd sind«, zu den Mahlzeiten zusammenkommen, schweigend um den Tisch sitzen, »nur Gabel mit dem Löffel spricht sich aus«, und danach auseinanderlaufen, »nun wieder Feinde bis zum Abendbrot«.[2]

Assja blieb nicht lange allein zu Hause. Bereits im Frühjahr 1907 wurde Professor Zwetajew nahegelegt, Marina aus der Schule zu nehmen; sie war dort nicht mehr tragbar, weil sie ihre Kolleginnen für die Revolution begeistern wollte.

»Im Schuljahr 1906 lenkte eine ›Neue‹ das Interesse aller Gymnasiastinnen auf sich«, schreibt Marinas Mitschülerin S. I. Liperowskaja, »Sie war ein äußerst lebhaftes Mädchen mit neugierigem Blick, einem spöttischen Lächeln auf den dünnen Lippen und einer hohen Stirn. Sie blickte alle frech und herausfordernd an, nicht nur die älteren Schülerinnen, sondern auch die Lehrerinnen und Klassendamen. Die Ruhe der Schülerinnen war gestört; sie fühlten sich aufgeschreckt durch einen Strom neuer Gefühle . . .«

Und eine andere Mitschülerin, Marinas Freundin Walja Generosowa: »Marina brannte vor Begeisterung für die Kämpfer der Revolution und träumte davon, selbst am Kampf für die Freiheit und die lichte Zukunft der Menschheit teilzunehmen. Sie bemühte sich, mich mit der revolutionären Bewegung bekanntzumachen, indem sie mir verbotene Bücher brachte. In der Atmosphäre, die in unserem Internat herrschte, galt sie als unzuverlässig und ihr Einfluß war gefürchtet. Marina behauptete, sie werde in ihrem zukünftigen Leben frei sein von den Fesseln eines gewöhnlichen Familienlebens und sich ganz der Arbeit für die Revolution und der Literatur hingeben«.[3]

Die Namen Anja Lanina und Walja Generosowa kommen im *Abendalbum* vor, diesen Schulkameradinnen sind zwei Gedichte gewidmet. Da es unwahrscheinlich ist, daß Marina Zwetajewa diese Gedichte schrieb, nachdem sie die Schule verlassen hatte, können sie ins Jahr 1907 datiert werden und dürften zu den frühesten bekannten Werken der jungen Zwetajewa gehören. Hier setzt das »lyrische Tagebuch« ein, in dem Marina nun fast bis zu ihrem Lebensende festhält, was sie berührt, erfreut oder erschreckt.

Anastassja Zwetajewa erinnert sich, daß Marina im Von-Derwies-Gymnasium auch ein Prosastück über ihre Mitschülerinnen schrieb, das *Die aus der vierten Klasse* hieß. Was damit geschehen ist, weiß sie nicht. Sie selbst bestand in diesem Frühjahr die Aufnahmeprüfung in die 3. Klasse des Potocki-Gymnasiums.

Das Schuljahr 1907/08 setzte im Leben der Schwestern neue Akzente. Beide lebten zu Hause und besuchten öffentliche Schulen, Marina das Alferowa-Gymnasium. Im Oberstock des Hauses, dem ehemaligen Kindertrakt, richteten sie sich zwei Zimmer nach ihrem Geschmack ein. Sie waren nun 15 und 13 Jahre alt, Marina war fast erwachsen und trug das Haar aufgesteckt. Assja wurde ihr immer ähnlicher; sie hatten die gleiche Art zu sprechen und kurzsichtig die Augen zusammenzukneifen, gleiche Kopf- und Handbewegungen und gleiche Stimmen. Da Assja sich nun ebenfalls für Bücher, Gedichte und Politik zu interessieren begann und völlig unter den Einfluß der älteren Schwester geriet, wurde sie von dieser endlich für voll genommen. Die Entfremdung war vorüber, die beiden wurden unzertrennlich. In dieser Zeit begannen sie, Marinas Gedichte gemeinsam zu rezitieren, mit identischer Stimme, identischen Gesten und identischem Überschwang der Gefühle.

Marina war zu dieser Zeit besonders unausgeglichen, die Mutter fehlte ihr überall. Sie litt unter ihrem Aussehen – sie fand sich zu dick und zu rotwangig; aus Eitelkeit trug sie keine Brille, obwohl sie sehr kurzsichtig war. Besondere Qualen bereitete ihr ihre große Schüchternheit; sie versuchte, sie durch Verachtung ihrer Umgebung zu kompensieren. Ganz schlimm wurde es, wenn die Mädchen irgendwo eingeladen waren.

Marina Zwetajewa hat dies später so beschrieben:

> Stolz und Schüchternheit, leiblich Geschwister
> Standen in Eintracht an meiner Wiege.
>
> »Heb deine Stirn hoch!« weist mich der Stolz an,
> »Senke die Augen!« die Schüchternheit flüstert.
>
> Augen gesenkt und Stirn in die Höhe,
> Schüchtern und stolz, so geh ich durchs Leben.[4]

Von allen diesen Unannehmlichkeiten rettete sich Marina in ihr Reich im Oberstock des Hauses. Sie schrieb und las bis spät in die

Nacht, alle jene Bücher, die ihr von ihrer Mutter vorenthalten worden waren; Alexander Puschkin, Goethe, Schiller, Jean Paul, Bettina von Arnim. Da sie die Schule langweilig und eine überflüssige Zeitverschwendung fand, begann sie, ohne Gewissensbisse den Unterricht zu schwänzen. Sie versteckte sich auf dem Dachboden und wartete dort frierend, bis Professor Zwetajew den Weg ins Rumjanzew-Museum, dessen Direktor er war, angetreten hatte. Dann begannen die seligsten Stunden des Tages. Wenn Marina aus ihrem Zimmer auftauchte, trug ihr Gesicht einen abweisenden Ausdruck; auf Fragen schwieg sie verächtlich. Am liebsten hätte sie jeden Kontakt zur Außenwelt abgebrochen und nur mit ihren Büchern verkehrt. Seit dem Tod der Mutter rührte sie keine Klaviertaste mehr an. Ihre Unausstehlichkeit und Kratzbürstigkeit ist mit der Angst zu erklären, die Marina vor der Zukunft und dem schrecklichen Zustand des Erwachsenenseins hatte. Plötzlich klammerte sie sich an die Vergangenheit und an die Kindheit, die ihr als seliges Paradies erschien. Das bezeugen alle ihre Gedichte aus dieser Zeit:

In meiner Seele klingen diese Worte,
Mich hindernd am Vergessen: Fünfzehn Jahr'!
Warum bin ich jetzt groß, warum ist dieses Schicksal
Nicht abwendbar?

Erst gestern lief ich frei zu grünen Birken,
Vom Morgen an, kaum stand die Sonne hoch.
Erst gestern tobt' ich, Haare lose flatternd,
Erst gestern noch!

[. . .]

Was liegt vor mir? Wie viele Mißerfolge?
Nichts als Betrug, Verbote und Gefahren!
So nahm ich weinend von der Kindheit Abschied
Mit fünfzehn Jahren![5]

Fast das einzige Bindeglied zwischen Marina und der Außenwelt war in diesem Jahr die jüngere Schwester. Assja war fröhlicher, umgänglicher und kontaktfreudiger als Marina und war in ihrer liberalen, von guten Lehrkräften geleiteten Schule restlos glücklich.

Assja hatte zwei Schulfreundinnen, Anja Kalin und Galja Djakonowa, die oft abends auf Besuch kamen. Wenn sie da waren, erschien meist auch Marina und plauderte mit ihnen, sie erzählte von dem, was sie gerade las, und rezitierte ihre neuen Gedichte. Sie fand in Anja und Galja ihr erstes interessiertes Publikum. Anja spielte ausgezeichnet Klavier – wir entnehmen das Marinas Gedicht »Elfe im Saal« – und Galja, die Assja besonders liebte, machte später eine ungewöhnliche Karriere: sie lernte in der Schweiz den jungen Dichter Paul Eluard kennen, fand Mittel und Wege, um ihn mitten im Krieg in der Schweiz wiederzusehen und zu heiraten; einige Zeit später verließ sie ihn wegen eines spanischen Malers. Sie ist niemand anderer als die berühmte, 1981 verstorbene Gala Dalí. Anastassja Zwetajewa beschreibt die schmalgesichtige kleine Galja mit den eng beieinanderliegenden Augen, die bereits mit 12 Jahren Proben eines ungewöhnlichen Charakters gab:

»Galja hatte ein außergewöhnliches Gefühl für Humor; manchmal packte sie das Lachen mit elementarer Gewalt. Ebenso wie Marina und mich. Nur hatte sie die Eigenschaft, die uns fehlte: die Schreckhaftigkeit eines Rehs, die sich äußerlich durch ihre plötzlichen Lachanfälle zeigte. Ihre Brauen flogen in die Höhe, ihr schmales Gesicht entflammte, sie blickte jemanden oder etwas, das sie verblüffte oder erschreckte, erstaunt an und sprang davon – nur weg von hier! Ein Teil ihres Wesens bestand im Weglaufen, im Davonschlüpfen vor allem, was ihr nicht gefiel. Ohne zu beurteilen, ohne zu verurteilen, vielleicht sogar ohne richtig zu erkennen – sie schlüpfte davon.«[6]

Die Zwetajewschen Verwandten zerrissen sich den Mund über die wilden, exzentrischen, mutterlos aufwachsenden jungen Mädchen, aber mit ihrer Erziehung wollten sie nichts zu tun haben. Die einzige, die sich ihrer annahm und für Marina und Assja eine mütterliche Ratgeberin darstellte, war die Zahnärztin Lidija A. Tamburer. Marina hat dieser ihrer »einzigen, um zwanzig Jahre älteren Freundin« mehrere Gedichte im *Abendalbum* und *Laterna magica* gewidmet.

Im Herbst 1908 wurde Marina von einer neuen Leidenschaft erfaßt, die sie ihre revolutionäre Begeisterung vergessen ließ. Sie las den *Aiglon* von Edmond Rostand und verlor ihr Herz an Napoleon und seinen unglücklichen Sohn, den Herzog von Reichstadt.

Den ganzen Winter 1908–09 arbeitete sie an einer Übersetzung des *Aiglon* ins Russische, selbstverständlich in Versform, und identifizierte sich so mit ihrem Helden, daß sie Ort und Zeit vergaß und nur noch in der Vergangenheit lebte.[7]

Marinas Begeisterung für Napoleon geht so weit, daß sie ihr kleines Zimmer im napoleonischen Stil umgestaltet; sie läßt die Decke mit dunkelrotem, mit Sternen besätem Stoff bespannen (»lieber hätte ich napoleonische Bienen gehabt, aber da es in Moskau keine gab, mußte ich mich mit Sternen begnügen . . .«) und pflastert die Wände mit Napoleon-Bildern. Zwischen ihr und dem Vater kommt es zu einer heftigen Auseinandersetzung, als dieser entdeckt, daß sie sogar in den Rahmen ihrer Ikone ein Porträt ihres geliebten Helden gestellt hat. Marina regt sich über diese Einmischung so auf, daß sie weiß im Gesicht wird und einen auf dem Tisch stehenden Leuchter packt:

»Es war eine Geste der Verzweiflung. Die Selbstverteidigung eines Tieres, das beißt, wenn man ihm seinen Unterschlupf nimmt. Für Marina war ihr Napoleon-Kult ein solcher Unterschlupf, genau wie alle ihre anderen Kulte: Nadja Ilowajskaja oder Leutnant Schmidt. In der Verehrung, die sie ihnen entgegenbrachte, suchte ihre Seele, die aus maßlosem Stolz weder Berufung noch Beschäftigung fand, eine letzte Zuflucht. Sie rettete sich, soweit möglich, in den Zauberkreis ihrer dichterischen Begabung. Papas Schreien mobilisierte augenblicklich alle ihre Widerstandskräfte. [. . .] Und er verstand. Nicht sie, sondern das Ausmaß ihres Nicht-Begreifens. Er zuckte die Achseln und schloß hinter sich die Tür, niedergedrückt von doppeltem Schmerz.«[8]

Marina sperrt sich in ihr Zimmer ein und lebt im Schattenreich des französischen Empire. Sie interessiert sich nicht dafür, daß vor ihrer Tür, im Moskau und Petersburg der Gegenwart, ein kulturelles und geistiges Leben blüht, wie es der Menschheit nur in Sternstunden geschenkt wird. Sie hat zwar vom Kampf der neuen »dekadenten« Ideenwelt des Symbolismus gegen die etablierte Literatur gehört, die Namen Konstantin Balmont und Waleri Brjussow sind ihr ein Begriff, aber sie beeindrucken sie nicht und sind für Marina kein Vorbild. Ihre Jugendgedichte sind frei von Beeinflussungen durch literarische Strömungen, ihre Vorbilder sind Puschkin und Rostand, ihre Themen die Rostandschen Helden und die einfachen Begebenheiten des täglichen Lebens, des Kinderzimmers, wie Günther Wytrzens sagt, beobachtet von der Warte eines

Kindes und sehr jungen Mädchens. Die jugendliche Zwetajewa kennt keine Regeln der Prosodie, sie schreibt nach dem Ohr und aus überquellendem Herzen. Ihre Launen und ihre Unausstehlichkeit sind Zeichen eines geistigen Wachstums, das mit ihrem künstlerischen Wachstum untrennbar verbunden ist. Von allem Anfang an ist der Weg, den sie einschlägt, ein ungewöhnlicher.

Fünftes Kapitel

Gleich zu Beginn des Jahres 1909 traf den Professor der Kaiserlichen Universität Moskau, Geheimrat Iwan Wladimirowitsch Zwetajew ein schwerer Schlag: am 25. Januar wurde im Kupferstichkabinett des Rumjanzew-Museums ein umfangreicher Diebstahl wertvoller Stiche aufgedeckt, begangen von einem privilegierten Benutzer der Sammlung, den der Direktor selbst protegiert hatte.

Aus heutiger Sicht ist dem Direktor einer Bibliothek, in der so schwierige Arbeitsbedingungen herrschen, kaum ein Vorwurf zu machen, wenn Bücher oder Stiche verschwinden. Zwetajew hatte zuvor in zahlreichen Eingaben auf die unmöglichen räumlichen und personellen Verhältnisse in seinem Institut hingewiesen. Das Rumjanzew-Museum, die größte öffentliche Bibliothek Moskaus (nach der Revolution wurde sie unter dem Namen »Lenin-Bibliothek« die Nationalbibliothek des Landes) verfügte 1909 bei 12 500 eingeschriebenen Lesern und 230 000 im Lesesaal benutzten Bänden nur über neun Beamte und 38 freiwillige Helfer, die sämtliche im Museum und in der Bibliothek anfallenden Arbeiten verrichten mußten.[1] Nach Bekanntwerden der Unterschlagung schickte der zuständige Minister Schwarz mehrere Kommissionen in die Bibliothek, nicht etwa, um die Zustände zu verbessern, sondern um seinem ehemaligen Studienkollegen und persönlichen Feind Zwetajew eine Lektion zu erteilen. Er setzte zunächst die Entlassung eines Abteilungsleiters durch.

Etwa um die gleiche Zeit bereitete sich Marinas Eintritt in die Welt der Literatur vor. Im Salon ihrer Freundin Lidija Tamburer lernte sie einen Prominenten kennen: Lew Lwowitsch Kobylinski, bekannt unter dem Pseudonym Ellis. Er war 34 Jahre alt, ein langer, dünner Mensch, der einen schwarzen Überzieher trug, mit leuchtender Glatze und spärlichen schwarzen Haaren, einem länglichen Gesicht, grünen Augen und einem sehr roten Mund – er sah aus wie ein Magier aus einem mittelalterlichen Roman. Ellis war ein enger Freund Andrej Belyjs und galt als Ideologe der jungen Symbolistengeneration.

Marina war sehr beeindruckt, zum ersten Mal einen echten Dichter kennenzulernen, und anfangs sehr eingeschüchtert. Als Ellis aber die Zwetajews besuchte und immer häufiger im Trjochprudny pereulok erschien, taute sie auf und las ihm ihre Gedichte vor.

»Ellis pries Marinas schöpferische Gabe, er hörte ihre Gedichte an und war über sie entzückt. Er lobte ihre Übersetzung des *Aiglon,* er war ja selbst ein bedeutender Übersetzer. Vom ersten Tag an erkannte er ihren Charakter, der sich nie mit etwas abfinden wollte.«[2]

Ellis lebte von der Hand in den Mund und wurde von seinen Freunden durchgefüttert. Er kam immer öfter, blieb zum Abendessen und unterhielt Marina und Assja mit seinen Erzählungen aus fernen Ländern und dem Moskauer Literaturbetrieb. Er gehörte mit Andrej Belyj und Sergej Solowjow, dem Neffen Wladimir Solowjows, zum innersten Moskauer Kreis der philosophisch-literarischen Bewegung der »Argonauten«. Gerade waren sie dabei, den Verlag »Musagetes« zu gründen, um sich besser gegen den allmächtigen Dichter und »Meister« Waleri Brjussow zur Wehr setzen zu können, der den Verlag »Waage« beherrschte. Sehr bald konnten Marina und Assja sich einen Abend ohne Ellis nicht mehr vorstellen:

> Er fliegt herein, als wäre er ein Vogel
> Und fliegt dabei in unser Netz hinein.
> Sogleich möcht' man am liebsten fröhlich singen,
> Sich drehn und schrein . . .[3]

Ellis weigerte sich, die Mädchen mit Andrej Belyj bekanntzumachen. Marina und Assja trafen aber einige Mitglieder seines Kreises bei ihren Freunden aus Tarussa, den Geschwistern Nina und Anatoli Winogradow: Serjosha Solowjow und den Altphilologen Wladimir Nilender, dessen einnehmendes Lächeln und sympathische Art, sich kaum merklich über sich selbst und andere lustig zu machen, von Anastassja Zwetajewa besonders hervorgehoben werden.

Es war Tolja Winogradow, von dem Marina eine böse Nachricht erfuhr: von Edmond Rostands *Aiglon* existierte bereits eine russische Übersetzung! Marina wollte es nicht glauben, mußte sich aber schließlich überzeugen lassen, daß andere Hände und Rhythmen sich schon an die geliebten Rostandschen Seiten gewagt hatten.

Zu Beginn der Sommerferien 1909 machte sich Marina selbständig. Die Sechzehnjährige fährt nach Paris, mietet ein Zimmer in der Rue Bonaparte und belegt einen Französischkurs für Ausländer in der »Alliance française«. Sie sieht und hört nichts von möglichen Gefahren, sie lebt nur im Paris des großen N, im Schatten Napoleons: »Zum ersten Mal war ich in Paris, als ich sechzehn Jahre alt war, allein, erwachsen, unabhängig, kühl. Ich siedelte mich, aus Liebe zum Kaiser, in der Rue Bonaparte an. Außer dem ›N‹ (dem feierlichen ›Non‹ gegenüber allem, was nicht er war) habe ich in Paris nichts gesehen . . . Gehen Sie in die Rue Bonaparte und denken Sie an mich mit sechzehn Jahren. Aber seien Sie nicht gerührt; ich war nicht dazu angetan, Rührung zu erwecken. Ich war heldisch, d. h. unmenschlich«, schreibt Marina am 27. 9. 1923 an Alexander Bachrach.[4] Das große Erlebnis dieser Tage ist eine Aufführung des *Aiglon* mit Sarah Bernhardt in der Titelrolle.

Als Ergebnis dieses Pariser Aufenthaltes entstehen eine Reihe von Gedichten ultra-romantischer Färbung über Napoleon, den Herzog von Reichstadt, die Gräfin Camerata, Sarah Bernhardt als kleines Mädchen. Diese Gruppe von Gedichten erreicht ihren von Karlinsky als »slightly absurd« bezeichneten Höhepunkt in *Trennung*, in dem Marina das Schicksal des Sohnes von Napoleon mit jenem von Christus vergleicht und das Schloß Schönbrunn mit Golgatha. Eine Dichtung, die sie Assja nach Tarussa schickt, läßt jedoch vermuten, daß Marina in Paris nicht restlos glücklich ist.

In Paris

Fast an die Sterne reichen Häuser,
Im Dunst verschwimmen Erd' und Himmel.
Im großen, fröhlichen Paris mich
Die gleiche Sehnsucht quält wie immer.

Es lärmen abends die Boulevare,
Das Abendrot ist am Verlöschen,
Und wo man hinschaut: Paare, Paare.
Die Lippen zittern, Augen sprechen.

Ich bin allein hier. Gut, den Kopf ist's
An der Kastanie Stamm zu legen.
Ein Vers Rostands weint mir im Herzen.
Ihm, wie in Moskau, gilt mein Sehnen.[5]
[. . .]

Assja hingegen verbrachte in Tarussa einen herrlichen Sommer. Für kurze Zeit dem Einfluß und der Tyrannei der genialen Schwester entronnen, konnte sie nach ihrem eigenen Geschmack leben, eine Schar von Kindern um sich sammeln und mit Tolja Winogradow im Wald spazieren gehen.

Als auf den Feldern das Getreide eingebracht war, als man zu heizen begann und bereits die Abreise vorbereitet wurde, erschien Marina in Tarussa, um sich vor Beginn des neuen Schuljahres – wieder in einer anderen Schule – von den Pariser Strapazen zu erholen. Diese Zeit der Einsamkeit und des Nachdenkens in Tarussa gewinnt für die junge Zwetajewa eine besondere Bedeutung. Der Aufenthalt in Paris hat zweifellos einige Maßstäbe zurechtgerückt, die Ruhe auf dem Land beflügelt ihre Muse. Das »Gebet«, das am 26. September, ihrem 17. Geburtstag, niedergeschrieben wurde, kann als ein erster Höhepunkt ihres Schaffens bezeichnet werden.

Oh Christus Gott, ich will ein Wunder!
Sogleich! Sofort! Bestimmt noch heut'!
Laß bitte sterben mich, solang noch
Das Leben wie ein Buch mich freut!

Du bist ja weise, sagst nicht strenge:
›Halt aus, die Frist ist noch nicht um!‹
Du selbst hast mir zu viel gegeben.
Ich wünsch' mir alles – rundherum!

Ich möcht' singend, mit der Seele
Eines Zigeuners rauben gehn,
Bei Orgelklang für alle leiden,
Als Amazon' im Kampfe stehn.

Ich möcht' wahrsagen aus den Sternen,
Durch Schatten Kinder führn heraus
Daß gestern nichts sei als Legende,
Und jeder Tag ein neuer Rausch!

Ich lieb das Kreuz, auch Helme, Seide,
Den Hauch der Zeit möcht ich bewahren! –
Du gabst mir Kindheit wie ein Märchen –
Schenk mir den Tod mit 17 Jahren![6]

In diesem Herbst in Tarussa beginnt Marina zu ahnen, auf die Dauer kann man nicht nur mit Schatten leben; plötzlich erinnert sie sich an ihren neuen Moskauer Freund Ellis und merkt, daß sie ihn vermißt. »Lieber Lew Lwowitsch«, schreibt sie ihm, »heute Nacht hatte ich Ihre Briefe unter dem Kopfpolster, und ich habe geträumt – von Mama und von Napoleon.« Sie schließt: »Lieber Magier, kommen Sie unbedingt nach Tarussa! Ich habe Ihnen viel, viel zu erzählen!«[7] Mehr allerdings vertraut sie ihrem gereimten Tagebuch an. Wir ahnen: Hier schürzt sich der Knoten einer großen romantischen Liebe.

Neumond leuchtet auf den weißen
Wiesen, Tau deckt alles zu.
Lieber, Ferner, Fremder du,
Komm wir werden Freund dich heißen.

Tags verschweig ichs mit Bedacht,
Nur bei Mondlicht kommt das Sehnen.
An geliebter Schulter lehnen
Möcht ich in der Mondscheinnacht.

Wer ist er? Ich frag's mich nicht.
Werd's von seinen Lippen wissen.
Nur bei Tag ist grob das Küssen
Und das Schwärmen lächerlich.[8]
[...]

Doch es kommt anders, als wir denken, anstelle eines bittersüßen Dramas erleben wir einen Schwank: Noch während Marina in Tarussa von ihrem Helden zu träumen beginnt, wird dieser in eine Affäre verwickelt, die alles zuschanden macht. Ausgerechnet Ellis, der Zwetajewsche Familienfreund, wird dabei ertappt, wie er im Rumjanzew-Museum Seiten aus einem Buch herausreißt. In dem von Zwetajew verfaßten Jahresbericht des Museums heißt es:

»Anstatt die Texte, die er brauchte, abzuschreiben, schnitt der Adelige Kobylinski, genannt Ellis, sie aus Büchern des Museums heraus und klebte sie in sein Manuskript ein. Er gab seine Verfehlung ehrlich zu, brachte am gleichen Tag neue Exemplare als Ersatz für die beschädigten Bücher, ebenso Geld für die Buchbinderkosten und machte so den unbedeutenden Schaden, den er dem

Museum zugefügt hatte, vollständig wieder gut. Aber aus prinzipiellen Gründen konnte das Museum eine derartige Behandlung seiner Bestände nicht ungestraft hingehen lassen. [. . .] Daher wurde Kobylinskis Verhalten beim Kreisgericht angezeigt . . .«[9]

Ellis wurde am 27. Oktober 1909 in einer Verhandlung vor dem Friedensrichter freigesprochen. Anstatt nun die Sache auf sich beruhen zu lassen, brachte Zwetajew in Petersburg eine Appellationsklage ein und übergab die Angelegenheit dem Gericht.[10]

Die sogenannte »Ellis-Affäre« wirbelte ungeheuren Staub auf. Wochenlang brachten die Zeitungen Schlagzeilen und lange Berichte über die Verderbtheit der dekadenten Dichter, die von Anfang an wegen ihres Lebenswandels und ihrer suspekten politischen Haltung ihr Mißfallen erregt hatten. Obwohl es jedermann klar war, daß Ellis keine bösen Absichten verfolgt hatte, war sein guter Ruf zerstört. Bei den Zwetajews konnte er sich nicht mehr zeigen. Nur Marina stellte sich entschieden auf seine Seite – wie immer, wenn ein Dichter verfolgt wurde. Sie schickt ihm ein Gedicht, in dem sie ihn vor dem »Hochmut der Pharisäer« in Schutz nimmt und zum Schluß pathetisch ausruft:

> [. . .] ich richte nicht den Dichter,
> Der alles tun darf für ein schluchzendes Sonett![11]

Daß der verhöhnte und geschmähte Ellis Marinas Gedicht anders versteht, als es gemeint ist, kann man ihm kaum verdenken. Umgehend verfaßt er einen Brief, in dem er ihr seine Liebe gesteht und sie bittet, seine Frau zu werden. Mit diesem Brief schickt er seinen besten Freund Wladimir Nilender zu Marina.

Nun kompliziert sich die Angelegenheit noch mehr: Nilender trifft Marina im verdunkelten Salon des Zwetajewschen Hauses, bald erscheint auch Assja. Sie kommen ins Gespräch; Nilender bleibt zum Abendessen wie ehedem Ellis, danach sitzen sie zu dritt in Marinas kleinem Zimmer, sie sprechen und erzählen sich gegenseitig aus ihrem Leben. Erst als die Morgenröte durchs Fenster scheint, greift sich Nilender an den Kopf:

»Lew wartet auf Antwort, Marina, was soll ich ihm sagen?« Alle drei haben Ellis vollständig vergessen, denn beide Schwestern haben sich in Nilender verliebt, Nilender in Marina. »Am nächsten Tag kauften wir ein dunkelblaues, in Leder gebundenes Album mit Goldschnitt, nannten es *Abendalbum* und schrieben alles hinein, was wir von diesem Abend im Gedächtnis behalten hatten. Wir widmeten es ihm. Hier hinein kamen auch Marinas spätere Gedichte.«[12]

Marina und Assja schweben im siebenten Himmel und glauben, daß sie einen neuen Bruder gefunden haben. Über Ellis' Antrag ist Marina jedoch empört. Sie – die Frau des »Magiers«? Wie kann er auf diese absurde Idee kommen? Aber sie findet eine passende Form für ihre Ablehnung:

Irrtum

Wenn du das Schneeflöckchen, das, leise schwebend,
Zart wie ein kleiner Stern vom Himmel fliegt,
Mit Händen greifst, dann taut's zu einer Träne.
Die Leichtigkeit für immer ist dahin.

[. . .]

Man darf befehlen nicht dem Schwebend-Leichten,
Daß es in Leidenschaft sich just verkehr!
Ja, deine Liebe war ein solcher Irrtum! –
Wir sterben ohne Liebe, Magier![13]

Der Traum vom neuen Bruder dauert nur ein paar Tage. Am 30. Dezember 1909 treffen Marina und Assja wieder mit Nilender zusammen, aber der Tag steht unter keinem guten Stern. Assja begreift zuerst, was sich ereignet hat: der »Bruder«, der den Auftrag seines Freundes so schlecht ausgeführt hat, ist an dessen Stelle getreten; nun ist er es, der Marina heiraten möchte. »Ich verstehe«, sagt Assja und erhebt sich. »Aber ich verstehe nicht, ich habe mir unsere Freundschaft anders vorgestellt!« ruft Marina.

Assja weiß, wie das Gespräch unter vier Augen ausgehen wird: Marina läßt nur Freundschaft und Verehrung gelten; der Gedanke an alles andere ist ihr völlig fremd. Es ist klar, daß sie dem armen Nilender einen Korb geben wird. Als sich Marina später wieder zeigt, ist sie der Schwester dankbar, daß diese nichts fragt.

Marina lehnt Nilenders Antrag ab, obwohl sie ihn zu lieben glaubt. Sie »verzichtet«, wie sie es bei ihrer Lehrmeisterin, der Puschkinschen Tatjana, gesehen hat. Aber durch diesen Verzicht flammt ihre Liebe erst richtig auf. Und die Gefühle, die nicht dem realen jungen Mann galten, der Heraklit übersetzte und von der Liebe recht irdische Vorstellungen hatte, und sich in Marinas Einbildung in einen romantischen Mythos verwandelte und alle Züge eines überirdischen Helden annahm, diese Gefühle werden von ihr in eine erstaunlich vollendete Lyrik umgemünzt. Bis zum Herbst 1910 entsteht eine große Zahl von Gedichten, die zum Teil im *Abendalbum* und in ihrem zweiten Band *Laterna magica* erschienen sind.

Während Assja den »Wintertraum« nicht allzu tragisch nahm, fleißig Schlittschuh lief und sich während der Butterwoche in Tarussa unterhielt, war Marina in verzweifelter Stimmung. Sie begann zu rauchen und hegte, wie Anastassja Zwetajewa andeutet, sogar Selbstmordpläne: »Erst 34 Jahre später, schon nach Marinas Tod, erfuhr ich von diesen Tagen. Sie sagte, der Revolver habe eine Ladehemmung gehabt. Es sei ihre Absicht gewesen, es im Theater zu tun, während einer Vorstellung des *Aiglon* mit Sarah Bernhardt. 1943, nach Marinas Tod, schickte man mir ihren an mich adressierten Abschiedsbrief aus dem Jahr 1909.«[14]

Im März 1910 hat Marina ein kleines Erlebnis, dessen Bedeutung für ihre Zukunft sie nicht voraussehen kann. In der Buchhandlung Wolf auf dem Kuznetzki-Most in Moskau erkennt sie den Dichter Waleri Brjussow und hört, wie er dem Verkäufer sagt: »Geben Sie mir *Chanteclair,* obwohl ich kein Verehrer von Rostand bin.« Diese Worte sind für sie ein Dolchstoß; alle Geister des Widerspruchs werden wach. Marina läuft nach Hause und schreibt, ohne viel zu überlegen, dem berühmten »Maître« der Symbolisten folgenden Brief:

Verehrter Waleri Jakowlewitsch,

gerade haben sie bei Wolf gesagt: ›. . . obwohl ich kein Verehrer Rostands bin.‹ Ich wollte Sie sofort fragen: warum? Aber ich dachte, Sie würden meine Frage für bloße Neugierde halten oder für den eitlen Wunsch, ›mit Brjussow zu sprechen‹. Als sich hinter Ihnen die Tür schloß, wurde ich traurig und ich begann, mein Schweigen zu bedauern, aber schließlich tröstete ich mich mit dem Gedanken, daß ich Ihnen diese Frage ja auch schriftlich stellen könne.

Warum lieben Sie Rostand nicht? Ist es möglich, daß Sie in Rostand nur einen ›brillanten Phrasendichter‹ sehen, daß Ihnen sein unendlicher Edelmut, seine Liebe zu Heldentum und Reinheit entgeht? Das ist für mich keine leere Frage. Für mich ist Rostand ein Teil meiner Seele, ein sehr großer Teil. Er tröstet mich, er gibt mir

Kraft, einsam zu leben. Ich glaube, niemand, niemand kennt, liebt und schätzt ihn so wie ich. Ihren Lieblingsschriftstellern muß Rostand nahestehen. Heine, Victor Hugo, Lamartine, Lermontow – alle hätten ihn geliebt. Mit Heine verbindet ihn die gemeinsame Liebe zum König von Rom, zu Meissande(!), der Prinzessin von Tripolis; Lamartine hätte diesen ›amant du rêve‹ lieben müssen; Lermontow, der *Mziri* geschrieben hat, hätte im Verfasser des *Aiglon* sogleich einen leiblichen Bruder erkannt; Victor Hugo wäre auf so einen Schüler stolz gewesen.

Warum ist Brjussow, der Heine und Lermontow liebt, der Victor Hugo schätzt, so gleichgültig gegenüber Rostand?

Wenn Sie, sehr verehrter Waleri Jakowlewitsch, meine Frage einer Antwort für würdig erachten, schreiben Sie mir . . .
Die Sie aufrichtig verehrende
M. Zwetajewa[15]

Anscheinend war Brjussow über diesen Brief entzückt. Der große Meister ließ sich herab, Marina freundlich zu antworten: Er liebe Rostand nicht, weil es ihm nicht beschieden sei, ihn zu lieben, »denn jede Liebe ist Zufall«. Er drückte den Wunsch aus, die junge Enthusiastin kennenzulernen oder den Briefwechsel fortzusetzen. »Worauf ich selbstverständlich (denn ich hätte es leidenschaftlich gern getan) nicht antwortete. Denn jede Liebe ist Zufall.«[16]

Im Frühjahr 1910 schickte Minister Schwarz seinem Feind Zwetajew zwei neue, unangenehme Kommissionen ins Rumjanzew-Museum, die die Unterschlagungen überprüfen sollten. Dennoch begab sich Iwan Wladimirowitsch im Juni auf eine Reise nach Deutschland und nahm seine Töchter mit. Während er herumfuhr und Besprechungen bezüglich seines neuen Museums führte, wurden Marina und Assja in der Familie eines schrulligen, musikbegeisterten Pastors in Loschwitz bei Dresden untergebracht. Sie sollten ihre Deutschkenntnisse auffrischen und sich in den Hauswirtschaften vervollkommnen. Obwohl Marina auch in Deutschland Wladimir Nilender nicht vergessen kann, wie aus ihren Gedichten zu ersehen ist, zieht sie aus diesem Aufenthalt reichen Gewinn: Sie entdeckt die deutschen Dichter Heine, Novalis und vor allem Goethe, der einer der Leitsterne ihres Lebens wird, »unermeßlich mehr geliebt als Tolstoj«. Ihre Liebe und Bewunderung für Deutschland, »ihre Liebe, ihre Heimat, die Wiege ihrer Seele«, festigt sich in diesem Sommer endgültig.

Doch dann kamen schlechte Nachrichten aus Moskau: Am 13. Juni, wenige Tage nach ihrer Abfahrt, war Professor Zwetajew seines Amtes als Direktor des Rumjanzew-Museums enthoben worden. Der Minister hatte gesiegt. Zwetajew brach seine Reise nicht ab, er absolvierte sein deutsches Besuchsprogramm und zog sich zwischendurch in ein ruhiges Quartier auf dem Lande zurück, um zwei Verteidigungsschriften zu verfassen, die 1910 und 1911 in Deutschland erschienen sind.[17]

Die Ungerechtigkeit, daß er zum Sündenbock für die jahrelangen Versäumnisse seiner vorgesetzten Dienststellen gemacht wurde, traf ihn tief, und obwohl er bald nach 1910 vollständig rehabilitiert und sogar zum Ehrenmitglied des Museums gemacht wurde, konnte er diesen Schlag bis zu seinem Tod nicht verwinden.

Der Sommer geht zu Ende. Assja möchte ihren Vater nicht allein lassen und bleibt noch einige Zeit mit ihm in Deutschland, Marina muß zum Schulbeginn zurückfahren. Am 27. August kommt sie in der leeren, sommerlich öden Wohnung in Moskau an; sie ist einsam, niemand ist hier, der Geliebte fern und unansprechbar. An diesem Tag setzt sie einen Schlußstrich unter das Kapitel »Liebe« in ihrem *Abendalbum:*

Vitam impendere vero

Müde stöhnt die Welt vor Verwirrung,
Rosiger Abend, Vergessen und Schmerz,
Menschen sind's nicht, die uns trennen, nur Schatten,
Bübchen, mein liebes, mein Herz!
[. . .]
Mauern uns trennen, du kannst mich nicht hören!
Alles verwischt ist und alles verzerrt!
Niemals für dich wird Ersatz mir erstehen,
Bübchen, mein liebes, mein Herz![18]

Aus dieser elegischen Stimmung entsteht ein plötzlicher Entschluß: Es gibt nur eine Möglichkeit, die Mauern, die Marina von Nilender trennen, zu überwinden. Sie kann ihm ihre Gedichte nicht schicken, aber wenn sie sie drucken läßt, wird er sie lesen:

»Mein erstes Buch *Abendalbum* kam heraus, als ich siebzehn Jahre alt war. [. . .] Ich veröffentlichte es aus Gründen, die mit Literatur nichts zu tun haben, aber mit Poesie verwandt sind, als

Ersatz für Briefe an einen Menschen, den ich anders nicht erreichen konnte.«[19]

Sie trifft eine Auswahl aus dem vorhandenen Material, wobei sie auf die intimsten Liebesgedichte verzichtet, läßt den Band auf ihre Kosten in der Druckerei Mamontow im Trjochprudny pereulok herstellen, dann trägt sie die ganze Auflage von 500 Stück in ein einziges Geschäft, die Buchhandlung Spiridonow und Michajlow, und läßt die Angelegenheit auf sich beruhen. Sie »beruhigt sich« und geht weiter in die Schule. Der Familie sagt sie davon kein Wort.

Die Endreaktion des *Abendalbums,* das heute eine überaus seltene Kostbarkeit darstellt, muß im September um Marinas 18. Geburtstag erfolgt sein. Das letzte Gedicht, datiert Moskau, Herbst 1910, heißt »Noch ein Gebet« und ist ein Gegenstück zu ihrem Geburtstagsgedicht des vorigen Jahres.

Wiederum beug ich, o Christus, vor Dir meine Knie,
Neide von ferne Dir Deine Krone aus Licht.
Laß mich verstehn, daß ich nicht nur von Schatten umgeben,
Jemanden treffen, der nicht nur ein Schatten ist!

Ich bin gepeinigt von all' diesen endlosen Tagen
Ganz ohne Pflicht, ohne Ziel, und nur dämmernd dahin . . .
Schatten zu lieben ist schön, aber leb ich von Schatten,
Wenn ich achtzehn Jahre auf Erden bin?

Überall singt man und schreibt, daß das Glück komm' am Anfang!
Voll zu erblühen in Freude – das wünsch ich mir sehr.
Aber mir scheint, es gibt kein Glück ohne Leiden,
Keine Freunde, außer sie lebten nicht mehr?[20]
[. . .]

Sechstes Kapitel

Das *Abendalbum* war nur eines von zahllosen literarischen Erstlingswerken des Jahres 1910. Wir können uns kaum vorstellen, wie intensiv und konzentriert das russische kulturelle Leben im ersten Jahrzehnt unseres Jahrhunderts war, das als das »silberne Zeitalter der russischen Dichtkunst« bezeichnet wird. Daß es nicht nur eine Hauptstadt gab, sondern zwei, wirkte sich vorteilhaft aus; die Rivalitäten zwischen Petersburg und Moskau trugen dazu bei, daß auf allen Gebieten der Kunst Höchstleistungen entstanden. Hier wie dort waren es private Mäzene und einzelne markante Persönlichkeiten, um die sich Schriftsteller, Musiker, Künstler, Theaterleute scharten; es waren privat finanzierte Verlage und literarische Zirkel, die Diskussionsabende organisierten und Kristallisationspunkte für neue Ideen und Strömungen bildeten. Auf literarischem Gebiet waren dies in Petersburg zu Anfang des Jahrhunderts neben anderen Dmitri Mereshkowski und Zinaida Hippius und ihre »Philosophisch-religiöse Gesellschaft« oder die berühmten Mittwoch-Abende im »Turm« bei Wjatscheslaw Iwanow, während in Moskau Waleri Brjussow, der Großmeister des Symbolismus, seine unumschränkte Herrschaft ausübte. Die Moskauer intellektuelle Jugend stand im Bann des 1900 verstorbenen Philosophen Wladimir Solowjew und gruppierte sich um Andrej Belyj und seine »Argonauten«, zu dem der von allen geliebte Petersburger Dichter Alexander Blok in einem intensiven Freund-Feind-Verhältnis stand. Um 1910 fand in beiden Hauptstädten so etwas wie eine Revolte der Jugend gegen das Establishment statt. In Moskau beschaffte der aus Deutschland stammende Emil Medtner, ein Bruder des Komponisten Nikolai Medtner, Geld für einen neuen Verlag, der vor allem die Werke seines Freundes Andrej Belyj publizieren und das Sprachrohr für dessen Theorien sein sollte; in Petersburg bildete sich, wie Johannes von Guenther ausführlich beschreibt[1], eine literarische Gegenströmung zum überspitzten Moskauer Symbolismus heraus, die von den Dichtern Nikolai Gumiljow und Michail Kusmin angeführt wurde und dem schlichten Wort und der genauen Beschreibung den ihnen gebührenden Platz zurückgeben wollte. Die neue Strömung gab sich den Namen »Akmeismus«. Gumiljow war Literaturkritiker der Petersburger Zeitschrift »Apollon«; der neue Moskauer Verlag nannte sich Musagetes«.

Johannes von Guenther erzählt in seinen Erinnerungen, wie im Herbst 1910 in Petersburg eine junge Frau als Dichterin ersten Ranges entdeckt und durch einen zeremoniösen Handkuß Wjatscheslaw Iwanows sozusagen offiziell in den Kreis des apollinischen Parnaß aufgenommen wurde – sehr zum Verdruß ihres Gatten, des gefeierten Dichters Gumiljow. Ihr Dichtername: Anna Achmatowa. Das zur gleichen Zeit stattfindende literarische Debüt der Zwetajewa vollzog sich weit weniger auffällig. Sie hatte niemanden, den sie um Rat fragen konnte, wie man sich als »Dichterin« verhält; sie wußte nicht einmal, daß es üblich war, Besprechungsexemplare an die Redaktionen von Zeitschriften zu schikken. Es ist erstaunlich, daß trotz der Flut von Neuerscheinungen der kleine Band einer unbekannten jungen Dichterin dennoch seinen Weg auf die Schreibtische der Literaturgewaltigen fand und von ihnen ausführlich rezensiert wurde. So schrieb Brjussow in seiner Literatur-Rubrik in der Zeitschrift »Russkaja mysl« (Der russische Gedanke), nachdem er zuerst von einem anderen Anfänger, Ilja Ehrenburg, gesprochen hatte:

»Im Unterschied zu ihm gehen Marina Zwetajewas Gedichte immer von einer realen Tatsache aus, von etwas, was sie wirklich erlebt hat. Sie scheut nicht davor zurück, in ihre Dichtung den Alltag aufzunehmen, sie verarbeitet unmittelbar Einzelheiten des täglichen Lebens, und das verleiht ihren Gedichten eine beängstigende Intimität. Wenn man ihr Buch liest, wird einem minutenlang peinlich zumute, so als hätte man indiskret durch ein halb verschlossenes Fenster in eine Wohnung geblickt und eine Szene gesehen, die Fremde nichts angeht. Diese Unmittelbarkeit, die in den besser gelungenen Stücken anziehend wirkt, geht oft in eine Art von ›hausbackenem Klatsch‹ über. Das Ergebnis sind nicht mehr poetische Empfindungen (ob gute oder schlechte, ist eine andere Frage), sondern Seiten eines persönlichen Tagebuchs, noch dazu ziemlich langweilige. Letzteres erklärt sich durch die Jugend der Dichterin. [. . .] Wenn jedoch in den zukünftigen Versbänden von Fräulein Zwetajewa wieder ihre Lieblingshelden erscheinen – Mama, Serjosha, Wolodja – so hoffen wir, daß sie zu synthetischen Bildern werden, zu Symbolen des Allgemeinmenschlichen, und nicht wieder nur Porträts ihrer Verwandten sind. Wir erwarten auch, daß die Dichterin in ihrer Seele klarer formulierte Gefühle findet, als die herzigen Belanglosigkeiten, die im *Abendalbum* so viel Raum einnehmen, und notwendigere Gedanken, als die Wiederholung der alten Wahrheit, daß der ›Hochmut der Pharisäer‹ hassenswert ist. Die zweifellos talentierte Zwetajewa kann uns die echte Poesie des intimen Lebens schenken; bei der Leichtigkeit, mit der sie Gedichte zu schreiben scheint, kann es aber auch sein, daß sie ihre Begabung an unnötige, wenn auch ansprechende Belanglosigkeiten verschwendet.«[2]

Waleri Brjussow, der von seiner hohen Warte aus die neue Lyrik Revue passieren ließ, empfand diese Kritik zweifellos als wohlwollend. Allerdings entnehmen wir dem Memoirenbuch von Anastassja Zwetajewa, daß er wahrscheinlich nicht nur den »hassenswerten Hochmut der Pharisäer« in der Ellis-Affäre auf sich bezog, sondern Grund hatte, sich auch über ein anderes Gedicht im *Abendalbum* zu ärgern.[3] Marina hingegen war, wie sie in *Geroj truda* (Ein Held der Arbeit) schildert, über diese Besprechung sehr böse. Sie merkte sich nur die unangenehmen Passagen. Umgehend verfaßte sie eine gereimte Antwort und fand nichts Besseres zu tun, als sie in ihrem zweiten Gedichtband mit voller Widmung zu veröffentlichen:

An W. Ja. Brjussow

Lächle mir huldvoll entgegen
Oder beklage mein Schwanken –
Du änderst mich niemals im Leben!
»Klare Gefühle«, »notwend'ge Gedanken«
Hat mir Gott nicht gegeben.

Singen soll man, daß alles schwarz ist,
Träume die Welten verhüllen –
So wird verlangt jetzt von jedem.
Diese Gedanken und diese Gefühle
Hat mir Gott nicht gegeben![4]

Im Gegensatz zu Brjussow war Gumiljow in keiner Weise voreingenommen. Dem »Papst des Akmeismus« in Petersburg gefielen gerade die Dinge, an denen der »Papst des Symbolismus« in Moskau Anstoß nahm. Er schrieb im Maiheft 1911 des »Apollon«:

»Marina Zwetajewa ist zutiefst talentiert, zutiefst originell. Mag ihr Buch auch, ›dem leuchtenden Andenken Maria Baschkirzewas‹ gewidmet sein, mag das Motto von Rostand stammen und das

Wort ›Mama‹ nicht von den Seiten verschwinden – das alles ruft uns nur die Jugend der Dichterin ins Gedächtnis, die durch ihre eigenen Geständnisse bestätigt wird. Vieles in diesem Buch ist neu: die kühne (manchmal übertriebene) Intimität, die Themen, z. B. die kindliche Verliebtheit, neu ist auch die unmittelbare, grenzenlose Bewunderung der alltäglichen Dinge. Und wie man es hätte denken können, wurden hier instinktiv alle wichtigsten Gesetze der Dichtkunst erraten, so daß dieses Buch nicht nur ein liebenswertes Buch mädchenhafter Bekenntnisse ist, sondern auch ein Band ausgezeichneter Dichtung.«[5]

Eine dritte Rezension, jene von Maximilian Woloschin in »Utro Rossii« (Der Morgen Rußlands), hat die Karriere der jungen Zwetajewa wahrscheinlich am nachhaltigsten beeinflußt:

»Es ist ein sehr junges und unerfahrenes Buch, dieses *Abendalbum*. Viele Gedichte können, wenn man zufällig in der Mitte des Buches auf sie trifft, ein Lächeln hervorrufen. Man muß sie der Reihe nach lesen wie ein Tagebuch, dann ist jede Zeile verständlich und am Platz. Es steht ganz an der Schwelle zwischen den letzten Kindheits- und ersten Jugendtagen. Wenn man hinzufügt, daß die Verfasserin nicht nur die Dichtkunst beherrscht, sondern auch die präzise Form der inneren Beobachtung, daß sie über die impressionistische Fähigkeit verfügt, den fließenden Augenblick festzuhalten, so zeigt dies, von welch dokumentarischer Wichtigkeit dieses Buch ist, das in einem Alter geschrieben wurde, in dem das Wort meist noch nicht gehorsam genug ist, um Beobachtung und Gefühl richtig wiederzugeben.«[6]

Damit hat Woloschin das ausgesprochen, was heute, mehr als 60 Jahre nach dem Erscheinen der beiden frühen Gedichtbände Zwetajewas, noch immer das Bestechende an ihnen ist: Kaum einer Dichterin ist es seither gelungen, die Freuden und Leiden der Kindheit, die Angst vor dem Erwachsenwerden, die seelische Verfassung eines jungen Mädchens, die erste, umwerfende große Liebe so überzeugend, so authentisch und formvollendet darzustellen.

Aber gleich nach dem Erscheinen des ersten Buches Ende Oktober 1910 begriff dieses kaum jemand, am wenigsten Marina selbst. Sie besuchte die 7. Klasse des Brjuchonenko-Gymnasiums, in das nun auch Assja ging. Weder die Lehrer noch die Mitschülerinnen verloren darüber ein Wort, und auch zu Hause wurde über das Buch nicht gesprochen. Professor Zwetajews Arbeitskraft gehörte ausschließlich dem Alexander-III.-Museum, das der Vollendung entgegenging; er hatte keine anderen Gedanken und wußte vielleicht wirklich nichts von der literarischen Eskapade seiner Tochter. Zudem verdrängte Lew Tolstojs aufsehenerregendes Fortgehen aus Jasnaja Poljana und sein Tod am 7. (20.) November in einer kleinen Bahnstation alle anderen Sensationen. An seinem Begräbnis nahmen Tausende von Menschen teil; auch Marina und Assja brannten bei Nacht und Nebel von zu Hause durch und gelangten auf abenteuerliche Weise nach Jasnaja Poljana, um sich von dem großen Toten zu verabschieden.

Eines Abends im Dezember war es dann soweit: Ein prominenter Vertreter des literarischen Moskau machte Besuch im Trjochprudny pereulok. Marina Zwetajewa hat dies in *Shiwoje o shiwom* (Ein lebendiges Wort über einen Lebenden) genau geschildert:

»Es läutet. Ich öffne. Auf der Schwelle: ein Zylinder. Unter dem Zylinder ein alle Maße sprengendes Gesicht, eingerahmt von einem lockigen, kurzen Bart. Eine einschmeichelnde Stimme:

›Kann ich Marina Zwetajewa sprechen?‹

›Das bin ich.‹

›Und ich bin Max Woloschin. Ich möchte Sie besuchen.‹

Wir gehen hinauf ins Kinderzimmer.

›Haben Sie meine Rezension Ihres Buches gelesen?‹

›Nein.‹

›Das habe ich mir gedacht. Ich habe sie mitgebracht. Sie ist schon vor einem Monat erschienen.‹«

Der merkwürdige Gast fixiert Marina mit dem durchdringenden Blick seiner fast weißen Augen, er nimmt ihr die Brille ab, die sie trägt, und ein Käppchen vom Kopf, um sie besser betrachten zu können. Er folgt ihr ächzend – er ist außerordentlich dick – in Marinas Zimmer mit dem Sternenplafond (dort macht er Assjas Bekanntschaft), läßt sich stundenlang von Napoleon und Rostand erzählen, hört Marinas Gedichte an und verspricht, bald wiederzukommen. Am nächsten Tag, es ist der 23. Dezember, erhält Marina von Woloschin das erste ihr gewidmete Gedicht. Es schließt:

Ihr Gedichtband ist ein Gruß von drüben.
Gnadenruf am Morgen, ungetrübt.
Lang schon glaube ich nicht mehr an Wunder,
Doch wie süß zu sehen, daß es Wunder gibt!

Artig, wie es sich für ein wohlerzogenes Fräulein geziemt, antwortet Marina am gleichen Tag:

Hochverehrter Maximilian Alexandrowitsch, nehmen Sie meinen aufrichtigen Dank für Ihre aufrichtigen Worte über mein Buch entgegen. Sie verhalten sich zu ihm wie zum Leben und verzeihen dem Leben das, was man der Literatur nicht verzeiht.

Ich danke für das Gedicht.

Wenn Sie nicht Angst haben zu erfrieren, kommen Sie in das alte Haus mit den Fensterläden. Aber bitte lassen Sie es uns vorher wissen.

Grüße.

Marina Zwetajewa[7]

Das war der Beginn der Freundschaft zwischen Marina und dem um vieles älteren Maximilian Woloschin.

Unter den vielen Originalen der damaligen Zeit muß Woloschin einen prominenten Platz eingenommen haben; alle Memoirenschreiber kommen immer wieder auf ihn zurück. Die Ansichten über ihn gehen auseinander; während Zwetajewa ihn in den Himmel hebt, läßt Nadeshda Mandelstam an ihm kein gutes Haar. Woloschin hatte in seiner Jugend mehrere Jahre in Paris verbracht, nach seiner Rückkehr propagierte er die moderne französische Kultur, übersetzte Verhaeren und Claudel und dilettierte als Maler. Er war Mitarbeiter des »Apollon«, verbrachte aber die meiste Zeit mit seiner Mutter in seinem Landhaus Koktebel auf der Krim. Mutter und Sohn überboten sich an Extravaganz in Kleidung und Aussehen, Max liebte Schabernack und gelegentlich bösartige Mystifikationen, aber er hatte ein goldenes Herz und half, wo er konnte, am liebsten dichtenden Frauen. Er kannte jedermann im geistigen Rußland der beiden ersten Dekaden des 20. Jahrhunderts und sein Einfluß war groß.

Es war das Verdienst Woloschins, das Talent der jungen Zwetajewa erkannt und tatkräftig gefördert zu haben. Er bemühte sich mit großer Geduld, wenn auch ohne Erfolg, ihr anstelle von Rostand und Napoleon Rimbaud, Baudelaire und Claudel nahezubringen. Schließlich schenkte er ihr Bücher, die Marinas Geschmack besser entsprachen: George Sand, Victor Hugo. Bei seinen Versuchen, Marinas »Schüchternheit und Wildheit« zu bekämpfen, holte er sich Hilfe bei der Dichterin Adelaida Gerzyk und ihrer Schwester Jewgenija, die beide treue Freundinnen der

Schwestern Zwetajew wurden. Es war Woloschin, der Marina im Verlag »Musagetes« einführte und so endlich ihrer »schattenumwitterten Einsamkeit« ein Ende bereitete.

Der »Musagetes« war eine Mischung von Verlag, literarischem Salon und Hochschulseminar. Im Gegensatz zum französisch orientierten Verlag »Waage« verbreitete der »Musagetes« deutsches Gedankengut. Die Schriftleitung lag 1911 in den Händen der Troika E. Medtner – Andrej Belyj – Ellis; allerdings war dieser Zustand nicht von langer Dauer. Eine wichtige Rolle spielte auch Wladimir Nilender. Bei den Redaktionssitzungen hatten alle Autoren Mitspracherecht, die Sitzungen dauerten bei zahllosen Tassen Tee bis spät in die Nacht. Tonangebend und prominentester Autor war Andrej Belyj. Er und Ellis standen 1910 bereits völlig unter dem Einfluß von Rudolf Steiner, sie propagierten die anthroposophische Lehre unter den Moskauer Intellektuellen mit großem Erfolg. Ab und zu wurden im »Musagetes« auch öffentliche Abende veranstaltet, die alle einem Thema gewidmet waren: der Krise der europäischen Kultur. Sie fanden großen Anklang.

Zu den aktivsten Mitarbeitern des Verlages gehörte der junge, eben an der Universität Heidelberg promovierte Philosoph Fedor Stepun. Zusammen mit S. I. Hessen gab er im »Musagetes« die philosophische Zeitschrift »Logos« heraus. Wir verdanken Stepun eine farbige Beschreibung des Verlages und auch der jungen Marina Zwetajewa, die er dort kennengelernt hatte.

»Marina war mit Geschmack, aber unordentlich gekleidet. An allen Fingern ihrer ungepflegten Hände trug sie Ringe mit bunten Steinen. Ringe waren ihr kein weiblicher Schmuck, viel eher eine Art von Talisman oder einfach etwas sehr Schönes, das man gern vor Augen hat. Wir sprachen von romantischer Dichtung, von Goethe, Madame de Staël, Hölderlin, Novalis und Bettina von Arnim. Ich hörte aufmerksam zu und wußte nicht, worüber ich mehr staunen sollte: über die echt weibliche Einfühlungskraft, mit der Marina inmitten dieser ihr geistesnahen Menschen so lebte, als seien es Zeitgenossen, oder über ihren souveränen Verstand, seine aphoristische Beschwingtheit, seine muskulöse Männlichkeit. Trotz dieser schönen Gaben lag in Marinas Art zu denken, zu fühlen und zu reden etwas, das nicht ganz angenehm berührte: ein unausrottbarer Egozentrismus in all ihren geistigen und seelischen Regungen. Auch wenn sie nichts von ihrem Leben erzählte, sprach sie stets von sich. Es klang so, als ob sie noch als kleines Mädchen auf Puschkins Knien sitzend seine ungebärdigen Locken um ihre Fingerchen gewickelt, [. . .] als ob sie erst gestern bei Sonnenuntergang mit Novalis in einem Park spazierengegangen wäre, der vielleicht nirgends auf Erden existierte, in dem sie aber jeden einzelnen Baum kannte und liebte.«[8]

Marina ist von allem, was sie im »Musagetes« sieht, beeindruckt und eingeschüchtert, besonders von Andrej Belyj, der in seinem Eurhythmie-Kurs unter den Büsten Goethes und Steiners »tanzt wie David vor der Bundeslade«. Von den klugen Gesprächen über Gnostik und Gnoseologie versteht sie nichts; sie fühlt sich allen unterlegen und schweigt in verletztem Stolz, obwohl sie freundlich aufgenommen und eingeladen wird, einige Gedichte für einen Sammelband moderner Dichtung zur Verfügung zu stellen, der gerade von Ellis vorbereitet wird und im »Musagetes« erscheinen soll.

»Lieber Ellis«, schreibt sie am 12. Dezember 1910, »im ›Musagetes‹ war es sehr schön. Ich habe sogar von ihm geträumt . . . Ich bin so wenig gewöhnt an Menschen und Gespräche! Bei der kleinsten Meinungsverschiedenheit möchte ich aufstehen und fortgehen; mir wird richtig schlecht. Im ›Musagetes‹ gibt es viele liebe und sympathische Menschen, aber [. . .]!«[9]

Zu den lieben und sympathischen Menschen dürfte wohl in erster Linie Wladimir Nilender gehört haben, ihre heiße Liebe des Vorjahres. Das gespannte Verhältnis weicht jetzt endlich einer treuen, verläßlichen Freundschaft. Später sagt Marina Zwetajewa von ihrem »Quasi-Bräutigam«: »Ich weiß, wenn ich jetzt, nach so vielen Jahren, oder erst in zehn oder gar in weiteren zwanzig Jahren, in seine Philologenklause träte, in seine Grotte des Orpheus, in seine Hölle der Sibylla, würde er mit der rechten Hand seine junge Frau von sich stoßen, mir mit der linken einen Stoß alter Bücher an den Kopf werfen und mir mit offenen Armen, die Flügel wären, entgegenstürzen.«[10]

Mehr als alle Literaten des »Musagetes« fesselte Marinas Aufmerksamkeit die bezaubernde Assja Turgenjewa, eine Großnichte des Schriftstellers. Sie besuchte die gesellschaftlichen Veranstaltungen des Verlags und heiratete später Belyj. Marina verliebte sich regelrecht in sie und suchte mit allen Mitteln ihre Freundschaft, was ihre Schwester Assja, die mit Tanja, der jüngsten der drei Turgenjew-Schwestern, in eine Klasse ging, ziemlich verärgerte:

»Ich wußte im geheimen, daß im Verhältnis zwischen Marina und Assja Marina es war, die sich um eine Annäherung bemühte, und daß Assja sie nicht genug schätzte. Angesichts der hochmütigen Miene, mit der Assja Huldigungen entgegennahm, war mir Marinas Rolle peinlich.«[11]

An den Winter 1910–11 erinnert sich Anastassja Zwetajewa nicht mehr so genau wie an die früheren Jahre; von den neuen literarischen Freunden ihrer Schwester und den Stunden, die sie im »Musagetes« verbringt, weiß sie nichts. Zum ersten Mal hat Assja Interessen, die nichts mit ihrer Schwester zu tun haben. Sie, die im Herbst 1910 sechzehn Jahre alt geworden ist, hat beim Schlittschuhlaufen einen charmanten jungen Mann namens Boris Truchatschow kennengelernt – nun versinkt für sie der Rest der Welt. Langsam, zuerst fast unmerklich, beginnen sich die Wege der Schwestern zu trennen.

Siebtes Kapitel

Eine der bemerkenswertesten Veröffentlichungen des kurzlebigen »Musagetes«-Verlags ist die im Juni 1911 erschienene Sammlung moderner russischer Lyrik, die sich schlicht *Antologija* nannte. In diesem Band sind in alphabetischer Reihenfolge Werke von 30 Dichtern enthalten, die zum Teil zu den Großen der russischen Literatur gehören, zum Teil heute mit Recht vergessen sind. Am Schluß des Alphabetes, unmittelbar vor Ellis, finden wir zwei Anfänger: den russifizierten Polen Wladislaw Chodassewitsch, einen Freund und Studienkollegen Belyjs und Nilenders seit 1904, und Marina Zwetajewa, letztere vertreten mit zwei Gedichten.

Es sieht so aus, als wäre die Herausgabe der *Anthologie* Ellis' letzte literarische Arbeit in Rußland gewesen. Im Laufe des Jahres 1911 verließ er Moskau, um Rudolf Steiner aufzusuchen (Andrej Belyj behauptet, als Folge des Skandals, den er verursacht hatte und nicht verwinden konnte), und kehrte nicht mehr zurück. Im April 1912 lebte er in der Motzstraße in Berlin in unmittelbarer Nachbarschaft Steiners, dann verlieren sich seine Spuren. In den dreißiger Jahren veröffentlichte er unter dem Namen Dr. Leo Kobilinski einige Arbeiten über russische Literatur in deutscher Sprache. Sein 1948 in der Schweiz erschienenes Werk über Alexander Puschkin gibt im Klappentext lakonisch an: Wohnte und starb in Locarno-Montini am 17. November 1947.

Vielleicht war es die Mitarbeit an der *Anthologie* und ihre neue Literatenwürde, die Marina bewogen, einen lange herbeigesehnten Entschluß in die Tat umzusetzen: Knapp vor ihrem letzten Examen trat sie aus der Schule aus und verzichtete auf ein offizielles Abschlußzeugnis. Die verhaßte Schule schien ihr, für eine anerkannte Dichterin bloße Zeitverschwendung zu sein. Wie ihr Vater auf diesen Schritt reagierte, wissen wir nicht. Während Assja für die Abschlußprüfung der 6. Klasse lernte und mit Boris Truchatschow Bootsfahrten unternahm, verbrachte Marina den Monat April 1911 allein in Gursuf am Schwarzen Meer. Danach wollte sie sich mit Assja in Koktebel treffen; Woloschins Mutter hatte die beiden Schwestern für den Sommer eingeladen.

Der »herrliche Monat der Einsamkeit auf den Ruinen der Genueserfestung von Gursuf« ist für die junge Zwetajewa ein Augenblick der Besinnung, bevor ihr Schicksal eine entscheidende Wendung nimmt. Sie liest George Sand und Dumas, sie denkt unter der Puschkin-Zypresse an den verehrten Dichter, der hier 1820 einige berühmte Gedichte schrieb. Sie sucht die Einsamkeit, weil sie über ihr Verhältnis zu Nilender mit sich ins reine kommen möchte: »Von ihm weg fuhr ich damals nach Koktebel – nicht um einen anderen liebzugewinnen, sondern um diesen einen nicht mehr zu lieben.«[1]

In der Erinnerung erscheint Marina Zwetajewa diese Zeit in einem verklärten Licht, aber es klingt anders, liest man ihre Briefe aus Gursuf:

»Ich habe in Gedanken alles schon erlebt, alles genommen«, schreibt sie am 18. April an Woloschin. »Meine Phantasie läuft immer voraus. Ich öffne Blüten, die sich noch nicht entfaltet haben, ich berühre grob die zartesten Dinge und tue dies, ohne es zu wollen, ich kann gar nicht anders! Heißt das, daß ich nicht glücklich sein kann? [. . .] Was bleibt, ist das Gefühl der absoluten Einsamkeit, für die es keine Heilung gibt. Der Körper eines andern Menschen ist wie eine Wand, sie verhindert, daß man seine Seele sieht. O wie ich diese Wand hasse! [. . .] Ich quäle mich und finde für mich keinen Platz: vom Fels ans Meer, vom Ufer ins Zimmer, aus dem Zimmer in einen Laden, aus dem Laden in den Park, vom Park wieder zur Genueser Festung, und das den ganzen Tag.«[2]

Marina ahnt nicht, daß diese Einsamkeit nur mehr kurz dauern wird. Am 5. Mai trifft sie in Koktebel ein und kommt in eine Atmosphäre, die sie bisher nicht erlebt hat.

Über die Woloschinsche Künstlerkolonie in Koktebel am Schwarzen Meer, in der Carneol-Bucht am Fuße des Karadag-Gebirges unweit von Feodossija, gibt es zahlreiche amüsante Berichte. Sie bestand aus mehreren kleinen Datschas, die Maxens deutschstämmiger Mutter Jelena Ottobaldowna, genannt »Pra«, gehörten und von ihr im Sommer an Künstler und Literaten vermietet wurden. Max bewohnte einen Turm, in dem er malte und seine kostbare Bibliothek aufbewahrte. Es war eine fröhliche Gesellschaft, die Mahlzeiten wurden gemeinsam eingenommen, man machte Ausflüge in die Umgebung, und besonders erwähnenswert finden alle Chronisten die Kleidung, die Mutter und Sohn trugen: »Griechische Chitone«, kurze Hosen und Sandalen an den nackten Beinen. Dies war für die damalige Zeit so ungewöhnlich, daß der junge Juri Terapiano eigens mit dem Rad nach Koktebel fuhr, um die merkwürdige Gesellschaft bei Woloschins in Augenschein zu nehmen; bei dieser Gelegenheit wurden ihm zwei weißgekleidete Mädchen gezeigt, »die Töchter von Professor Zwetajew aus Moskau«.[3]

Marina Zwetajewa erinnert sich, wie sie sich sogleich nach ihrer Ankunft in Gursuf an den riesigen, menschenleeren Strand der an Halbedelsteinen reichen Carneol-Bucht begab und dort auf einer Bank, allein vor dem Hintergrund des großen Meeres, einen traurigen, schönen Jüngling entdeckt. Er trägt ihr seine Hilfe an, und sie, hingerissen von seinen riesigen blauen Augen, tut einen Schwur: Wenn er errät, welches ihr Lieblingsstein ist und ihn ihr bringt, wird sie ihn heiraten. Später erinnert sie sich:

»Das mit dem Stein traf wirklich zu, denn Sergej Jakowlewitsch Efron, den ich ein halbes Jahr danach heiratete, nachdem er achtzehn Jahre alt geworden war, brachte mir fast am ersten Tag unserer Bekanntschaft eine außerordentliche Seltenheit, eine Genueser Carneolperle, die ich heute noch besitze.«[4]

»Auf der Krim, wo ich bei Max Woloschin zu Gast bin, treffe ich meinen zukünftigen Gatten Sergej Efron. Wir sind siebzehn und achtzehn Jahre alt. Ich fasse den Entschluß, mich niemals von ihm zu trennen, was immer auch geschehen möge«, bekräftigt sie 1939 in Moskau, während ihr Mann bereits im Gefängnis ist.[5] Die schicksalsträchtige Carneolperle hat alle Ereignisse überdauert und befand sich 1973 im Besitz ihrer Tochter Ariadna Sergejewna Efron.[6]

Wir können uns vorstellen, welchen Schock es für Assja bedeutet haben muß, bei ihrer Ankunft in Koktebel eine völlig veränderte, strahlende, braungebrannte Marina in kurzen Hosen und nackten, in Sandalen steckenden Beinen vorzufinden und erst später zu begreifen, daß es mit diesem Serjosha, den Marina ihr zuerst als den berühmten Dichter Igor Sewerjanin vorstellt und der mit seinen Schwestern am Meer ist, um sich nach seiner Tuberkulose-Erkrankung zu erholen, eine besondere Bewandtnis haben muß. Noch mehr erschrickt sie, als ihr Marina anvertraut, daß Serjosha das Klima von Koktebel nicht verträgt und sie beide demnächst von Koktebel abreisen werden. Es dämmert Assja, daß der Begriff »wir« für ihre Schwester nicht mehr die Gemeinschaft mit ihr bedeutet, die so alt ist wie sie, so selbstverständlich wie das Atmen; daß Marinas neues »wir« sie selbst ausschließt. Aber hat Assja das Recht, eifersüchtig zu sein? »Marina war glücklich. Die Erregung ihres Glücks übertrug sich auch auf mich, die Freude für sie, die niemals, nicht einmal während unserer Kindheit, glücklich gewesen war, immer einsam, immer voller Sehnsucht und Schwermut.«[7]

Ganz rein scheint Marinas Gewissen der Schwester gegenüber nicht gewesen zu sein, denn sie erteilte ihr den etwas erstaunlichen Rat, Boris Truchatschow nach Koktebel kommen zu lassen und sodann mit ihm eine Reise zu unternehmen, so wie sie mit Serjosha nach Ufa zu fahren gedachte. Der Vater befand sich zur Kur in Bad Nauheim; er würde nichts merken; Max würde ihnen seine Geldsendungen zukommen lassen. Die sechzehnjährige Assja befolgt den Rat der älteren Schwester; Boris trifft kurz nach ihr in Koktebel ein. Die von Marina entworfenen Pläne sollen in die Tat umgesetzt werden.

Irgendwie ergibt es sich, daß sich die beiden zukünftigen Schwäger erst am letzten Tag kennenlernen. Zu viert gehen sie auf dem Bahnhof von Feodossija auf und ab, von dem aus die beiden Paare in verschiedene Richtungen auseinanderfahren sollten.

Es war eine überstürzte Trennung der beiden bisher unzertrennlichen Schwestern. Und hier, auf dem Bahnsteig von Feodossija, schlägt Marina vor, noch einmal, zum letzten Male, gemeinsam einige Gedichte zu rezitieren: »Auf den Gesichtern von Serjosha und Boris erscheint der gleiche Ausdruck ungläubigen Staunens: zwei Stimmen aus zwei verschiedenen Richtungen, oder ist es nur eine Stimme, die ebenso von rechts kommt wie von links? . . . Diese beiden anderen – es gibt sie gar nicht hier auf dem Perron! Wo sind sie geblieben, in welchen Dimensionen?«[8]

Und dann fahren die Züge wirklich in verschiedene Richtungen auseinander.

Marina Zwetajewa hat den Abschied von ihrer Schwester in dem Gedicht »Weggeleit für die Unzertrennliche« festgehalten:

> Da stehst du bei der Tür und hältst die Tasche.
> Wie traurig, schmerzerfüllt ist dein Gesicht.
> Solange Zeit bleibt, laß uns nochmals sprechen,
> Wenn du es willst, zusammen ein Gedicht.
>
> Laß uns nochmals mit gleicher Stimme sagen,
> Was bis hierher für beide von uns galt.
> Jetzt trennen sich die Wege, und im Herzen,
> Das bisher eines war, klafft nun ein Spalt.

Zum letzten Mal laß über dem Klaviere
Den Kopf uns neigen wie in alter Zeit.
Laß Lebewohl zum letzten Mal uns singen
Dem Lachen und dem Schmerz, die wir geteilt.

Nun denn, 's ist Zeit! Gepackt sind schon die Koffer,
Geschnürt das Plaid. Der Augenblick ist da!
Mag Gott behüten deine klare Stimme
Und deinen weisen Sinn von sechzehn Jahrn.

Wenn Sterne aufgehn über Wald und Feldern,
Dann werden wir, die unzertrennlich waren,
In Zügen, die verschied'ner Richtung gehen,
Getrenntem Schicksal nun entgegenfahren.[9]

Marina und Serjosha begeben sich in das Pferdegestüt Usen-Iwanowo im Gouvernement Ufa, Serjosha soll hier Stutenmilch trinken und zunehmen. Die Briefe, die Marina von hier schreibt, klingen anders als die aus Gursuf: »Lieber Max, wenn Du wüßtest, wie gern ich Dich habe! Du bist so fabelhaft lieb, zärtlich, vorsichtig, aufmerksam! Ich habe Dich an den Abenden in Staryj Krym so bewundert, Dein Mitgefühl. [. . .] Deine ständige Bereitschaft zu helfen . . . Ich bin dir schrecklich dankbar für Koktebel. [. . .] und überhaupt für alles, was Du mir gegeben hast. Wie werde ich Dir das jemals zurückzahlen?«

Und: »Max, es ist merkwürdig, wenn man sich plötzlich ganz selbständig fühlt. Für mich ist das eine Überraschung, mir schien immer, daß jemand anderer mein Leben lenken wird. Jetzt werde ich immer so handeln wie bei der Drucklegung meiner Gedichte. Ich werde hingehen und es ausführen. Gibst Du mir recht? Weiter habe ich gedacht, daß es dumm ist, glücklich zu sein, sogar unanständig! Es ist dumm und unanständig, so zu denken – da hast Du meine heutige Verfassung!«[10]

Im Herbst 1911 kehrten beide Paare von ihren »Sommerferien« nach Moskau zurück: Marina und Serjosha aus dem Steppengebiet von Ufa, Assja und Boris aus Finnland.[11] Das erste, was sie erfuhren, war, daß ihr Vater an Angina pectoris erkrankt war und sich im Ausland in einem Sanatorium erholte. Während Boris zu seinen Eltern zurückging, quartierte sich Marina in Erwartung der Rückkehr des Vaters im Trjochprudny pereulok ein. Anastassja

Iwanowna deutet in der 1981 erschienenen Fortsetzung ihrer Erinnerungen an, daß das »ältere« Paar vom ersten Moment an »sein Glück gefunden« habe, das jüngere jedoch nicht.

Wie die Aussprache zwischen Iwan Wladimirowitsch und Marina ausfiel, wissen wir nicht.

Kurz danach bezogen jedoch Marina und Serjosha eine Wohnung in Siwzew Wrashek Nr. 19, wohin ihnen Lilja und Vera Efron folgten, und Woloschins Mutter kam aus Koktebel, um den Haushaltsvorstand zu übernehmen. Serjosha, ein Jahr jünger als Marina, mußte wieder die Schule, das Moskauer Poliwanow-Gymnasium, besuchen.[12]

Marina bereitete dagegen die Publikation des zweiten Gedichtbandes *Wolschebny fonar (Laterna magica)* vor.

»Max, ich bin überzeugt, daß Dir mein zweiter Band nicht gefallen wird. Du sagst, er müsse besser sein als der erste, sonst wäre er schlechter«, baute Marina vor. Den Einband sollte die bewunderte Assja Turgenjewa entwerfen, die eine gelernte Graphikerin war. Auf diese Weise entstand zwischen den beiden jungen Künstlerinnen eine nähere Bekanntschaft. Es kam jedoch weder zu einer engeren Zusammenarbeit noch zu der Freundschaft, die Marina ersehnte, denn Assja fuhr mit Andrej Belyj nach Italien. Diese Abreise beschäftigte und verwirrte Marina tief; sie hielt dieses Ereignis in einem Gedicht fest und folgte später auf ihrer Hochzeitsreise nach Paris und Sizilien Schritt für Schritt den Spuren von Belyj und Assja.

Marina nahm in diesem Herbst eifrig am literarischen Leben von Moskau teil. Sie ging im »Musagetes« ein und aus, beteiligte sich an Vorträgen im Atelier des Bildhauers Kracht, besuchte Alexej Tolstoj und verkehrte auch mit Nikolai Berdjajew, wovon eine Photographie zeugt, die in den Erinnerungen Jewgenija Gerzyks abgedruckt ist.[13]

Im Herbst 1911 wird die junge Dichterin von Waleri Brjussow eingeladen, an einer Lesung in der »Gesellschaft für freie Ästhetik« im Palais Worstjakow teilzunehmen, bei der er den Vorsitz führt. Wahrscheinlich ist es Marinas Schüchternheit, die sie dazu verführt, Assja mitzubringen und trotz Brjussows Staunen zusammen mit ihr auf der Bühne zu erscheinen, um, wie sie es gewohnt sind, die Gedichte gemeinsam zu rezitieren. Anastassja Zwetajewa erinnert sich, daß ein freundliches Raunen durch die Reihen ging, als sie das Podium des riesigen Saales betraten: »Wegen des ›hohen

Niveaus‹ dieser literarischen Veranstaltung war das Klatschen verboten. Wir rezitierten einige Gedichte . . . Am Schluß trat ein Augenblick der Stille ein, dann prasselte der Beifall los wie Frühlingsregen. Wir standen verlegen da, verbeugten uns ungeschickt und liefen davon, gefolgt von donnerndem Applaus. Ich glaube, Brjussow war unzufrieden mit diesem Bruch der Etikette. Das war der erste Abend von Marinas beginnendem Ruhm.«[14]

Von diesem literarischen Ereignis existiert ein weiterer Augenzeugenbericht. Boris Sajzew erzählt:

»Zwei schmächtige, anmutige Fräulein, gleich gekleidet, sprechen auf dem Podium Gedichte. [. . .] Die Gedichte sind witzig, pointiert, die Mädchen sagen sie zwitschernd, eckig auf, etwas abrupt abbrechend. Nicht nur die Satzmelodie ist unisono, auch das Lächeln, das Zucken der nervösen Gesichter. Keine Ruhe, keine Stabilität. Aber es paßte zum damaligen Stil, und das Talent war spürbar.«[15]

Übrigens fand an diesem Abend – es war der 3. November 1911 – auch das literarische Debüt von Wladimir Majakowski statt.

Zu Weihnachten kann Marina den nächsten literarischen Triumph feiern. Am Heiligen Abend erfährt sie von Serjosha, daß an diesem Tag Einsendeschluß für einen Lyrik-Wettbewerb ist, den wieder der allmächtige Brjussow veranstaltet. Rasch entschlossen wählt sie aus dem im Druck befindlichen Band *Laterna magica* eines ihrer besten Liebesgedichte an Nilender, läßt es anonym, wie die Bedingungen vorschreiben, bei Brjussow abgeben und hat die Genugtuung, daß ihr Feind ihr den Sieg zugestehen muß. Aber Brjussow ist ein schlechter Verlierer: Marina bekommt nicht den ersten Preis, sondern »wegen ihrer Jugend« nur den ersten von zwei zweiten. Gewinner der anderen Hälfte ist ein weiteres eben entdecktes, vielversprechendes Talent: Wladislaw Chodassewitsch.

Kurz vor Zwetajewas Hochzeit im Januar 1912 kommt es zum ersten und einzigen Zerwürfnis mit Max Woloschin; Marina ist beleidigt, weil ihr Max aus Paris nicht gratuliert, sondern ihre Hochzeitsanzeige mit einem Kondolenzbrief beantwortet.

»Ihr Brief ist ein grober Fehler«, erwidert sie ohne Anrede. »Es gibt Gebiete, bei denen Spaß fehl am Platz ist, und Dinge, über die man mit Ehrfurcht sprechen oder schweigen soll, wenn dieses Gefühl überhaupt fehlt.«[16]

Das Mißverständnis ist zwar bald behoben, Marina und Serjosha telegraphieren nach Paris »Ta patte, cher ours unique«, doch zur Hochzeit erscheint Max trotzdem nicht.

Es ist anzunehmen, daß Woloschin nicht der einzige war, der diesem stillen Fest am 27. Januar 1912 in der Palaschewskaja-Kirche fernblieb. Die Endgültigkeit, mit der Marina Zwetajewa nach ihrer Eheschließung dem Milieu, aus dem sie stammte, den Rücken kehrte und nie mehr dorthin zurückging, sowie die unversöhnliche Feindschaft gegenüber ihrer Stiefschwester Walerija könnten möglicherweise ihre Wurzeln in Dingen haben, die im Zusammenhang mit ihrer unpassenden Heirat gesagt oder getan wurden.

Aber eines ist klar: Wenn auch die Gesellschaft, zu der Marina gehörte, nicht einverstanden war – Marina selbst war glücklich. Das geht deutlich aus ihrem Gedicht »Zur Freude« mit der Widmung »An S. E.« hervor, eigentlich dem einzigen in *Laterna magica,* das, trotz der düster-prophetischen letzten Zeile, froh und gelöst klingt.

Auf uns warten staub'ge Wege,
Hütten, flüchtig aufgestellt.
Uns erwarten Tierverstecke
Oder glänzende Parkette . . .
Liebster, Liebster, gleich den Göttern:
Uns gehört die Welt!

Überall sind wir zu Hause,
Alles steht uns zu Gebrauch.
Ob wir uns in Hütten finden,
Ob uns Prachtgemächer winken . . .
Liebster, Liebster, wie zwei Kinder
Teil'n die Welt wir auf!

Sonne brennt – von Nord nach Süden,
Oder auf dem Mond, wenn's paßt!
Heim und Pflugschar bleibt den andern –
Uns laß durch die Räume wandern . . .
Ewig sind wir bei einander,
Liebster, in Gefangenschaft.[17]

Assjas Abenteuer mit Boris Truchatschow ging schlecht aus. Als sie miteinander nach Finnland fuhren, war sie 16 Jahre alt und er

17. Die »ideale Harmonie« wollte sich nicht einstellen, schon in Finnland hatten sie sich nichts mehr zu sagen. Als sich gar im Herbst herausstellte, daß Assja schwanger war, blieb ihr nichts übrig, als sich auf Reisen zu begeben, um den schwerkranken Vater nichts merken zu lassen. Anfangs begleitete sie Boris nach Italien und Frankreich, von einer Heirat aber war nicht die Rede. Als er nach Rußland zurückfuhr, blieb Assja allein im Ausland, erst nach einiger Zeit erhielt sie ein Telegramm von Boris, in dem er ihr die Heirat antrug. »Er fügte hinzu, daß wir uns danach, wenn ich wolle, ja wieder trennen könnten.«[18]

Die Trauung fand nach Ostern 1912 statt. Im Sommer gebar Assja ihren Sohn Andrej.

II. Teil
Jugend

»Von 1912 bis 1920 habe ich kein Buch veröffentlicht, obwohl ich ununterbrochen schrieb. [. . .] Ich lebte, die Bücher lagen.«

(An Ju. Ivask, 4. April 1933)[1]

Achtes Kapitel

Warum die konservativen, kaiser- und staatstreu eingestellten Zwetajews und Ilowajskis über Marinas Ehe so entsetzt waren, wird verständlich, liest man, was Ariadna Sergejewna Efron, Marinas und Sergejs Tochter, über die Familie ihres Vaters schreibt.[2] Sie waren nicht nur Juden, sondern auch aktive Revolutionäre. Sergejs Urgroßvater war ein frommer, angesehener Rabbiner gewesen, sein Vater Jakow Konstantinowitsch schloß sich, wahrscheinlich unter dem Eindruck von Rassendiskriminierung und Pogromen, dem militantesten Flügel der radikalen Organisation »Semlja i wolja« (Erde und Freiheit) an. Ariadna Sergejewna verrät, daß ihr Großvater sogar einmal aktiv an der »Hinrichtung« eines Polizeispitzels beteiligt war, ein Mord, der nicht aufgeklärt werden konnte.

Als junger Revolutionär erblickte Jakow Efron eines Abends bei einer geheimen Zusammenkunft in Petrowsko-Rasumowskoje ein bildhübsches junges Mädchen, das direkt von einem Ball bei der Adelsversammlung im langen Kleid gekommen war. Es war Jelisaweta Petrowna Durnowo, ihr Vater war ein ehemaliger Adjutant des Zaren Nikolaus I. Aus idealistischen Motiven hatte sie sich ebenfalls der Terrororganisation angeschlossen, um für die Entrechteten zu kämpfen. Bald übten Jakow Efron und Jelisaweta Durnowo ihre konspirative Tätigkeit gemeinsam aus. Als die junge Aristokratin 1880 bei der Verbreitung von illegalem Material ertappt wurde, verhaftete man sie und lieferte sie in die Peter-Pauls-Festung ein. Ihre ahnungslosen Eltern erwirkten ihre Freilassung gegen Kaution; Jelisaweta floh jedoch ins Ausland. Kurze Zeit später folgte ihr Jakow Efron, sie heirateten, die ersten drei Kinder wurden geboren, die Familie litt große Not. Nach sieben Jahren durften sie heimkehren. Jakow Konstantinowitsch stand in Rußland unter Polizeiaufsicht, arbeiten durfte er nur als Versicherungsagent. Im Laufe der Zeit kamen sechs weitere Kinder auf die Welt, mehrere starben. Die Familie lebte in exemplarischer Harmonie, aber weiterhin sehr ärmlich, da Jelisaweta zu stolz war, ihre Familie um Hilfe zu bitten. Sie und die ältesten Kinder setzten ihre konspirative Tätigkeit fort, sie veranstalteten geheime Zusammenkünfte und versteckten Menschen und Sprengmaterial. Serjosha, das zweitjüngste Kind, war zwölf Jahre alt, als die Unruhen von 1905 ausbrachen; er mußte weiterhin die Schule besuchen, während Mutter und Geschwister sich an den Moskauer Straßenkämpfen beteiligten.

Nach ihrer Niederschlagung brach die Katastrophe über die Familie herein: Jelisaweta Petrowna wurde des Landes verwiesen, als einzige Vergünstigung durfte sie Konstantin, den jüngsten Sohn und Sergejs Lieblingsbruder, mitnehmen. 1909 starb in Paris der Vater, im Jahr darauf erhängte sich der vierzehnjährige Konstantin, und einen Tag später schied die verzweifelte Mutter freiwillig aus dem Leben. Alle drei liegen in Paris begraben. Serjosha, der seine Mutter abgöttisch geliebt hatte, erkrankte an Tuberkulose; nur der aufopfernden Pflege seiner Schwestern Lilja und Vera war es zu verdanken, daß er genas. Der Aufenthalt in Koktebel im Frühjahr 1911 sollte seine Gesundheit kräftigen. Ist es ein Wunder, daß nach allen diesen Erlebnissen Gesundheit und seelisches Gleichgewicht Sergej Efrons für immer labil blieben?

1912 gehörte die revolutionäre Tätigkeit der Efrons der Vergangenheit an. Eine Schwester Sergejs war Schauspielerin, die andere betätigte sich als Regisseurin. Der gemeinsame Haushalt wurde nach Marinas Hochzeit aufgelöst. Dank der Freigebigkeit von Tante Tjo, der inzwischen verwitweten zweiten Frau von Marinas Großvater, war das junge Paar imstande, ein eigenes Haus im Moskauer Stadtteil Samoskworetschije zu kaufen. Hier kam 1912 Alja zur Welt. Als der Krieg ausbrach und das Haus als Lazarett zur Verfügung gestellt wurde, fand die junge Familie ein neues Heim in der Borissoglebskaja uliza Nr. 6 (heute Pissarew uliza), wo Marina und Alja bis zu ihrer Ausreise im Jahr 1922 wohnten. Es ist das Haus mit den zwei Pappeln, das von mehreren Schriftstellern beschrieben wurde, besonders ausführlich von Anastassja Zwetajewa.[3]

Von Sergej Efron als Menschen zeichnen seine Zeitgenossen übereinstimmend das Bild eines schönen, aber schwachen Menschen, der ohne Stütze nicht leben konnte. Boris Sajzew beschreibt ihn als »eleganten Jüngling mit wirklich bezaubernden Augen«, Nikolai Jelenjew als »großen Brünetten mit schmerzlich hochgezogenen Augenbrauen, grauen Augen, glatt rasierten, bläulich schimmernden Wangen und einer schweren Kinnpartie, die an einen Affen erinnerte«, Mark Slonim als »groß und schlank, mit schmalem, hübschem Gesicht, langsamen Bewegungen und einer etwas heiseren Stimme«. Marcel Orbec, ein französischer Schulfreund, der mit Serjosha 1912 das Poliwanow-Gymnasium besuchte, erinnerte sich an seine Eitelkeit und sein Geltungsbedürfnis, und auf Jelenjew machte er bereits 1914 den Eindruck eines schüchternen, hilfesuchenden, seiner Frau unterlegenen Mannes. »Im Leben fühlte er sich als Stiefkind. Das Ghetto seines Ichs hat Efron niemals und in keiner Umgebung überwunden.«[4]

Die Verwandten beurteilen Sergej Efron anders. Anastassja Zwetajewa schätzte ihren »weichen, freundlichen, bezaubernden Schwager« außerordentlich; sie unterstreicht, wie gut Serjosha und Marina zueinander paßten und wie glücklich sie waren, sie sagt, daß ihre Vertrautheit von Tag zu Tag gewachsen sei. Bei Ariadna Efron merkt man, sie hatte nur einen Wunsch, den geliebten Vater vor Angriffen und Verdächtigungen zu schützen. Auch Véronique Lossky, die Ariadna Sergejewna während eines Moskauaufenthaltes häufig sah, bezeugt, daß sie stets die Partei ihres Vaters ergriffen und »sein Andenken leidenschaftlich verteidigt habe«.[5]

Slonim versichert, Marina Zwetajewa selbst habe die beste Beschreibung ihres Mannes gegeben und sie habe ihn 1933 immer noch so gesehen, wie er ihr 1913 erschienen war:

Ich trage seinen Ring voll Stolz und bin
Für immer sein, nicht nur auf dem Papier.
Sein schmales ungewöhnliches Gesicht
Gleicht dem Rapier.

Ein schweigsam Mund, die Winkel senken sich
Fast qualvoll schön die Brauen hingeschrieben.
Zwei Ströme altes Blut mischen tragisch sich
In seinen Zügen.

Er ist so biegsam wie ein schlanker Zweig,
Die Augen leuchten zwecklos-wunderbar:
Zwei Tiefen unter edlem Brauenschwung,
Nicht auslotbar.

In diesem Menschen bin dem Rittertum ich treu,
Das furchtlos hinnahm Leben und den Tod.
In schweren Zeiten schreiben Leute eurer Art
Gedichte – und besteigen das Schafott![6]

Die junge Frau war in ihren Gatten sehr verliebt. »Wenn Sie wüßten, was für ein feuriger, großmütiger, tiefer Jüngling er ist«, schreibt sie am 7. März 1914 an Wassili Rosanow. »In den zwei oder fast drei Jahren unseres gemeinsamen Lebens hat es niemals auch nur den geringsten Schatten eines Zweifels zwischen uns gegeben. Unsere Ehe ähnelt so wenig einer gewöhnlichen Ehe, daß ich mich gar nicht verheiratet fühle und mich überhaupt nicht verändert habe. [. . .] Wir werden uns nie trennen. Unsere Begegnung ist ein Wunder!«[7]

Aber sie waren grundverschieden. Serjosha brauchte eine Idee, der er dienen konnte – zuerst war es Marina, später die Treue zu Rußland, noch später der Kommunismus. Marina diente nur einer Idee: dem Wort und der Kunst. Innerlich waren sie einander fremd; sie hatten ihre Gemeinschaft wohl zu früh und zu unüberlegt begonnen: »Eine frühe Ehe aber (wie bei mir) ist überhaupt eine Katastrophe, ein Schlag fürs ganze Leben«, schrieb Marina Zwetajewa am 26. Mai 1934 an Anna Tesková. Und obwohl Mark Slonim versichert, daß sie in Wirklichkeit niemanden geliebt habe außer ihren Mann, obwohl sie ihn in der Stunde der Not nicht im Stich ließ und ihm ins Verderben folgte, kennen wir keine schriftliche und lyrische Äußerung von ihr, aus der zu entnehmen wäre, daß sie ihn in seiner ganzen menschlichen Statur, in seiner Größe wie in seiner Schwäche, wirklich erkannt und angenommen hätte.

Unmittelbar nach Marinas Hochzeit erschienen Sergejs Erzählung *Detstvo* (Kindheit), in der er ein Porträt Marinas zeichnet, und Marinas zweiter Gedichtband *Laterna magica*. Ebenso wie beim ersten Band betrug die Auflage 500 Stück. Nur ein Teil der Gedichte war neu; der ganze Zyklus *Kinderchen* muß, wie aus der Thematik und der Kinderzimmersprache zu schließen ist, bereits vor dem *Abendalbum* entstanden sein.[8] Der wichtigste Abschnitt des Buches, überschrieben *Nicht zur Freude*, enthält jene Gedichte an Nilender, die die Dichterin in den ersten Band nicht aufgenommen hatte, weil sie zuviel von ihrer Seele preisgaben.

Laterna magica wurde von der Kritik ausgesprochen unfreundlich behandelt. Es wurde übel vermerkt, daß die junge Künstlerin wohlmeinende Ratschläge nicht beherzigt und keine »Fortschritte« gemacht habe. Alle Kritiker übersahen, daß es sich zum Teil um ältere Gedichte handelte. Nikolai Gumiljow schrieb:

»Das erste Buch von Fräulein Zwetajewa hat uns gezwungen, an sie zu glauben – vielleicht am meisten an ihre ungekünstelte Kindlichkeit, die so herzig-naiv keinen Unterschied zwischen Kindheit und Erwachsensein macht. *Laterna magica* ist dagegen bereits eine Fälschung. [. . .] Die gleichen Themen, die gleichen Bilder, nur blasser und gelangweilter, so als wären es keine Erlebnisse oder Erinnerungen an Erlebnisse, sondern nur Erinnerungen an Erinnerungen. Das gleiche gilt für die Form. [. . .] Man sagt, daß das zweite Buch bei jungen Dichtern meist das am wenigsten gelungene ist. Wir wollen darauf bauen.«[9]

Waleri Brjussow entdeckte in *Laterna magica* das ihm gewidmete Spottgedicht. Er reagierte beleidigt und völlig humorlos und bemerkte nicht einmal, daß Marina darin seine eigenen Worte aus seiner Kritik ihres ersten Buches persifliert hatte: »Fräulein Zwetajewa ist sich selbst treu geblieben, sie fährt fort, ihre Themen im engen Bereich ihres intimen Privatlebens zu suchen, und ist darauf sogar noch stolz: ›Klare Gefühle, notwend'ge Gedanken hat mir Gott nicht gegeben!‹ Schließlich könnte man es dabei bewenden lassen, denn jeder schreibt über das, was ihm nahe, lieb und bekannt ist. [. . .] Fünf bis sechs wirklich schöne, poetische Gedichte gehen in ihrem Buch in einer Woge von ›Albumsverslein‹ unter, die, wenn überhaupt, nur ihre guten Bekannten interessieren können.«[10]

Im Mai 1912 versammelten sich alle Zwetajew-Kinder zum letzten Mal um ihren Vater. Das große Ereignis dieses Jahres, die Eröffnung des Alexander-III.-Museums der Schönen Künste, brachte Iwan Wladimirowitsch Zwetajew nicht nur die Krönung seines Lebenswerkes und die ihm so lange vorenthaltene Anerkennung, sondern auch ein besseres Verhältnis zu seinen Töchtern. Der »kolossale jüngere Bruder«, wie Anastassja Zwetajewa das Museum bezeichnet, wurde am 31. Mai 1912 in Gegenwart der kaiserlichen Familie und der Spitzen von Staat und Gesellschaft mit einem feierlichen Gottesdienst eröffnet. Beide Schwestern haben diesen Festakt beschrieben, Marina in *Otez i jego musej* (Vater und sein Museum). Beide hatten Mühe, die Veranstaltung bis zum Schluß durchzustehen, denn beide erwarteten ihr erstes Kind.

Die Geburt der kleinen Ariadna am 5. September 1912 war für Marina Zwetajewas innere Entwicklung bedeutsam. Taufpaten waren Professor Zwetajew und Woloschins Mutter Pra aus Koktebel. Auf Ariadna (Alja) konzentrierte sich sehr bald Marinas abgöttische Liebe, die in zahlreichen Texten in den *Jugendgedichten* zum Ausdruck kommt.

Im März 1913 erschien im Verlag »Ole Lukoje« der Auswahlband *Is dwuch knig* (Aus zwei Büchern) in einer Auflage von 1000 Stück. Darin waren jene Gedichte enthalten, die der Dichterin selbst am besten gefielen; allerdings fehlten die allzu intimen Ergüsse. Dieser Band fand einen größeren Leserkreis und freundliche Aufnahme bei der Kritik:

»Fast möchte man glauben, daß eine Dichterin im Kommen ist, die über sich – über die Frau – die ganze Wahrheit sagen wird, so einfach und verständlich, wie Puschkin die Seele des Mannes beschrieben hat«, urteilt W. Narbut prophetisch im »Westnik Jewropy« (Bote Europas).[11]

Wieder hatte es Marina gereizt, ein neues Spottgedicht über Waleri Brjussow aufzunehmen. Diesmal zog Brjussow es vor zu schweigen. Aber »in seiner versteinerten Seele dauerte das Echo ein Leben lang«.[12]

Kurz vor seinem Tode wurde Professor Zwetajew eine weitere Genugtuung zuteil: Bei der Fünfzigjahrfeier des Rumjanzew-Museums, seiner ehemaligen Arbeitsstätte, war er es, der die Glückwünsche der Akademie der Bildenden Künste und des Alexander-III.-Museums in einer Rede überbrachte.[13] Doch dann waren seine Kräfte erschöpft. Auf einem Gut in der Nähe von Klin erlitt er eine Herzattacke und wurde am 27. August in hoffnungslosem Zustand nach Moskau zurückgebracht. Am 30. August starb er im Beisein von Marina und Andrej. Als Assja aus Koktebel herbeieilte, traf sie ihn nicht mehr am Leben an.

Iwan Wladimirowitsch Zwetajew wurde auf dem Moskauer Wagankowski-Friedhof neben seiner Frau begraben. Sein Tod berührte die beiden Schwestern tief, denn im nachhinein kam ihnen zum Bewußtsein, daß sie ihrem guten, wehrlosen alten Vater viel Kummer bereitet hatten, wenn sich das Verhältnis zu ihm schließlich auch gebessert hatte.

»In den letzten Jahren spürte er unsere Liebe«, schreibt Marina Zwetajewa am 8. 4. 1914 an Rosanow, »früher hat er sehr unter uns gelitten. Er wußte überhaupt nicht, was er mit uns anfangen sollte. Als wir heirateten, war er sehr besorgt um uns, er kannte weder Serjosha noch Boris. Serjosha gewann er später lieb, er glaubte ihm, daß es ihm mit seinem Streben nach höherer Bildung ernst war – das war für Vater das Wichtigste. Als Menschen kannte er weder Serjosha noch Boris, er hatte keine Ahnung von denen, die wir lieben ...«[14]

Daß Marina Zwetajewa durch ihre Heirat und Familiengründung, durch ihre Emanzipation vom Vaterhaus tatsächlich einen großen Sprung nach vorn machte, und in ihrer geistigen Entwicklung eine neue Etappe begann, ist am besten aus den Gedichten zu erkennen, die sie zwischen 1913 und 1915 schrieb. Sie haben mit den überschwenglich-romantischen Ergüssen ihrer Jungmädchenzeit nicht mehr viel gemeinsam; eine neue, unverwechselbare Persönlichkeit nimmt immer deutlichere Konturen an. Marina Zwetajewa verstand das selbst sehr gut und maß diesen Gedichten große Bedeutung bei. Sie faßte thematisch Zusammengehörendes zu Zyklen zusammen, auch wenn es manchmal nicht zur gleichen Zeit entstanden war, und konzipierte einen Band, der ein organisches Ganzes bildete und die Fortsetzung der beiden ersten darstellte, und gedachte ihn als dritten Band ihres Œuvres unter dem Titel *Junoscheskie stichi* (Jugendgedichte) zu veröffentlichen. Damit beeilte sie sich aber nicht sonderlich. Marina lebte, die Bücher lagen. Es mutet grotesk an, paßt aber in die Lebensgeschichte Zwetajewas, daß sie dies lange taten: In der Form, wie ihn die Dichterin geplant hatte, ist der Band erst 1976 erschienen, mehr als 60 Jahre nach seiner Entstehung und 35 Jahre nach dem Tod der Verfasserin. Teile daraus, viele Gedichte, die in romantischer Weise von Tod, Gräbern, Vergehen des Irdischen sprechen oder die an ihre Tochter gerichtet sind, wurden schon früher bekannt.[15]

Vertieft man sich allerdings in jene Abschnitte, von denen wir erst seit kurzer Zeit wissen, so wird verständlich, warum die Dichterin selbst zögerte, den Band der Öffentlichkeit preiszugeben. Es sind ihr erstes längeres Poem »Tscharodej« (Der Zauberer), eine Beschreibung ihrer Freundschaft mit Ellis, das Marina ihrer Schwester Assja widmete, und der Gedichtzyklus *Podruga* (Die Freundin).

Doch der Band *Jugendgedichte* enthält auch eine Reihe von Werken, die von einer gelösten, fröhlichen Stimmung zeugen, und daß die Gegenwart glücklich ist, darüber kann kein Zweifel bestehen. Aus der Datierung der Gedichte ist zu ersehen, was mittlerweile auch mit wissenschaftlicher Akribie festgestellt wurde: Die junge Familie Efron hat sich im Frühling 1913 in Koktebel aufgehalten.[16] Dort wurde sie immer herzlich aufgenommen, Max Woloschin malte für Marina ein Bild, Marina und Serjosha schenkten Pra ein Buch mit ihrer gemeinsamen Widmung; sie fühlten sich umgeben von einer Atmosphäre der Freundschaft und des Verständnisses, die auf Marinas Schaffen zurückstrahlte. Ein neues, bisher nicht beobachtetes Selbstbewußtsein, ein neues Gefühl ihrer dichterischen Kraft spricht aus den berühmten Zeilen vom 13. Mai 1913:

Für meine Dichtungen, die ich geschrieben,
Eh ich mich zählte selbst zu den Poeten,
Die explodierten wie Fontänenspritzer,
Wie Funken aus Raketen,

Für die Gedichte, die wie kleine Teufel
In Sphären drangen, wo sonst Traum und Schlaf
Nur wohnen, die von Tod und Jugend sprechen –
Die niemand las –

Die hinten im Geschäft im Staube liegen,
Die keinen int'ressiern, die niemand mag –
Für die Gedichte, wie für gute Weine
Kommt einst der Tag![17]

Weiß sie im sonnigen, sorglosen Koktebel des Jahres 1913, wie recht sie mit dieser Feststellung hat? Jedenfalls hat Marina Zwetajewa dieses Gedicht ihr Leben lang für eines ihrer wichtigsten gehalten: »Die Formel – im voraus erahnt – meines ganzen schriftstellerischen (und menschlichen) Schicksals«, schrieb sie 1933 an Juri Ivask und fügte hinzu: »Ich habe alles gewußt – von Geburt an.«[18]

Sogleich nach dem Tod von Professor Zwetajew kehrten sowohl Marina als auch Assja in den Süden zurück. Beiden erschien Moskau ohne Vater unerträglich, beide hatten außerdem familiäre Gründe: Assjas Mann hatte sich von Sohn und neunzehnjähriger Frau getrennt, Marinas Mann mußte einen neuerlichen Anfall von Tuberkulose kurieren und versuchen, endlich die Reifeprüfung zu bestehen. Die Familie Efron stieg für kurze Zeit in Jalta ab und quartierte sich dann am 18. Oktober in der Villa Redlich in Feodossija ein, auf einem Hügel in der Karaimskaja Sloboda, der einen Rundblick über Stadt und Küste bot. Assja fand mit dem einjährigen Andrjuscha und dessen Njanja eine Wohnung in einer

Entfernung von zehn Minuten. Hier blieben sie bis zum Sommer 1914.

Anastassja beschreibt in der 1974 erschienenen 2. Auflage ihrer Erinnerungen diesen Winter in Feodossija. Die beiden Schwestern sahen sich häufig, sie nahmen regen Anteil am kulturellen Leben der Stadt und rezitierten wie früher gemeinsam Marinas Gedichte bei öffentlichen Veranstaltungen, z. B. am 24. November bei einem Wohltätigkeitsabend der »Jüdischen Gesellschaft zur Unterstützung der Armen«, bei dem auch Sergej Efron mitwirkte, oder am 15. Dezember, zusammen mit Maximilian Woloschin, bei einem »Abend der Poesie und Musik«. Sie lasen auch in Privathäusern. Meist war auch Max Woloschin anwesend, er kam zu Fuß aus Koktebel herüber. Das Neujahr 1914 begrüßten Marina, Assja und Serjosha in Koktebel; sie kamen in einem fürchterlichen Schneesturm an, und in der gleichen Nacht wäre um ein Haar der berühmte Woloschinsche Turm abgebrannt, wie Marina Zwetajewa in *Ein lebendiges Wort über einen Lebenden* beschreibt.

Anastasija Zwetajewa betont, daß Marina in diesem Jahr in Feodossija, zu voller Schönheit erblüht und getragen von Liebe und Bewunderung, die ihr von allen Seiten entgegengebracht wurde, glücklich war.

In Feodossija hat Marina einige Briefe an den Religionsphilosophen Wassili Rosanow geschrieben (bekannt sind derzeit drei), die wegen vieler biographischer Einzelheiten wichtig sind. Die Beziehung hatte Assja geknüpft, die ein Buch Rosanows gelesen und ihm daraufhin geschrieben hatte. Der alte Herr schrieb zurück und Marina war von diesem »genau richtigen« Brief so begeistert, daß sie die Beantwortung übernahm. Sie erzählt dem berühmten Schriftsteller am 7. 3. 1914 von ihrer Herkunft, von ihrer Ehe und berichtet ihm:

»Ich glaube überhaupt nicht an die Existenz Gottes und an ein Weiterleben nach dem Tod. Davon kommen meine Hoffnungslosigkeit und meine Angst vor dem Alter und dem Tod. Ein völliges Unvermögen meiner Natur: zu beten und mich zu unterwerfen. Eine grenzenlose Liebe zum Leben, eine fieberhafte Lebensgier. [. . .] Vielleicht verstoßen Sie mich jetzt deswegen, aber ich bin ja unschuldig. Wenn Gott existiert, so ist er es, der mich so erschaffen hat!«[19]

Daneben hat sie auch irdische Sorgen: Serjosha hat immer noch Schwierigkeiten in der Schule. Der Schuldirektor ist ein Verehrer

Rosanows, deshalb bittet Marina ihn um ein Buch mit persönlicher Widmung und erhofft sich davon ein gutes Resultat bei der bevorstehenden Prüfung: »Wenn er durchfällt, ist es möglich, daß er im Herbst als einfacher Soldat einrücken muß, trotz seiner kranken Lunge und seines kranken Herzens. Dann ist er verloren!« Ob Rosanow Marinas Bitte erfüllt hat, wissen wir nicht, Sergej jedoch bestand die Reifeprüfung.

Am 1. Juni 1914 übersiedelten alle nach Koktebel. Hier waren in diesen letzten Friedenstagen auch die Malerin Julia Obolenskaja und der Maler Kandaurow, Bühnenbildner am Maly Teatr und Sekretär der Zeitschrift »Mir iskusstwa« (Welt der Kunst), anzutreffen. »Einen sommerlichen Wirbelsturm von Verrücktheit«, nennt Woloschin in seinen Erinnerungen diesen Sommer 1914. Er selbst verließ Koktebel gerade noch rechtzeitig vor Kriegsausbruch – er wollte Rudolf Steiner treffen – und kehrte erst im Frühjahr 1916 auf großen Umwegen nach Rußland zurück. Alexej Tolstoj tadelt »den Leichtsinn und die Flatterhaftigkeit der Neuankömmlinge« in Koktebel. Es scheint, daß auch die Zwetajew-Schwestern in diesen Wirbelsturm hineingezogen wurden, denn am 9. Juli berichtete Julia Obolenskaja einer Freundin: »Marina und Assja haben sich mit allen Datschabewohnern zerstritten und sind vor wenigen Tagen [. . .] nach einem grandiosen Skandal ganz aus Koktebel abgereist.«[20]

Die Efrons fuhren zurück nach Moskau. Assja blieb mit ihrem kleinen Sohn und der Kinderfrau noch im Süden. Eindrucksvoll beschreibt sie in ihren Erinnerungen, wie sie wenige Tage vor Kriegsausbruch von einem Wirbelsturm heimgesucht wurden, der das Tal verwüstete und sie um ein Haar das Leben gekostet hätte.

Neuntes Kapitel

Der Grund für die überstürzte Rückkehr der Familie Efron nach Moskau war die unerwartete Heimkehr von Sergejs ältestem Bruder, Pjotr Jakowlewitsch Efron, der bis dahin Schauspieler in Paris gewesen war. Er war schwer krank und starb wenige Wochen später an Tuberkulose. Marina war von diesem Ereignis tief erschüttert. Auch war die Stimmung, die den Efrons in Moskau entgegenschlug, nicht ermutigend. Ihr erstes in Moskau datiertes Gedicht, das nicht in die Kriegsbegeisterung ihrer Landesgenossen einstimmt, beginnt:

> Der Krieg, der Krieg – Gedräng bei den Ikonen
> Und Sporenklang.
> Was kümmert mich der Hader unter Herrschern,
> Was Völkerzank . . .[1]

Über Ausbruch und Verlauf des Krieges, den Zusammenbruch des Zarenreiches und die Februar- und Oktoberrevolution 1917 gibt es unzählige Werke. Die Akzente, die darin gesetzt werden, variieren je nach Position der Autoren, auch weiß man heute recht genau, was in diesen Jahren in Rußland geschah. Dennoch verdienen zwei Zeugenaussagen besondere Aufmerksamkeit, weil sie von gebildeten und kompetenten Menschen stammen, die ihre Beobachtungen unmittelbar unter dem Eindruck des Geschehens in Briefen festhielten, welche unzensiert mit Kurierpost nach Frankreich gingen und dort erhalten blieben. Es sind dies die *Lettres à Marie* des Ersten Sekretärs der französischen Botschaft, Comte Charles de Chambrun, und die Briefe, die der mit ihm befreundete, liberal denkende Großfürst Nikolai Michajlowitsch, ein Onkel des Zaren, Historiker, Schriftsteller und Landwirtschaftsexperte, an den Pariser Historiker Frédéric Masson richtete. Beide Sammlungen wurden erst Jahrzehnte nach ihrem Entstehen veröffentlicht.[2]

Am 15. (28.) Juli, also einen Tag bevor Marinas Gedicht über den Krieg entstand, war Chambrun anwesend, als der Kriegsminister während eines Diners bei der Gräfin Kleinmichel zum Telefon gerufen wurde und mit der Mitteilung zurückkam: »Oui, c'est vrai, l'Autriche a déclaré la guerre à la Serbie. Soyez sans crainte, la Russie est prête.«

Im Land erhob sich eine Welle der Begeisterung, des Patriotismus und Deutschenhasses. Auch Großfürst Nikolai Michajlowitsch stimmte in diese deutschfeindlichen Töne ein. Das Volk und die jungen Offiziere strömten zu den Waffen, überall bildeten sich Kriegshilfskomitees; Mädchen und junge Frauen aus den besten Häusern begannen, in Spitälern als freiwillige Krankenschwestern zu arbeiten; wer nicht kämpfen konnte, meldete sich als Sanitäter an die Front. Einer der ersten von ihnen war Sergej Efron, trotz seiner kranken Lunge und seines schwachen Herzens.[3]

Dies alles konnte nicht verschleiern, daß Rußland nicht für einen modernen Krieg gerüstet war, daß es vor allem die Nachschubprobleme nicht lösen konnte. Bereits zwei Wochen nach Kriegsbeginn kam es zur schrecklichen Niederlage in Ostpreußen, die von Solschenizyn mit allen ihren Folgen beschrieben wurde.

Der junge Nikolai Jelenjew war durch den Kriegsausbruch in Graz überrascht worden. Als er nach einer längeren Irrfahrt in Moskau eintraf, war er verblüfft über den Gegensatz zwischen dem kriegerischen Aufbruch des Landes auf der einen Seite, den langen Truppentransporten, den spontan, aus überströmender Hilfsbereitschaft kommenden Bemühungen, den Verwundeten zu helfen, und auf der anderen Seite über das völlige Ignorieren des Krieges durch die Intelligenzija. Während auf den Schlachtfeldern Tausende verbluteten, bewegte sie sich unbeirrt weiter im eng gezogenen Kreis ihrer künstlerischen Interessen. Und hier finden wir auch Marina Zwetajewa, die sich voll Eifer ins Moskauer Kulturleben stürzte.

Sergej Efron, der angefangen hatte zu studieren, meldete sich im Februar 1915 freiwillig zur Arbeit in einem Sanitätszug, ein Entschluß, der wohl auch dadurch motiviert war, daß seine Ehe sich in einer tiefen Krise befand. Denn bei einer literarischen Veranstaltung hatte Marina Zwetajewa die etwas ältere Kritikerin und Übersetzerin Sofija Parnok kennengelernt, die, wie Karlinsky schreibt, »offen und aggressiv lesbisch veranlagt war«.[4] Auf beiden Seiten war es Liebe auf den ersten Blick. Das leidenschaftliche Verhältnis dauerte vom 14. Oktober 1914 bis zum Februar 1916 an, abrupt und für immer wurde es in Koktebel abgebrochen. Die Höhen und Tiefen dieser stürmischen Freundschaft sind in dem Zyklus *Freundin* in den *Jugendgedichten* nachzulesen, auch wenn hier, wie so oft bei Marina Zwetajewa, die Grenze zwischen Wahrheit und Dichtung fließend ist.[5] Fest steht jedoch, daß dieses Liebesverhältnis für beide Frauen ein zentrales Erlebnis war, das den Charakter und das Schaffen Zwetajewas beeinflußt hat. Ein Echo ihrer Leidenschaft klingt selbst in dem Gedichtband *Wersty* (Werstpfähle) aus dem Jahr 1916 nach.

Im Winter 1914/15 stand Marina Zwetajewa in engster Verbindung mit dem neu gegründeten Kammertheater. Gerade erst hatte sich der junge Regisseur A. Ja. Tairow, der bis dahin Assistent am Freien Theater gewesen war, auf eigene Beine gestellt und mit seiner modernen »Sakuntala«-Inszenierung Tschechows Kampfgefährten im Künstlertheater den Fehdehandschuh hingeworfen. Nun spielte er im kulturellen Leben der zweiten Hauptstadt die erste Geige, und illustre Persönlichkeiten wie Nikolai Berdjajew, Wjatscheslaw Iwanow und Waleri Brjussow gingen bei ihm ein und aus. Im Kammertheater wurde nicht nur Theater gespielt, es wurden Lesungen veranstaltet und Feste gefeiert.

Es war bei einer dieser Gelegenheiten, einem Fest zu Ehren des greisen Choreographen Marius Petipa, als Nikolai Jelenjew Marina Zwetajewa zum erstenmal erblickte. Ihn fesselte sogleich ihr durchgeistigtes, innere Spannungen verratendes Gesicht, das ihn an das Bild eines Pagen auf den Vatikanischen Fresken erinnerte:

»Die Form ihrer wohlproportionierten Nase mit dem leichten Bug paßte wunderbar zu ihrer hohen, steilen und mächtigen Stirn. Aber die grauen Augen waren kühl und klar. Diese Augen kannten keine Angst, noch weniger aber Demut oder inständiges Flehen. Alle, die ihre Bekanntschaft machten, überzeugten sich vom ersten Augenblick an von ihrer Begabung und glaubten an ihr natürliches Weiterwachsen. Auch jene, die sie nicht liebten und sich von ihr abgestoßen fühlten, konnten nicht umhin, zuzugeben, daß Zwetajewa eine außergewöhnliche Persönlichkeit war.«

Marina ist der allgemeine Mittelpunkt der Veranstaltung, unter großem Beifall trägt sie ein improvisiertes Gedicht an den Jubilar vor, an dem Jelenjew Anstoß nimmt:

»Niemals, weder vorher noch später, habe ich etwas gehört, das so eindeutig erotisch war. Aber erstaunlicherweise war das erotische Thema unterkühlt, entsinnlicht und bar jedes verführerischen Reizes oder Gefühls. Das Sonett von Zwetajewa war ein bemerkenswertes Beispiel poetischer Meisterschaft und des kalten Verstandes. Eine kaum feststellbare Spur von Ironie vernichtete wohlüberlegt, voll Berechnung, seinen amourösen Sinn.«[6]

1915 war das Jahr des größten, wenn auch kurzen Triumphes der kaiserlich-russischen Armee, der Besetzung der österreichisch-ungarischen Festung Przemysl in Galizien, aber bereits im Mai ging nach der deutsch-österreichischen Offensive bei Gorlice Galizien wieder verloren. Der Großfürst Nikolai Michajlowitsch schrieb dies dem Mangel an Kriegsmaterial und der schlechten Führung zu, während er für die Tapferkeit und Opferbereitschaft der Soldaten immer wieder Worte höchsten Lobes fand.

Im August 1915 übernahm der Zar persönlich den Oberbefehl über die russischen Streitkräfte und verbrachte nun den Großteil seiner Zeit im Hauptquartier in Mogiljew. Die Zarin (»La Hessoise« nennt sie Nikolai Michajlowitsch erbittert) hatte dadurch alle Macht in Händen und gebrauchte sie nach den Anweisungen Rasputins, des sibirischen Wunderheilers, der die Leiden des kranken Kronprinzen lindern konnte und daher die Kaiserin vollkommen beherrschte. Die getroffenen politischen und personellen Entscheidungen waren meist denkbar schlecht.

»Bei Ihnen droht Gefahr von den Sozialisten, bei uns von den unbelehrbaren Rechtsstehenden und vor allem von einigen mystischen Tendenzen, die die öffentliche Meinung zur Verzweiflung bringen. So klammert sich zur Stunde der Ministerpräsident Goremykin an seine Posten, trotz der Opposition aller seiner Kollegen, und bleibt an der Macht, unterstützt von den mystischen Einflüssen, an deren Spitze die Zarin Alexandra steht«, schreibt der Großfürst am 14. Oktober an Masson und fügt am 9. November hinzu: »Was die Innenpolitik betrifft, so sind meine Befürchtungen für das, was nach dem Krieg kommt, enorm.«[7]

Er läßt keinen Zweifel daran, daß er nicht der einzige der kaiserlichen Familie ist, der den Zaren bei jeder möglichen Gelegenheit vor den Folgen seiner Schwäche warnt.

Von all diesen Dingen ist in den *Jugendgedichten* nichts zu bemerken. Dennoch gibt es zwei Stellungnahmen zum aktuellen Geschehen, und beide sind für Marina Zwetajewa sehr bezeichnend. Die erste betrifft den Deutschenhaß, der sich besonders zu Kriegsbeginn förmlich überschlug. Marina stellt sich auf die Seite des Landes, das ihr das schwache und verfolgte zu sein scheint und das sie immer schon als zweite Heimat geliebt hat.

An Deutschland

Die Welt lechzt danach, dich zu jagen,
Viel' Feinde verfolgen nur dich.
Wie könnte auch ich dich verraten,
Auch ich dich lassen im Stich?

Wer schenkt mir die wägende Einsicht:
»Dein Auge für meins! Zahn um Zahn!«
Oh, Deutschland, du meine Liebe,
Oh, Deutschland, du mein Wahn ...[8]
[...]

Daß dieses Gedicht im kriegführenden Rußland nicht erscheinen konnte, ist einleuchtend. Marina rezitierte es aber oft bei privaten Dichterlesungen. Ein anderes Gedicht, das sie am 3. Oktober 1915 geschrieben hat, wurde allerdings im August 1916 in der linksliberalen Zeitschrift »Sewernye sapiski« (Nordische Annalen) abgedruckt, und in ihm spiegelt sich die andere Seite von Marinas Einstellung zum Krieg.

Ich kenne die Wahrheit und weiß, alles Frühre ist falsch!
Die Menschen dürfen auf Erden sich nicht bekämpfen!
Sieh, es wird Abend, gar bald schon zeigt sich die Nacht.
Was wohl bewegt sie, die Dichter, die Liebsten, die Feldherrn?

Siehe, schon legt sich der Wind, auf der Erde glänzt Tau,
Bald schon beginnt hoch am Himmel der Sterne Flimmern.
Unter der Erde schlafen wir alle bald aus,
Die wir einander auf Erden am Schlafen hindern.«[9]

Zehntes Kapitel

Durch die Vermittlung von Sofija Parnok, die regelmäßig für die Petrograder Literaturzeitschrift »Nordische Annalen« schrieb, hatte Marina Zwetajewa ein Publikationsforum gefunden, da die Herausgeber J. L. Saker und S. I. Tschazkina beständig auf der Suche nach jungen Talenten waren.

Bereits kurz nach der Gründung der Zeitschrift hatten sie Fedor Stepun als Mitarbeiter gewonnen. Vom Januar 1915 bis zum Zeitpunkt der Einstellung des Blattes im Jahr 1917 sind dort 16 Gedichte von Zwetajewa und ihre Übersetzung des Romans *La nouvelle espérance* der Comtesse de Noailles erschienen.[1]

Die Redaktion der Zeitschrift galt als Treffpunkt des linksstehenden literarischen Petersburg (Petrograd). Im Heim der Herausgeber, im Salon, in dem Tag und Nacht der große Kamin brannte und Tag und Nacht Gedichte gelesen wurden, erschienen häufig Wjatscheslaw Iwanow, Alexej Remisow und die ganze Petersburger Poetengilde; auch der junge, eben erst entdeckte Sergej Jessenin zeigte sich, wenn er vom Lande nach Petersburg kam. Besonders geschätzt wurde Anna Achmatowa, allerdings nicht von Stepun: »Sie gefiel mir bei unserer ersten Begegnung nicht. Der bedeutende und tiefe Mensch, den Wjatscheslaw Iwanow sofort in der Dichterin entdeckt hatte, blieb mir zunächst verborgen. Vielleicht, weil Achmatowa, von bleichgepuderten, überaus schicken und stark parfümierten Petersburger Smokings umgeben, schon gar zu effektvoll auf einem weißen Bärenfell vor dem Kamin thronte.«[2]

Zum Jahreswechsel luden Saker und Tschazkina Marina und Sofija Parnok nach Petersburg ein, um sie mit den literarischen Kreisen der Hauptstadt bekannt zu machen. Doch waren sie sich schon zuvor in Moskau begegnet, und da Marina für ihre Arbeiten kein Honorar nahm, hatten sie ihr anstatt dessen Geschenke mitgebracht: eine Fuchsstola und eine dreibändige Ausgabe der russischen *Märchen* von Afanassjew. Später gab sie selbst und ausdrücklich diese Märchensammlung als die Quelle ihrer Inspiration bei ihren Volksdichtungen an.

Desgleichen sollte ein Abend zusammen mit Saker und Tschazkina in einem Restaurant mit Zigeunermusik lange nachwirken. »Ich danke euch für diese Festtage – in meinem Leben habe ich wenige gehabt«, ruft Marina in *Ein unirdischer Abend* den beiden

Verlegern zu. Sie hatte wirklich Grund zur Dankbarkeit, denn die seit 1916 in den Werken der Zwetajewa auftauchenden Zigeunermotive könnten gut auf die durch Saker und Tschazkina vermittelten Eindrücke zurückzuführen sein.

Das Neujahr 1915–1916 in Petersburg wurde für Marina Zwetajewa außerordentlich bedeutsam. Sie lernte viele Literaten kennen und empfing neue Impulse für ihr Schaffen. Sie wohnte bei der Familie des Schiffbauingenieurs Kannegießer und freundete sich mit dessen beiden Söhnen an; einer hieß Sergej und hatte große Teile der Welt bereist, der zartere, zerbrechlich wirkende Leonid schrieb Gedichte. Leonid Kannegießer wurde bald danach berühmt – allerdings nicht als Dichter. Er war es, der im August 1918 den berüchtigten Tscheka-Funktionär Urizki tötete, als eine Gruppe von Sozialrevolutionären ein Attentat auf Lenin verübte. Es löste eine Welle von Verhaftungen und Erschießungen aus und kostete auch Kannegießer das Leben.

Die Familie führte für Dichter ein offenes Haus; einer der besten Freunde der Söhne war Sergej Jessenin. Marina machte hier seine Bekanntschaft und traf auch zum erstenmal den jungen Gumiljow-Schüler Georgi Iwanow, der später in der Pariser Emigration eine große Rolle spielen sollte. Vom ersten Moment an waren sie sich unsympathisch. In seinen Erinnerungen beschreibt Georgi Iwanow, wie zwischen beiden beim Kannegießerschen Teetisch ein Streit »à bâtons rompus« entstand, weil Marina behauptete, die Petersburger Dichter seien nicht imstande, Rostands Genialität gebührend zu würdigen.[3]

Das größte Erlebnis ihres Petersburger Aufenthaltes ist der Abend des 1. Januar 1916, als Michail Kusmin bei Kannegießer aus seinen Werken vorträgt. Kusmin war nicht nur Dichter, er vertonte auch seine Verse und trug sie vor, wenn er in Stimmung war, wobei er sich selbst auf der Gitarre begleitete. Seine schönen, goldbraunen Augen beeindruckten Marina tief.[4]

An diesem Abend des 1. Januar hatte sich das ganze literarische Petersburg versammelt, um Marina Zwetajewa kennenzulernen und ihre Gedichte zu hören. Sie rezitierte unter anderem »Deutschland«, »Ich kenne die Wahrheit« und fühlte, daß sie gefallen. »Ich lese mein ganzes dichterisches Jahr 1915 – und immer noch ist es zu wenig, sie wollen immer noch mehr. Ich fühle deutlich, daß ich hier im Namen Moskaus lese, daß ich Moskau Ehre mache und es emporhebe in Achmatowasche Gefilde.« Denn Petersburg hat seine eigene gefeierte Dichterin: »Achmatowa! Das Wort ist gefallen. Mit meinem ganzen Wesen fühle ich bei jeder Zeile das gespannte, unumgängliche Vergleichen (und bei einigen: das Gegeneinander-Ausspielen) nicht nur von uns beiden, nicht nur zwischen Achmatowa und mir, sondern zwischen der Petersburger und Moskauer Dichtung, zwischen Petersburg und Moskau. [. . .] Ich lese, als wäre Achmatowa im Zimmer anwesend, einzig und allein für Achmatowa. Meinen Erfolg benötige ich, um einen direkten Weg zu Achmatowa zu finden. Und wenn ich in diesen Minuten Moskau so gut wie möglich darstellen möchte, so nicht deshalb, um Petersburg zu besiegen, sondern weil ich Moskau Petersburg schenken, weil ich Achmatowa mein Moskau, meine Liebe zu ihr, als Geschenk darbieten, mich ehrfürchtig vor ihr verneigen will.«[5]

Die bewunderte Achmatowa kann dieses Geschenk nicht entgegennehmen, sie ist nicht in der Stadt. Eine merkwürdige Fügung des Schicksals will es, daß sich die beiden größten russischen Dichterinnen des 20. Jahrhunderts stets verfehlen und daß sich ihre Wege erst kreuzen, als es für ein echtes, fruchtbares Freundschaftsverhältnis zu spät ist: 1941, nach der Rückkehr Zwetajewas in die Sowjetunion. Anna Achmatowa hat Marinas schwärmerische Bewunderung für ihre große Rivalin niemals erwidert; sogar auf den Auslandsreisen, die sie als alte Frau unternehmen durfte, äußerte sie sich in Gesprächen mit Georgi Adamowitsch und Gleb Struve über sie »zurückhaltend«. Für Zwetajewa aber wurde selbst jenes erste Nicht-Zusammenkommen mit Anna Achmatowa bedeutsam, wovon ihre *Gedichte an Achmatowa,* die sie 1916, kurz nach der Reise geschrieben hat, zeugen, sowie einige der *Gedichte an Moskau.* Beide bilden wichtige Zyklen in der Gedichtsammlung *Werstpfähle.*

Eine persönliche und folgenreiche Bekanntschaft machte Zwetajewa jedoch auf dem »unirdischen Abend«. Sie lernt den komischen, etwas karikaturhaft wirkenden jungen Poeten kennen, den sie im Vorjahr flüchtig in Koktebel gesehen hat: Ossip Mandelstam, der beim Rezitieren seiner Verse den Kopf zurücklegt und die Augen wie ein Kamel halb schließt. Er ist von Marina so beeindruckt, daß er bereits im März in Moskau erscheint, um sie wiederzusehen.

Mandelstam ist zum erstenmal in Moskau. Marina führt ihn zu den Sehenswürdigkeiten und schenkt ihm die geliebte Stadt:

Die nicht von Menschenhand geschaffne Stadt, die uns verband,
Nimm, seltsam-schöner Bruder, sie aus meiner Hand.

Ich schenk dir alle Kirchen, an die sechzehnhundert
Und alle Tauben, die sich auf den Dächern tummeln.
[. . .]
Fünf Kathedralen, unvergleichlich hier im Kranz gelegen,
Nimm, weiser Freund von alters her, von mir entgegen . . .
[. . .]
Und du erhebst dich, Kräfte strömen dir von neuem.
Daß du mich liebtest, wirst du nie bereuen![6]

Mandelstam ist um eine Antwort nicht verlegen:

> Die kuppelüberkrönten Kathedralen Moskaus,
> Bestät'gend russ'sche Seele und Italiens Schmelz,
> Sie rufen wach mir das Erscheinen von Aurora,
> Jedoch mit russ'schem Namen und im kurzen Pelz.[7]

Daß Marina Ossip Mandelstam gegenüber nicht gleichgültig blieb, ist deutlich zu spüren. In zwei Briefen an A. Bachrach erwähnt sie die gemeinsamen Moskauer Spaziergänge:

»Als ich zwanzig Jahre alt war, habe ich Ihrem Lieblingsdichter Mandelstam gesagt: ›Wozu Marina, wenn wir in Moskau sind? Marina, wenn Frühling ist? Oh, Sie lieben mich nicht wirklich!‹ Mich hat diese Engherzigkeit immer erstickt. Lieben Sie die Welt in mir, nicht mich in der Welt. ›Marina‹ soll heißen ›Welt‹, nicht die Welt Marina!«

Einige Wochen später kommt sie noch einmal auf das Thema zurück: »Besitzen Sie Mandelstams *Tristia?* Vielleicht wird es sie interessieren zu erfahren, daß einige Gedichte [. . .] mir gewidmet sind. Das war im Frühling 1916, als ich Mandelstam Moskau zum Geschenk machte, als Ersatz für mich. Wegen seiner (seit kurzem existierenden und eifersüchtigen) Frau wagte er nicht, mir diese Gedichte offen zu widmen. Ich habe viele Gedichte für ihn geschrieben. [. . .] sie ihm offen zu widmen wagte ich nicht – wegen seiner (seit kurzem existierenden und eifersüchtigen) Frau.«[8]

»Ich wußte ganz genau, diese Gedichte waren an Zwetajewa gerichtet«, sagt dazu Nadeshda Mandelstam. »Die Verfasserin von ›Versuch eifersüchtig zu sein‹ verachtete offenbar alle Ehefrauen und Geliebten ihrer früheren Freunde, und mich verdächtigte sie, ich sei es gewesen, die Mandelstam nicht erlaubte, ihr die Gedichte zu ›widmen‹. Wo gibt es bei Liebesgedichten jemals Widmungen? [. . .] Zwetajewa kannte ausgezeichnet den Unterschied zwischen einer Widmung und einem Gedicht, das an jemanden persönlich gerichtet ist. [. . .] Die ›seit kurzem existierende, eifersüchtige Frau‹ ist hier nicht beteiligt.«[9]

Gewöhnlich hat Marina Zwetajewa verschwiegen, wer die Helden ihrer »Romane« waren, an wen sich die Liebesgedichte richteten, die aus ihrer Feder flossen, sobald eine Beziehung zu Ende war. War alles vorbei, so maß sie den Adressaten keine besondere Bedeutung mehr bei:

»Ein für allemal: Alle meine derartigen (Liebes-)Gedichte sind an Gott gerichtet. Nicht umsonst habe ich – keineswegs aus weiblichem Anstandsgefühl, sondern aus einer Art von äußerster Aufrichtigkeit des Gewissens – meinen Gedichten niemals Widmungen vorangestellt. Sie richteten sich über die Köpfe der Betroffenen hinweg – an Gott. Oder zumindest an die Engel. Schon allein aus dem Grund, weil kein einziger der Betreffenden sie jemals akzeptiert, sich angeeignet, auf sich bezogen und ihren Empfang bestätigt hat.«[10]

Über ihre Freundschaft mit Ossip Mandelstam ließ Marina zuerst nichts verlauten, und die Briefe an Bachrach waren nicht für die Öffentlichkeit bestimmt. Doch als sie 1931 in einem Artikel von Georgi Iwanow lesen mußte, Mandelstam habe 1916 auf der Krim ein Verhältnis mit einer brünetten Ärztin gehabt und ihr die Gedichte aus *Tristia* gewidmet, brach sie ihr Schweigen und schrieb in der *Geschichte einer Widmung* ihre Erinnerungen an Mandelstam nieder, wohl wissend, zu ihren Lebzeiten würden sie nicht erscheinen.

Ich folge ihrer Erzählung, auch wenn Anna Saakjanc inzwischen anhand eines Briefes von Marina Zwetajewa an ihre Schwägerin Lilja Efron nachweisen konnte, daß manches sich weniger romantisch zugetragen und Ossip Mandelstam nur einen einzigen Tag in Alexandrow verbracht hat.[11]

Anastassja Zwetajewa lebte zu dieser Zeit mit ihrem zweiten Mann, M. A. Minz, in einem Holzhäuschen am Rande der kleinen Bezirksstadt Alexandrow im Gouvernement Wladimir. Im Mai 1916 kam Marina auf Besuch und blieb, um die Kinder, Alja und Andrjuscha, zu beaufsichtigen, während Anastassja Iwanowna nach Moskau fuhr und im Juni ihrem zweiten Sohn Aljoscha das Leben schenkte. Zum Haushalt gehörte neben dem Kutscher Pawel auch die Kinderfrau des kleinen Andrjuscha, ein eigenwilliges Naturkind aus der Gegend namens Nadja, die die Sprache der Bevölkerung des Kreises Wladimir sprach und ihrer Herrin fanatisch ergeben war.

»Alexandrow 1916. Sommer. [. . .] Ich schreibe die *Gedichte an Blok* und lese zum ersten Mal Achmatowa.«

Plötzlich tauchte Ossip Mandelstam auf und quartierte sich in Alexandrow ein. Er ging mit Marina und den Kindern spazieren und war sehr unglücklich darüber, daß Alja und Andrjuscha am liebsten auf einem aufgelassenen Friedhof in der Nähe des Hauses spielten. »Auf dem Friedhof bin ich, wie er sagt, irgendwie zerstreut, ich vergesse ihn, denke an die Toten, lese in Grabinschriften, statt Gedichte aufzusagen, ich schaue hinauf oder hinunter, jedenfalls aber ›weg‹.«

Mandelstam sind die Toten unheimlich; er weiß nicht, ob er sich mehr vor den nackten Seelen oder den verwesenden Körpern fürchten soll. Er möchte nach Hause, aber von dort treibt es ihn wieder auf den Friedhof. Auf einem ihrer Spaziergänge werden sie von einem Stierkalb verfolgt; es versetzt die beiden Kinder in helles Entzücken, die Erwachsenen jedoch in panische Furcht:

(»Jetzt weiß ich es: Von dort stammt mein *Rotes Stierlein,* von dieser Verfolgungsjagd. Es hat in mir geschlafen, seit Mai 1916, und ist 1929 in Paris wieder auferstanden, im Fieberwahn eines sterbenden Freiwilligen der Weißen Armee.«)[12]

Mandelstam fühlte sich in Alexandrow nicht wohl, die Njanja, die seiner Meinung nach Wolfsaugen hatte, flößte ihm Angst ein, beim Anblick einer Nonne, die bei der Hausarbeit aushalf, geriet er in abergläubische Furcht. Als er eines Tages Hals über Kopf abreiste und nach Koktebel floh (»er wollte ›fürs Leben‹«) und von dort das tiefempfundene Liebesgedicht »Nicht glaubend an das Wunder der Auferstehung« schickt, wird klar, daß er sich in Marina verliebt hat. Dieses Gedicht hat Mandelstam laut Georgi Iwanow der »brünetten Ärztin« gewidmet. Dagegen sagt Motschulski, der damals ebenfalls in Koktebel weilte: »Diese Kümmernisse waren nichts, verglichen mit dem echten Leid, das (Mandelstam) am Ende dieses Sommers in der Krim zu tragen hatte. Ich erinnere mich, mit welcher Begeisterung er eines seiner besten Gedichte schrieb . . .«[13]

Das Zusammentreffen mit Marina Zwetajewa spielte im Leben Ossip Mandelstams eine entscheidende Rolle, die auch seine Frau bestätigt: »Diese Freundschaft war die Brücke, über die er von einem Abschnitt zum anderen schritt. Mit den Gedichten an Zwetajewa beginnt sein zweites Buch. [. . .] Kablukow [. . .] entdeckte sofort, daß er mit einer neuen Stimme sprach, und war traurig darüber. Marina Zwetajewa, die ihm Moskau und ihre Freundschaft schenkte, befreite Mandelstam in gewisser Weise von einer Verstrickung. Das war ein herrliches Geschenk, denn allein mit Petersburg, ohne Moskau, gibt es kein freies Atemholen, kein echtes Gefühl für Rußland, keine sittliche Freiheit.«[14]

Nadeshda Mandelstams Feststellung, ihr Mann habe seit der Begegnung mit Marina Zwetajewa mit einer neuen Stimme zu sprechen begonnen, trifft umgekehrt auch für Zwetajewa zu. Auch in ihrem Band *Werstpfähle I*, dem lyrischen Tagebuch des Jahres 1916, entdeckt man einen neuen Ton, weshalb Karlinsky dieses Buch als Wasserscheide bezeichnet.[15]

Allerdings ist es nicht der Einfluß Mandelstams und seiner klassisch-vollendeten Sprache, die diesen neuen Ton hervorbringt. Eher sind es die Zigeuner aus dem Moskauer Nobellokal oder die bildliche Sprache des Kutschers und der Njanja aus Alexandrow. In den *Werstpfählen* finden sich Ausdrücke aus dem Kirchenslavischen und neue Rhythmen, klangliche Schattierungen, die für das spätere lyrische Œuvre Zwetajewas charakteristisch sind.

Ossip Mandelstam bleibt trotz seiner großen Meisterschaft im Rahmen der klassischen – Petersburger – Form, die Zwetajewa zerbricht und überwindet, sobald sich ihre rhythmischen und klanglichen Vorstellungen in ihr nicht mehr unterbringen lassen.

Aus den ersten Gedichten in *Werstpfählen I* ist leicht zu ersehen, daß sich die Dichterin zu Anfang des Jahres 1916 in einer schweren seelischen Krise befunden hat. Charakteristisch ist hierfür das Gedicht vom 27. 4. 1916 »An S. E.«:

Ich komme zu Dir um Mitternacht
Um letzte Hilfe . . .
Ich bin ein Streuner, der
Keine Verwandtschaft hat,
Ein Schiff im Untergehen . . .

Doch ist Marinas Dichterherz leicht zu entflammen. Kaum sind die tiefen Erschütterungen oder oberflächlichen Eindrücke der letzten Zeit dichterisch verarbeitet, d. h. ad acta gelegt, erscheint auf der Bildfläche ein nächster »Schwarm«. Diesmal ist es Nikodim Pluzer-Sarno, ein Freund von Mawriki Minz, ein Kavalier der alten Schule, aus polnischem Kleinadel stammend, der in Leipzig und Heidelberg studiert hat und schönen Frauen den Hof macht. Laut Anastassja Zwetajewa war Pluzer-Sarno, der Freund »aus dem hochmütigen Polen, mit fürstlichem Wappen und Krone«, tatsächlich für lange Zeit Marinas große romantische Liebe. In *Werstpfähle I* und *II* sind Spuren davon selbst inmitten der aufregendsten revolutionären Ereignisse zu finden.[16]

Nikodim Pluzer-Sarno erlitt später das gleiche Schicksal wie viele seiner Zeitgenossen. Nach der Revolution wurde er verhaftet; er hat über 20 Jahre in der Verbannung zugebracht und ist nicht mehr nach Moskau zurückgekommen.

Das Kriegsgeschehen klingt in *Werstpfähle I* nur am Rande an. Marina verhält sich wie die Mehrzahl der russischen Intellektuellen, die auch 1916 weiter über Rhythmen und die Krise des Abendlandes debattieren und endlose philosophische Gespräche führen, ohne an den Geschicken ihres Landes, das langsam an der Front verblutete und innen zusammenbrach, wirklich Anteil zu nehmen. »Bezahlt haben wir dafür alle«, sagte Marina später, »Serjosha und Ljonja (Kannegießer) mit dem Leben, Gumiljow mit dem Leben, Jessenin mit dem Leben, Kusmin, Achmatowa und ich mit lebenslänglicher Einkerkerung in uns selbst, in diesem Gefängnis, das sicherer ist als die Peter-Pauls-Festung.«[17]

Aber daß etwas Ungutes in der Luft liegt, spürt sie. Sie merkt, daß der Boden unter ihren Füßen zittert. Mit der prophetischen Gabe, die Nadeshda Mandelstam an Zwetajewa so beeindruckt, dichtet sie am 2. Juli 1916.

Hände sind mir gegeben, sie jedem zu reichen,
Beide, und immer! Die Lippen, um Namen zu raunen.
Augen, um nichts zu erspähn. Die Brauen, um zärtlich
Liebe und – mehr noch – ihr Gegenteil zu bestaunen.

Und diese Glocke, in der Brust, die mehr wiegt als jene im Kreml,
Deren ständigem Schlagen ich lausche gebannt:
Ruft sie – es scheint so, ich weiß nicht, vielleicht, wahrscheinlich –
Daß ich nicht lang mehr zu Gast bin im russischen Land?[18]

Deshalb ist es erstaunlich, daß Marinas letztes Gedicht in *Werstpfähle I,* »Aus dem Fenster dort dringt noch Lampenschein«[19] vom 23. Dezember 1916, völlig unberührt ist von den aktuellen Ereignissen. Denn bereits sechs Tage zuvor, am 30. (17.) Dezember, hat Chambrun seiner Herzliebsten atemlos berichtet:

»Ein erstaunliches Gerücht wirbelt durch die Stadt. Fürchterlich aufgeregt sprechen sich die Leute an: ›Haben Sie die Nachricht gehört?‹ Man flüstert, man drückt sich die Hände, ohne sich zu kennen, man läuft durch die Straßen, Droschkenkutscher werfen ihre Mützen in die Luft und verschmähen Trinkgelder: Die Begeisterung ist allgemein.«[20]

Tatsächlich haben in der Nacht vom 16. auf den 17. Dezember drei junge Leute, Großfürst Dmitri Pawlowitsch, Fürst Felix Jussupow, der mit einer Großfürstin verheiratet ist, und ein rechtsstehender Duma-Abgeordneter, den im ganzen Land verhaßten Rasputin umgebracht. Die Zarin ist außer sich vor Verzweiflung. Die Luft vibriert vor Spannung.

Am 12. 1. 1917 (30. 12. 1916) sind der französische Botschafter Paléologue und sein Attaché bei einer Großfürstin zum Mittagessen eingeladen und werden dort Zeugen einer Szene, die sie als Verschwörung der kaiserlichen Familie zur Beseitigung des Zaren einstufen. Auch Nikolai Michajlowitsch ist anwesend. Die Stimmung ist derart, daß der Botschafter beim Verlassen des Palais zu Chambrun sagt: »La révolution russe a commencé.«

Beim Neujahrsempfang des diplomatischen Corps in Zarskoje Selo wirkt der Kaiser zerstreut, aber beherrscht – der Schuß, von dem man munkelt, hat ihn offenbar nicht verletzt. Dafür fehlen Großfürst Nikolai Michajlowitsch und mehrere andere Familienmitglieder: Der Zar hat sie auf ihre weit entfernten Güter verbannt. Sie sollen dort bis zum 1. März bleiben.

Elftes Kapitel

Max Woloschin sagte einmal: »Marina, du schadest dir selbst durch deinen Überfluß! In dir ist Material für zehn Dichter, und alle sind hervorragend!« Für das Jahr 1917 trifft dieses Bonmot zu; die Werke, die Zwetajewa in diesem Jahr begonnen hat, sind in Thematik und Stil so unterschiedlich, daß man sie mehreren Verfassern zuschreiben könnte.

Da ist einerseits die Fortsetzung des Bandes *Werstpfähle*, die Gedichte aus den Jahren 1917–1921. Ob die Dichterin wirklich die Absicht hatte, sie später als *Werstpfähle II* zu veröffentlichen, ist schwer zu sagen und einige Gedichte sind Fragmente geblieben. Kernstück dieser Sammlung ist der Zyklus *Don Juan*, der an Nikodim Pluzer-Sarno gerichtet ist. Es sind zeitlose, unpolitische Liebesgedichte, die thematisch einen Rückfall in romantische Jugendgefühle darstellen.[1]

Parallel dazu entstand in den Jahren 1917–1920 ein Band, in dem sich die Reaktionen der Dichterin auf die aktuellen Ereignisse, die Februar- und Oktoberrevolution und den Bürgerkrieg, spiegeln. Er trägt den Titel *Lebediny stan* (Das Lager der Schwäne) und verrät ihre sehr persönlichen Ängste und Hoffnungen.[2] Rechnet man hinzu, daß in das Jahr 1917 auch der Beginn der Prosaarbeiten Zwetajewas fällt und daß sie, sozusagen nebenbei, ihre zweite Tochter zur Welt brachte, so kann man nicht umhin, ihr Vielseitigkeit zuzugestehen.

Zu Beginn des Jahres 1917 veröffentlichten die »Nordischen Annalen« in ihrem Januarheft Zwetajewas *Gedichte an Moskau*, zu denen sie sich auch noch Jahre später bekannte: »Ja, 1916 habe ich so als erste über Moskau gesprochen (habe ich Moskau als erste so ausgedeutet) (und bisher als letzte, wie mir scheint). Darüber bin ich stolz und glücklich, denn es war das Moskau der letzten Stunde und des letzten Mals. *Zum Abschied.* (Dort brennt das rote Herz der Iberischen Muttergottes – und wird brennen – für ewige Zeiten). Diese Verse waren prophetisch. [. . .] (Lesen Sie sie nochmals und vergessen Sie nicht, wann sie geschrieben wurden.)«[3]

Doch dann traten Ereignisse ein, die das Interesse für literarische Fragen aus dem Bewußtsein aller verdrängten.

Am 8. März (23. Februar) begannen in Petersburg Demonstrationen hungernder Frauen, denen sich Arbeiter und zur Niederwerfung der Unruhen entsandte Soldaten anschlossen: Die Februarrevolution war ausgebrochen. »Solange ich lebe, werde ich diese stürmische Woche nicht vergessen«, schreibt Chambrun. Er und der sogleich aus dem Exil zurückgekehrte Nikolai Michajlowitsch erleben in allen Phasen, wie in Petersburg plötzlich die Arbeit und der Verkehr stillstehen, in den Straßen hungernde Frauen und streikende Arbeiter auftauchen, wie die Eliteregimenter zuerst in die Menge schießen, dann, nach der folgenschweren Fehlentscheidung der Auflösung der Duma, mit ihr gemeinsame Sache machen, wie die Hocharistokratie noch am 9. März (24. Februar) ein rauschendes Fest gibt (»un bal sur un cratère«).

In den nächsten Tagen setzt die wieder zusammengetretene Duma eine Provisorische Regierung ein, aber gleichzeitig bildet sich eine Art Gegenregierung, der »Sowjet der Arbeiter und Soldaten«. Am 16. (3.) März dankt der Zar ab, am nächsten Tag verzichtet auch sein Bruder auf den Thron. In Petersburg sind die Straßen schwarz von Menschen, alles flaniert, redet, demonstriert (»talk and walk, walk and talk«), die Menge stürmt Adelspalais, plündert die Weinkeller, Schuldige und Unschuldige werden erschlagen oder verhaftet. Es regiert das Chaos. Chambrun, der französische Aristokrat, beobachtet alles voller Entsetzen und Angst um den Ausgang des Krieges; »Nicolas Egalité«, wie der Großfürst wegen seiner demokratischen Neigungen genannt wird, erwartet eine bessere Zukunft für sein Volk und scheint zu hoffen, daß es unter den neuen Verhältnissen für ihn einen Platz geben wird.

In Moskau gelingt es dem Befehlshaber der Stadt wie durch ein Wunder, die Ordnung aufrechtzuerhalten, aber natürlich dringen die Ereignisse in abgeschwächter Form ebenso in die zweite Hauptstadt.

Auch Marina Zwetajewa erkennt, es ist etwas anderes, eine Revolution selbst mitzuerleben, als für Freiheitshelden zu schwärmen. Am 15. (2.) März, nachdem Chambrun in Petersburg in einer Blutlache ausgeglitten ist und den Generalleutnant Stackelberg, einen seiner Freunde, erschlagen auffindet, schreibt Marina ihr erstes Gedicht aus dem *Lager der Schwäne*.

> Überm Kirchlein stehen Wolken blau,
> Schreit die Kräh.
> Es marschiert, so gelb wie Sand, wie Asche grau

Revolutions-Armee.
Ach mein herrisches, mein königliches Weh!

Haben kein Gesicht, sind namenlos,
Kein Gesang.
Hast verirrt dich, Kreml-Glockenton
In dem Fahnenwald, der zieht davon.
Bete, Moskau, leg dich, Moskau,
Hin zu ewgem Traum.[4]

Die russischen Intellektuellen reagierten unterschiedlich auf den Ausbruch der Februarrevolution. Fedor Stepun, der als Offizier an der Front stand, empfing die Nachricht »mit freudigen Gefühlen«.[5] Er betätigte sich im Regiment als Agitator und wurde schließlich als Delegierter in den Petersburger »Arbeiter- und Soldatenrat« entsandt, der de facto eine Gegenregierung zur offiziellen Provisorischen Regierung darstellte. (»Wie die Mehrheit der Mitglieder dieser formlosen und aufgeschwollenen Körperschaft tat ich dort eigentlich gar nichts, wenn man Reden nicht für Taten erklären will.«) Später stellte er sich der Provisorischen Regierung als aktiver Mitarbeiter zur Verfügung und bekleidete schließlich den Posten des Leiters der politischen Abteilung des Kriegsministeriums. Andrej Belyj begeisterte sich ebenfalls für die Revolution. Er nahm an Demonstrationen und Straßenkämpfen teil und schrieb den Aufsatz *Revolution und Kultur,* in dem er die Revolution als Zeugungsakt der schöpferischen Form pries. Ein anderer Intellektueller, der bis dahin im Exil in Frankreich gelebt hatte, Ilja Ehrenburg, kam im Juni nach Petrograd zurück, er »verstand gar nichts« und setzte sich bald aus der turbulenten Hauptstadt ins ruhigere Moskau und dann weiter nach Süden ab. Offensichtlich war für ihn die Diskrepanz zwischen dem, wofür er als Schüler agitiert hatte und aus der Heimat verbannt worden war, und der revolutionären Wirklichkeit zu groß.

Es gab aber auch Angehörige der Intelligenzija, die sich, im Gegensatz zu Stepun, an ihren Offizierseid gebunden fühlten, die dem Zaren weiterhin die Treue hielten und ein Überlaufen zu den neuen Machthabern als Verrat ansahen. Zu diesen gehörte, trotz der anarchistischen Vergangenheit seiner Eltern, Sergej Efron. Bei Ausbruch der Februarrevolution besuchte er die Alexander-Offiziersakademie in Moskau.

Es ist nicht erstaunlich, daß Marina Zwetajewa die Einstellung ihres Mannes aus ganzem Herzen teilte. Ihr tief eingeborenes Gefühl für Anständigkeit, Treue und Loyalität, ihre Verachtung des Renegatentums und jeder eilfertigen Mitläuferei bestimmten ihre Position.

> Neue Massen – andere Fahnen . . .
> Wir aber bleiben treu unserm Eid, denn
> Schlecht als Führer zeigt sich der Wind.[6]

Bedingungslos und ohne Furcht vor Konsequenzen stellte sich Marina hinter jene, die nun von den neuen Herrschern verfolgt wurden, auch wenn sie früher nicht mit ihnen sympathisiert hatte. Am 4. April, einen Tag nach der Ankunft Lenins in Petrograd, tritt sie energisch für den Zarewitsch ein.

> Für den Jüngling, für die Taube, für den Sohn
> Alexij, den Erben auf den Thron,
> Bete, russ'sche kirchliche Nation!
> [. . .]
> Räch des Vaters Sünden nicht an ihm!
> Schütze, bäuerliches Rußland, dies
> Lämmchen in Verbannung, Alexij![7]

Dann allerdings rücken die aufregenden politischen Ereignisse in den Hintergrund. Am 13. April kommt Marinas zweite Tochter Irina zur Welt.

Doch Marinas Interesse an der Außenwelt und ihre Muse sind bald wieder erwacht: Vom 22.–25. April verfaßt sie einen aus drei Gedichten bestehenden Zyklus über den populären Räuber Stenka Rasin. Am 13. Mai scheint sie eine neue Bekanntschaft gemacht zu haben.

> Sei's drum! Wenn das Los gefallen:
> Lieb', ich dich willkommen heiß!
> Auf dem drohend-irren Himmel
> Blut und Eis! . . .[8]

Am 19. Mai geht Marina mit Alja an ihrem Elternhaus im Trjochprudny vorbei. Am Zaun lehnt eine Zigeunerin, die den Passanten aus der Hand liest. Diese hinterläßt in ihrem Werk beachtliche Spuren: Innerhalb von zwei Tagen schreibt die Dichterin den Zyklus *Wahrsagen,* in dem sie sich der Diktion des alten Weibleins bedient. Sie wendet diese Sprache auch in anderen Gedichten in *Werstpfähle II* an und findet später in Prag dafür den besonderen Beifall des berühmten Gelehrten Kondakow: »Er lobte mich wegen der Echtheit der Zigeunersprache. ›Wo haben Sie die Zigeuner so gründlich studiert?‹ ›Ach, sie haben mir nur aus der Hand gelesen!‹«[9]

Mitte Mai wird die Regierung umgebildet, der sozialistische Rechtsanwalt Alexander F. Kerenski, der bereits im Mai 1917 als Justizminister in der Provisorischen Regierung amtierte, wird Kriegsminister. Nicht nur der Großfürst Nikolai Michajlowitsch erhofft in ihm den zukünftigen Bonaparte, auch Marina Zwetajewa schreibt am 21. Mai, dem Pfingstsonntag:

Es weht wie von Bonaparte
Im russ'schen Raum . . .[10]

Der Traum erwies sich als Illusion. Als Kerenski nach dem Scheitern eines Aufstandes der Bolschewiken im Juli den Posten des Ministerpräsidenten übernahm, zeigte er sich der Situation ebensowenig gewachsen wie sein Vorgänger Fürst Lwow.

Anfang Juli 1917 beendete Sergej Efron seinen Offizierslehrgang und wurde als Fähnrich ausgemustert. Er bekam kurz Urlaub und wurde anschließend, obwohl er lieber an die Front gegangen wäre, dem in Moskau stationierten 56. Reserveinfanterieregiment zugeteilt. Marina begriff die Gefahr, die ihrem Mann in Moskau drohte. Am 7. August schreibt sie an Woloschin: »Lieber Max, ich habe eine riesengroße Bitte an Dich: Bring Serjosha im Süden bei der Artillerie unter. Am besten bei der Festungsartillerie; wenn das nicht möglich ist, bei der schweren [. . .] Nur bitte verschiebe es nicht.«

Am 25. August schreibt sie erneut an ihn und teilt ihm mit, sie beabsichtige, mit den Kindern nach Feodossija zu fahren, weil in Moskau Hunger herrsche und es bald kalt sein werde; auch bittet sie Woloschin nochmals um Intervention, damit ihr Mann Sergej in den Süden versetzt werden würde, und läßt ihrem Brief gleich am nächsten Tag eine Postkarte folgen: »Lieber Max, überzeuge Serjosha davon, daß er Urlaub nehmen und nach Koktebel fahren soll! Er träumt davon, aber sein Wille ist irgendwie erschlafft, er kann sich nicht entschließen. Er fühlt sich miserabel, in Moskau ist es feucht, ungesund, hungrig. Urlaub wird er natürlich bekommen. Maksinka, schreib ihm! Dann fahre ich auch mit den Kindern nach Feodossija. Anders hätte ich Angst, ihn in diesem zweifelhaften Zustand zurückzulassen.«[11]

Marina wollte ebenfalls für sich und ihre Familie in Koktebel Asyl suchen, denn es hatte sich dort bereits eine Kolonie von Flüchtlingen aus Petersburg und Moskau versammelt: Maja Kudaschewa, die spätere Frau von Romain Rolland, die Schauspielerin Maria Kusnezowa, die zweite Frau von Boris Truchatschow, der wenig später im Laufe des Bürgerkrieges sich schwerkrank nach Koktebel schleppte und dort an Typhus erkrankt in den Armen seiner beiden Frauen starb.[12]

Es lebte dort Zwetajewas Schwester mit ihrem Sohn Andrej, die alle Schrecken des Bürgerkriegs auf der Krim durchlebten. Wenn 1917 für Marina Zwetajewa ein erfolgreiches Jahr war, so war es für ihre Schwester ein Jahr der Katastrophen: Im Mai starb Mawriki Minz an einer eitrigen Blinddarmentzündung, im Juli erkrankten ihre beiden Kinder an Ruhr; Andrjuscha wurde gesund, der einjährige Aljoscha starb und ist in Koktebel begraben.

Als am 24./25. Oktober (6./7. November) Lenin und Trotzki in Petrograd die Regierung hinwegfegten – Kerenski gelang die Flucht ins Ausland, alle anderen wurden verhaftet – und die Macht an sich rissen, die sie, die Berufsrevolutionäre, im Gegensatz zu den dilettierenden und geschwätzigen Intellektuellen nicht mehr aus der Hand gaben, befand sich Marina Zwetajewa ohne Kinder in Koktebel.

Marina weiß, daß sich Serjosha in höchster Gefahr befindet. Über das, was auf sie zukommt, gibt sie sich keiner Täuschung hin, seitdem sie in Feodossija gesehen hat, wie betrunkene Soldaten einen Weinkeller plünderten. In heller Angst besteigt sie am 31. Oktober einen Zug nach Moskau. Die Reise dauert drei Tage; je näher sie dem Ziel kommt, desto wilder werden die Gerüchte. Um sich abzulenken beginnt Marina während der Fahrt, ihre Gedanken in ein Heft zu schreiben: »Zweieinhalb Tage keinen Bissen, keinen Schluck. (Die Kehle ist zugeschnürt). Soldaten bringen auf rosa Papier gedruckte Zeitungen. Der Kreml und alle Baudenkmäler in die Luft gesprengt! Das 56. Regiment. Gesprengt auch die Gebäude mit den Fahnenjunkern und Offizieren, die es abgelehnt haben, sich zu ergeben. 16 000 Tote. An der nächsten Station sind es schon 25 000. Ich schweige. Ich rauche. Meine Mitreisenden steigen, einer nach dem anderen, in Züge um, die in die entgegengesetzte Richtung fahren . . .«

Und dann folgt ein herzzerreißender »Brief ins Heft«:

»Wenn Sie noch leben, wenn es uns beschieden sein sollte, daß wir uns wiedersehen – hören Sie: Gestern, wir näherten uns Charkow, las ich die ›Südliche Heimat‹. 9000 Tote. Ich kann Ihnen diese Nacht nicht schildern, denn sie hat *noch nicht aufgehört* [. . .] Das alles ist ein böser Traum . . . das 56. Reserveregiment, der Kreml [. . .] Aber das Wichtigste, Wichtigste, Wichtigste sind Sie, Sie mit Ihrem Trieb der Selbstaufopferung! Können Sie zu Hause sitzen bleiben? Wenn alle anderen zu Hause blieben, würden Sie allein losziehen, denn Sie sind ohne Furcht und Tadel. Denn Sie können es nicht mitansehen, wenn andere getötet werden. Weil Sie ein Löwe sind, der den Löwenanteil opfert – das Leben – allen diesen Hasen und Füchsen. [. . .] Wenn Gott ein Wunder wirkt und Sie am Leben läßt, so werde ich Ihnen folgen wie ein Hund.«[13]

Als Marina im Morgengrauen des 3. November Moskau erreicht, ist dort alles ruhig. Die Kämpfe sind vorüber, der Kreml steht; wie viele Tote es gegeben hat, wird sich nie mehr feststellen lassen. Fünf Tage lang haben sich die Fahnenjunker und Offiziere verteidigt; am Tag zuvor, am 2. November, haben sie kapituliert und durften abziehen. Marinas Ängste bezüglich ihres Mannes waren zum Glück unbegründet, sie findet ihn erschöpft schlafend in der Wohnung bei Freunden. Er hat nur einen Wunsch: auf schnellstem Weg Moskau zu verlassen und sich General Wrangell anzuschließen, der gegen die Bolschewiken kämpfen will und im Süden ein Freiwilligenheer aufstellt.

Am Abend des gleichen Tages, an dem sie nach Moskau gekommen ist, fährt Marina mit Serjosha und einem seiner Kameraden die weite Strecke nach Feodossija zurück. Der Kamerad liegt auf dem obersten Bett des Waggons und rezitiert, um sich und die Efrons über die erlittene Niederlage und die Hoffnungslosigkeit der Situaton hinwegzutrösten, Gedichte eines seiner Freunde, den er Pawlik nennt.

Bei der überstürzten Abfahrt hat Marina allerdings eines vergessen: die Kinder mitzunehmen. Ein folgenschwerer Fehler:

Die Ankunft in Koktebel erfolgte während eines wilden Schneesturmes. Die Freude von Max war groß, fast physisch greifbar, als er Sergej lebendig wiedersieht. Zum Empfang gab es große Weißbrote. Doch Woloschin war hellsichtiger als die meisten seiner Altersgenossen; das Bild der Zukunft Rußlands, das er vor ihren Augen entrollte, war alles andere als optimistisch.

»Fast fröhlich, wie ein guter Zauberer bei einer Kindervorstellung – ein Bild nach dem anderen: die ganze russische Revolution der nächsten fünf Jahre. Terror, Bürgerkrieg, Erschießungen, Gefängnisse, Vendée, Verrohung, Verlust des Gesichtes, Entfesselung der Geister der Gewalt, Blut, Blut, Blut.«[14]

Auf der Krim ist es ruhig, die Tataren leben nach ihrem jahrhundertealten Rhythmus in einer friedlichen Welt. Die grellen Plakate an den Wänden scheinen aus einer anderen Hemisphäre zu stammen. Es wird beschlossen, daß Marina umkehren, die Kinder holen und in Koktebel, zusammen mit den anderen Frauen und Kindern, die gefährlichen Zeiten überdauern soll. »Marina, beeile dich!« sagte ihr Woloschin. »Denk daran, daß es jetzt zwei Staaten geben wird, den Norden und den Süden.«

Während Serjosha zur Weißen Armee stößt, setzt sich Marina noch einmal in den Zug in Richtung Norden, um Alja und Irina abzuholen. Aber diesmal ist es ihre letzte Fahrt, denn mittlerweile hat sich die Front zwischen den Roten und den Weißen gebildet, die den Norden vom Süden trennt und das Land für drei Jahre in zwei Teile teilt. Die Familie Efron wird auseinandergerissen.

Marina, die bisher immer nur in den Wolken und für die Kunst gelebt hat, die in praktischen Dingen so unerfahren ist, daß sie von den elementarsten Haushaltsfragen keine Ahnung hat, steht plötzlich vor der Aufgabe, allein mit zwei winzigen Kindern und einem Kindermädchen, das selbst noch ein Kind ist, ein Leben zu bewältigen, das mit dem, welches sie bisher gekannt hat, nichts Gemeinsames hat.

Etwas hat allerdings der Ausbruch der Oktoberrevolution bewirkt: Die Niederschrift von *Oktober im Waggon,* während ihrer Reise von Koktebel nach Moskau am 2. November 1917, ist die Geburtsstunde der Prosaschriftstellerin Zwetajewa.

Zwölftes Kapitel

Lenin wußte genau, was er tun mußte, um den in Petersburg fast unblutig errungenen Sieg nicht mehr aus der Hand zu geben. Die Bolschewiken waren nur eine Minderheit im Land; das bewies das Resultat der noch vor der Oktoberrevolution ausgeschriebenen allgemeinen Wahlen vom 25. November, die ihnen einen Stimmenanteil von 25 Prozent einbrachten, den verschiedenen sozialistischen Parteien zusammen jedoch 61 Prozent. Lenin verlor seine Zeit nicht mit Träumen vom Absterben des Staates und mit intellektuellen Tiraden. Schlag auf Schlag wurden Dekrete erlassen, durch die die Macht seiner Gegner gebrochen und ihr Einfluß ausgeschaltet wurde: Grundbesitz, Fabriken, Banken usw. wurden verstaatlicht. Und bereits am 7. (20.) Dezember richtete Lenin einen Brief an Dsershinski, der die Grundlage zur Bildung einer »Außerordentlichen Kommission für den Kampf gegen Konterrevolution, Spekulation und Sabotage« bildete, die unter ihren Anfangsbuchstaben »Tscheka« bekannt wurde. Die Kommission begann sogleich mit der Vernichtung der potentiellen Gegner.

Der Ex-Regierungsfunktionär Fedor Stepun, dem es gelang, Petrograd zu verlassen und Moskau zu erreichen, während dort noch gekämpft wurde, also wahrscheinlich am Tag vor der ersten Ankunft Zwetajewas, berichtete von den folgenden Monaten als Augenzeuge:

»Der Terror war furchtbar. Man verfolgte die Menschen nicht nur wegen ihres Handelns und Denkens, sondern auch wegen ihrer verschwiegenen Gesinnung. Nicht die Bestrafung von Verbrechen war der Sinn der Todesurteile, sondern die Liquidierung eines für den sowjetischen Neubau ungeeigneten Menschentyps. [. . .] Unter der Drohung jenes kaltblütigen, rationellen Terrors begann in allen Schichten der russischen Gesellschaft ein noch nie dagewesener, in seinen Ausmaßen ungeheuerlicher Prozeß innerer und äußerer Tarnung. Tausende und aber Tausende von Menschen warfen zusammen mit dem angehäuften Besitz auch ihr ganzes weltanschauliches Gepäck weg, um sich desto leichter [. . .] unter dem rettenden Dach der marxistischen Ideologie zu bergen. [. . .] Von allen Seiten von Parteispionage umgeben, stolperten diese neugebackenen ›Genossen‹ sehr leicht in die überall versteckten Fußangeln und zeigten, um sich selbst zu retten, andere an.«[1]

Einige Aristokraten, reiche Bürger und Ausländer, hatten Rußland bereits im Sommer und Herbst verlassen, Charles de Chambrun war im August 1917 nach Paris zurückgerufen worden. Wer auf schreckliche Weise umkam, waren die Zarenfamilie und die übrigen Mitglieder des kaiserlichen Hauses, unter ihnen der hochgebildete Nikolai Michajlowitsch, der unter anderen Umständen seinem Land in hervorragender Weise hätte dienen können. Er wurde am 20. Januar 1919, zusammen mit drei anderen Großfürsten, in der Peter-Pauls-Festung erschossen. Noch nach 60 Jahren ist man betroffen, wenn man diese Tragödie in seinen Briefen verfolgt und die letzte Warnung liest, die er, bereits aus dem Gefängnis, an seinen Freund Masson richtete: »Au nom du Ciel, préservez par tous les moyens votre pays de cette contagion du bolchévisme. C'est la plus dangereuse forme de l'anarchie qui puisse seulement exister!«[2]

Die Bolschewiken sahen sich ungeheuren wirtschaftlichen, politischen und militärischen Schwierigkeiten gegenüber. Die Folge des Bürgerkrieges und einer übereilten Zentralisierung war ein wirtschaftlicher Zusammenbruch, der für die Bevölkerung in den nächsten Jahren eine kaum vorstellbare Not zur Folge hatte. Es ist verständlich, daß die neuen Machthaber in dieser schweren Lage jeden Intellektuellen, der zur Mitarbeit bereit war, freudig begrüßten und auch »Mitläufer« in ihren Reihen aufnahmen. Einige Schriftsteller wie z. B. Wladimir Majakowski stießen zu ihr aus Überzeugung, andere, wie Alexander Blok und Andrej Belyj, glaubten anfangs an die große Idee eines mystischen Anarchismus und wurden bald von der Wirklichkeit enttäuscht. Eine Gruppe von linksstehenden christlichen Philosophen um Nikolai Berdjajew und Sergij Bulgakow versuchte im Sommer 1918, die Revolution geistig zu bewältigen – ihr Essayband *Iz glubiny* (De profundis) konnte jedoch nicht mehr erscheinen. Von den Literaten der Vorkriegszeit gab es nur einen, der sofort und offensichtlich aus opportunistischen Gründen der kommunistischen Partei beitrat und sogleich einen einflußreichen Posten erhielt: Waleri Brjussow.

Die überwältigende Zahl der übrigen stand jedoch den neuen Ideen ablehnend gegenüber und wollte mit Brjussow und Blok nichts mehr zu tun haben. Wahrscheinlich dachten die meisten wie Marina Zwetajewa, die kurz nach ihrer letzten Ankunft aus Koktebel in einem »An Moskau« überschriebenen Gedicht ihre Meinung sehr deutlich zum Ausdruck brachte:

Du zuckst nicht mit der Schulter, wenn der Usurpator
Mit rotem Haarwuchs sich bemächtigt dein.
Wo ist dein Stolz jetzt, Fürstin? Kluge, wo die Rede?
Wo, Schönheit, ist jetzt deiner Wangen Schein?
[...]
Vergessen hat der kalte Bonapart' den Gruß nicht,
Die Flammen, die ihm loh entgegenwehn ...
Zum erstenmal nicht sind in deinen Domen Ställe. –
Der Kreml wird das alles überstehn![3]

Jeden Tag wurden neuen Dekrete an den Wänden angeschlagen. Durch eines verlor Marina ihr »arbeitsloses Einkommen« – 100 000 Rubel in der Staatsbank. Sie verachtete zwar Geld und Wohlstand und stimmte darin mit der kommunistischen Lehre überein, doch dies beraubte sie ihrer Existenzgrundlage. Noch schwerer muß sie die Beschlagnahmung ihres Hauses in der Borisoglebskaja uliza durch proletarische Familien getroffen haben; immerhin hatte sie soweit Glück, daß ihr drei Zimmer blieben, in denen sie mit ihren beiden Töchtern und dem Kindermädchen Nadja, das früher bei Assja gedient hatte, Unterschlupf fand. »Wir leben noch dort, wo wir früher waren, im Eßzimmer. Alles andere ist besetzt. Das Haus ist ausgeraubt und zusammengeschlagen. Ein Elendsquartier. Wir heizen mit Möbeln«, schreibt Marina im Dezember 1920 an ihre Schwester Assja nach Koktebel.

Diese Behausung in der Borissoglebskaja, bestehend aus dem völlig leeren ehemaligen Eßzimmer, einem zweiten Raum, in dem die Kinder schliefen, der Ofen geheizt und Gäste empfangen wurden, und Marinas Refugium, einer Dachkammer, ehemals Sergejs, ist in der zeitgenössischen russischen Literatur mehrmals beschrieben worden. Ilja Ehrenburg, der im Winter 1917/18 zum erstenmal hierher kam, bemängelte die große Unordnung, die hier herrschte:

»Als ich ihre kleine Wohnung betrat, erstarrte ich. Eine größere Unordnung war kaum vorzustellen. Das Leben war damals schon unruhig, doch seine Fassade war noch völlig intakt. Marina indessen schien ihre Wohnung absichtlich durcheinandergebracht zu haben. Alles war vermengt, verstaubt, mit Tabakasche bedeckt. Ein kleines, hageres, blasses Mädchen kam auf mich zu, schmiegte sich vertrauensvoll an mich und flüsterte: ›*Welch' bleiche Kleider! Welch' seltsame Stille.* [...]‹ Mir wurde eiskalt vor Entsetzen. Marinas Tochter Alja war damals vielleicht fünf Jahre alt – und sie rezitierte bereits Verse von Blok! Alles war unnatürlich und gleichsam ausgeklügelt: die Wohnung, das kleine Mädchen, Marinas Gespräche.«[4]

Das kleine, blasse, Blok rezitierende Mädchen weist die spitzen Bemerkungen Ehrenburgs allerdings zurück: »An Ehrenburgs erstes Erscheinen bei uns [. . .] erinnere ich mich nicht; ich weiß nur, daß ich im Alter von fünf Jahren Bloks Liebeslyrik natürlich noch nicht kannte und daß in der großen, unpraktischen, aber gemütlichen Wohnung noch nicht jene sagenhafte Unordnung herrschte, die alle, welche anfangs der zwanziger Jahre hinkamen, in Erstaunen versetzte.«[5]

Aber daß die kleine Alja ein ungewöhnliches Kind war, hat Ehrenburg richtig beobachtet. Der »kleine Schatten auf dem riesigen Horizont«, der von seiner nicht viel älteren Mutter ebenso unorthodox wie selbstherrlich erzogen wurde, das Kind, das mit vier Jahren schreiben konnte und auf Anweisung der Mutter mit sechs Jahren begann, ein Tagebuch zu führen, tritt bereits zu diesem frühen Zeitpunkt als denkende und beachtenswerte Persönlichkeit in unseren Gesichtskreis. Ihre Tagebucheintragung vom Dezember 1918 dürfte allerdings von ihrer Mutter mit verfaßt worden sein.

»Meine Mutter.

Meine Mutter ist sehr seltsam. Meine Mutter sieht gar nicht aus wie eine Mutter. Mütter bewundern immer ihre Kinder und überhaupt Kinder, aber Marina hat kleine Kinder nicht gern. Sie hat hellbraunes Haar, das sich an den Seiten kräuselt. Sie hat grüne Augen, eine gebogene Nase und rosa Lippen. Sie ist groß und hat Hände, die mir gefallen. Ihr Lieblingstag ist Mariä Verkündigung. Sie ist traurig, schnell, liebt Gedichte und Musik. Sie schreibt Gedichte. Sie ist geduldig, geduldig bis zum äußersten. Sie ist bös und lieb. Sie eilt immer irgendwohin. Sie hat eine große Seele. Eine zärtliche Stimme. Sie geht schnell. Marinas Finger sind voll von Ringen. Marina liest in der Nacht. Sie hat fast immer spöttische Augen. Sie hat es nicht gern, wenn man sie mit dummen Fragen belästigt, da wird sie sehr böse. Manchmal geht sie ganz verloren herum, aber plötzlich wacht sie auf, beginnt zu reden und geht wieder fort.«[6]

Eine bessere Charakteristik läßt sich schwerlich finden.

Der Winter 1917/18 war trostlos, chaotisch und kalt, aber es gab noch einige Familien, denen es besser ging als den anderen und die sich bemühten, hungernden Intellektuellen zu helfen und sie zum

Essen einzuladen. Dazu gehörte das Ehepaar Zetlin, bis zur Revolution reiche Besitzer einer Teefirma, die schon immer Dichter unterstützt hatten; M. I. Zetlin schrieb unter dem Pseudonym »Amari« selbst Gedichte. »Die Zeiten waren schwer, und alle, alle kamen, von Wjatscheslaw Iwanow bis Majakowski«, berichtet Ehrenburg. Marina Zwetajewa fiel ihm auf, weil sie kein Blatt vor den Mund nahm und in einer Diskussion die Partei der Zarentochter Sofija gegenüber Peter dem Großen ergriff, den sie als Wurzel alles Übels und Urheber der Auflehnung gegen das rechtmäßige Alte betrachtete.

Bei einem dieser Abendessen sitzt Marina neben Boris Pasternak. Er erzählt ihr, daß er einen großen Roman schreiben möchte, in dem viel von Liebe und von einer wunderschönen Heldin die Rede sein wird, so wie bei Balzac. »Ein Dichter«, denkt Marina und lädt ihn ein, sie zu besuchen. Pasternak leistet dieser Einladung nicht Folge, da er im Umgang mit Menschen ebenso unbeholfen ist wie Marina.

Im Frühling 1918 verlor auch das Ehepaar Zetlin sein Moskauer Haus. Es gelang ihnen, sich in ihre Wohnung nach Paris abzusetzen. Für die Schriftsteller in Moskau wurde das Leben noch schwerer.

Über ihr Leben im Moskau der Revolutionsjahre hat Marina Zwetajewa in Notizbüchern Tagebuch geführt. Obschon sie die Bände *Werstpfähle* und *Das Lager der Schwäne* fortführt, glaubt sie, daß die Prosa der Zeit eher gerecht werden könne. Die Aufzeichnungen sind »nicht persönlichen, doch auch nicht allgemeinen Charakters: Gedanken, Beobachtungen, Gespräche, die Revolution, das tägliche Leben – alles mögliche, eine Art Chronik der Seele«.[7] Dieses Tagebuch, es umfaßt die Jahre 1917–1920, ist als ganzes niemals erschienen. Kurze Ausschnitte wurden in den zwanziger Jahren in russischen Emigrantenzeitungen gedruckt und sind erst seit 1979 wieder zugänglich.[8]

Die Tagebuchblätter werfen ein Licht auf Marinas seelische Verfassung. Zwar beschreibt sie die Not des täglichen Daseins, den Hunger, die schwere Hausarbeit, die »neuen Menschen« um sich herum, doch flüchtet sie meist aus der unerfreulichen Gegenwart, indem sie über abstrakte Themen meditiert: über die Liebe, die Freundschaft, die Dankbarkeit, oder sie schwelgt in Erinnerungen an Deutschland, das sie nostalgisch als Land der Weisheit, Ordnung und Freiheit sieht. In ihren brillant geschriebenen Aphorismen überrascht vor allem die Fähigkeit Zwetajewas zum abstrakten Denken.

Doch hat auch die schwerste Zeit ihre Lichtblicke. Marina lernt neue Menschen kennen und gewinnt Freunde, denen sie vielleicht unter normalen Umständen nicht begegnet wäre. Gleich nach ihrer Rückkehr aus Koktebel sucht sie »Pawlik« auf, den Dichter, dessen Verse ihr auf der letzten Fahrt in den Süden so gut gefallen haben.

»Unsere Begegnung war wie ein Erdbeben. Daran gemessen, wie ich verstand, wer er war, begriff er, wer ich bin. (Ich spreche nicht von den Gedichten, weiß nicht einmal, ob er meine Gedichte damals kannte.)

Nachdem wir lange in magischer Erstarrung uns gegenübergestanden waren, brachen wir beide auf, durch jenen hinteren Eingang und schwelgten in Gedichten und Gesprächen. Kurzum, Pawlik brach auf und verschwand. Er verschwand bei mir in der Borisoglebskaja, für lange Zeit.«[9] Der Lyriker Pawel Antokolski, denn er ist Pawlik, hat 1966 seine »poetisch gefärbten und von tiefer Dankbarkeit gegenüber der Dichterfreundin diktierten« Erinnerungen an Marina Zwetajewa veröffentlicht. Als er sie kennenlernte, war sie eine stattliche, breitschultrige Frau mit weit auseinanderliegenden grüngrauen Augen, kurz geschnittenem rötlichem Haar, in einem unmodernen, dunkelblauen Kleid, das im Schnitt an eine Mönchskutte erinnerte. Die Taille war mit einem breiten Riemen eng zusammengeschnürt, von der Schulter hing eine gelbe Tasche, die wie eine Offiziers- oder Patronentasche aussah.

»Wohin diese Frau geht, überall sieht sie aus wie eine Pilgerin, eine Wanderin. [. . .] Ihre Sprache ist schnell, klar, deutlich. Jede Beobachtung, jeder Scherz, jede Antwort auf eine Frage erfolgt bei ihr in mühelos gefundenen, treffenden Formulierungen, die sich genauso leicht und ungezwungen zu einer Verszeile fügen können. Zwischen der alltäglichen, gewöhnlichen Marina und der Dichterin besteht kein Unterschied, die Entfernung zwischen beiden ist nicht zu erkennen und unbedeutend. [. . .] Marina log niemals, niemals übertrieb sie. Ihr Gesichtssinn und Gehör waren anders als bei anderen Menschen, sie war auf ihre eigene Welle eingestimmt. Etwas Leichtes und Geflügeltes ging von ihrer ganzen Erscheinung aus. Sie war voll der Puschkinschen inneren Freiheit in ihrem ständigen, ruhelosen, kühnen Wollen. Wirklich liebte sie nur – nicht sich selbst, sondern die Sprache, das Wort, ihre Arbeit. Aber auch, vollkommen selbstlos, das Wort eines anderen.«[10]

Die beiden jungen Dichter saßen nächtelang in Marinas Dachkammer, die Pawel Antokolski an die Kajüte eines Schiffes auf hoher See erinnerte, und philosophierten. Sie »saßen in den Wolken und regierten gemeinsam die Welt«, wie Marina sagt.

Pawlik studierte bei Wachtangow im Dritten Studio des Moskauer Künstlertheaters, wo er später viele Jahre als Regisseur arbeitete. Er war es, der Marina in den Kreis dieses fröhlichen, kunstbesessenen, aufgeschlossenen Theatervölkchens einführte. Menschlich und künstlerisch erschlossen sich ihr neue Dimensionen.

Pawliks bester Freund ist der bildschöne Schauspieler Juri Sawadski, der eine große Theaterkarriere vor sich hat. Marina verliebt sich heftig in ihn, doch bleibt es bei einer platonischen, einseitigen Zuneigung, die ein Jahr dauert. Die Bekanntschaft mit ihm und seinen Kollegen lenkt ihr Talent in neue Bahnen. Marina Zwetajewa beginnt, Theaterstücke zu schreiben. Zwischen 1918 und 1919 sind es nicht weniger als sechs.[11] Meist ist Sawadski das Modell. Die traurige Gegenwart wird verdrängt; Marina flüchtet sich in die Epoche, der von jeher ihre Liebe gegolten hat, ins galante 18. Jahrhundert. Es sind keine Meisterwerke, die sie verfaßt hat, auch wurden sie damals nicht aufgeführt.

Die kurzsichtige Zwetajewa empfängt entscheidende Impulse nicht auf optischem Wege, sondern durch den Klang; das Schauspiel liegt ihr nicht. Karlinsky bemerkt, daß die Theaterstücke auch sprachlich eher in der Welt ihrer frühen Jugendgedichte zu Hause sind und an die Meisterschaft der zur gleichen Zeit entstandenen lyrischen Schöpfungen nicht heranreichen. Interessant sind sie im Zusammenhang mit ihren übrigen Werken als Spiegelbild ihrer seelischen Verfassung und als Beweis, wie stark das Theatermilieu und die Bekanntschaft mit den Schauspielern des späteren Wachtangow-Theaters auf sie einwirken.

Neben Sawadski sind es vor allem zwei Mitglieder des Ensembles, die Marinas Ideale verkörpern und in ihren Stücken immer wiederkehren: der ehemalige Gardeadjutant und Gutsbesitzer Alexej Stachowitsch, 1918 bereits 65jährig, den die Theaterleidenschaft schon vor der Revolution zur Bühne brachte und der später die Schauspieler darin unterwies, wie man sich zu benehmen habe, und die kleine, kindlich wirkende Schauspielerin Sofija

Jewgenjewna Holliday, die im Zweiten Studio spielte. Stachowitsch ist der alte Casanova in *Prikljutschenie* (Abenteuer) und *Konez Kasanowy* (Das Ende Casanovas). Persönlich trifft ihn Marina nur ein einziges Mal, und es ist eine echte Zwetajewa-Begegnung: Er beglückwünscht sie zu Gedichten, die jemand anderes geschrieben hat; sie möchte ihn schrecklich gern näher kennenlernen, versagt sich aber diese Freude, gerade weil sie es so gern möchte, und kann sich das später nicht verzeihen. Im Februar 1919 begeht Stachowitsch Selbstmord. Er zahlt seine Schulden, gibt seinem Kammerdiener einen Vorschuß, dann erhängt er sich, weil er das Leben im proletarischen Rußland nicht mehr ertragen kann. Für Marina ist er der Inbegriff eines Aristokraten der alten Schule und der untergegangenen Welt.[12]

Sonetschka Holliday sah Marina zum erstenmal an einem Abend im Dezember 1918, als sie dem Ensemble des Dritten Studios auf offener Bühne ihr Stück *Metel* (Schneesturm) vorlas. Unter den Zuhörern befand sich Sawadski, der Adressat und Hauptheld des Stückes, aber seine Gegenwart verblaßte vollständig, als Antokolski ihr die kleine, hingerissene Schauspielerin vorstellte. Es war gegenseitige Liebe auf den ersten Blick.

Zwetajewa beschrieb Sonetschka als eine typische »höhere Tochter« russischer Ausprägung, die in allem das Gegenteil der beherrschten, zurückhaltenden Marina war. Für einige Monate wurden die beiden unzertrennliche Freundinnen. Ariadna Efron erinnert sich, daß von den zahlreichen Besuchern in der Borisoglebskaja einzig und allein Sonetschka Holliday Zeit fand, sich mit ihr und der kleinen Irina zu befassen, und eine Ahnung von Wärme und Zärtlichkeit in das Leben der Kinder brachte. Ohne die Frauenfreundschaft zu stören, gehörte ein weiterer Schauspieler, Wladimir Alexejew, der Zwetajewa tiefe Verehrung entgegenbrachte, ihrem Bunde der Seelenfreundschaft an. Diese Idylle scheint bis zum Frühsommer 1919 angedauert zu haben, dann meldete sich Alexejew zur Wrangellarmee und dürfte bald danach gefallen sein; Sonetschka verabschiedete sich unter heißen Tränen, um auf Tournee zu gehen. Sie hat Marina danach niemals wieder aufgesucht.

Diese menschlichen Begegnungen vor dem Hintergrund des zweiten Revolutionswinters lassen im Werk Zwetajewas tiefe Spuren zurück. Der Aristokrat vom Scheitel bis zur Sohle, der ritterliche, mit allen männlichen Tugenden ausgestattete junge Mann, das zierliche, dahinzwitschernde, ständig Tränen vergießende junge Mädchen sind Menschen, die im neuen Rußland nichts mehr zu suchen haben und zum Aussterben verurteilt sind. Jeder von ihnen sucht und findet seinen persönlichen Ausweg aus der unhaltbaren Situation. Unter dem Eindruck des Geschehens schreibt Marina Zwetajewa die *Stichi Sonetschke* (Gedichte an Sonetschka) und, Jahrzehnte danach, die *Powest o Sonetschke* (Erzählung von Sonetschka), vielleicht ihr schönstes, jedenfalls das am spätesten bekannt gewordene Prosastück.[13]

Die Freundschaft mit den aufgeschlossenen, geistig regen Theaterleuten mochte wohl einiges erleichtern; die traurige Wirklichkeit, die Angst und Unsicherheit ließen sich jedoch nur für kurze Augenblicke verdrängen. Die Nachrichten von der Bürgerkriegsfront waren schlecht. Die im Januar 1918 gegründete »Freie Don-Republik« hatte nur eine Lebensdauer von einigen Wochen, danach wurde sie von der Roten Armee liquidiert.

> Schwindet – entschwindet – die weiße Vision!
> Alter Welt letzter Traum ist entflohn:
> Jugend, Kühnheit, Vendée und Don![14]

klagt Marina. Was mit Serjosha geschehen ist, weiß sie nicht. Die Verbindung zu ihm ist abgerissen.

Zu den Schrecken des Alltags und den Sorgen um Serjosha kam die wirtschaftliche Lage, die immer unerträglicher wurde: kein Geld, nichts zu essen, keine Hoffnung auf Besserung. Marina beschreibt ihren Alltag des Jahres 1918:

»Wir haben kein Mehl, kein Brot, unter dem Schreibtisch befinden sich 12 Pfund Kartoffeln, das, was von dem Pud übrigblieb, das mir die Nachbarn ›geborgt‹ haben – ist mein ganzer Vorrat. Der Anarchist Charles hat Serjoshas goldene Uhr weggenommen; ich war mindestens hundertmal bei ihm; zuerst versprach er, sie zurückzugeben, zum Schluß hat er nur mehr gebrüllt. (Für diese Uhr hätte ich jetzt zwölftausend bekommen können, d. h. 1½ Pud Mehl). Ich lebe von geschenkten Mittagessen (für die Kinder). Die Nachbarin von unten bringt den Kindern manchmal Suppe und hat mir heute mit Gewalt zum drittenmal tausend Rubel ›geborgt‹. [. . .] Ich glaube, ihr Mann weiß nicht, daß sie mir hilft – es ist ganz natürlich, daß er, ein Jude und Erfolgsmensch, sich über mich ärgert, bei der in der Wohnung alles eingefroren ist außer der Seele und nichts da ist außer Büchern.«[15]

Es folgt eine Beschreibung des Tagesablaufes: das Heizen des Ofens, das Kochen des Essens in dem einzigen übriggebliebenen Kochtopf, die kilometerlangen Fußmärsche, um etwas auf dem Markt zu verkaufen, das Anstellen in verschiedenen Schlangen, um vielleicht etwas Eßbares zu ergattern. An anderer Stelle schildert Marina Zwetajewa die unendlichen Mühen und Schwierigkeiten einer Hamsterfahrt aufs Land.[16]

Wahrscheinlich hätte Marina Zwetajewa diese böse Zeit nicht überstanden, wenn ihr nicht viele Menschen geholfen hätten. Anna Saakjanc bestätigt, daß darunter auch Nikodim Pluzer und seine Frau waren, wenn auch von Marinas Liebe in der Zwischenzeit nicht mehr als »Treibsand und Lumpen« übriggeblieben waren.[17]

Es spricht für Zwetajewa, daß es nicht nur politische Gesinnungsgenossen waren, die für sie eintraten. Einer der neuen Mitbewohner war Henryk Sachs, der als persönlicher Mitarbeiter Dsershinskis ein einflußreicher Kommunist war. Obwohl er pflichtgemäß Alja auszuhorchen versuchte, ob sie etwas von ihrem Vater gehört habe, erwies er Marina manchen Dienst. Als im Frühjahr eines Abends plötzlich ihr Halbbruder erschien, von dem sie überhaupt nichts wußte, und sie um Hilfe für seinen verhafteten Großvater bat, war es Sachs, der den alten Ilowajski aus dem Tscheka-Gefängnis herausbrachte. Dabei mag dahingestellt bleiben, ob die Tscheka-Beamten den Versicherungen des 85jährigen Historikers Glauben schenkten, er habe niemals von Lenin und Trotzki gehört, und der auch während der Verhöre seine monarchistische Gesinnung nicht verleugnete.

Sachs war es auch, der Marina im Herbst 1918 zu einer Anstellung mit festem Gehalt im »Narkomnaz«, dem Volkskommissariat für Nationalitätenfragen, verhalf.

Über ihre fast sechsmonatige Tätigkeit im »Narkomnaz« und die Arbeitsbedingungen in einer russischen Dienststelle im Jahr 1918 hat Zwetajewa eine reichlich groteske Skizze geschrieben.[18] Ihre Arbeit bestand darin, Zeitungsmeldungen über die Kampfhandlungen an den Bürgerkriegsfronten auszuschneiden oder abzuschreiben und auf Karteikarten zu kleben. Die Angestellten beschäftigten sich jedoch meist mit anderen Dingen: Sie stellten sich in der Dienstzeit um Lebensmittel an, sie ergänzten das Mobiliar ihrer Büroräume – das Kommisariat befand sich in einem der schönsten Adelspalais Moskaus – durch Beutezüge in andere Abteilungen, sie halfen sich gegenseitig bei der Bewältigung der Probleme und erfanden, wenn sie nichts gearbeitet hatten, rasch einige Meldungen, die sie auf ihre Karten klebten:

»Fast denke ich freudig an meine Dienststelle im Sowjet-Moskau zurück, drei Stücke habe ich dort geschrieben: *Abenteuer, Fortuna* und *Phönix* – mehr als 2000 Verszeilen«, schreibt Marina 1925 an Anna Tesková.

Am 25. April 1919 kündigt Marina ihren Posten im Volkskommissariat für Nationalitätenfragen, da sie nicht imstande ist, ein Klassifikationsschema, das sie vorlegen soll, zu entwerfen. Wahrscheinlich ist das ihr Glück. Denn offensichtlich begreift sie bis zuletzt nicht, wer ihr oberster Chef ist, der Karteikarten über die Bewegungen des Feindes und über seine Feinde im allgemeinen anlegen läßt, diese Aufzeichnungen dann gründlich studiert und sie benutzt, um sich seiner Feinde zu entledigen. Sein Name? Stalin.

Danach arbeitet Marina noch einen Tag lang, am 26. April, in einer Institution namens »Monplenbesch«. Sie soll dort Karteikarten alphabetisieren und in den Katalog einordnen; die Norm pro Tag beträgt 200 Stück, und alles arbeitet verbissen, ohne den Kopf zu heben. Sie hält es bis Mittag aus, dann springt sie auf und läuft unter einem Vorwand davon, um nicht mehr wiederzukommen:

»Nicht ich verließ die Kartothek: Meine Füße trugen mich davon. Die Seele, die Füße – etwas, das außerhalb des Bewußtseins liegt.«

»1918 habe ich einmal 5½ Monate gearbeitet«, schreibt Marina 1920 an Assja, »ich habe es aufgegeben – ich konnte nicht. Da ist es wirklich besser, sich aufzuhängen.«

So mußte Marina von neuem versuchen, die Probleme des Alltags zu meistern, ohne den Rückhalt eines geregelten monatlichen Einkommens zu haben, ohne von hilfreichen Familienmitgliedern unterstützt zu werden. Von Serjosha fehlte jedes Lebenszeichen. Die Kinder hungerten, waren vernachlässigt, und die jüngste Tochter Irina konnte nicht einmal sprechen, anstatt dessen sang sie vor sich hin und schüttelte unablässig dabei den Kopf.

Dreizehntes Kapitel

Laß dich's, Rußland, nicht verdrießen!
Engel tragen niemals Stiefel . . .
Teufel hat sie fortgefegt . . .
Bös ist, wer heut Stiefel trägt!

dichtete die kleine Ariadna Efron 1919.[1] Dieses »schwärzeste, tödlichste aller dieser Jahre« wurde für die Russen, vor allem für die Moskauer, zu einer unvorstellbaren Prüfung. Die neuen Machthaber, die den Wirtschaftsapparat zerschlagen hatten und einen Bürgerkrieg führen mußten, waren nicht imstande, die täglichen Probleme des Alltags zu bewältigen. Die Menschen vegetierten in einem unbeschreiblichen Chaos, sie hungerten, froren, darbten und zitterten vor dem politischen Terror. Wie viele Menschen in diesem Winter zugrunde gingen, ist in keinem Archiv verzeichnet.

Zum Glück zeigen sich in Krisenzeiten aber auch mehr menschliche Solidarität und Hilfsbereitschaft als in Jahren des Überflusses. Von dieser Solidarität profitierte auch die in praktischen Dingen so unerfahrene Zwetajewa. Wahrscheinlich hätten sie und Ariadna ohne die Hilfe von Nachbarn und befreundeten Schriftstellern nicht überlebt.

Auch Marina half, wo sie konnte, und legte in diesen Katastrophenjahren ihre Bewährungsprobe als Mensch ab. Der Dichter Konstantin Balmont, der seit Winter 1917 oder Anfang 1918 ihr guter Freund war, erinnert ihre unbeschwerten Zusammenkünfte:

»Es ist immer eine Freude für mich, bei ihr zu sein, wenn mich das Leben besonders gnadenlos behandelt. Wir scherzen, lachen, rezitieren Gedichte. Und obwohl wir ineinander nicht verliebt sind, gibt es kaum Verliebte, die sich gegenseitig so zärtlich und rücksichtsvoll behandeln.«[2]

Noch deutlicher drückte es Balmont aus, als er Rußland bereits verlassen hatte und im Westen lebte:

»Wenn ich mich an jene nunmehr weit zurückliegenden Tage in Moskau erinnere und nicht weiß, wo sich Marina Zwetajewa jetzt befindet, ob sie überhaupt noch am Leben ist, so kann ich nicht umhin zu sagen, daß diese beiden poetischen Seelen, Mutter und Tochter, die eher wie Schwestern aussahen, den rührendsten Anblick poetischer Weltfremdheit und des freien Lebens boten – in Verhältnissen, in denen andere nur stöhnen, erkranken und sterben. Es war, als befreite die seelische Kraft der Liebe zur Liebe und der Liebe zur Schönheit diese beiden menschlichen Vögel von Schmerz und Kummer, Hunger, Kälte und völliger Verlassenheit. Immer sangen sie, immer zeigten sie eine tapfere Haltung und ein lächelndes Gesicht. Es waren zwei Heldinnen, und nicht bloß einmal gab mir ihr Anblick jene Kräfte zurück, die sich ihrem Ende zuneigten.«[3]

»Ich war nie eine Verehrerin Balmonts«, schreibt Marina am 25. 7. 1923 an Bachrach, »aber ich habe ihm damals geholfen, seine Lebensmittelrationen nach Hause zu tragen. [. . .] Die Alltagssorgen sind etwas so Widerliches, daß es eine Sünde ist, sie Schultern aufzubürden, die sowieso schon von Flügeln belastet sind.«[4]

Über eines sind sich alle Zeugen einig: Obwohl es damals allen Menschen in Moskau schlecht ging und jeder kämpfen mußte, um irgendwie zu überleben, war die Lage, in der sich Zwetajewa befand, besonders verzweifelt. Fürst Wolkonski erzählt die Anekdote, daß sogar ein Einbrecher, der die Borissoglebskaja heimsuchte, Marina Geld anbot, als er sah, wie ärmlich sie lebte. Stepun berichtet von einem Spaziergang auf dem Twerskoj-Boulevard, bei dem ihm die Dichterin, »barfuß und in einem zerlumpten Kleid, in dem sie wahrscheinlich auch schlief, neben ihm herschreitend« ihre traurige Lage schildert.

Doch gerade in dieser finstersten Zeit war Marinas armselige Behausung im langsam verfallenden Haus in der Borissoglebskaja ein Anziehungspunkt für Dichter, Schriftsteller und Philosophen und alle möglichen Sonderlinge männlichen und weiblichen Geschlechts: »Alle klammern sich an sie. Marina spricht geduldig mit allen; sie hört mehr zu, als daß sie selbst redet, sie raucht und bläst den Rauch durch die gewölbten Lippen in die Luft.«[5]

Die Zeit der größten materiellen Not war auch die Zeit, in der Marina Zwetajewa engere Kontakte zu ihren Mitmenschen hatte als jemals zuvor oder danach. Nach ihrem Scheitern als Angestellte verfügte Marina über kein festes Einkommen. Sie versuchte, ihre Gedichte drucken zu lassen, um wenigstens auf diese Art etwas zu verdienen. 1918 war in Petrograd ein Sammelband *Otkliki na vojnu i revoljuziju* (Nachklänge zu Krieg und Revolution) erschienen; unter den dreizehn Mitarbeitern war auch Zwetajewa mit einem Gedicht zu finden. Dieses Gedicht erregte jedoch den höchsten Unwillen des einflußreichen Majakowski: »Man findet dort unter anderem die Verse der Zwetajewa ›Es lebe der Diener Gottes Nikolai‹. Wie wäre es, meine Herrschaften, wenn Sie Ihre Nachklänge etwas anderem widmeten!«[6]

Ein weiterer Feind Marinas, Waleri Brjussow, saß an einer Schlüsselstelle: Er war Chef der »Literaturabteilung« (Lito), von der das Erscheinen eines Buches abhing. Die Werke Zwetajewas ließ er nicht passieren. Im Sommer 1919 lieferte Marina maschinenschriftliche Exemplare ihrer Bände *Jugendgedichte* und *Werstpfähle I* ab und hatte das zweifelhafte Glück, sie ein Jahr später mit einer handschriftlichen Notiz Brjussows zurückzuerhalten, die Verse seien »nicht zeitgemäß und daher nicht zum Druck geeignet«.

So waren es nur die öffentlichen Dichterlesungen, die ab und an ein paar Rubel einbrachten. Am 1. Mai 1919 nahm Marina Zwetajewa an einer Festversammlung im »Palast der Künste« teil, im ehemaligen Palais Sologub, in dem sie während ihrer kurzen Dienstzeit im »Narkomnaz« gearbeitet hatte. Am 7. Juli trat sie dort wieder auf, während Lunatscharski, der allmächtige Kommissar für das Bildungswesen, im Auditorium saß. Aber selbst hier siegte ihr Temperament über die Vernunft. Marina wählte für ihren Vortrag ihr kompromittierendstes Werk, den antirevolutionären Monolog des Herzogs von Lauzun (1747–93) vor seiner Hinrichtung unter den Jakobinern aus ihrem Theaterstück *Fortuna*. Die Parallele zu den aktuellen Vorgängen lag auf der Hand.

»So deutlich habe ich noch nie gelesen. So verantwortungsvoll habe ich noch nie geatmet [. . .] Den Monolog eines Aristokraten – einem Kommissar ins Gesicht! Das nenne ich Leben! Nur schade, daß es bloß Lunatscharski war und nicht – fast hätte ich geschrieben Lenin, doch Lenin hätte nichts verstanden.«[7] Das Publikum applaudiert; Lunatscharski ist ein guter Zuhörer und zischt sogar, wenn das Publikum zu laut wird.

Ein anderes Mal treibt es Marina noch schlimmer. Waleri Brjussow präsidiert am 11. Dezember 1920 einen »Abend der Dichterinnen« im großen Saal des Polytechnischen Museums. Der Saal ist zum Bersten voll. Brjussow, der Frauenverächter, erklärt in seiner Einleitungsrede, Frauen könnten nur über Liebe und Leidenschaft dichten, zu etwas anderem seien sie nicht fähig. Marina, die sich in ihrem dunklen Mönchsgewand mit der Patronentasche über der

Schulter auch äußerlich von den anderen herausgeputzten Dichterinnen unterscheidet, tritt als erste an die Rampe und rezitiert mehrere Gedichte aus dem *Lager der Schwäne.*

»Als ich etwas derartig Verrücktes tat, hatte ich zwei, nein drei, vier Ziele: 1. Sieben weibliche Gedichte ohne Liebe und ohne das Pronomen ›ich‹; 2. den Nachweis der Sinnlosigkeit von Dichterlesungen vor einem Publikum; 3. ein Zwiegespräch mit einem einzelnen, der mich verstand (und sei es ein Kursant!); 4. und vor allem: die Erfüllung einer *Ehrenpflicht,* hier im Moskau des Jahres 1921. Und abgesehen von allen Zielen die Herausforderung: Was geschieht jetzt?«[8]

Vorerst geschah nichts. Aber wahrscheinlich war es dieser Abend, an dem sich Ilja Ehrenburg über Marina Zwetajewa ärgerte.

Er schrieb in den *Porträts russischer Schriftsteller*: »Ein stolzer Gang, eine hohe Stirn, kurz geschnittenes Haar. Ein verwegenes Bürschchen oder ein Fräulein-rühr-mich-nicht-an? . . . Hübsch singt das Bürschchen, es liebt aufrührerische Lieder über Stenka Rasin und heimische Maßlosigkeit. Das Fräulein jedoch bevorzugt die Comtesse de Noailles und das Banner der Vendée. [. . .] Einmal hat sie gestanden, daß sie gern lacht, wenn man nicht lachen darf. Sie liebt manches, was man nicht darf. Jetzt sind Wappen verboten, sie verherrlicht sie mit aufrührerischem Pathos, mit einer Kühnheit, die aller großen Häretiker, Träumer und Rebellen würdig wäre. [. . .] Übrigens wird man das alles vergessen. Übrigbleiben werden die prachtvollen Gedichte der Marina Zwetajewa, ebenso wie der Lebenswille, die Lust am Zerfall, der Kampf des einzelnen gegen alle und die Liebe übrigbleiben werden.«[9]

Marinas Beziehungen zu Ehrenburg müssen um diese Zeit gut, jedoch nicht ungetrübt gewesen sein. Ihre Charaktere unterschieden sich in einem Punkt so radikal voneinander, daß freundschaftliche Beziehungen nicht von Dauer sein konnten: Marina blieb ihren einmal gefaßten politischen Überzeugungen kompromißlos treu, während Ehrenburg sich jeder neuen Situation geschickt anzupassen verstand. In *Menschen, Jahre, Leben* deutet er dieses selber an.

»Als ich mich im Herbst 1920 von Koktebel nach Moskau durchgeschlagen hatte, fand ich Marina immer noch inmitten ihrer exaltierten Einsamkeit. Sie hatte gerade einen Versband zum Ruhm der Weißen abgeschlossen. Inzwischen hatte ich manches gesehen (darunter auch die russische Vendée) und manches überdacht. Ich machte den Versuch, Marina das wahre Gesicht der Weißgardisten vorzuführen – sie glaubte mir nicht. Ich versuchte, ihr zu widersprechen – sie wurde wütend. Sie hatte einen schwerfälligen Charakter und wurde selbst sein erstes Opfer.«[10]

Und dann, ihre Tochter Ariadna war gerade schwer an Malaria erkrankt, starb im Februar 1920 die kleine Irina in einem Kinderheim in Kunzewo. Marina fühlte sich schuldig, sie vernachlässigt zu haben, weil sie die ältere, abgöttisch geliebte Tochter gepflegt hatte, statt sich um die kleine zu kümmern: »Sie war nicht eigentlich krank, sie ist aus bloßer Schwäche gestorben. Ich bin nicht einmal zum Begräbnis gefahren – Alja hatte an diesem Tag 40,7° Fieber. Soll ich die Wahrheit sagen? Ich konnte einfach nicht.«[11]

Ihrer Schwester Assja schreibt Marina: »Irina war fast drei Jahre alt, sie hat kaum gesprochen und einen beklemmenden Eindruck gemacht, sich ununterbrochen hin und her gewiegt und dazu gesungen. Gehör und Stimme waren außergewöhnlich.« (An A. Zwetajewa, 17. Dezember 1920)[12]

Marina bleibt mit der siebenjährigen Alja allein in dem von fremden Menschen bevölkerten Haus zurück; die Siebenundzwanzigjährige fühlt sich wie eine Greisin, ihre Stimmung ist sehr gedrückt.

»Jetzt brauche ich jemanden, der an mich glaubt, mir sagt: ›Du bist brav, weine nicht, S. lebt, du wirst ihn wiedersehen, du wirst einen Sohn haben, alles wird wieder gut werden!‹ Ich klammere mich fieberhaft an Alja. Sobald es ihr besser geht, lächle ich, aber kaum hat sie 39,3°, ist mir alles wieder weggenommen und ich beginne, den Tod ins Auge zu fassen. Liebe Vera, ich habe keine Zukunft, keinen Willen, ich habe vor allem Angst. Ich glaube, es ist besser zu sterben. Wenn S. nicht mehr unter den Lebenden weilt, werde ich sowieso nicht leben können. Denken Sie, was für ein langes, unendliches Leben – alles ist fremd, fremde Städte, fremde Menschen, und wir beide, Alja und ich, so vollkommen verlassen.«[13]

Alja – das kleine blasse, ausgehungerte Wunderkind mit den riesigen blauen Augen: In allen Memoirenwerken aus dieser Zeit finden sich ein paar Sätze über Marinas unkindliche, altkluge Tochter. Daß sie so wirkt, ist kein Wunder. In ihrer Niedergedrücktheit und Einsamkeit vergaß Marina Zwetajewa, daß Alja noch so klein war; sie diente ihr als Vertraute und Gesprächspartnerin, sie begleitete sie überall hin, auch zu ihren Dichterlesungen. Marina Zwetajewa verfiel in den Fehler ihrer eigenen Mutter und wollte aus Alja ebenfalls eine Dichterin machen, obwohl diese zeichnerisch begabt war. Ariadna Efron erzählt in ihren Erinnerungen, wie gnadenlos die Mutter ihre Freude zerstörte, als es ihr zum ersten Mal gelungen war, eine menschliche Gestalt zu Papier zu bringen.[14] Marina hat ihrer Tochter eine Reihe von Gedichten gewidmet, aber sicher hat sie, die ebenfalls noch sehr jung und mit ihrem eigenen Innenleben und den Widrigkeiten des Tages vollauf beschäftigt war, ihr talentiertes, tagebuchschreibendes Kind nicht verstanden. Vielleicht reichen die Wurzeln des späteren Konflikts zwischen Mutter und Tochter bereits in diese Jahre zurück? »Mir scheint, daß Alja in ihren Kinderjahren ebenso einsam war wie die Mutter, ungeachtet des großen Bekanntenkreises, der ständigen Gäste, die oft stundenlang um den Ofen herumsaßen«, urteilt Mindlin.

Unmittelbar nach Irinas Tod wurde das Leben Zwetajewas leichter: Dank der Vermittlung von Freunden erhielt sie von offizieller Seite einen »pajok«, eine Lebensmittelzuteilung, die Künstlern monatlich gewährt wurde. Nun konnte sie schreiben, ohne auf die Hilfe anderer angewiesen zu sein. Daß ihre erstarrte Seele sich belebte, zeigen die Gedichte des Frühjahrs und Sommers 1920. Bereits am 27. April, kurz nach Irinas Tod, erreicht sie »ein Hauch von England, Meer und Heldenmut«. Anna Saakjanc, die ihr Buch anhand der Notizbücher Zwetajewas geschrieben hat, enthüllt uns den Namen des Adressaten des 27 Gedichte umfassenden Zyklus *(Poem einer unerwiderten Liebe):* Es ist Nikolai Nikolajewitsch Wyscheslawzew, ein vor dem Krieg weit gereister Maler. Von ihm stammt ein Porträt Zwetajewas, das Saakjanc zum ersten Mal veröffentlicht hat.[15] Eines der Gedichte aus dieser Zeit ist das bekannte

> Der eine aus Stein und der andere aus Lehm
> Ist geschaffen, nur ich allein glänze.[16]

Mitten in diesem Zyklus steht jedoch der erschütternde Anruf vom 18. Mai 1920 an ihren verschollenen Mann.

> Auf Schiefertafeln schreib ich es hin,
> Ich schreib auf die Glieder vergilbter Fächer,

In Meeressand, in den Sand der Bäche,
Mit dem Schlittschuh aufs Eis und auf Glas mit dem Ring.

Ich ritz' es in Rinde, die hundert Jahr'
Und siegle, damit nur kein Zweifel blieb,
– Daß du geliebt bist, geliebt, geliebt –
Mit dem Regenbogen des Himmels gar.

Wie hab ich gewollt, daß so mancher leuchte
Mit mir zusammen in Ewigkeit.
Und dann, die Stirn auf den Tisch gebeugt,
Hab den Namen getilgt ich mit dicken Kreuzen.

Doch du, der du in die Hände gegeben
Den käuflichen Schreibern – wie leid tust du mir!
Ich bleib dir treu! im Ring steht's graviert!
Du wirst auf den Tafeln des Rechts überleben![17]

Langsam begann das Leben wieder etwas normaler zu werden. Alte Bekannte, die seit Jahren verschwunden gewesen waren, tauchten auf. Marina traf Wladimir Nilender wieder, der immer noch in seiner Gelehrtenhöhle hockte, und sah bei ihm Sergej Solowjow, der mittlerweile die jüngste Turgenjew-Schwester Tanja geheiratet hatte und Priester geworden war, und zwar im Sinne seines Onkels gleichzeitig katholischer und orthodoxer. Andrej Belyj war überall anzutreffen; er übte eine rege volksbildnerische Tätigkeit aus und bemühte sich, den jungen Sowjetbürgern die Anthroposophie nahezubringen. Marina sah ihn öfters von weitem, aber eine richtige Begegnung fand nicht statt.

Auch die Begegnung mit Marinas Lieblingsdichter Alexander Blok kam nicht zustande. Am 9. Mai 1920 las er, bereits von seiner Todeskrankheit gezeichnet, im großen Saal des Moskauer Polytechnischen Museums. Marina stand hinter ihm, sie hatte die Gedichte in der Tasche, die sie ihm gewidmet hatte, doch wagte sie es nicht, sie ihm zu überreichen, sondern ließ sie durch Ariadna ins Künstlerzimmer bringen. Blok war, wie Ariadna Efron schreibt, der einzige Dichter, den Marina nicht als Kollegen betrachtete, sondern wie eine Gottheit verehrte.

Künstlerisch stellt das Jahr 1920 im Schaffen Zwetajewas eine neue Etappe dar: sie wendet sich der Form des großen epischen

Gedichtes zu. Vom Juli bis zum September schreibt sie das Poem in Versen *Zar-Dewiza* (Das Königsmädchen), das erste der volkstümlichen, auf den Afanassjewschen Märchen wurzelnden Epen.

Vom 31. Dezember bis zum 4. Januar 1921 folgen *Na krasnom kone* (Auf rotem Roß), die unvollendet gebliebene Verserzählung *Jegoruschka*, im Frühling 1922 *Pereulotschki* (Seitengäßchen) und 1924 *Molodez* (Der Recke).[18]

Was an diesen Epen vor allem auffällt, ist die meisterhafte Beherrschung der russischen Sprache in allen ihren volkstümlichen Formen und Wendungen. Es ist ein Schöpfen aus dem Urquell der Sprache. Die Dichterin verwendet Klangassoziationen und Sprachmelodien, die eine Übersetzung in andere Sprachen kaum möglich machen.

Swjatopolk-Mirsky urteilt: »Ihre Dichtung lebt ganz aus dem Geist und dem Klang des Volksliedes. [. . .] Das *Königsmädchen* ist in dieser Hinsicht ein wahres Wunderwerk. Außer Blok mit seinen *Zwölf* hat wohl keiner jemals etwas Ähnliches geschaffen; es ist eine unvergleichliche Fuge über ein volkstümliches Thema.«[19] »Etwas Russisches und mir Gehörendes«, nennt Marina ihr *Königsmädchen.*

Vergleicht man den Inhalt dieser seit 1920 entstandenen epischen Dichtungen mit den romantischen Theaterstücken der vorhergehenden Jahre, so fällt etwas Neues auf: Themen und Diktion haben sich verändert, die nostalgische Flucht ins 18. Jahrhundert gehört der Vergangenheit an. Das Hinwenden zu den Mythen des russischen Volkes kommt einem Akzeptieren der Gegenwart gleich, einem Ja zur russischen Revolution, wenn nicht politisch, so doch als einem Ereignis von elementarer Gewalt. Man kann ihm nur mit neuen stilistischen Mitteln gerecht werden. Marina Zwetajewa, die bedeutendste Bardin der weißen Bewegung, übertrifft in der revolutionären Eruption ihrer Sprache ihre mit dem Regime konform gehenden oder das Regime bekämpfenden Kollegen um viele Längen. Wenn sie sagt: »Die Sprache habe ich von der Revolution gelernt«, so müssen wir ihr recht geben.

Wir wissen allerdings mittlerweile, daß es weniger die »Revolution« war als »Revolutionäre«, denen Marina Zwetajewa ihre neuen Werke und ihren neuen Stil verdankt: Jewgeni Lann, Boris Bessarabow und möglicherweise noch anderen.[20]

Auf rotem Roß, im Verlauf von fünf Tagen verfaßt, ist der Niederschlag ihres stürmischen »Romans« mit Jewgeni Lozman-

Lann im November 1920 (»... das erste Ostern durch einen Menschen seit drei Jahren ...«); das Urbild von *Jegoruschka* ist der 18jährige, kraftstrotzend-naive Boris Alexandrowitsch Bessarabow, in dem Marina die Verkörperung des russischen Recken sah. Die Briefe und Gedichte an Lann sowie das Gedicht »Der Bolschewik« vom 18. 1. 1921 an Bessarabow wurden 1981 veröffentlicht.

Ehrenburg, der sich im Sommer 1920 auf abenteuerliche Weise durch die Bürgerkriegsfronten von Koktebel nach Moskau durchgeschlagen hatte, brachte Marina die erste Nachricht vom Tod ihres Ex-Schwagers Boris Truchatschow. Sein Tod, an den Marina zuerst gar nicht glauben wollte, bedeutete für sie einen bitteren Schmerz.

Im November 1920 war der russische Bürgerkrieg zu Ende. Die Rote Armee besetzte nach der siegreichen Schlacht bei Perekop die ganze Krim. Die Engländer und Franzosen, die den General Peter Baron Wrangell halben Herzens mit Geld und Waffen unterstützt hatten, fanden sich wenigstens dazu bereit, die wenigen Überlebenden der geschlagenen Weißen Armee übers Meer nach Konstantinopel zu evakuieren. Was mit Sergej Efron geschehen ist, weiß niemand.

Eines Abends Ende November klopft es an Marinas Tür. Draußen steht ein hochgewachsener junger Mann, der an Boris Truchatschow erinnert, und fragt, wo er Marina Zwetajewa finden könnte. »Sie kennen mich nicht, mein Name ist Lann, ich bin ein Bekannter ihrer Schwester Assja und komme aus Koktebel.«

Lann bringt einen Brief von Max Woloschin, die erste direkte Nachricht seit drei Jahren. Die Nachrichten aus Koktebel sind schrecklich. Alles, was Max vorhergesagt hatte, war eingetroffen. Mehrmals hatte die Krim den Besitzer gewechselt, sie hatte Terror und Exzesse von beiden Seiten zu erdulden gehabt, Max hatte Rote vor Weißen und Weiße vor Roten beschützt und wahre Heldentaten der Menschenliebe vollbracht. Nach Beendigung der Kämpfe herrschten Not und fürchterlicher Hunger.

Irgendwie gelang es Marina, ebenfalls Post nach Koktebel zu senden. Am 21. November schreibt sie an Woloschin, andeutend in halben Sätzen, damit Unbefugte den Sinn nicht verstehen können. Vielleicht weiß Max etwas von Serjosha?

»Lieber Max, ich flehe Dich an, laß mich wissen – ich vergehe vor Unruhe – jedes Klopfen an der Tür versetzt mich in eisigen Schrekken, um Gottes willen! ! ! Ich schreibe nicht, weil ich nicht weiß wohin und wie und ob es möglich ist. [. . .] Ich schreibe viel. Mein letztes – großes – heißt *Königsmädchen*. Das Leben in Moskau ist ein Glückspiel, diverse Leidenschaften. Ich bin überall zu Gast, bin an niemanden und nichts gebunden.«[21]

Am 17. Dezember 1920 schreibt Marina zum ersten Mal nach dreijährigem Schweigen wieder ihrer Schwester in Koktebel. Sie erzählt in Stichworten, was sie erlebt hat, und fordert die Schwester auf, nach Moskau zu kommen:

»Dir geht es schlecht, bei euch wird es noch lange schlecht gehen, bei uns wird es langsam besser. Es gibt viel Brot, oft Zuteilungen für Kinder, ich kann Dir einen guten Posten mit einer großen Lebensmittelzuteilung und Holz verschaffen. [. . .] Ich hasse Moskau, aber ich kann von hier nicht weg, es ist der einzige Ort, wo er mich finden kann, wenn er noch lebt. Ich denke Tag und Nacht an ihn, ich liebe nur ihn und Dich. Ich bin sehr einsam, obwohl ganz Moskau aus Bekannten besteht. Das kannst Du mir aufs Wort glauben. Assja, ich bin immer noch die alte, immer noch werde ich von allen betrogen, äußerlich und innerlich – nur das Interesse an den äußeren Lebensumständen ist verschwunden. Ich liebe nichts außer dem, was ich in meinem Brustkorb habe.« (An A. Zwetajewa, 17. Dezember 1920)[22]

Das Jahr 1920 hat die Zerschlagung der Hoffnung auf eine Änderung des politischen Systems in Rußland gebracht. Boris ist tot, Serjosha verschollen. Marina Zwetajewa legt ihren Schmerz der Kiewer Fürstin Jaroslawna in den Mund, die um den toten Fürsten Igor weint:

Uralte Klage
Der Jaroslawna:
Hört ihr?

Igor, mein Fürst,
Igor, mein, Fürst
Igor!

Aus ist's mit Rus'!
Igor mein! Rus'!
Igor!
[. . .]

Wind flüstert's, Wind,
Fürstin, höre:
Tot liegt mein Fürst
Für die Ehre . . .

Das *Lager der Schwäne* endet jedoch nicht hoffnungslos: Vielleicht ist es Serjosha gelungen zu entkommen?

Stöhnen nur erstickt den Schmerz:
Bruder! Fürst! Mein Sohn! –
Prosit Neujahr, Rußland, dir
Hinter blauen Wogen![23]

»Wenn die Weiße Armee gesiegt hätte, so hätte Marina Zwetajewa im weißen Rußland den gleichen Platz einnehmen können, den Majakowski im roten Rußland innehatte. Aber vielleicht wäre sie über die siegreichen Weißen ebenso enttäuscht gewesen, wie Majakowski über die Roten«, bemerkt Juri Ivask.[24]

Vierzehntes Kapitel

März 1921 versuchten die Matrosen von Kronstadt, sich gegen die Herrschaft der Bolschewiken zu erheben. Der Aufstand wurde in Blut ertränkt, aber Lenin erkannte nun, daß zumindest auf wirtschaftlichem Gebiet etwas geschehen mußte, wenn er an der Macht bleiben wollte. Von einem Tag auf den anderen warf er das Steuer herum und verkündete im Februar seine »Neue Ökonomische Politik«, die NEP, durch die die zentrale Leitung der Wirtschaft durch den Staat aufgehoben wurde. Kleine Unternehmen wurden wieder erlaubt, Schwarzhändler konnten Geschäfte machen und rasch zu Geld kommen, daher verbesserte sich die Lage in Moskau bald einigermaßen; für normale, westliche Begriffe war sie immer noch traurig genug. Der jungen, französischen Journalistin und Linksintellektuellen Louise Weiss gelang es als einer der ersten Ausländer, im Jahr 1921 einen Blick in das neu entstandene Arbeiterparadies zu werfen. Sie war entsetzt.

»Beim Bahnhof stieg ich in ein klappriges Gefährt, gezogen von einem torkelnden Pferd. Der [. . .] Kutscher bekreuzigte sich bei jeder Kirche, d. h. mindestens zwanzigmal. Er trug einen Kaftan in dem Katastrophengrau, das die Farbe der ganzen Stadt war, wenn sie nicht wie in Blut getaucht schien von roten Fahnen, roten Sternen, roten Hammern, roten Sicheln. [. . .] Zu beiden Seiten der Straße standen verstümmelte Alleebäume. Ihre Zweige waren in Öfen verschwunden. Unter Spruchbändern keuchten Prozessionen von hinkenden Phantomen dahin, vierrädrige überdeckte Wägelchen hinter sich herziehend. Nichts als verrenkte Glieder, gekrümmte Körper, Schädel ohne Fleisch und Gedanken. In den Augenhöhlen glomm einzig noch der Wunsch zu überleben. [. . .] Auf den Stufen des Rjasaner Bahnhofs verkauften Bauern Butter, Mehl, Pasteten. Familien lagerten um Feuer, die auf der Straße brannten. [. . .] Männer in Frackhosen und Lederjacken, in Pelze gehüllte Frauen, die Bastsandalen trugen, andere, deren nackte Beine in Schaftstiefeln steckten. [. . .] Angestellte verkauften einzelne Blätter aus Archiven, die als Zigarettenpapier benutzt wurden, junge, mit roten Abzeichen geschmückte Männer boten Fuchsbälge, Lammfelle, Stoffetzen feil, kleine Mädchen wollten zerbrochene Spiegel, gestickte Handtaschen verkaufen, andere handelten mit alten Seifenstücken, gebrauchten Zahnbürsten.

Und zu Hunderten, bleicher als die Krankheit, ausgemergelter als der Tod: Professoren, Kleinbürger, heruntergekommene Aristokraten, die sich stumm vor Verzweiflung aneinanderdrängten und ihre letzten Habseligkeiten anboten, bevor sie selbst ins Grab stiegen.«[1]

Die Auswirkungen der NEP wurden auch im Geistesleben spürbar. Nicht nur Lebensmittelgeschäfte wuchsen aus dem Boden, sondern auch neue künstlerische Strömungen, literarische Zirkel und Vereinigungen. Die offiziellen Stellen, vor allem Lunatscharski, verfolgten in der Kunst einen liberalen Kurs und ließen Schriftsteller und Künstler gewähren. Den in Rußland gebliebenen Intellektuellen war es möglich, mit literarischen Kreisen der Berliner und Pariser russischen Emigranten Kontakte zu pflegen, wobei eine Bewegung, die sich »Smena wech« (Richtungswechsel) nannte und eine Versöhnung zwischen den Emigranten und dem Sowjetstaat herbeiführen wollte, von Moskau sehr gefördert wurde. Die Futuristen mit Majakowski an der Spitze kämpften allerdings von Anfang an um die Herrschaft der proletarischen Dichtung über alle anderen Strömungen.

Im Jahr 1921 war es noch möglich, den alten Schriftstellerverband neu zu begründen, obwohl es in ihm keinen einzigen eingeschriebenen Kommunisten gab. Zu seinem Präsidenten wurde Boris Sajzew gewählt. Der Verband erhielt die Erlaubnis, »einen Buchladen der Schriftsteller« zu eröffnen, in der die Mitglieder Bücher aus ihrem Besitz verkaufen konnten. Für die meisten wurde dies zur wichtigsten Einnahmequelle. Wer keine Bücher mehr besaß, schrieb seine eigenen Werke in selbstangefertigte Hefte und gab sie dem »Buchladen« in Kommission. Ehrenburg hielt viele Jahre später ein Verzeichnis dieser »Autographen« in der Hand.

»Unter den Autoren fanden sich A. Belyj, Lidin, Gerassimow, Scherschenewitsch, Marina Zwetajewa und Nowikow. Auch mein Buch *Spanische Lieder*, Preis: 3000 Rubel. Das von Scherschenewitsch abgeschriebene Buch ist mit einem Verrechnungsschlüssel versehen: vier Stück Zucker: 2000 Rubel, ein Krug Milch: 1800, fünfzig Zigaretten: 2000.«[2]

Eine Variante des »Samizdat« geht also auf das Jahr 1921 zurück. Marina Zwetajewa erwähnt, daß Boris Sajzew bereits damals das Bonmot von der »Überwindung Gutenbergs« geprägt habe.

Eine andere Einnahmequelle der Schriftsteller war ihre Vortragstätigkeit. Neben den offiziellen Dichterlesungen in großen Sälen gab es Literatencafés, in denen Abende veranstaltet wurden – die teilnehmenden Künstler erhielten in der Regel ein freies Nachtmahl. Das bekannteste Lokal dieser Art, das in vielen Memoiren erwähnt wird, war das Café Domino. Außer hungrigen Künstlern trafen sich hier auch Snobs und rasch zu Geld gekommene Schwarzhändler und Nutznießer der NEP-Konjunktur. Marina Zwetajewa ging selten ins Domino, aber zuweilen las auch sie ihre Werke in Cafés. Unerwarteterweise traf sie eines Abends bei einer solchen Lesung mit Walerija zusammen. Die beiden verfeindeten Schwestern wußten nicht, daß dies die letzte Begegnung ihres Lebens war.

Der Jahresanfang von 1921 war für Marina Zwetajewa eine fruchtbare Schaffensperiode. Im Verlauf von 5 Tagen, vom 13. bis zum 17. Januar, schrieb sie *Auf rotem Roß,* ihr zweites episches Gedicht nach dem *Königsmädchen*. In ihm meditiert sie über ihre Kunst: nicht den Musen verdanke sie ihre poetische Inspiration, sondern einem männlichen Genius auf einem geflügelten roten Roß, der »ihr Haus in Flammen setzt« und sie in Höhen entführe, auf denen die Dichtkunst zu Hause sei. Hier klingt erstmals ein Motiv an, das in ihrem späteren Werk wiederbegegnen wird: der Aufschwung des Dichters, auf Flügeln getragen, in Höhen, die nichts mit irdischem Wohlbefinden zu tun haben.

Das Modell für den Reiter auf dem »roten Roß« ist Lann. »Zwei Wochen lang habe ich nichts geschrieben, das ist bei mir sehr selten . . . Endlich habe ich Sie fortgejagt, – kein Lann mehr! –. Da habe ich begonnen, Gedichte zu schreiben, wie eine Verrückte – vom Morgen bis zum Abend! Dann *Auf rotem Roß*. Das war die endgültige Befreiung: Sie waren – endgültig – in den Wolken.« (An Je. Lann, 19. Januar 1921)[3]

Sie widmete das Werk ihrer Petersburger Kollegin Achmatowa und bat diese am 21. April, die Korrekturen zu lesen, falls das Poem vom Verlag »Alkonost« angenommen werden sollte. Eine Antwort Achmatowas ist uns nicht bekannt. Lann war »endgültig in den Wolken«: schon am 18. Januar entsteht ein Gedicht mit dem Titel »Der Bolschewik«, das von einem neuen Vorbild inspiriert war. Aufrichtig, wie sie ist, schreibt sie Lann schon im oben zitierten Brief alle Einzelheiten ihrer neuen Eroberung: »18 Jahre. Kommunist. Besitzt keine Stiefel. Haßt die Juden. Hat sich im letzten Augenblick, als die Weißen auf Woronesh marschierten, in die Partei eingeschrieben. Seit kurzem von der Krim-Front ... Er hackt Holz, trägt Wasser, verschiebt 50 Kilo schwere Schränke, räumt an Sonntagen Augiasställe auf ... hört von früh bis spät Schimpfen und Gezisch über die Sowjetmacht und senkt die Augen (prachtvolle! Die Augen eines dreijährigen Knaben, der noch nicht aufgewacht ist).«

Der rotwangige, eben aus der Roten Armee entlassene Bauernsohn Boris Bessarabow war das Vorbild für ihre unvollendet gebliebene Verserzählung *Jegoruschka*, die sie Ende Januar beschäftigte. Sie handelt von dem Bauernsohn Jegor, der zunächst Räuber, schließlich von der Träne eines Kindes plötzlich ergriffen und mitleidig wird. Jegor verwandelt sich zu dem Gerechten und Tapferen. Er ist das volkstümliche Gegenstück zu dem das Böse bekämpfenden Georg, »den Siegbringer«. Deutlich sind in dem Gedicht die Anspielungen auf den im ganzen Land aufflackernden Widerstand der ländlichen Bevölkerung gegen die Herrschaft der Bolschewiken. Zwetajewa schrieb an diesem Werk bis zu ihrer Abreise aus der Sowjetunion, jedenfalls bis zum April 1921. Drei Kapitel konnte sie abschließen, vom vierten existiert ein Arbeitsplan. Auszüge aus diesem Fragment wurden 1971 erstmals von Ariadna Efron veröffentlicht.[4]

Im Frühjahr 1921 kehrte Assja mit ihrem Sohn Andrej aus Feodossija zurück, »abgemagert, in Fetzen, aber unverändert lebendig und zäh«.[5] In ihren Erinnerungen zeichnet sie ein eindrucksvolles Bild von den Verhältnissen im Moskau des Jahres 1921 und beschreibt ihre Bemühungen, wieder ein normales Leben aufzunehmen.[6]

Kurz nach Assjas Rückkehr tauchte einer ihrer Bekannten aus dem Süden auf, ein junger Dichterling namens Emili Mindlin, der in Moskau sein Glück machen wollte. Da er kein Dach über dem Kopf hatte, stellte er sich Abend für Abend im Café Domino ein, in der Hoffnung, einer der anwesenden Literaten würde ihn zum Übernachten mit nach Hause nehmen. Anastassja Zwetajewa verschaffte ihm für kurze Zeit ein Zimmer und schickte ihn dann zu Marina. Zwetajewa hat 1938 Juri Ivask erzählt, wie sich das zutrug: »Moskau 1921. Es gelingt mir nicht, den eisernen Ofen zu heizen, er raucht, aber es wird nicht warm. Jemand klopft an die Tür. Herein tritt ein Jüngling, gekleidet in eine Art von Sack aus Bast. Aber seine Augen – sie erinnern an die Augen Davids. Es stellt sich heraus, er ist ein Dichter und aus dem Süden gekommen.

Ich sage ihm: Heizen Sie zuerst den Ofen! Er heizt ein, wir beginnen zu sprechen, der Hirsebrei brennt an. Seine Gedichte waren nichts wert, aber er war David.«[7]

Marina quartiert den Jüngling mit den prachtvollen Augen (»Der Jünglingsaugen Leerheiten! Durchbrüche ins Blau . . .«) in dem leerstehenden Raum ihrer Wohnung ein. Bis zum Herbst 1921 lebt Mindlin dort; er heizt den Ofen, sitzt abends mit Marina und Alja auf dem Boden und starrt in die Flammen, während Marina ihre neuesten Verse spricht, und begleitet sie überall hin. Marina hat für ihren »Begleiter des Jahres 1921« den Gedichtzyklus *Otrok* (Der Jüngling[8]) geschrieben, ihn allerdings später, nach ihrer Abreise aus Rußland, ihrem Berliner Verleger A. G. Wischnjak gewidmet.

Mindlin hat später über Marina Zwetajewa wahre Lobeshymnen gesungen. Alles an ihr fand er herrlich: wie sie den Rauch ihrer Zigarette fortblies, wie sie die verhaßte, sie von ihrer eigentlichen Aufgabe ablenkende Hausarbeit bewältigte, »als regierte sie ein Königreich«, wie sie ihn in Moskau herumführte und ihm die Stadt zeigte. Er betont immer wieder, wie selbstlos Marina, die nichts besaß, bedürftigen Mitmenschen half.[9]

Danach hatte Marina Zwetajewa einen neuen Schwarm, den 65 Jahre alten Fürsten Sergej Wolkonski, einen ehemaligen Gutsbesitzer und Grandseigneur, den sie »mehr als alle anderen und über alles hinausgehend« liebte:

»So (d. h. ein Wunder erwartend) habe ich den alten Fürsten Wolkonski geliebt, der keine Frauen vertragen konnte. Ich liebte ihn mit meiner ganzen Demut, meiner ganzen Selbstlosigkeit und erhielt ihn zum Schluß als ewigen Besitz, durch die Hartnäckigkeit meiner Liebe. Er lernte nicht, die Frauen zu lieben, aber er lernte, die Liebe zu lieben.«[10]

»Wir haben uns 1921 in Moskau angefreundet, damals habe ich ihm – aus reiner Begeisterung und Dankbarkeit – seine Manuskripte abgeschrieben; drei große Bücher; in wunderschöner Schrift. Ich selbst habe damals keine Zeile geschrieben, weil dafür keine Zeit blieb – aber plötzlich brach aus mir der ›Schüler‹ hervor.»[11]

Auch diesmal erwies sich der Adressat der Verse dieser Ehre nicht würdig: Fürst Wolkonski, selbst eifriger Memoirenschreiber, verstand nichts von Poesie und ahnte nichts von der Existenz dieser Zeilen, die Marina in ihrer Bescheidenheit ihm nicht zu zeigen wagte. Wohl aber wußte der durch Kummer und Verlust nicht böse, sondern weise gewordene alte Herr, den Wert und die Liebe seiner jungen Freundin zu schätzen. Er widmete sein Buch *Byt i bytije* (Alltagsleben und Sein) Marina Zwetajewa und schreibt im Vorwort:

»Liebe Marina, warum ich Ihnen dieses Buch widme? Sie wissen es selbst. [. . .] Erinnern Sie sich, wie wir lebten? In welchem Schmutz, in welcher Unordnung, Unbehaustheit? Erinnern Sie sich an die in Pelzmützen daherkommende Frechheit, die in die Wohnungen einbrach? An die unverschämten Forderungen, die höhnischen Fragen? Erinnern Sie sich an das schreckliche Läuten an der Tür, an die erniedrigenden Hausdurchsuchungen, an das beleidigende Auftreten der ›Genossen‹? Erinnern Sie sich an das Geräusch eines Autos vor dem Fenster: bleibt es stehen oder nicht? O diese Nächte! [. . .] Das können jene nicht verstehen, die es selbst nicht erlebt haben, sie können es einfach nicht! [. . .] Erinnern Sie sich? Dies war unser sowjetisches Alltagsleben. Aber erinnern Sie sich auch an unsere Abende, an unseren schlechten, auf dem Petroleumkocher fabrizierten ›Kaffee‹, an unser Lesen, unser Schreiben? Sie lasen mir Gedichte aus Ihren zukünftigen Bänden vor, Sie schrieben meine Bücher ab. Was lag nicht alles in unserer Unbeugsamkeit, wie viel Lohn in dieser Haltung. Und das war unser Sein.«[12]

Mit dem Zyklus *Der Jüngling*, datiert »2. russischer April 1921«, beginnt der neue Gedichtband *Remeslo* (Handwerk).[13] Er enthält alle Gedichte Zwetajewas bis zum April 1922, also ihre letzten lyrischen Werke auf russischem Boden. Der Band erschien 1923 in Berlin.

Remeslo enthält zwei im Mai und Juni 1921 entstandene Zyklen: *Rasluka* (Trennung) und *Georgi*, die Serjosha gewidmet sind. Immer noch weiß Marina nicht, ob ihr Mann lebt oder gefallen ist.

Kreml-Glocke
Vom Turm irgendwo.
Wo bist auf Erden du,
Wo –

Festigkeit mein,
Zärtlichkeit mein,

Tapferkeit mein,
Heiligkeit mein?
[. . .]

Klang, gleichsam achtlos
Verloren, verstreut
Im Dunkel der Nacht!
Du Verlorener mein![14]

Im Frühling 1921 fuhr Ehrenburg als einer der ersten Sowjetbürger mit einem offiziellen Paß ins Ausland. Er versprach Marina, Erkundigungen über den Verbleib Efrons einzuziehen. Eines Abends, am 14. Juli, steht, unerwartet wie ein Götterbote, Boris Pasternak, den sie oberflächlich kennt, vor Marinas Wohnungstür. Er überbringt einen Brief von Ehrenburg:

»Ich bezwinge meine Gier, dämpfe meine erste Freude durch gestammelte Fragen (der Brief liegt ungeöffnet vor mir): Wie geht es Ihnen? Schreiben Sie etwas? Was gibt es Neues in Moskau? und höre Ihre dumpf klingenden Antworten über Flüsse, über Ufer, die in Ihnen liegen, die es vielleicht gar nicht gibt, vielleicht aber doch [. . .].«[15]

Ehrenburg schreibt, Sergej Jakowlewitsch lebt, ist gesund und wohnt in Prag. Er übersendet Marina einen Brief ihres Mannes: »Mein lieber Freund Marinotschka. [. . .] Was soll ich Ihnen schreiben? Womit beginnen? [. . .] Ich lebe von dem Glauben an unser Wiedersehen. Ohne Sie gibt es für mich kein Leben, leben Sie! Ich werde von Ihnen nichts verlangen – ich brauche nichts außer dem Wissen, daß Sie am Leben sind.»[16]

In dem Zyklus *Blagaja west* (Selige Kunde), dessen Titel an den russischen Namen des Feiertags Mariä Verkündigung (Blagoweschtschenie) erinnert, versucht Marina, ihre Freude in Worte zu fassen.

1921 war es noch möglich, legal mit einem Paß aus der Sowjetunion auszureisen, obwohl lange nicht alle Gesuche bewilligt wurden und die Formalitäten viele Monate in Anspruch nahmen. Als Marina Zwetajewa nun sicher wußte, daß ihr Mann lebte, beantragte sie einen Reisepaß für sich und Alja, um ihm ins Ausland nachzufolgen; wahrscheinlich gerade im richtigen Moment, denn genau einen Monat nach dem Entstehen der *Seligen Kunde* geschah etwas, was Übles für die Zukunft befürchten ließ. Am 2. August 1921 wurde in Petrograd der Dichter Nikolai Gumiljow verhaftet und ohne viel Federlesens am 24. August als Monarchist erschossen. Die Tscheka begann, sich für die russischen Literaten zu interessieren.

Offenbar zirkulierten in Moskau Gerüchte, daß auch Anna Achmatowa, die in erster Ehe mit Gumiljow verheiratet gewesen war, umgekommen sei. Marina Zwetajewa schreibt ihr am 31. August: »In diesen Tagen hörte man schreckliche Gerüchte über Sie, sie klingen von Stunde zu Stunde sicherer und unwiderlegbarer. [. . .] Ich möchte Ihnen sagen, daß – meines Wissens – Ihr einziger wirklicher Freund unter den Dichtern Majakowski war, der wie ein verwundeter Stier im Café der Poeten herumschlich. Er schickte ein Telegramm und erkundigte sich nach Ihnen, und ihm verdanke ich die Freude der guten Nachricht über Sie. [. . .] Liebe Anna Andrejewna, um diesen meinen gestrigen Abend zu verstehen, muß man meine drei vorhergegangenen kennen – sie sind nicht zu beschreiben[. . .].« (An Achmatowa, 31. August 1921)[17]

Marinas Absicht, einen Vortrag über Achmatowa zu halten, wurde nicht verwirklicht. Aber Majakowski widmete sie zum Dank ein Gedicht.[18]

Wenige Tage nach Gumiljows Verhaftung erlitt die russische Literatur einen weiteren schweren Schlag. Am 7. August starb Alexander Blok im Alter von 41 Jahren – an gebrochenem Herzen, wie es im Volksmund heißt. Seine Bitte um Bewilligung einer Auslandsreise zur Wiederherstellung seiner angegriffenen Gesundheit war von den Behörden abgewiesen worden. Bloks Tod bot Andrej Belyj Anlaß zu einem flammenden Protest an die Adresse der verantwortlichen Stellen, denen er die Schuld am vorzeitigen Tod seines Freundes gab und in dem er auf die menschenunwürdige Lage hinwies, in der die russischen Intellektuellen vegetieren mußten. Möglicherweise hat dieser Aufruf dazu beigetragen, daß ihm selbst und anderen die Ausreise ermöglicht wurde.

Marinas Schmerz über den Tod ihres Lieblingsdichters kam in einer Reihe von Gedichten zum Ausdruck, die knapp nach seinem Dahinscheiden entstanden. Später faßte sie sie mit den Dichtungen zusammen, die 1916 in Alexandrow entstanden waren. Sie erschienen im Jahr darauf unter dem Titel *Stichi k Bloku* (Gedichte an Blok) in Berlin.[19]

Weitere schlechte Nachrichten folgten. Im Herbst 1921 gelang es Maximilian Woloschin, die Schwestern Zwetajewa von der verzweifelten Situation zu verständigen, in der sich die Schriftsteller in Koktebel ein Jahr nach dem Ende des Bürgerkrieges befanden. Die Schwestern Gerzyk waren dem Hungertod nahe. Marina und Assja leiteten unter den Moskauer Bekannten eine Hilfsaktion großen Stils ein, die Marina bis zu Lunatscharski führte.[20] Die lebenslange Voreingenommenheit Zwetajewas gegen Nikolai Berdjajew, der ihr zur Antwort gegeben haben soll: »Sie haben selbst nichts, es ist unvernünftig, anderen etwas zu geben«,[21] stammt aus dieser Zeit.

Die Schaffenskraft Zwetajewas ließ auch zu Beginn des Jahres 1922 nicht nach. Im Februar entstand der Gedichtzyklus *Sugroby* (Schneewehen), der Ilja Ehrenburg gewidmet war, im April das längere Poem *Seitengäßchen*, das den Abschluß des Bandes *Handwerk* bildet; kleine Meisterwerke volkstümlicher Poesie, die sprachlich als Vorgriffe der Poeme des Jahres 1923 betrachtet werden können.[22]

Das auf volkstümlichen Motiven basierende Epos *Seitengäßchen*, gewidmet A. A. Podgajetzki-Tschabrow »zur Erinnerung an unser letztes Moskau«, war, als der Gedichtband *Handwerk* in Berlin erschien, auch für gebildete Leser unverständlich, und die Kritiker entzogen sich einer Interpretation durch Schweigen. In den dreißiger Jahren hat Marina Zwetajewa selbst, auf die hartnäckigen Fragen Juri Ivasks[23] hin, den Schlüssel zum Verständnis des Gedichts geliefert: Das Motiv der Verführung eines (namenlosen) Recken durch die Vorspiegelungen der Zauberin Marinka, die in einem Kiewer Seitengäßchen ihr zwielichtiges Gewerbe treibt, stammt aus dem russischen Sagenschatz der Bylinen.[24]

Ende 1921 erschien in dem Privatverlag »Kostry« (Lagerfeuer) endlich wieder ein Gedichtband von Marina Zwetajewa, eine Auswahl von 35 Gedichten aus den Jahren 1917-1920. Auch er hieß *Werstpfähle*, hatte jedoch keine Bandzahl. Die Auflage von 1000 Stück war sofort vergriffen und wurde nachgedruckt. 1922 kam auch der Nachdruck der *Werstpfähle I* von 1916 und *Casanovas Ende* heraus, es waren jene Bände, deren Erscheinen Brjussows Einspruch verhindert hatte, es folgte das *Königsmädchen* in einer selbständigen Ausgabe, alle erschienen in einer Auflage von 2000 Stück.

Eine wesentlich größere Zahl von Gedichten, darunter wichtige Zyklen wie *Don Juan, Der Komödiant* oder die *Gedichte an So-*

netschka, die wohl den geplanten Gedichtband *Werstpfähle II* gebildet hätten, konnten nicht erscheinen.

Sie erschienen später als Einzelpublikationen in Periodica. Die Texte Zwetajewas, die aus dieser Zeit bekannt sind, wurden in ihrer Gesamtheit dem Leser erst seit dem Jahr 1980 zugänglich gemacht.[25]

Kurz vor ihrer Abreise aus Moskau feiert Marina Zwetajewa ein Wiedersehen mit einem Jugendfreund – allerdings kein erfolgreiches. Ossip Mandelstam erscheint in der Borissoglebskaja, um ihr seine junge Frau Nadja vorzustellen. Nadeshda Mandelstam hat dieses Zusammentreffen mit spitzer Feder geschildert, und es ist wahrscheinlich, daß sie von Anfang an gegen Zwetajewa eingestellt war. Sie fühlte sich offensichtlich durch die Unordnung und den Schmutz im Vorzimmer abgestoßen. Marina ist entzückt, Mandelstam zu sehen, Nadja dagegen reicht sie kaum die Hand:

»Sie blickte dabei nicht mich an, sondern ihn. Durch ihr ganzes Benehmen zeigte sie, daß Gattinnen sie überhaupt nicht interessieren. ›Gehen wir zu Alja‹, sagte sie, dann fügte sie hinzu, ohne mich anzuschauen: ›Sie warten hier, Alja kann fremde Menschen nicht leiden!‹ «[26]

Mandelstam wird grün vor Wut, geht dann doch für einige Augenblicke zu Alja hinein, während Nadja im schmutzigen Vorzimmer warten muß. Mandelstam erscheint gleich wieder, er setzt sich nicht und verabschiedet sich mit seiner Frau mit eisiger Miene. Obwohl Marina einsieht, »daß sie den Bogen überspannt hat«, und ein Gespräch in Gang bringen möchte, die Beleidigung läßt sich nicht mehr aus der Welt schaffen. Rückblickend bedauert Nadeshda Mandelstam, daß sie zu jung und unerfahren gewesen sei, um mit Marina Zwetajewa, von der sie in ihren Büchern mehrmals sehr positiv spricht, eine versöhnliche Beziehung aufzunehmen. Bei dieser ersten Begegnung hinterließ Marina bei ihr den Eindruck absoluter Freiheit und einer unbeschreiblichen Launenhaftigkeit.

Und dann war es auf einmal so weit. Marina und Alja erhielten einen Paß und die Erlaubnis, die Sowjetunion zu verlassen. Sie reisten am 11. Mai 1922, vorbei am Meynschen Familiengut Jasienki, und kamen nach einer Fahrt von vier Tagen, die sie über Riga führte, am 15. Mai in Berlin an. Wenige Monate später folgte ihnen eine Gruppe von Koryphäen der russischen Geisteswelt, darunter Nikolai Berdjajew, Sergij Bulgakow, Semjon Frank, Fedor Stepun. Diese reisten allerdings nicht freiwillig oder zu ihrem Vergnügen: sie wurden des Landes verwiesen, weil das, was sie dachten und schrieben, im neuen Staat nicht mehr tragbar war.

Damit war ein neuer Abschnitt im Leben der russischen Intellektuellen und des Volkes besiegelt.

III. Teil
Emigration

Vor Einbruch wilder Horden sichrer Hort,
Mein Schild und Panzer und mein letztes Fort
Vor Grimm der Guten, vor der Bösen Wut
Bist du, mein Vers, der tief im Herzen ruht.

(1918)

Fünfzehntes Kapitel

Als Marina Zwetajewa am 15. Mai 1922 mit ihrer Tochter in Berlin eintraf, kann sie sich im ersten Moment nicht sehr entwurzelt gefühlt haben. Denn es ist anzunehmen, daß sie während ihrer Berliner Zeit, abgesehen von Kellnern und Straßenbahnschaffnern, mit Einheimischen überhaupt nicht in Berührung kam, sondern nur mit Russen.

Das Berlin des Jahres 1922 muß ein erstaunliches Bild geboten haben. R. C. Williams,[1] der ein umfangreiches Buch über die russische Emigration in Deutschland geschrieben hat, bestätigt, daß sich 1922 ungefähr 250 000 Russen in Deutschland aufhielten, davon 100 000 in Berlin. Es waren dies ehemalige Kriegsgefangene, die nicht nach Rußland zurückgekehrt waren, Reste verschiedener weißer Befreiungscorps, die gegen die Bolschewiken gekämpft hatten, Emigranten, die nicht mehr nach Rußland zurück konnten oder wollten, aber auch Reisende mit sowjetischen Pässen, die sich noch nicht entschieden hatten, ob sie heimkehren oder im Ausland bleiben wollten, sowie die von der Sowjetregierung ausgewiesene Gruppe von Schriftstellern und Gelehrten. Sie gliederten sich in die verschiedensten politischen Gruppen und Grüppchen auf, welche ihre Aktivität auf deutschem Boden fortsetzten, so als wäre nicht gerade ein Orkan über sie hinweggebraust. Berlin war für alle diese Russen besonders anziehend: einerseits bewirkte die Inflation eine außerordentliche Verbilligung des Lebens, auf der anderen Seite verfügte die deutsche Hauptstadt über ein hochwertiges, nicht ausgelastetes Druckereiwesen, das mühelos imstande war, die Memoiren, polemischen Schriften und belletristischen Werke herauszubringen, die wie Pilze aus dem Boden schossen. Rührige Intellektuelle versuchten sich als Verleger; das Geld verlor von Stunde zu Stunde an Wert und saß locker in den Taschen – jeder Schriftsteller, der Manuskripte liegen hatte, konnte sicher sein, sie jetzt unterzubringen. Von den 142 russischen Verlagen, die 1924 außerhalb der Sowjetunion existierten, hatten 87 ihren Sitz in Berlin. Zwei ausgezeichnete russische Tageszeitungen rivalisierten um die Gunst der Leser: »Rul« (Das Steuerrad), das Organ der Kadetten, und »Dni« (Tage), das den Sozialrevolutionären nahestand. Darüber hinaus gründeten Schriftsteller, die sich vorübergehend in Berlin aufhielten, zahllose kurzlebige Zeitschriften. Sie erschienen meist nur wenige Monate, dann gab es kein Geld mehr oder die Herausgeber reisten ab: in die »richtige« Emigration nach Prag oder Paris oder zurück nach Rußland.[2]

Im Sommer 1923 fand die russische Fata Morgana ein jähes Ende: die deutsche Währungsreform versetzte ihr den Todesstoß.

Das »russische Berlin« des Jahres 1922 erstreckte sich hauptsächlich zwischen dem Prager Platz und dem Nollendorfplatz und verfügte über eigene russische Geschäfte, Friseure, Buchhandlungen und ein Theater, in dem im Sommer 1922 Marinas Freund Tschabrow Triumphe als Harlekin in Schnitzlers *Schleier der Pierrette* feierte. Das intellektuelle Leben spielte sich in den zahlreichen Cafés dieses Viertels ab: In einem residierte der Schriftstellerverband, in einem anderen das »Haus der Kunst«. Besondere Berühmtheit erlangte die durch Marina Zwetajewa und Andrej Belyi in die russische Literatur eingegangene »Prager Diele« am Prager Platz. In den Cafés trafen sich nicht nur – oft zum erstenmal – ehemalige Petersburger und Moskauer Literaten, sondern auch Sowjetbürger und Emigranten. In den leidenschaftlichen Diskussionen, die jenen in der Heimat glichen, hatte die Politik erstaunlicherweise kaum Platz; zwischen »Rechtgläubigen« und »Abtrünnigen« war der Eiserne Vorhang vorerst noch nicht herabgelassen worden, alles war noch im Fluß, Entscheidungen über Weiterfahrt oder Heimkehr vielfach noch nicht getroffen:

»Das Berlin der zwanziger Jahre war eine paradoxe und unwiederholbare Erscheinung, eine in gewisser Weise noch phantastischere Stadt als die von E. T. A. Hoffmann hundert Jahre zuvor beschriebene«, erinnert sich Alexander Bachrach.[3]

Marina Zwetajewa und Alja stiegen zuerst in einer Pension am Prager Platz, dann im Trautenau-Haus, Trautenaustraße 9 in Berlin-Wilmersdorf ab. In der gleichen Pension wohnte das Ehepaar Ehrenburg, das ihnen dieses Zimmer verschafft hatte.

Der Aufenthalt in Berlin war für Marina nur eine kurze Zwischenstation. Dennoch wurden diese zehn Wochen zu einer außerordentlich wichtigen Periode ihres Lebens: sie brachten ihr die Verwandlung des seit ihrer Kindheit wie einen Mythos verehrten Andrej Belyi in einen Menschen aus Fleisch und Blut, die Verwandlung des oberflächlich mit ihr bekannten Pasternak in einen Mythos, das Erkalten der alten Freundschaft mit Ehrenburg, neue Bekannte, aus denen Freunde wurden, und eine neue Liebe, schließlich das Wiedersehen mit einem Helden, der sich als gewöhnlicher

Mensch entpuppte: mit ihrem Mann. Etwas allerdings konnten diese Wochen sicher nicht vermitteln: einen Einblick in die Realität des Flüchtlingslebens und die Vorbereitung auf die kommenden schweren Jahre.

Marina Zwetajewa wurde in Berlin als eine berühmte Dichterin begrüßt, was sie sehr geschmeichelt haben muß. Ehrenburg hatte dafür gesorgt, daß zu ihrer Ankunft im Westen zwei ihrer Versbände bereits gedruckt vorlagen: *Trennung*, ergänzt durch *Auf rotem Roß* und die *Gedichte an Blok*. Bereits 1921 hatte Konstantin Balmont in den Pariser »Zeitgenössischen Annalen« eine Auswahl von Zwetajewas Gedichten publiziert und sie im Vorwort zusammen mit Anna Achmatowa auf den ersten Platz unter den russischen Dichterinnen gestellt. Vor allem *Trennung*, die ihrem Mann gewidmeten Gedichte aus dem Jahr 1921, hatte einen durchschlagenden Erfolg. Sie erschienen im Verlag »Helikon«, der Ehrenburgs Freund A. G. Wischnjak gehörte. Etwas später erschien im Verlag »Epocha«, gegründet von Andrej Belyi, die zweite Auflage des *Königsmädchen* und fand ebenfalls große Beachtung. Die Redaktion ihrer Bände *Psicheja* (Psyche) und *Handwerk* besorgte Marina Zwetajewa in Berlin selbst.[4]

Jewgenija Kannak, die im Verlag »Helikon« als Maschinenschreiberin arbeitete, erinnert sich, Zwetajewa dort oft gesehen zu haben. Sie habe stets ihre dicke, neunjährige Tochter Alja an der Hand geführt und mit besonderem Stolz Kapitel aus Aljas Tagebuch vorgelesen.[5] Ob sie wohl auch folgende Bemerkungen ihres altklugen Töchterleins vorgetragen hat?

»Helikon [gemeint ist Abram Wischnjak] ist stets hin und her gerissen zwischen dem Alltagsleben und seiner Seele. Der Alltag ist das Gewicht, das ihn auf Erden hält, damit er sich nicht losreißt und in den Himmel fliegt [. . .] Seele hat er wenig, denn er braucht dringend Frieden, Ruhe, Schlaf, Häuslichkeit, die gibt einem die Seele nicht. Wenn Marina zu ihm ins Büro kommt, ist sie wie diese Seele, die die Ruhe nimmt und Menschen zu sich emporhebt, ohne sich zu ihnen herabzulassen [. . .] Marina spricht mit Helikon wie ein Titan, sie ist für ihn ebenso unverständlich wie für einen Orientalen der Nordpol, und ebenso verlockend [. . .] Ich habe gesehen, daß er sich zu Marina hingezogen fühlt wie zur Sonne, mit seinem ganzen müden Seelchen. Aber die Sonne ist fern, denn Marinas ganzes Wesen ist Zurückhaltung und zusammengebissene Zähne, während er biegsam und weich ist wie eine Erbsenranke.«[6]

Zwischen Marina Zwetajewa und Abram Wischnjak bahnten sich in Berlin besondere Beziehungen an, das ist aus den *An Helikon* adressierten Gedichten zu entnehmen. Es sind dies Gedichte, die bereits früher entstanden, z. T. an Mindlin gerichtet waren und ihm von Marina kurzerhand »entzogen« wurden. Sie sind im *Handwerk* erschienen. Der italienischen Slawistin Serena Vitale ist die Information zu verdanken, es habe sich hierbei um weit mehr gehandelt. Und zwar um eine heftige und sehr romantische Liebe, die nur kurz angedauert hat. Bald nach ihrer ersten Begegnung hatte Wischnjak Zwetajewa ein Exemplar von Heines *Florentinischen Nächten* gegeben, und *Florentinische Nächte* ist auch der Titel ihrer französisch geschriebenen Erzählung, in die sie 1933 die Briefe, die sie Wischnjak zwischen dem 17. Juni und dem 9. Juli geschrieben hat, verwob.[7]

In Berlin trübte sich das Verhältnis zwischen Marina und Ilja Ehrenburg. In *Menschen, Jahre, Leben* zitiert Ehrenburg einen Brief, den ihm Marina damals schrieb:

»Im Jahr 1918 lehnten Sie meine *Don Juans* ab (der Mantel, der nichts verdeckt und nichts entdeckt), heute, im Jahr 1922, tun Sie das nämliche mit meinen *Zarentöchtern* und *Jegoruschkas* (Rußland in mir, d. h. das Sekundäre). Damals und heute wollen Sie von mir nur das eine: mich selber, d. h. den Kern ohne Mäntel und Kaftans – am allerbesten gerupft. Einfall, Personenliste, Ausdruck – alles das erklären Sie für Bühnenzauber. Sie wollen von mir das Wesentliche – ohne das ich nicht bin. Ich brachte sie nicht ein einziges Mal aus dem Konzept (mich selber unablässig – und weiter so). Sie sahen schärfer als ich.«[8]

Aber der wahre Grund war wohl ein anderer, auch wenn Ehrenburg das nicht expressis verbis sagen konnte: wie schon früher stritten sie über politische Fragen und *Das Lager der Schwäne:* »Marina war zutiefst verwirrt. In Berlin sprachen wir einmal eine ganze Nacht hindurch. Gegen Morgen sagte Marina, sie würde das Buch nicht veröffentlichen.«

In einem Brief an Alexander Bachrach gibt Marina eine Erklärung, die der Wahrheit wohl ziemlich nahe kommt:

»Wir gingen auseinander wegen der Maßlosigkeit unserer Gefühle. Seiner prinzipiellen, die mit meinen elementaren zusammenprallten. [. . .] Ich hatte bei ihm immer das Gefühl, daß er alles, was an ihm wertvoll ist, als Schwäche betrachtet, die er liebt und sich selbst verzeiht. Meine ›Tugenden‹ spielen bei ihm die Rollen von Schwächen; alles, was ich mir als Plus anrechne (d. h. was ich liebe und energisch verteidige), waren in seinen Augen nur Minuspunkte, die er mir verzieh. So ein Verzeihen wollte ich nicht. [. . .] Ich wollte nicht ein liebes Kind sein, eine romantische Monarchistin, monarchistische Romantikerin – ich wollte ich sein. Und er verzieh mir mein Sein!«[9]

Dagegen äußerte sich Marina über Ehrenburgs Frau Ljubow immer nur mit Liebe und Bewunderung.

Ehrenburg hatte seinen Tisch in der Prager Diele, dem Treffpunkt aller Neuankömmlinge aus Rußland. Dort wurde Wiedersehen gefeiert, Bekanntschaften erneuert und geschlossen, Verleger, Manuskripte und mitunter auch neue Lebensgefährten gesucht. Nicht alle, die aus der Sowjetunion flüchteten, taten dies aus politischen Gründen; manche setzten sich weniger von ihrem Land als von ihren häuslichen Verhältnissen ab: »Viele Leute, viel Liebe in alle Richtungen – nicht eine einzige echte – alles in der Prager Diele, vor den Augen aller, alles nur zum Scherz.«[10]

Es waren illustre Namen der russischen Literatur, die sich hier versammelten. Nina Berberova, die am 30. Juni 1922 mit Wladislaw Chodassewitsch in Berlin ankam und am 5. Juli Marina Zwetajewa kennenlernte, zitiert aus Chodassewitsch' Tagebuch, daß am 24. Juli ungefähr fünfzehn Schriftsteller in der Prager Diele beisammensaßen, unter ihnen Ehrenburg, Zwetajewa, Pasternak, Viktor Schklowski und Andrej Belyj (wobei ihm ein Irrtum unterläuft, denn Pasternak kam erst im August nach Berlin).

Allerdings saßen diese Schriftsteller nicht nur in der Prager Diele herum, sondern haben während ihres Berliner Aufenthaltes wichtige Werke geschrieben.

Anfang Juni, kaum zwei Wochen nach Marinas Ankunft, ereignete sich im russischen Berlin ein literarischer Skandal, der schließlich das Ende der friedlichen Koexistenz der Schriftsteller beider Lager herbeiführte. Graf Alexej Tolstoj, einer der bedeutendsten Prosaiker, hatte beschlossen, »die Grenzpfähle zu wechseln«, und zur Vorbereitung dieses Schrittes hatte er in der von ihm redigierten Literaturbeilage der Zeitschrift »Nakanune« (Am Vorabend) einen Brief seines in Moskau lebenden Freundes Kornej Tschukowski abgedruckt. Darin merkte Tschukowski an, einige Literaten, die er namentlich nannte, ließen sich von der Regierung mit Lebensmitteln versorgen, schrieben nichts und würden die Sowjetmacht verleumden. Dieser Brief, der sicherlich nicht für eine Veröffentlichung geschrieben worden war, löste eine Welle von Empörung aus, auch bei Marina Zwetajewa, die genau wußte, wie gefährlich diese Denunziation für die Genannten werden konnte. Am 7. Juni 1922 publizierte sie in »Golos Rossii« (Stimme Rußlands) einen offenen Brief an Alexej Tolstoj:

»Alexej Nikolajewitsch! Vor mir liegt [. . .] Tschukowskis Brief an Sie. Wenn Sie nicht der Herausgeber dieser Zeitschrift wären, würde ich glauben, einer Ihrer Freunde habe Ihnen einen schlechten Dienst erweisen wollen[. . .]« Zwei Motive könne sie sich vorstellen, entweder habe Tolstoj den Brief auf Bitten Tschukowskis veröffentlicht oder ohne sein Wissen. »Oder sind Sie wirklich ein dreijähriges Kind, das weder von der Existenz der GPU in Rußland weiß noch von der Abhängigkeit aller sowjetischen Schriftsteller von dieser GPU, [. . .] noch von vielem, vielem anderen? Alexej Nikolajewitsch, es gibt etwas, das über persönlichen Freundschaften, Privatbriefen und literarischen Eitelkeiten steht – das ist die Solidarität des Handwerks, die Solidarität der Menschlichkeit!« Vor der Abfahrt ihres Zuges aus Moskau habe sie ein ihr kaum bekannter Kommunist gewarnt, etwas Überflüssiges zu sagen, im gleichen Waggon sitze ein Tschekist. »Ich drücke ihm die Hand, Ihnen nicht!«[11]

Im Herbst 1921 war Andrej Belyj mit der Hoffnung in Berlin eingetroffen, die Liebe seiner Frau Assja, die er 1916 in der Schweiz zurückgelassen hatte, wiedergewinnen zu können. In der Prager Diele schloß er mit Marina Zwetajewa endlich Bekanntschaft, wozu es in Rußland nie gekommen war! »Ehrenburgs Tisch, überquellend von Bekannten und Unbekannten. Lebhaftigkeit der Verleger, Euphorie der Schriftsteller. Austausch von Honoraren und Manuskripten. (Angst, daß beide bald im Wert fallen werden.) Ich bin ein Teil des großen Kreises. Und plötzlich: Über alle und alles hinweg – ausgestreckte Hände, Locken, ein Strahlen: ›Sie, Sie? (Er wußte nicht einmal, wie ich hieß.) Hier? Wie glücklich bin ich! Wann sind Sie angekommen? Für immer? [. . .] Warum haben wir uns in Moskau so wenig gesehen, so flüchtig? Während Ihrer ganzen Kindheit habe ich von Ihnen gehört. [. . .] Wir hatten einen gemeinsamen Freund: Ellis.‹«[12]

Belyj stellt noch andere Gemeinsamkeiten fest: sie sind beide Kinder von Universitätsprofessoren und haben beide Beziehungen zu Tarussa. Die neue Freundschaft wächst in Minutenschnelle. Das Publikum entfernt sich diskret und läßt die beiden allein. Am gleichen Abend liest Belyj Marinas *Trennung*, und nun kennt seine Begeisterung keine Grenzen.

Andrej Belyj hat ein Zimmer in Zossen bei Berlin gefunden, einem trostlosen Ort, in dem es laut seiner Aussage nur Totengräber gibt. Wann immer er kann, kommt er nach Berlin und besucht Marina. Sie gehen zu dritt in den Zoo; Marina und Alja fahren nach Zossen und essen bei ihm die schlecht schmeckende Haferflockensuppe, die ihm seine Vermieterin vorsetzt. Der große Künstler ist in einem bejammernswerten Zustand, denn erst jetzt begreift er, daß seine Assja nur die Anthroposophie im Kopf hat und von ihm nichts mehr wissen will. Er schüttet Marina sein Herz aus, erzählt ihr auch von seiner unglücklichen Liebe zu Ljubow Blok und schreibt in jeder freien Minute an seinen *Wospominanija o Bloke* (Erinnerungen an Blok). Dann verschwindet er plötzlich von der Bildfläche – er ist mit Freunden nach Swinemünde ans Meer gefahren.[13]

Die russische Literatur hat von diesem Berliner Zusammentreffen profitiert: Andrej Belyj begann wieder, Lyrik zu schreiben; er gab dem neu entstehenden Band den Namen *Posle Rasluki* (Nach der Trennung) und widmete das letzte Gedicht Zwetajewa; sie dagegen hat viele Jahre später Belyj in einer literarischen Skizze porträtiert, die ein Meisterwerk ihres Prosaschrifttums ist: *Plennyj duch* (Ein gefangener Geist).

Der blendend aussehende junge Mann, den der Dichter Sascha Tschorny Marina in einem Café auf dem Kurfürstendamm vorstellt, hat in den Kreisen der russischen Intelligenz noch keinen klingenden Namen. Er ist Kritiker und Redakteur für Literatur der Prager Zeitschrift »Wolja Rossii« (Die Freiheit Rußlands), ein Neffe des bekannten Juli Aichenwald, und heißt Mark Lwowitsch Slonim. In einer Rezension in »Die Freiheit Rußlands« hat er *Trennung* als bemerkenswertes Werk bezeichnet und möchte nun die Verfasserin kennenlernen und mit ihr über literarische Fragen sprechen. Marina hingegen interessiert sich nur für die Verhältnisse in Prag, wohin sie demnächst übersiedeln wird. Man vereinbart schon jetzt eine geschäftliche Besprechung in der Redaktion der Zeitschrift auf dem Prager Kohlmarkt – es ist das Haus, in dem Mozart seine Oper *Don Giovanni* komponiert hat.

»Ich warnte sie vor der politischen Richtung der Zeitschrift – wir waren das Organ der Sozialrevolutionäre. Sie antwortete rasch: ›Ich interessiere mich nicht für Politik, ich verstehe nichts davon;

selbstverständlich gibt Mozart den Ausschlag.‹ Ich bin bis heute davon überzeugt, es war Mozart, der ihre Entscheidung beeinflußt hat.«[14]

An Marinas äußerer Erscheinung fällt Slonim auf, was auch ihre anderen Bekannten hervorheben: die zur Seite blickenden großen graugrünen Augen; die Bewegung des Kopfes, mit der sie das leichte goldbraune Haar zurückwirft; die mit vielen silbernen Ringen geschmückten Finger, zwischen denen eine Zigarettenspitze aus Holz steckt; der männlich-kräftige Händedruck; eine Haltung, die den Eindruck von Kraft und Leichtigkeit, Zielstrebigkeit und Zurückhaltung erweckt.

Kurz nach ihrer Ankunft in Berlin erhält Marina einen langen, schwer entzifferbaren Brief aus Moskau. Noch jemand, der ihr hingerissen über *Trennung* schreibt. Erst als der Schreiber das Begräbnis von Tatjana Skrjabina erwähnt, bei dem sie sich getroffen haben, begreift sie, wer er ist: der Brief kommt von Boris Pasternak. Am 29. Juni antwortet Marina freundlich und offiziell: »Geehrter Boris Leonidowitsch«, sie erzählt ihm, bei welchen Gelegenheiten sie sich in Moskau gesehen haben, und hofft, ihn bald in Berlin zu begrüßen. Sie erwähnt, daß sie seine Gedichte kaum kenne, ihn nur einmal bei einer Dichterlesung im Polytechnischen Museum gehört habe, und schickt ihm ihre beiden kleinen Berliner Versbände. Diesen Brief sendet sie an den Maler Leonid Pasternak, seinen Vater, der in Deutschland lebt, mit der Bitte um Weiterleitung.[15]

Als Antwort auf dieses Schreiben schickt ihr Boris Pasternak seinen Lyrikband *Sestra moja shisn* (Meine Schwester das Leben). Nun schlägt der Blitz in Marina Zwetajewa ein. Sie setzt sich hin und schreibt in einem Zug eine Abhandlung über den Dichter Pasternak *Swetowoj liwen* (Lichtregen), die Belyj in seiner Zeitschrift »Epopeja« abdruckt.

»Ich lese Pasternaks Gedichte zum erstenmal. Davor hat mir Ehrenburg von ihnen erzählt – aber aus dem mir angeborenen Gefühl der Fronde (nein, die Götter vergaßen, mir das Geschenk der allumfassenden Liebe in die Wiege zu legen) – aus einem in mir sitzenden Gefühl der Eifersucht und der Unmöglichkeit, etwas zu lieben, was jemand anderer auch liebt, habe ich opponiert: vielleicht ist er genial, aber ich brauche ihn nicht.«[16]

Sie versucht keine wissenschaftliche Deutung seiner Gedichte zu geben (»das ist Sache der Spezialisten für Poesie, meine Spezialität ist das Leben!«), – sondern deutet und verdeutlicht einzelne Verse mit ihrer dichterischen Intuition und vergleicht Pasternaks Kunst mit einem Regenschauer von Licht.

Irgendwann im Juli – an das genaue Datum erinnert sich Ariadna Efron nicht – erhielt Sergej Efron endlich die Einreiseerlaubnis nach Deutschland und kam nach Berlin, um seine Familie nach einer Trennung von vier Jahren in die Arme zu schließen. Und kurz danach, am 31. Juli, übersiedelten sie in die Tschechoslowakei, genau einen Tag bevor Pasternak in Berlin eintraf.

»An ihrer Abreise aus Berlin am Tag vor dem Eintreffen Pasternaks war etwas, das an die Flucht der Nymphe vor Apollo erinnerte, etwas Mythisches und nicht von dieser Welt. [. . .] Vielleicht war es die Flucht mit etwas, das sie bereits erkannt hatte, mit einem Schatz in der Hand, der ihr bereits sicher war, mit etwas, das ihr gehörte und nicht mit allen anderen in der luftlosen Atmosphäre der Prager Diele geteilt werden konnte, die Angst vor gleichgültigen Augen, vor dem ›Verschreien‹, die so tief in Marina saß. [. . .] Denn Marina war sehr besitzgierig im Reich der immateriellen Güter, in dem sie weder Konkurrenten noch Zuschauer duldete.«[17]

Während ihres Berliner Aufenthaltes hatte Zwetajewa kein einziges Theater, Konzert oder Museum besucht, doch dankte sie Berlin Schutz und Ruhe.

An Berlin

Der Regen lullt den bittren Schmerz mir ein.
Unter dem Dach, auf das die Ströme platschen,
Schlaf ich. Vom Straßenpflaster dröhnt herein
Der Hufe Klang, als wär' es Händeklatschen.

Du hast begrüßt uns, dann begann der Guß.
In der Verlassenheit in diesen Fernen
Des allerschrecklichsten Verwaistseins habt
Ihr gnädig meiner euch erbarmt, Kasernen.[18]

Das »russische Berlin« des Jahres 1922 ist heute im wahrsten Sinn des Wortes vom Erdboden verschwunden. Nicht nur die Menschen hat das Schicksal in alle Himmelsrichtungen verweht – das gesamte Viertel mit seinen Häusern ist im Zweiten Weltkrieg zerstört worden. Der heutige Prager Platz hat mit dem damaligen nur mehr den Namen gemeinsam; was den Bomben standhielt, mußte den Baggern des Wiederaufbaus weichen, zuletzt sogar die russische Kirche in der Nachodstraße, in der die Priester Sergij Bulgakow und Joann Schachowskoy zelebriert hatten. Stumme Zeugen der kurzen Berliner Sternstunde des russischen Geisteslebens sind nur die alten Pappeln auf dem Prager Platz, die die Feuernächte wie durch ein Wunder überlebt haben.

Sechzehntes Kapitel

Ein umfassendes Werk über die russische Emigration in der Tschechoslowakei während der kurzen Dauer dieses Staates als einer demokratischen Republik wird wahrscheinlich niemals geschrieben werden können. Als die Rote Armee im Mai 1945 in Prag einmarschierte, gehörte es zu den ersten Obliegenheiten der »Organe«, alle die Emigration betreffenden Quellen und Archive, deren sie habhaft werden konnten, sicherzustellen und abzutransportieren; was sie noch nicht hatten, wurde ihnen 1948 von der neuen kommunistischen Regierung ausgehändigt. Die meisten Zeugen dieser Epoche sind gestorben, sehr alt oder in alle Winde zerstreut. So kann man sich von der Größe und der Bedeutung der russischen Kolonie in Prag heute nur mehr einen Begriff machen, wenn man den Friedhof von Olšany besucht. Eines steht fest: die tschechoslowakische Republik unter ihrem ersten Präsidenten Tomáš Garrigue Masaryk hat sich durch die großzügige Hilfe und Gastfreundschaft, die sie den Flüchtlingen angedeihen ließ, nicht abschätzbare Verdienste um die russische Wissenschaft und Kultur im Ausland erworben. Auch Zwetajewas Werk hätte ohne diese Unterstützung nicht entstehen können.

Schon im 19. Jahrhundert war Rußland ein bewundertes Vorbild für die Tschechen gewesen. Am Ende des Ersten Weltkrieges griffen österreichische Kriegsgefangene tschechischer Nationalität als »tschechische Legion« in den russischen Bürgerkrieg ein und beeinflußten seinen Ausgang, als sie, die zuerst auf der Seite der Weißen gekämpft hatten, plötzlich abzogen. Nachdem die letzten Reste der geschlagenen Weißen Armee über Gallipoli evakuiert worden waren und in der Türkei strandeten, leitete Masaryk eine Hilfsaktion in die Wege, in deren Verlauf viele antikommunistische Bürgerkriegsteilnehmer in der Tschechoslowakei eine neue Heimat fanden. Offiziere, die nichts gelernt hatten, erhielten Stipendien, um ihre Studien zu beenden, und freie Unterkunft in Studentenheimen. Weltbekannte russische Wissenschaftler wurden an Universitäten berufen, so z. B. der Kunsthistoriker und Byzantinist N. P. Kondakow[1] an die Universität Prag, der Linguist N. N. Durnowo an die Universität Brünn, der Philosoph N. O. Lossky an die Universität Preßburg, Gelehrte wie Roman Jakobson und Fürst Nikolaj Trubetzkoy begründeten den Ruf der Prager linguistischen Schule. Der heranwachsenden Jugend wurden die Baracken eines ehemaligen Kriegsgefangenenlagers in Mährisch-Trübau zur Verfügung gestellt, in dem ein weit über die Grenzen des Landes bekanntes russisches Gymnasium entstand. Besonders großzügig erwies sich die tschechische Regierung gegenüber den Intellektuellen. Viele Schriftsteller erhielten Jahre hindurch finanzielle Unterstützungen und hatten so die Möglichkeit, ihre Arbeiten weiterzuführen. Von den Stipendien, die Marina Zwetajewa und anfangs auch ihr Mann von der tschechischen Regierung bekamen, lebte die Familie; selbst als die Efrons nach Frankreich übersiedelten, bildete Marinas tschechisches Stipendium ihre wichtigste Existenzgrundlage.

Daneben gab es auch viele Privatinitiativen, wie z. B. den 1919 gegründeten Wohltätigkeitsverein »Česko-ruská Jednota« (Tschechisch-russischer Verein), zu dessen Programm die Anknüpfung von Kontakten zwischen den Emigranten und einheimischen (tschechischen) Intellektuellen gehörte; die deutschen Kreise hielten sich eher abseits. An der Spitze des »Vereins« stand eine in Petersburg geborene tschechische Literatin namens Anna Tesková. Die kirchlich orientierten Russen fanden in Prag ihren geistigen Mittelpunkt um Bischof Sergej (Koroljow) und Fürstin Natalija Jaschwil, zwei Persönlichkeiten von besonderer Strahlungskraft. Für Emigranten, die der Kirche fern standen, erfüllte diese Funktion die Redaktion der Zeitschrift »Freiheit Rußlands«, das einflußreiche und gut gemachte Organ der Sozialrevolutionäre.

Aber auch die von den russischen führenden Köpfen ausgehenden Impulse waren beträchtlich und reichten bis in höchste Kreise der Prager tschechischen und z. T. auch der deutschen Gesellschaft. Besonders viele russische Freunde hatten Alice Masaryková, die Tochter des Präsidenten, sowie Dr. Kramář und seine Frau, die der bekannten Moskauer Konditorsfamilie Abrikosow entstammte. Die russische Kolonie verdankte ihnen die Errichtung der russischen Kapelle auf dem Prager Friedhof.

Die Efrons kamen am 1. August 1922 in der Tschechoslowakei an. Sie bezogen ein Haus in Horní Mokropsy Nr. 33, einem Dorf in der Nähe von Prag, das sich dank der vielen Neuankömmlinge in einen russischen Ort verwandelt hatte. Sergej Efron hatte vorher in einem russischen Studentenheim in Prag gewohnt, das allgemein »Svobodárna« genannt wurde, einem kasernenartigen Betonklotz mit winzigen, durch mannshohe Trennwände entstandenen Kojen, das von Nikolaj Jelenjew, Serjoshas ehemaligen Regiments- und nunmehrigen Studienkameraden, ausführlich beschrieben worden ist.[2]

Das Jahr in Mokropsy muß für Marina Zwetajewa ein Jahr der Ernüchterung und des Umdenkens in mancher Hinsicht gewesen sein, es war aber auch ein Jahr harter und erfolgreicher Arbeit in ländlicher Abgeschiedenheit, die sich sehr von dem Berliner Ameisenhaufen unterschied. Sie schildert ihre Umgebung:

»Ein winziges Bergdörfchen; wir leben im letzten Haus, in einer richtigen Hütte. Die handelnden Personen meines Lebens: ein Brunnen, zu dem ich, meist in der Nacht oder frühmorgens, hinunterlaufe, um Wasser zu holen (am Fuß des Hügels), ein Kettenhund, ein quietschendes Gittertor. Gleich hinter uns beginnt der Wald. Rechts ein hoher Felsrücken. Das ganze Dorf besteht aus Bächen.« (An Bachrach, 20. Juli 1923)[3]

Und: »Ein Drittel des Tages wird durch das Heizen des riesigen Kachelofens beansprucht. Das Leben unterscheidet sich wenig von dem in Moskau – was die *äußeren* Umstände betrifft – vielleicht ist es noch ärmlicher! – Zu den Gedichten sind hinzugekommen: die Familie und die Natur. *Monatelang* sehe ich niemanden. Den ganzen Vormittag schreibe ich und gehe spazieren – hier sind wunderbare Berge.« (An Pasternak, 19. November 1922)[4]

Die Sorge um die Familie – hier lag zweifellos ein Unterschied zur Moskauer Bohemeexistenz. Wie die meisten russischen Emigranten hatten auch die Efrons selten genügend Geld, um in Prag zu leben. In den nächsten Jahren zogen sie in den umliegenden Dörfern von einem ärmlichen Bauernhaus zum anderen, oft verfolgt von den bösen Hauseigentümern. Die Wohnstätten mußten mühsam geheizt, gereinigt, die Familie mußte verpflegt werden, wobei oft selbst die primitivsten Hilfsmittel fehlten. Serjosha studierte Byzantinistik in Prag, er fuhr bei Morgengrauen mit einem Vorortzug in die Stadt und kam spät abends erschöpft zurück; Marina – und zum Großteil auch Alja – mußten zusehen, wie sie ohne die Hilfe von Dienstboten zurechtkamen. Unter diesen neuen Umständen veränderte sich das Verhältnis zwischen Mutter und Tochter. Im revolutionären Moskau hatten sie wie Schwestern gelebt, sie hatten alle Sorgen geteilt; Alja war das Spiegelbild und vollkommene Eigentum ihrer Mutter gewesen. Jetzt begann die Neunjährige, mit Puppen zu spielen und das Kind zu sein, das sie war. Marina war bestürzt, daß ihr Alja zu entgleiten begann: »Ich bin ihr zutiefst gleichgültig«, beklagte sie sich bei Bachrach.

Doch Marinas Hauptproblem muß gewesen sein, mit ihrem Mann zurechtzukommen, der sich beim Wieder-Kennenlernen nicht als der heilige Georg erwies, als den sie ihn aus der Ferne gesehen hatte, sondern als ein gebrochener Mensch. Während Marina weiterhin den Idealen der Weißen die Treue hielt und vom Kommunismus, den sie nur zu gut kannte, nichts wissen wollte, waren Serjosha Zweifel gekommen; er glaubte nun, im Bürgerkrieg auf der falschen Seite gekämpft zu haben.

Ariadna Efron erinnert sich an folgende Worte ihres Vaters: »Stellen Sie [sie waren immer noch per »Sie«, auch Alja durfte ihre Eltern niemals mit »du« ansprechen!] sich einen Bahnhof im Krieg vor, einen großen Bahnknotenpunkt, mit unzähligen Soldaten, Frauen, Schwarzhändlern [. . .] alles steigt in die Waggons eines Zuges ein, einer zieht den anderen nach, auch dir gelingt es, hineinzukommen. Das dritte Läuten, der Zug setzt sich in Bewegung, Gott sei Dank. Aber plötzlich merkst du zu deinem tödlichen Entsetzen, daß du in diesem schicksalhaften Durcheinander, übrigens zusammen mit vielen anderen, nicht in den richtigen Zug geraten bist, daß deiner vom entgegengesetzten Gleis abfuhr, daß es keine Rückkehr gibt, weil die Schienen aufgerissen sind. Zurück, Marinotschka, kommt man nur zu Fuß, auf den Schwellen, sein ganzes Leben lang.«[5]

Die unmittelbare Folge dieser Beichte mag wohl Marinas Gedicht »Morgendämmerung auf den Gleisen« gewesen sein, inspiriert durch Sergejs tägliche Abfahrten im Morgengrauen:

> Solang der Tag noch schläft,
> Solang sich noch die Nebel drehn –
> Aus Grau und Feuchte laß
> Ich Rußland wieder auferstehn.[6]

Die mittelbaren Konsequenzen waren jedoch weitreichender. Sergej Efron, von allen seinen Bekannten als Schwächling bezeichnet, hat dieses »Zurückgehen auf den Schwellen bis zum bitteren Ende« – vielleicht gegen besseres Wissen – durchgehalten. Es war diese Haltung, die ihn schließlich zur Beteiligung an einem Verbrechen und in die Erschießungskeller der Lubjanka führte.

Ariadna Efron dachte später gern an ihre Jugend in der Tschechoslowakei zurück.

»Den Winter verbrachten wir gut, ehrlich und freundschaftlich, auch wenn es manchmal schwer war. Die Schwierigkeiten erkannte ich erst später; als Mädchen verstand ich sie überhaupt nicht, vielleicht deshalb, weil ich nie ein leichtes Leben kennengelernt hatte. Daß ein Teil der Hausarbeit mir oblag, war für mich nicht nur selbstverständlich, sondern eine Freude . . . Daß die Geschenke selten waren, erhöhte in meinen Augen nur ihren zauberhaften Wert. Das Wichtigste jedoch: Die mannhafte Armut Marinas und Serjoshas, die Würde, die Zurückhaltung, der Humor, mit denen sie gegen alle Beschwernisse ankämpften, die Art, wie sie sich gegenseitig halfen und aufmunterten, weckte in mir ein solches Gefühl der Liebe und Zusammengehörigkeit, daß allein dies bereits Glück bedeutete. Ein Glück waren die Abende, die wir manchmal gemeinsam verbrachten, gemütlich um den Tisch sitzend, von dem Essen und Geschirr abgeräumt und der mit einem nassen Tuch abgewischt worden war, unter dem feierlichen Vorsitz einer Petroleumlampe mit Schirm [. . .]. Serjosha las uns aus den aus Prag mitgebrachten Büchern vor, Marina und ich nähten, stopften und hörten zu.«[7]

In Mokropsy, Všenory, Jiloviště und wie die russischen Dörfer bei Prag sonst hießen, gab es viele Schicksalsgenossen. Bald entwickelte sich ein reger nachbarlicher Verkehr. Mit Ludmilla Tschirikowa, der Tochter des revolutionären Schriftstellers Je. Tschirikow, hatte sich Marina schon in Berlin angefreundet; nun traf sie die übrige Familie.[8] Enge Beziehungen entstanden auch zur Familie Jelenjew, vor allem zu Katarina Jelenjewa, die Zwetajewa »ihre Freundin und Mitkämpferin aus Mokropsy« nannte. Zwischen ihr und Nikolai Jelenjew gab es allerdings bald Mißverständnisse. Marina hatte fünf Jahre lang unter einer Regierung gelebt, gegen die Jelenjew gekämpft hatte; diese Jahre hatten sie in verschiedener Weise geprägt.

»Marina hatte über die Grenze die Erfahrung des Hungers mitgebracht. Als sie bei uns eintrat, streckte sie mir eine in Zeitungspapier gewickelte große Pfanne entgegen: ›Ich bringe Ihnen Kascha mit. Wir haben eine zu große Portion gekocht. Ich habe mir gedacht, man kann sie ja nicht wegwerfen.‹« Pikiert fügt Jelenjew hinzu: »Obwohl mir damals sehr wenig Mittel zur Verfügung standen – so ein Geschenk konnte ich denn doch nicht brauchen! Ich fand es merkwürdig und fehl am Platz. Die sowjetische Wirklichkeit war in meine Lebenserfahrung nicht oder fast nicht eingedrungen, aber an Marina war sie zu spüren.«[9] Man merkt das Sowjetische an Zwetajewa und betrachtet sie mit Mißtrauen.

Mit den politisch linksstehenden Kreisen scheint sie sich von Anfang an besser verstanden zu haben. Gleich im September suchte sie, gemäß ihrer Vereinbarung mit Mark Slonim, die Redaktion der »Freiheit Rußlands« auf und wurde von der gesamten Herausgeberprominenz sehr freundlich empfangen.[10] Mit Slonim hatte sie eine Besprechung, die in seinem Arbeitsraum begann, aber sogleich ins Café Slavia auf dem Moldaukai verlegt wurde.

Diese erste Besprechung dauert viele Stunden. Sie sprechen über literarische Fragen, und Slonim ist sehr erstaunt zu hören, daß Marina Zwetajewa über Casanova so gut Bescheid weiß und sogar ein Theaterstück über ihn geschrieben hat. Sofort wird vereinbart, die Stücke *Das Abenteuer* und eine umgearbeitete Fassung von *Casanovas Ende* (später *Phönix* genannt) in »Freiheit Rußlands« erscheinen zu lassen. Doch haben sie schon bei diesem ersten Beisammensein eine heftige Auseinandersetzung wegen der richtigen Übersetzung eines Casanova Zitats, denn Zwetajewa besteht auf einer Version, die Slonim reine Wortklauberei zu sein scheint. »›Wortklauberei?‹ fragte sie mit einer Stimme, die wie ein bösartiges Pfeifen klang, als hätte sie mich bei einer Gotteslästerung ertappt. ›Die Wahl des richtigen Wortes ist das allerwichtigste!‹ Wie oft habe ich später beobachtet, daß Marina Iwanownas Ruhe und Geduld dahin waren, sobald die Rede auf die Genauigkeit einzelner Wörter, auf die Richtigkeit wenig verwendeter Redewendungen oder rhythmischer Betonungen kam; sie verwandelte sich in eine Kämpferin, die bereit war, den Gegner zur Strecke zu bringen.«

Von diesem Tag an hatte Marina in Prag einen treuen Freund. Sie sahen sich oft, besichtigten die Schönheiten von Prag und beendeten ihre Streifzüge stets in einem der zahllosen Cafés.

»Drei Jahre lang, von 1922 bis Ende 1925, trafen wir uns oft, gingen spazieren und kamen uns schnell nahe. Die literarische Übereinstimmung verwandelte sich bald in persönliche Freundschaft. Sie dauerte 17 Jahre und war ungleichmäßig und schwierig: es gab Brüche und Versöhnungen, Begeisterung und Erniedrigung. In einem habe ich meine Meinung nie geändert, ich hielt sie für eine große und einmalige Dichterin, gleichrangig mit Pasternak, Majakowski, Mandelstam und Achmatowa.«

Slonim rühmt Marinas ungewöhnliche Gescheitheit, ihren

durchdringenden Verstand, in dem sich Nüchternheit und Klarheit und die Fähigkeit zu abstraktem Denken mit plötzlichen Ausbrüchen weiblicher Intuition verbanden:

»Sie war eine außergewöhnliche und gleichzeitig schwierige – manche sagten, ermüdende – Gesprächspartnerin. Sie suchte und schätzte Menschen, die ihre Andeutungen verstanden; in ihr gab es eine Art intellektueller Unruhe, als wäre sie nicht willens, die von ihr willkürlich aufgeworfenen Gedanken und Bilder näher zu erklären. Man war gezwungen, sie im Flug zu erhaschen; das Gespräch verwandelte sich in eine Art Tennispartie, man mußte ununterbrochen auf der Hut sein und Metaphern, Zitate und Aphorismen zurückschlagen, ihren Sinn aus Andeutungen und Satzfetzen entnehmen. Das wichtigste für sie war eine blitzartige Replik – ihre eigene oder die des anderen – sonst verlor das Spiel seinen Reiz. Nach einer solchen zwei- bis dreistündigen Anspannung war ich manchmal erschöpft.«[11]

Mark Slonim hat für Marina Zwetajewa damals und später sehr viel getan, wahrscheinlich mehr, als sie selber begriff. Dank seiner guten Beziehungen zu einflußreichen tschechischen Kreisen konnte er ihr ein Stipendium sichern. Er war es, der durchsetzte, daß die »Freiheit Rußlands« immer wieder Werke von Zwetajewa brachte, obwohl Redaktion und Leserschaft über diese Bardin der Weißen Bewegung nicht gerade sehr begeistert waren. Und schließlich gehören Slonims Erinnerungen an Zwetajewa zum wichtigsten, was über sie geschrieben wurde.

Der September 1922 bringt Marina eine weitere Bekanntschaft. Fast die ersten auf tschechischem Boden entstandenen Verse, der Zyklus *Derewja* (Bäume), trägt die Widmung: »Meiner tschechischen Freundin Anna Tesková«.[12] Die Vorsitzende des »Tschechisch-russischen Vereins« hatte sich sehr rasch darum bemüht, Zwetajewa für einen Vortrag zu gewinnen. In einem kurzen Brief an Anna Tesková – dem ersten ihrer langen Korrespondenz – dankt Marina am 2./15. November 1922 für diese Einladung und nimmt sie an.[13] Sie muß auch später an den Veranstaltungen der Vereinigung im Prager Hotel Beránek teilgenommen haben, denn bei einer dieser Gelegenheiten hat sie der tschechische Literat und Russisch-Übersetzer František Kubka kennengelernt, wie er in seinem Buch *Hlasy od východu*[14] erzählt.

Obwohl Marina Zwetajewa also doch des öfteren nach Prag gefahren ist und dort einige Bekannte hatte, die sich um sie kümmerten – nicht nur Slonim, auch Jelenjew berichten von gemeinsamen Spaziergängen in Prag und zum »Prager Ritter« neben der Karlsbrücke –, war das Jahr in Mokropsy ein Jahr der Stille und des fruchtbaren Schaffens inmitten einer unberührten, wunderschönen Landschaft. Am 27. September feierte sie, fern der Heimat, ihren 30. Geburtstag und verfaßte an diesem Tag ein Gedicht, das sie später Pasternak gegenüber als eines ihrer Lieblingswerke bezeichnete.

Graue Haare

Sie sind die Asche von Schätzen,
Kränkung, Verlust – mehr als lieb.
Sie sind die Asche, vor welcher
Fällt zu Staub auch Granit.

Nackte und helle Taube,
Niemals lebend zu zweit.
Salomons Asche, bedeckend
Jegliche Eitelkeit.

Drohende Kreide von Zeiten,
Die nicht gehen zu End'.
Heißt es, daß Gott in der Tür steht,
Weil das Haus mir verbrennt?

Niemals erstickt von Gerümpel,
Herr über Tage und Traum
Lodert – wie senkrechte Flamme –
Geist aus verfrühtem Grau.

Ihr nicht habt mich verraten,
Jahre, verflogen im Wind!
Dieses Grau ist ein Sieg von
Kräften, die unsterblich sind.[15]

Doch dann bleibt die Lyrik liegen. Marina arbeitet an einem großen Werk. Sie setzt dort fort, wo sie in Rußland aufgehört hat, und verfaßt innerhalb von drei Monaten ein weiteres großes Volksepos, das an *Seitengäßchen* und den unvollendeten *Jegoruschka* anknüpft, und zeigt, daß sie sich geistig und seelisch immer noch in Rußland befindet: »Ich beende eine große Sache in Versen, die ich leidenschaftlich liebe und ohne die ich mir verwaist vorkommen werde«, berichtet sie Roman Gul am 12. Dezember. Diese große Sache ist das Epos *Der Recke,* 1924 erschienen im Prager Verlag »Plamja« (Flamme). Marina hat hier wieder eine altrussische Sage, die gespenstische Geschichte vom Dorfmädchen Marussja, das sich in einen als jungen Recken auftretenden Vampir verliebt, in einer Verserzählung im altrussischen Stil nacherzählt, die wieder ein Meisterwerk sprachlicher Brillanz ist.

Der Recke fand geteilte Aufnahme. Als Olga Tschernowa später fragte, warum sie ausgerechnet dieses Thema gewählt habe, antwortete ihr Marina: »Ich muß das benennen, d. h. erschaffen, was mich dazu auffordert. Nicht ich wähle meine Werke, sondern sie wählen mich, und ich habe sie oft gegen meinen Willen geschrieben. Rußland wollte sich irgendwie ausdrücken, zu diesem Zweck hat es mich ausersehen. [. . .] Wenn ich mich diesem Ruf hingab, manchmal sehend, manchmal blind, so habe ich mich untergeordnet und versuchte, die mir gestellte Aufgabe mit dem Ohr zu erfassen. Und nicht ich war es, die aus hundert Wörtern das hundertunderste ausgewählt hat, das Werk selbst hat auf allen hundert bestanden: so heiße ich nicht!«[16]

In der Abgeschiedenheit von Mokropsy entdeckt Marina aber noch eine andere Möglichkeit, sich auszudrücken: Sie schreibt Briefe. Sucht Kontakt mit Freunden, die in Berlin geblieben sind, und steht bald mit mehreren Leuten in Korrespondenz. Auch in ihr bleibt sie die Künstlerin, die an jedem Wort und jedem Satz feilt und das Konzept ihrer Briefe in ein Heft schreibt, bevor sie sie abschickt. Auf diese Weise hat sich ein Großteil ihres epistolarischen Werks im Zwetajewa-Archiv im Moskauer Zentralen Staatsarchiv für Literatur und Kunst erhalten, auch wenn die Originale mitunter den Unbilden der Zeit zum Opfer gefallen sind oder bisher nicht veröffentlicht wurden. Dies ist wichtig, weil diese Briefe neben der Lyrik und den Prosaschriften als selbständiger Teil des literarischen Erbes von Zwetajewa anzusehen sind.[17]

Der Inhalt und Stil ihrer Briefe ist facettenreich und auf den jeweiligen Adressaten abgestimmt. Die Korrespondenz mit Roman Gul, dem Redaktionssekretär der Berliner Zeitschrift »Nowaja russkaja kniga« (Das neue russische Buch), behandelt zwar hauptsächlich konkrete Fragen wie z. B. den Druck ihrer Werke, die Verhandlungen mit Verlegern, die Roman Gul für Marina besorgen mußte, und ähnliche Dinge. Doch erfahren wir aus ihnen ebensoviel über das Leben und die Anschauung der Dichterin. So regt sie sich z. B. über eine Rezension Aichenwalds von ihrem *Königsmädchen* auf, in der der bekannte Kritiker schrieb: »Die talentierte Dichterin hat ein kunstvolles Spielzeug russischen Nationalstils geschaffen. Das Stück besticht durch seinen Zauber, den Atem des nationalen Elements, es jagt dahin in einem reinen Gewässer, im Strom der russischen Sprache. Hier ist wirklich russischer Geist, hier riecht es nach Rußland.«[18]

»Ich bin gerührt, aber es ist unrichtig«, bemerkt Marina zu Roman Gul. »Russische Sprache, Spielzeug, talentiert – aber kein Wort über den inneren Sinn: Schicksale, Naturen, Helden – so als wäre nichts geblieben, außer dem Klang im Ohr. Ärgerlich! Ich habe es doch nicht wegen der russischen Sprache geschrieben!«[19]

Marina Zwetajewa schreibt jedoch auch andere Briefe. Sie richten sich an Personen, die sie nicht oder kaum kennt, die sie nur aus ihren Antworten beurteilt und daher oft falsch einschätzt. Das sind Kontakte, die sie liebt, eine Freundschaft der Seelen, nicht getrübt durch die prosaische Wirklichkeit, dem Höhenflug ihrer Phantasie breiten Raum gewährend. »Mein liebster Umgang mit Menschen ist ein indirekter, der Traum«, schreibt Marina Zwetajewa an Boris Pasternak, »mein zweitliebster: der Briefwechsel. Der Brief als indirekte Art des Umgangs, weniger vollkommen als der Traum, aber seine Gesetze sind die gleichen: Weder der eine noch der andere kommt auf Bestellung. *Wir* träumen und schreiben nicht dann, wenn wir wollen, sondern dann, wenn der Brief geschrieben und der Traum geträumt sein will.« Und im gleichen Brief: »Ich habe Begegnungen im Leben nicht gern: es ist wie ein Zusammenstoßen von Stirnen. Zwei Wände. So dringt man nicht durch. Eine Begegnung muß sein wie ein Bogen. Dann ist die Begegnung ein *Darüber hinaus*. Emporgeworfene Stirnen.« (An Pasternak, 19. November 1922)

Eine gefährliche Folge dieser Tagträume zeigte sich bald. Mehr als einmal verliebte sich Marina tief und innig in ihre Traumhelden, sie offenbarte ihnen die Geheimnisse ihrer Seele und war immer wieder enttäuscht und schmerzlich berührt, wenn ihre Briefpartner verstummten, sich zurückzogen oder anders waren, als sie sich vorgestellt hatte. Im Grunde genommen ist jede dieser Korrespondenzen nichts anderes als ein Monolog, gerichtet nicht an die

Adressaten, sondern »über ihren Kopf hinweg an Gott, oder zumindest an die Engel«.

Der erste dieser Traumhelden ist Boris Pasternak, den sie in Moskau nie wirklich beachtet hatte. Sein Buch *Themen und Variationen*, das er ihr im Februar 1923 aus Berlin schickt, ist für Marina eine »Brandwunde«, sie ist »gebrannt und verbrannt«.

»Wissen Sie, Pasternak«, fährt sie prophetisch fort, »Sie müssen etwas Großes schreiben. Das wird Ihr zweites Leben sein, Ihr erstes einziges Leben. Dann werden Sie nichts mehr brauchen. Sie werden niemanden bemerken.« (An Pasternak, 11. Februar 1923)

Am 9. März 1923 kommt eine bittere Kunde: Boris Pasternak kehrt dem Westen den Rücken und fährt nach Moskau zurück. Er möchte sich von ihr verabschieden und fordert sie auf, nach Berlin zu kommen. Marina kann nicht fahren: sie hat kein Geld, kann so schnell keine Reisedokumente beschaffen und auch der Familie nicht die mühsame Hausarbeit aufbürden.

»Ich komme nicht, weil es zu spät ist, weil ich hilflos bin, weil – zum Beispiel – Mark Slonim die Reiseerlaubnis in einer Stunde bekommen würde, weil mein Schicksal der Verlust ist. [. . .] Jetzt steht die riesengroße Schlaflosigkeit bevor, die des Frühlings und des Sommers, ich kenne mich; jeder Baum, den ich mit den Augen bewundere, wird für mich Sie sein. Wie soll ich damit leben? [. . .] Ein Zusammentreffen mit Ihnen wäre für mich so etwas wie eine Befreiung von Ihnen gewesen, verstehen Sie? Ein Ausweg! [. . .] Bitte ärgern Sie sich nicht! Das sind nicht maßlose Worte, das sind maßlose Gefühle, *Gefühle*, die den Begriff des Maßes ausschließen.« (An Pasternak, 9. März 1923)[20]

Marina schickt Pasternak ihr eigenes Korrekturexemplar ihres noch nicht erschienenen Gedichtbandes *Handwerk* und beauftragt Roman Gul, in Berlin Goethes Gespräche mit Eckermann aufzutreiben und das Buch Pasternak auf dem Bahnhof in ihrem Namen zu überreichen.[21]

Rettung aus ihrer Verzweiflung über den Verlust des als Bruder empfundenen Dichters sucht Marina Zwetajewa in ihrer Kunst. Vom 17. März bis zum 11. April schreibt sie den zehnteiligen Gedichtzyklus *Provodá* (Drähte) und vom 8. bis zum 23. April den Zyklus *Poety* (Dichter)[22], beide mit Widmung an Pasternak. Sie drückt nochmals in lyrischer Form aus, was sie ihm über die Maßlosigkeit ihrer Gefühle geschrieben hat. Kürzer und prägnanter läßt sich Zwetajewa kaum auf einen Nenner bringen.

Was soll ich Blinder, ich Stiefsohn, wohl tun in der
Welt, in der jeder ein Sohn ist und sieht!
Wo an Tabus und an Dämmen die Leidenschaft
Halt macht! Die Tränen als Schnupfen klassiert!

Was soll ich Sänger aus Blut und Verantwortung
– Weite Sibiriens, Ströme des Lichts –
Tun mit dem Überfluß meiner Gefühle, die
Unwägbar sind in der Welt des Gewichts?

Was soll ich machen, ich Sänger und Erstgeburt,
In dieser Welt, in der Grau gilt als Schwarz,
Die die Gefühle im Thermos behüten will,
Maßvolle Welt – da ich spreng jedes Maß? ![23]

Das Frühjahr 1923 brachte Marina nicht nur Kummer, sondern auch Ärger. Der Besitzer des Hauses, in dem sie wohnten, strengte eine gerichtliche Klage gegen die Efrons an, weil die Böden nicht genügend geschrubbt waren. Ihre Rezension des Buches *Heimat* ihres Moskauer Freundes Sergej Wolkonski, die sie in der Prager Literaturzeitschrift »Sapiski nabljudatelja« (Notizen eines Beobachters) unter dem Titel »Die Ceder, eine Apologie« erschienen ließ, wurde von den Kritikern ebenso verrissen wie das Buch selbst. Aichenwald bemerkte in »Das Steuerrad«, das, was sie verfaßt habe, sei ein Panegyrikon, keine Apologie. Härter jedoch traf sie wahrscheinlich, daß es nicht gelang, einen Verleger für ihre Moskauer Tagebücher aus der Revolutionszeit zu finden.

»Helikon hat geantwortet«, berichtet sie Gul, »die Bedingungen sind erstklassig – aber: keine Politik. Ich habe meinerseits geantwortet: Moskau in den Jahren 1917-1919 – glaubt er denn, ich habe in der Wiege gelegen? Ich war 24 bis 26 Jahre alt, ich hatte Ohren, Augen, Hände, Füße: ich habe gesehen, gehört, mit den Händen Holz gehackt (und geschrieben), mit den Füßen bin ich von früh bis abends herumgelaufen – wohin haben sie mich nicht getragen? Politik gibt es keine in diesem Buch: es gibt die leidenschaftliche Wahrheit, die Wahrheit des Hungers, der Kälte, des Zorns – dieses Jahres.« (An Gul, 5. März 1928)[24]

Es ist anzunehmen, daß die Berliner Verleger, die immer noch hofften, ihre Bücher im Mutterland absetzen zu können, es vorzogen, von diesen gefährlichen *Semnye primety* (Irdische Zeichen) die Hände zu lassen. Ein zweites war wohl ebenfalls für das Scheitern dieses Projektes maßgebend: Marinas Bedingung, als Anhang, Aljas Tagebuch aufzunehmen.[25]

Der Gedichtband *Handwerk* erschien im Frühling im Verlag Helikon und hatte großen Erfolg und ausgezeichnete Kritiken. So schrieb z. B. Wera Lurje:

»In *Handwerk* hat Zwetajewa gezeigt, daß sie einen Ausweg für ihre geistigen Explosionen gefunden hat. Sie gehört zu jenen überragenden Dichtern, für die es keinen Mittelweg gibt, entweder den Sturz ins Absolute kopfüber oder den Sieg. Marina Zwetajewa hat sich und die anderen besiegt. [. . .] Wie klein und bläßlich erscheint die Weiblichkeit der Achmatowa, wenn man sie mit den Liebesausbrüchen der Zwetajewa vergleicht. [. . .] Ihr reifes, echtes Handwerk hat gerade erst begonnen, sie ist reich an endlosen Möglichkeiten. Von ganzem Herzen, mit echter Liebe und Zärtlichkeit möchte man mit ihr die Worte sprechen, die sie an ihre Muse richtet: Bewahre sie, o Herr!«[26]

Eine andere, ebenfalls glänzende Rezension der Bücher *Trennung* und *Handwerk* erschien in der Zeitschrift »Tage« unter dem Titel *Poesie der Rhythmen*. Sie war von einem Kritiker unterzeichnet, dessen Namen Marina nichts sagte: Alexander Bachrach. Er schien ihr der einzige zu sein, der sie nicht unter dem Schlagwort »style russe« einordnete, sondern das Wesen ihrer Dichtung begriff.

Die Intuition dieses Unbekannten verblüffte Marina Zwetajewa. Am 20. April entwirft sie in ihr Konzeptheft einen »Brief an einen Kritiker«: »Ich weiß nicht, ob es gebräuchlich ist, einem Kritiker anders zu antworten als in gedruckter Form. Aber Dichter ordnen sich den Bräuchen nicht unter, sie schaffen sie. Erlauben Sie mir daher, mit diesem Brief einen neuen Brauch ins Leben zu rufen: die Dankbarkeit des Dichters gegenüber dem Kritiker.«

Erst am 9. Juni entschließt sie sich, diesen Brief abzuschicken, nicht ohne dieser Einleitung einen Nachsatz hinzuzufügen: »[. . .] ein so seltener Fall, daß es gut wäre, nicht zu sehr auf Nachahmer zu hoffen.«[27]

So beginnt der »Briefroman« Zwetajewas, der zu einer bedeutsamen Episode ihres Lebens wird, mit einem kaum zwanzig Jahre alten Mann.

Alexander Bachrach, der später die gesamte auslandsrussische Literaturprominenz beschrieben hat,[28] muß in seinen Briefen, die nicht bekannt sind, einiges von den Qualitäten besessen haben, die Marina laut Slonim an ihren Gesprächspartnern schätzte. Schon seine erste Replik auf ihren Brief, ihr neues Buch habe nichts mit Handwerk zu tun, trifft ins Schwarze. Marina gesteht, sie habe ihre Leser herausfordern wollen. Ihr Interesse ist geweckt: »Ein unbekannter Mensch«, schreibt sie am 30. Juni, »das sind alle Möglichkeiten, das ist jemand, von dem man alles erwartet. Er ist noch nicht da, er wird erst morgen sein (morgen, wenn ich nicht mehr sein werde). Einen Menschen, den ich anderen überlasse, der – mir gehören sollte.«

Und am 14./15. Juli: [. . .] »Sie sind ein Fremder, aber ich habe Sie in mein Leben hereingenommen, ich wandere mit Ihnen durch die staubigen Straßen meines Dorfes und die nebeligen Gassen Prags. [. . .] Ich möchte, daß Sie groß und herrlich wachsen und sich niemals, auch wenn Sie mich vergessen, von dieser anderen – meiner – Welt trennen. [. . .] Ich verlange von Ihnen ein Wunder: ein Wunder des Vertrauens, des Verstehens, des Verzichtes. Ich will, daß Sie mit zwanzig Jahren gleichzeitig ein siebzigjähriger Greis und ein siebenjähriger Knabe sind; ich will kein Alter, keine Ziffern, keinen Kampf, keine Barrieren. Ich weiß nicht, wer Sie sind, ich weiß nichts von Ihrem Leben, ich bin Ihnen gegenüber völlig frei, ich spreche mit einem Geist. Alles hängt von der richtigen Stunde ab.«

Diesem Brief legt sie das erste Gedicht aus dem Zyklus *Tschas duschi* (Stunde der Seele) bei.[29]

Am gleichen Tag muß Marina einen Brief von Bachrach bekommen haben, der ihre Vorstellungen in irgendeiner Weise bekräftigt. Sie liest ihn, im Wald oberhalb ihres Hauses im Gras liegend, und verfaßt eine Antwort, die der Empfänger wahrscheinlich als maßlos empfand. Da darin zu allem Überfluß auch noch Pläne entwikkelt werden, daß Marina beabsichtige, nach Berlin zu fahren, um dort auch Bachrach zu treffen, ist es nicht verwunderlich, daß der junge Mann erschrickt und den Brief unbeantwortet läßt.

Vor den Augen des Lesers schürzt sich nun der Knoten des Briefromans zu einem Seelendrama. Marinas Seele hat sich innig in die Seele des von ihr erdachten Wunderwesens verliebt; sie vermutet nicht im entferntesten, daß möglicherweise sie selbst am Verstummen ihres Briefpartners schuld ist, und wartet voll Verzweiflung auf ein Lebenszeichen von Bachrach. Am 17. August schreibt sie kurz: »Ich habe Ihnen zweimal geschrieben und keine Antwort bekommen. [. . .] Ein nicht beantworteter Brief ist wie eine ausgestreckte Hand, die verschmäht wird. Sie haben mir einfach nicht die Hand gegeben. Es ist nicht meine Sache, nach Ihren Gründen zu fragen, und nicht Ihre, nach meinen Gefühlen.«

Am 27. August versucht sie es nochmals: »Einen Monat habe ich gelitten – auf keinen einzigen meiner Briefe bekam ich eine Antwort. Versetzen Sie sich eine Sekunde lang in meine Lage: einen ganzen Monat lang keine Zeile, kein Wort . . . Freund, ich bin kein kleines Mädchen, ich habe schon früher Feuer gefangen, gebrannt, mich verbrannt – aber so zerschmettert wie an Ihnen – mit dem ganzen Gewicht meines Vertrauens an einer Wand – das habe ich noch nicht erlebt. Ich bin von Ihnen abgestürzt wie von einem Berg.«

Anscheinend kommt an diesem Tag dennoch irgendeine Nachricht von Bachrach, denn am 28. August schreibt sie ihm überglücklich und legt diesem Brief ihre Tagebuchaufzeichnungen vom 26. Juli bis zum 25. August, betitelt »Bulletin einer Krankheit«, sowie die in dieser Zeit für ihn geschriebenen Gedichte bei. Besonders charakteristisch für ihre Stimmung ist das Gedicht »Ein Brief«.

So wartet man nicht auf Briefe,
So hofft man – auf einen Brief.
Ein Stückchen Papier,
Drum herum ein Geviert
Aus Klebstoff. Drin ein paar Wort'
Und das Glück. Sonst steht nichts dort.
[. . .]

Ich wart nicht auf Glück, dafür bin ich zu alt.
Die Farbe – vom Winde verweht.
Das Quadrat eines Hofs und ein schwarzes Visier:
Das ist es, worum es mir geht.[30]
[. . .]

In ihrem Brief schreibt Marina aber noch etwas anderes:

»Mir stehen schwere Tage bevor. Ich trenne mich von Alja und schicke sie ins Gymnasium (nach Mähren). S. ist schon dort. Es war ausgemacht, daß Alja mit den anderen Kindern fährt und ich nach Prag übersiedle, wo wir ein Zimmer gemietet haben. Heute bekomme ich einen Brief, daß meine Gegenwart notwendig sei, ich muß Alja ins Gymnasialleben einführen. [. . .] Ich bin augenblicklich in großer innerer (und äußerer) Verwirrung. Ein Jahr des Lebens im Walde, mit Gedichten und Bäumen, ohne Menschen, ist vorbei. Ich stehe an der Schwelle einer großen neuen Stadt (vielleicht eines großen neuen Leids?) und eines großen neuen Lebens, am Vorabend eines neuen Ich.«

Siebzehntes Kapitel

»Ich habe ein Haus auf einem Berg und die ganze Stadt zu Füßen«, so beschrieb Marina Zwetajewa am 28. August ihr Prager Zimmer in der Švedská ulica Nr. 1373 auf dem Smichover Hügel mit dem prachtvollen Blick auf einen Teil der Stadt. Es sollte in ihrem Leben und in ihrem Œuvre eine besondere Rolle spielen.

Gleich nach der Übersiedlung nach Prag lieferte Marina ihre Tochter im Internat ab (»im Lager«, wie sie schrieb) und verbrachte die Tage vom 9. bis 16. September in Mährisch-Trübau. Alja fühlte sich in der Schule sofort zu Hause und war wahrscheinlich glücklich, endlich ein Kind unter Kindern sein zu dürfen, statt sich wie ein bestauntes Wunderkind benehmen zu müssen. Für Marina war es eine Enttäuschung.

»Man wird sie lieben, weil sie niemanden braucht«, bemerkte sie bitter zu Bachrach. »Ich habe mein ganzes Leben hindurch selbst geliebt und noch mehr gehaßt, von Kindheit an wollte ich sterben. [. . .] In Alja erkenne ich nichts davon wieder. [. . .] Eine Erfahrung von zehn Jahren ist vorbei, ich beginne wieder mein Leben zu leben.«

Mährisch-Trübau war zu dieser Zeit eine rein deutsche Stadt, es erinnerte Marina an ihre Kindheit in Deutschland. Hier, fern den Sorgen des Alltags, gewann sie Abstand von ihrer Sommerliebe.

Sie schrieb an Bachrach: »Die Luft, die ich atme, ist die Luft der Tragödie. In meinem Leben gibt es nichts Unerwartetes, weil ich immer alles vorausgeahnt habe, aber neben den innerlichen, unterirdischen Strömungen gibt es auch Zusammenflüsse, zumindest der Umstände, der Ereignisse, die man nicht voraussehen kann. Ich habe jetzt das deutliche Gefühl eines Vorabends oder eines Endes – was vielleicht das gleiche ist. [. . .] Was ich nicht dulde, ist eine Drehung des Kopfes von mir weg, und sei es auch die kleinste. Das tut mir weh, verstehen Sie? Ihr alle habt andere Möglichkeiten: die Kunst, das gesellschaftliche Leben, Freundschaften, Unterhaltungen, Familien, Pflichten – ich habe im Grunde NICHTS. Alles fällt ab wie eine Haut, und unter der Haut bleibt nichts als zuckendes Fleisch oder Feuer: ich: die Psyche. Ich passe in keine einzige Form – nicht einmal in die weiträumigste meiner Gedichte. Ich bin nicht imstande zu leben. Alles ist bei mir anders als bei normalen Menschen. Ich kann nur im Traum leben.« (10. September 1923)

Und dann erfolgt ein Paukenschlag. Zehn Tage später, am 20. September, erhält Bachrach aus Prag folgendes Schreiben: »Mein teurer Freund, nehmen Sie Ihre ganze Tapferkeit in beide Hände und hören Sie mich an: etwas ist aus. Jetzt, wenn das Schwerste gesagt ist, hören Sie weiter: Ich liebe einen anderen. Einfacher, gröber und ehrlicher kann ich es nicht sagen. Wie es geschehen ist? Ach Freund, wie geschieht so etwas? Ich war voller Sehnsucht, jemand hat geantwortet; ich hörte große Worte, wie es keine einfacheren gibt, die ich vielleicht zum ersten Mal im Leben höre. [. . .] Was daraus wird? Ich weiß es nicht. Ich weiß nur: ein großer Schmerz. Ich gehe großem Leid entgegen.«[1]

Der Held des neuen, diesmal jedoch nicht erfundenen Romans Zwetajewas, Konstantin Rodzewitsch, gehörte zum engsten Kreis der Prager russischen Kolonie, er war ebenfalls Offizier gewesen und nun ein Studienkollege und Freund von Sergej Efron. Jelenjew gibt über ihn ein gehässiges Urteil ab, Slonim erschien er nicht ohne Humor, doch eher durchschnittlichen Kalibers, Ariadna Efron hingegen nimmt ihn vor den ausländischen »nicht uneigennützigen Sensationsschriftstellern« in Schutz und bezeichnet den Helden des *Poems vom Berg* als edlen Menschen mit seltenen Gaben. Rodzewitsch hatte ihr die Briefe, ohne sie vorher im Westen zu veröffentlichen, überlassen, die ihm Marina Zwetajewa geschrieben hatte.

Das stürmische Verhältnis dauerte nur einige Wochen und brachte Marina wohl von Anfang an viel Leid. Sollte sie Sergej verlassen?

»Keine Leidenschaft kann in mir das Gefühl für Gerechtigkeit übertönen«, schrieb sie am 29. September an Bachrach. »Einem anderen Schmerz zufügen – nein, tausendmal nein, lieber selbst leiden, obwohl ich zur Freude geboren bin. Glück auf fremden Knochen aufbauen, das kann ich nicht. Ich gehöre nicht zu den Siegern.«

Marina Zwetajewa denkt in diesen Tagen oft an den Tod. Er erscheint ihr leichter als das Weiterleben. Am 27. September entsteht eines ihrer bekanntesten Gedichte »Prashski ryzar« (Der Prager Ritter), in dem sie die kleine Ritterstatue neben der Karlsbrücke apostrophiert, die sie besonders liebt, weil sie findet, daß sie ihr ähnlich sieht. Sie sieht in dem Ritter den Wächter des Flusses und Zeuge vieler nicht eingehaltener Liebesschwüre:

Blaß-gesichtig
Wachst am Fluß du, Ritter,
Bist im Kranz der
Jahr' des Stromes Hüter.

(Find in ihm ich
Ruh von Mund und Händen?)
Posten an dem
Ort so mancher Trennung!

Schwüre, Ringe . . .
Soll der Fluß sie wahren!
Zahlreich sind wir
Seit vierhundert Jahren . . .

[. . .]

Von der Schicksals-
Brück' hinunter – wags!«
Ich nehm auf mit
Dir es, Ritter Prags!

Freud wohl, Leid in
Ihm? – Du weißts zu sagen,
Ritter, Wächter
An dem Strom der Tage.[2]

Erst gegen Ende Oktober erfuhr Serjosha zufällig von dem Verhältnis zwischen seiner Frau und seinem Freund. Er fiel aus allen Wolken. Der Fortbestand der Ehe hing an einem Faden, aber zu einem endgültigen Schritt konnte er sich nicht entscheiden. Ein undatierter Brief von Efron an Max Woloschin gibt Aufschluß über seinen Zustand: »Das, wovon ich spreche, erfordert von mir Taten. [. . .] Meine Schwäche, meine völlige Hilflosigkeit, Marinas Blindheit, mein Mitleid mit ihr, das Gefühl, daß sie sich in eine hoffnungslose Sackgasse hineinmanövriert hat, meine Unfähigkeit, ihr energisch und durchgreifend zu helfen, alles führt zu einem toten Punkt. Jeder Ausweg kann zum Untergang führen. [. . .] M. ist ein leidenschaftlicher Mensch. [. . .] Sich bis über den Kopf einem Wirbelsturm auszuliefern ist für sie zur Notwendigkeit geworden. [. . .] Wer es ist, der diesen Wirbelsturm auslöst, ist unwichtig. Fast immer [. . .] ist alles auf Selbstbetrug aufgebaut. Ein Mensch wird erfunden, und der Sturm bricht los. Wenn er eine Null ist, zeigt sich das bald. M. gibt sich wirbelsturmartiger Verzweiflung hin, ein Zustand, in dem das Erscheinen eines neuen Erregers erleichtert wird.«[3] Doch die bittere Enttäuschung kam diesmal bald.

Nach dieser Erkenntnis gibt es für eine Frau ihres Charakters nur eine Konsequenz: Sie bricht mit dem leidenschaftlich geliebten Mann »auf dem Gipfelpunkt unserer Liebe, ohne Hoffnung auf ein Wiedersehen«, wie sie Bachrach anvertraut.

»Mit ihm wäre ich glücklich geworden (auf diese Idee bin ich vorher niemals gekommen). Von ihm hätte ich mir einen Sohn gewünscht [. . .] Jetzt bleibt mir nur eines: meine Gedichte.« (An Bachrach, 10. Januar 1924)[4]

Wie der Bruch geschah, das hat Zwetajewa im *Poem vom Berg* und im *Poema konza* (Poem vom Ende) beschrieben.[5] Das erste verfaßte sie vom 1. Januar bis zum 1. Februar 1924, das zweite wurde am gleichen Tag begonnen und beschäftigte sie bis zum 8. Juni: »Ja, Du weißt es nicht, ich habe Gedichte an Dich, auf dem Gipfelpunkt des ›Berges‹. (Das *Poem vom Ende* ist eines. Nur ist der ›Berg‹ früher da und hat männliche Züge, das Aufbegehren im ersten Augenblick, gleich in den höchsten Tönen, das *Poem vom Ende* hingegen ist der Schmerz der Frau, das Ausbrechen in Tränen, ich, wenn ich mich schlafen lege, nicht, wenn ich aufstehe! Das *Poem vom Berg* ist ein Berg, den man von einem anderen Berg aus sehen kann. Das *Poem vom Ende* – ein Berg über mir, ich unter einem Berg.)« (An Pasternak, 26. Mai 1926)[6]

Die beiden »Poeme« gehören zum Großartigsten, was Zwetajewa geschrieben hat. Hinreißend sind vor allem die dahingaloppierenden, sich überstürzenden Rhythmen. Der Inhalt: das zeitlose Thema einer in ihrer Liebe enttäuschten Frau, die abwechselnd hofft, verzweifelt tobt, verflucht und ihren Schmerz hemmungslos hinausschreit. Hier hat wirklich eine Frau all das ausgesagt, was eine Frau empfinden kann. Heute erkennen wir das und bewundern die Meisterschaft der Dichterin, doch damals provozierte dieser ungeschminkte Gefühlsausbruch die entrüstete Ablehnung der meisten im Westen lebenden russischen Schriftsteller von Maxim Gorki bis Iwan Bunin. Sie warfen Marina Zwetajewa darüber hinaus ihre stilistischen und rhythmischen Neuerungen, ihre revolutionären Ausdrucksmittel vor, eine Ansicht, der sich auch Achmatowa sogar noch in den fünfziger Jahren anschloß. Dazu kam der genüßlich ausgekostete Skandal, der ja in diesem geschlossenen Kreis nicht verborgen bleiben konnte.

Trotz dieses großen Erlebnisses ging für Marina das Leben weiter. Prag war ein wichtiges geistiges Zentrum der russischen Emigration, das häufig von Schriftstellern und Literaten aufgesucht wurde. Vom 4. November bis zum 6. Dezember 1923 hielten sich hier Wladislav Chodassewitsch und Nina Berberova[7] auf, bevor sie nach Italien zu Maxim Gorki weiterfuhren. Marina sah sie oft, aber eine engere Freundschaft kam nicht zustande. Wladimir Nabokow erinnert sich an »einen merkwürdigen lyrischen Spaziergang bei starkem Frühlingswind über irgendwelche Hügel von Prag«.[8]

Offenbar erwägte auch Andrej Belyj den Gedanken, sich ganz in der Tschechoslowakei niederzulassen. In einem verzweifelten Brief wandte er sich an Marina mit der Bitte, ihm bei der Einreise behilflich zu sein. Doch am gleichen Tag reiste er in die Sowjetunion ab – für immer.

Ein häufiger Gast und Vortragender in Prag war Fedor Stepun, der seinen Wohnsitz in Deutschland aufgeschlagen hatte. Er machte Marina den Vorschlag, als Literaturkritikerin zu arbeiten: »Ich sträubte mich. Ich bin keine Kritikerin, sondern eine Apologetin«, vertraut sie Roman Gul am 10. April 1924 an.

Im »Haus auf dem Berg« erlebte Marina aber auch fröhliche, entspannte Stunden. In die Nebenwohnung zog eine russische Emigrantin mit ihrer halbwüchsigen Tochter ein, die ebenfalls außergewöhnliche Erlebnisse hinter sich hatte: Es war Olga Tschernowa-Kolbasina, gerade geschieden von Viktor Tschernow, dem letzten Vorsitzenden der Sozialrevolutionären Partei. Adja, die jüngste Tochter, die sich sogleich mit Alja Efron anfreundete, hatte bereits im Alter von zehn Jahren mehrere Wochen in der Lubjanka verbracht.[9]

Olga Tschernowa beschreibt in ihren postum publizierten Erinnerungen, wie am Tag nach ihrem Einzug plötzlich eine junge Frau in der Tür stand, ihr eine trockene, kräftige, sehr sehnige Arbeitshand entgegenstreckte und sagte: »Ich bin ihre Nachbarin Zwetajewa-Efron und bin gekommen, um Sie um Bestecke zu bitten. Zu uns kommen heute abend Gäste, und wir haben nicht genug davon.« Olga Tschernowa besitzt selbst fast nichts; sie kann ihr nur einen korsischen Dolch anbieten, über den ihre Nachbarin in Entzückung gerät. Die beiden finden sich vor allem in ihrer Begeisterung für Boris Pasternak; stundenlang rezitieren sie, assistiert von der fünfzehnjährigen Ariadna Tschernowa, Verse aus *Meine Schwester das Leben*.

Olga Tschernowa berichtet einige interessante Details über Marina Zwetajewa: »Bald erfuhr ich von ihrer Gewohnheit, frühmorgens zu schreiben. Keine Macht der Welt, keine Verpflichtung konnte sie daran hindern, sich dieser Arbeit hinzugeben. Wenn ihre Tochter, die zehnjährige Alja, aus dem Internat kam, zwang Marina sie, das Zimmer aufzuräumen, das Essen vorzubereiten und dann, zwei Jahre später, ihren neugeborenen Bruder zu hüten. Aus diesem Grund hatte Alja nicht die Möglichkeit, eine Schule zu besuchen und systematisch zu lernen. Das hinderte sie übrigens nicht daran, korrekt in zwei Sprachen zu schreiben und sich viel Wissen anzueignen, aber sie vollbrachte dies alles aus eigenen Kräften. Marina sagte: ›Entweder ich, d. h. mein Werk – oder sie, die noch nichts ist, die erst in Zukunft etwas sein wird. Und ich bin schon etwas und kann meine Gedichte nicht opfern!‹«[10]

Marina Zwetajewa verstand sehr wohl, daß Aljas Leben nicht gerade leicht war. Sie bemerkte gegenüber Olga Tschernowa: »Adja ist gezwungen, mit fünfzehn Jahren Puppen für *Fremde* herzustellen, Alja muß mit elf Jahren den ganzen Tag zwischen Besen und Kohlenkiste verbringen, während Hunderttausende von *Nullen* im gleichen Alter von ihren vielen goldenen, freien, unendlich reichen Tagen Gehirnerweichung bekommen – nur ein völlig gefühlloser Mensch vermag, das nicht zu empfinden oder nachzuempfinden und nur ein Schuft dazu schweigen!« (An Tschernowa, 6. November 1924)[11]

Tatsache ist jedoch, daß Aljas Schulbesuch in Mährisch-Trübau nur kurz währte – sie selbst schreibt, es habe sich bei ihr ein Schatten auf der Lunge gezeigt, und danach habe sie keine geregelte Ausbildung mehr erhalten.

Nachdem Marina Zwetajewa ihre beiden langen Verserzählungen abgeschlossen hatte, wandte sie sich im Sommer 1924 einer Arbeit zu, die sie schon im Vorjahr, zur Bachrach-Zeit, begonnen hatte: mit der Dramatisierung des Theseus-Stoffes. Ihr schwebte vor, den Helden Theseus, der Glück bei seinen Unternehmungen, aber Unglück in der Liebe hatte, zur zentralen Figur einer Trilogie zu machen. Der erste Teil (»Ariadne«) sollte die Jugend des Helden zum Inhalt haben, der zweite (»Phädra«) seine Mannesjahre, der dritte (»Helena«) sein Alter.[12] Bereits im Frühling 1923 schrieb Marina einige Gedichte, die auf eine intensive Beschäftigung mit der griechischen Mythologie schließen lassen, wobei sie sich an den griechischen Sagen von Gustav Schwab orientierte. Nach den Ereignissen des Jahres 1923 änderte sich Marinas Konzeption. In der neuen Version läßt Theseus die schlafende Ariadne auf Naxos zurück und verzichtet auf sie, weil sich nur durch sein Opfer Ariadnes von den Göttern bestimmtes Schicksal erfüllen kann. Der dritte Teil der Trilogie wurde niemals geschrieben.

Im Herbst 1924 übersiedelte die ganze Familie Efron in einen wenig reizvollen Vorort von Prag namens Všenory. Mutter und Tochter Tschernow brachen ihre Zelte in der Tschechoslowakei ab und fuhren zu Olgas Zwillingstöchtern aus erster Ehe nach Paris. Diesem Umstand haben wir es zu verdanken, daß wir über die nächsten Monate im Leben Zwetajewas, bis zum 26. Oktober 1925, ausgezeichnet informiert sind, denn die beiden Freundinnen führten einen intensiven Briefwechsel.[13] Diese Korrespondenz war, im Gegensatz zu anderen, offensichtlich nicht für die Ewigkeit bestimmt: Sie handelt weniger von erhabenen Fragen der Dichtkunst und Ethik als von den kleinen, zuweilen kleinlichen Begebenheiten des Emigrantenalltags im freudlosen Všenory.

Die Efrons sahen nicht viel voneinander. Serjosha studierte immer noch in Prag und übte daneben eine Reihe von spannenden, aber unbezahlten Beschäftigungen aus: er betätigte sich als Herausgeber einer linksgerichteten Studentenzeitschrift »Svoimi putjami« (Auf eigenen Wegen), er redigierte zusammen mit Marina und W. F. Bulgakow den Sammelband *Kowtscheg* (Der Schrein), in dem das *Poem vom Ende* zum ersten Mal veröffentlicht wurde; er war Vorstandsmitglied des russischen Schriftstellerverbandes in Prag und widmete sich mit Feuereifer seiner alten Leidenschaft, dem Theaterspielen. Während er frühmorgens nach Prag fuhr und erst spät in der Nacht zurückkam, saß Marina wie die anderen Emigrantenfrauen in ihrer ärmlichen Wohnung und bemühte sich, das Geld für den Unterhalt ihrer Familie durch Schreiben aufzubringen. Die Honorare, die die »Freiheit Rußlands« für ihre Beiträge zahlte, bildeten einen wesentlichen Bestandteil des Familieneinkommens, wenngleich die tschechische Regierung fortfuhr, beiden Stipendien auszuzahlen. Auch mußte Marina in Všenory darauf verzichten, weite Spaziergänge zu machen, die ihr in Mokropsy seelische Entspannung geboten hatten. Ihre Stimmung war dementsprechend schlecht.

»Erinnern Sie sich an Dostojewskis ›Katerina Iwanowna‹?« schrieb sie am 25. Januar 1925 an Olga Tschernowa. »– Das bin Ich. – In die Ecke getrieben, verbittert, böse, in einer Art von Rausch der Selbsterniedrigung und ihrem Gegenteil. Eben jener Haß, der sich über unschuldigen Häuptern entlädt. Eine Welt, in der alle schuld sind!« Sie weiß, daß sie mindestens noch ein Jahr in Všenory bleiben muß: »[. . .] ich sitze in einer luftlosen Kiste, ich verhehle es nicht, das ist kein Leben, für ein Leben (ohne Menschen) braucht man die Natur, eine *neue* Natur mit Stimmen, die die menschlichen ersetzen – man braucht Freiheit –, ich habe weder das eine, noch das andere, noch das zehnte, ich habe nur mein Heft. Und so soll es noch ein Jahr weitergehen! (Ich spreche von meiner Seele, meinem wichtigen, anspruchsvollen, aufbegehrenden Ich).«[14]

Gäste aus Prag kommen selten: »Der Besuch von anderen gibt mir wenig. Die erste Minute – Freude (wegen der Veränderung! der Unterbrechung des Alltagtrotts) – und sogleich folgt der Spirituskocher, der Ofen, das Geschirr – waschen, braten, nichts wird fertig, alles ist schmutzig, alles brennt an, danach schnell ein paar Gedichte durchlesen – und schon ist es finster – und die Gäste erkundigen sich schon nach den Zügen. Außerdem kann ich nicht mit vielen Menschen, ich brauche keine Menschen, sondern einen, auf den ich mich stützen kann, wenigstens einen Abend lang.« (An Tschernowa, 27. Dezember 1924)

Der Grund für Marinas Unbeweglichkeit und schlechte Stimmung ist nicht nur ein seelischer: Sie erwartet ihr drittes Kind, den Sohn, den sie ihrem Mann versprochen hatte, wie sie schreibt. Sie ist überzeugt, es wird ein Sohn werden. Sie sitzt zu Hause, strickt unförmige Schals und schreibt wenig. Als sich unverhofft die literarische Welt meldet und Marina von Anna Tesková eingeladen wird, im »Tschechisch-russischen Verein« einen Vortrag zu halten, ist ihre erste Reaktion, abzulehnen. Sie fordert jedoch Tesková auf, sie in Všenory zu besuchen. Marina berichtet nach Paris: »Ich erwarte den Besuch einer alten, begeisterten Tschechin – die mich eingeladen hat, am 7. Mai um sieben Uhr abends in der Karlsuniversität einen Vortrag über ein beliebiges Thema zu halten; worauf ich sie über meine eigenen sieben Monate aufgeklärt habe. [. . .] Schade, daß sie keine Hebamme ist. Mit einem tüchtigen (laut Dostojewski: gescheiten) Menschen ist ein Gespräch immer angenehm. Aber sie scheint – leider – eine alte Jungfer zu sein.« (An Tschernowa, 11. Dezember 1924)[15]

Ob Anna Tesková im Dezember oder Januar nach Všenory fuhr, wissen wir nicht. Doch beginnt mit diesem Brief über den Vortrag Zwetajewas in der Karlsuniversität ihre regelmäßige Korrespondenz mit der »alten, begeisterten Tschechin«, die erst am Tag von Zwetajewas Heimreise in die Sowjetunion abbricht. Die weise Tesková griff behutsam und segensreich in das Leben der Dichterin ein; sie sprach ihr Mut zu und half immer wieder unauffällig und diskret. Vielleicht haben ihre Briefe, die Anteilnahme und mütterliche Wärme, die aus ihnen gesprochen haben muß, mehr als alles andere dazu beigetragen, daß Marina Zwetajewa immer wieder Kraft fand, über alle Schwierigkeiten und Katastrophen hinwegzukommen; vielleicht wäre es nicht zu ihrem schrecklichen Ende in Jelabuga gekommen, wenn Anna Tesková noch erreichbar gewesen wäre. Die Dichterin hat ihre tschechische Freundin jedenfalls bis an ihr Lebensende geliebt.

In Marinas Briefen an Anna Tesková ist immer wieder die Rede von einem »M. L.«. Es ist nicht schwer zu erraten, daß dies die gleiche Person ist, die in den Briefen an Tschernowa »der Teuere« genannt wird, und daß er ihr nicht gleichgültig ist. Dieser »Teuere« – Mark Lwowitsch Slonim – hat 1970 voll Wärme von seiner Freundschaft mit Marina Zwetajewa erzählt, die sich, wie er schrieb, nach Marinas Bruch mit Rodzewitsch vertiefte, weil sie »eine freundschaftliche Schulter brauchte, an der sie sich anklammern, vergraben und vergessen konnte«, was aber nicht lange ohne Komplikationen bleiben konnte, da sich »ein Zusammenstoß der Individualitäten, Temperamente und Vorstellungen« ereignete. Slonim meint, Marina habe sich anfangs Illusionen über ihn hingegeben, so wie sie dies immer getan habe, und daß sie nach einem Flug in wolkenlosen Höhen bald wieder auf dem Boden der Tatsachen gelandet sei, »und wie immer fügte die Landung ihr Verletzungen und Leid zu«.[16] Er sieht noch einen weiteren Grund für den »Sprung in ihren Beziehungen«: »Sie verlangte von den ihr nahestehenden Menschen eine ungeteilte Hingabe, eine restlose Aufopferung, die der völligen Auflösung gleichkam, wobei sie dies nicht von einem schwachen Menschen forderte, sondern von einem starken; einen schwachen hätte sie verachtet.«

Slonim ist nicht ein erdachter Traumheld, sondern ein Mensch aus Fleisch und Blut, mit dem man sich immer wieder auseinandersetzen muß. Die Haltung des großen Vorbilds, der Tatjana aus *Eugen Onegin*, ist in diesem Fall nicht anwendbar. »Von vielen Menschen – und seit vielen Jahren – ist er derjenige, der mir am nächsten steht«, bekennt Zwetajewa gegenüber Tschernowa am 10. Mai 1925. Vor diesem Hintergrund ist Marinas wütende, ja gehässige Reaktion zu verstehen, als sie merkt, daß zwischen ihnen »nicht jenes ideale Einverständnis in literarischer und persönlicher Hinsicht herrscht, von dem sie träumte«, wie sich Slonim ausdrückt. Der aktuelle Anlaß ist ihren Briefen an Olga Tschernowa zu entnehmen. Am 19. November 1924 entsteht das berühmte Gedicht »Popytka rewnosti« (Versuch, eifersüchtig zu sein), das heute in keiner Zwetajewa-Ausgabe fehlt und sogar ins Deutsche mehrmals übersetzt wurde.

»Ich schicke es ihm zum neuen Jahr, hoffentlich schneidet es ihn ins Herz oder versetzt wenigstens seiner Eitelkeit einen Stoß.«[17]

Nun, wie lebt es sich mit einer andern?
Leichter wohl? Ein Ruderschlag verpaßt!
Ist entlang der Küstenlinie schon
Die Erinnerung an mich verblaßt,

An die Insel, die am Himmel schwimmt?
(Nicht im Wasser, wo sie alle schwimmen!)
So viel Seele! – Schwester soll man sein,
Nicht Geliebte! – Ausgerechnet Ihnen! !

[. . .]

Nun, wie lebt sich's mit der Fließbandware?
Kommt am Ende gar die Rechnung schnell?
Lebt sich's nach dem Marmor von Carrara
Einfacher mit einem Gipsmodell,

Einem Götterbild, aus Ton geschaffen
Und in tausend Stücke dann zerschlagen?
Können Sie, die Lilith liebte, es mit
Einer von zehntausend nun ertragen?

Hat die Massenware Sie gesättigt?
Ob vielleicht der Zauber schon verfliegt?
Lebt sich's gut mit einer Ird'schen, die nicht
Über einen sechsten Sinn verfügt?

Hand aufs Herz und ehrlich: sind Sie glücklich?
Nein? Ein Graben, dem die Tiefe fehlt?
Sag mir, Lieber, ist es schwerer, gleicht es
Dem, wie's mir mit einem andern geht?[18]

In Rußland hat es lange Diskussionen gegeben, für wen denn Zwetajewa dieses Gedicht tatsächlich geschrieben habe, ob es nicht vielleicht doch an Rodzewitsch gerichtet sei. Diese Verwirrung ist vornehmlich darauf zurückzuführen, daß die Dichterin ihren Wutausbruch verschiedenen Personen zugeschickt hatte, die bei ihr gerade in Ungnade gefallen waren.

Und wie reagierte Slonim? Er schrieb diskret: »Manchmal gingen unsere Unstimmigkeiten tiefer. Ein Sprung in unseren Beziehungen entstand um die Jahreswende 1924/25 [...] Ja, unsere grundlegenden Ansichten über die Dichtkunst fielen zusammen, aber viele meiner Ansichten und Urteile unterschieden sich von denen Marinas, und trotz ihrer ›Versuche, tolerant zu sein‹, wie ich es spöttisch nannte, fühlte sie Unzufriedenheit und Enttäuschung.«[19]

Trotzdem blieb er, wie er schreibt, Marinas treuer Freund bis über den Tod hinaus.

Achtzehntes Kapitel

Die Geburt ihres Sohnes Georgi am 1. Februar 1925 stellte im Leben von Marina Zwetajewa eine tiefere Zäsur dar als etwa ihre Übersiedlung nach Paris. Hatte ihr schon zuvor die Erledigung der täglichen Haushaltspflichten Mühe bereitet, so war dies nichts, verglichen mit der Pflege eines Neugeborenen; ihre Ungeschicklichkeit in allen praktischen Dingen wirkte sich erschwerend aus. Das Kind beanspruchte ihre ganze Zeit und wurde zum Mittelpunkt ihres Lebens. Marina übertrug auf ihren Sohn den gesamten Vorrat ihrer unbeanspruchten Liebe, mit der weder ihr Mann noch die Helden ihrer »Romane« etwas anzufangen wußten. Von nun an gab es niemanden anders als den kleinen Georgi, er spielte die erste Geige, und Marina fügte sich bedingungslos.

Das Kind kam zwei Wochen zu früh auf die Welt, an einem Sonntag, während eines fürchterlichen Schneesturmes. Bei der Geburt war es bewußtlos und wurde nur durch das rasche Eingreifen des russischen Arztes Dr. Altschuler gerettet. Zwar halfen anfangs Nachbarinnen bei der Pflege der Wöchnerin und des Neugeborenen – Marina Zwetajewa erwähnt mehrmals ihre Freundinnen Anna Andrejewa, die zweite Frau von Leonid Andrejew, und Maria Sergejewna Bulgakowa –, aber die Hauptlast des vergrößerten Haushalts lag zweifellos auf Aljas schwachen Schultern. Anna Tesková, der sie als erster die Geburt ihres Sohnes anzeigte, schildert Marina die auftretenden Schwierigkeiten:

»Aus einer Haushaltshilfe wird vorläufig nichts, die hiesigen (Tageskräfte) sind sehr teuer, 12 bis 15 Kronen am Tag; sie wollen hier nicht wohnen. [. . .] Sergej Ja. hat in den nächsten Tagen drei Prüfungen [. . .] und sitzt den ganzen Tag in der Bibliothek. Der gesamte Hausstand bleibt an Alja hängen, denn selbst wenn ich aufstehen kann, bin ich doch noch zwei Wochen ein Invalide, d. h. ich muß es sein. Ich beklage mich nicht, ich beklage mich nicht, ich berichte.« (An Tesková, 10. Februar 1925)[1]

Für das Kind erhielt Marina, die an großer finanzieller Not litt, Geschenke von allen Seiten. Die Redaktion der »Freiheit Rußlands« schickte einen Kinderwagen – für den sich Marina, laut Slonim, nicht einmal richtig bedankte.

Die Wahl des Namens wurde für Marina zu einem schweren seelischen Kampf. Sie wollte ihren Sohn unbedingt Boris nennen –

»zu Ehren ihres liebsten Zeitgenossen, von Boris Pasternak« –, erst nach langen Überzeugungsversuchen ihres Mannes einigten sie sich auf Georgi. Olga Tschernowa gegenüber gesteht Marina, warum sie nachgab: »Der Name Boris ist in mir, bei mir geblieben, im Nirgendwo, wie alle meine Sehnsüchte und Träume. [. . .] als ich ihn Georgi nannte, habe ich mir damit das Recht auf *seinen* Boris gewahrt, auf einen Boris von ihm. Verrückt? Nein, Wunschträume für die Zukunft. [. . .] Mit B. P. zu leben, ist mir nicht bestimmt. Das weiß ich. Aus dem gleichen Grund, aus den beiden gleichen Gründen (S. und ich), warum Boris nicht Boris, sondern Georgi geworden ist: die tragische Unmöglichkeit, S. zu verlassen, und die zweite, ebenso tragische, die *Liebe* in das tägliche *Leben* umzuwandeln, die Ewigkeit in Tage zu zerstückeln. Mit B. P. kann ich nicht leben, aber ich möchte von ihm einen Sohn, damit *er in ihm durch mich lebe.* Wenn sich das nicht erfüllt, erfüllt sich auch nicht mein Leben, sein Sinn.« (An Tschernowa, 29. Februar 1925)[2]

Boris Pasternak steht hier für eine hellere, leichtere Welt. Die Sehnsucht nach dieser Welt kommt auch in den Gedichten zum Ausdruck, die sie in diesen Tagen für Pasternak schreibt und die den Band *Posle Rossii* (Nach Rußland) beschließen:

> Reich' mir die Hände – im Jenseits, und ganz!
> Hier habe ich keine verfügbar.[3]

Georgi wurde am Pfingstsonntag 1925 von Vater Sergij Bulgakow getauft. Seine Paten waren Olga Tschernowa und Alexej Remisow. Bald bürgerte sich für ihn der Spitzname Mur ein.

An Spaziergänge, wie Marina sie liebte, war nun nicht mehr zu denken. Selbst die schmutzige Dorfstraße von Všenory wurde mit dem Kinderwagen zu einem fast unpassierbaren Hindernis. Als die schönste Jahreszeit kam, verbrachte Marina viele Stunden in einem Gartenhäuschen »direkt neben dem Misthaufen«. Während Mur im Wagen schlief, entstand dort der größte Teil einer der anspruchvollsten und hervorragendsten Dichtungen Zwetajewas: die lyrische Satire *Krysolow* (Der Rattenfänger), die nach Ansicht vieler Experten ihr bestes Werk ist.[4] Es ist eine Verserzählung in sechs Gesängen; im Konzeptheft im Moskauer Zwetajewa-Archiv umfaßt sie mehr als 300 Quartseiten, wobei es für manche Stellen bis zu zehn Varianten gibt. Der *Rattenfänger* erschien sofort nach seinem Entstehen in Fortsetzungen in der »Freiheit Rußlands«, womit die Zeitschrift reichlich umstrittenes Material für fast ein Jahr hatte.

Die Inspiration, die oft behandelte Legende des *Rattenfängers von Hameln* erneut zu bearbeiten, der als Rache für seine schlechte Behandlung durch die Bevölkerung die Kinder von Hameln durch sein Flötenspiel in den Tod führt, kam Zwetajewa im Herbst in Mährisch-Trübau. Das Städtchen diente ihr als Modell einer behäbigen deutschen Kleinstadt. Im *Rattenfänger* klingt vieles an, was als antibourgeoise Gefühle und Haß gegen die satten Reichen definiert werden kann. Marina Zwetajewa hat sich hier zweifellos einige Ressentiments von der Seele geschrieben, die weit in ihre Kindheit zurückreichten: Wir begegnen hier ebenso der von ihrer Mutter vorgelebten Verachtung gegenüber jedem protzig zur Schau gestellten Reichtum und jeglicher Spießbürgerlichkeit wie der ohnmächtigen Wut der kleinen Marina über die tyrannische Mittelmäßigkeit, die sie im Freiburger Internat kennengelernt hatte; banale Phrasen wie »Morgen ist auch ein Tag« und »im rechten Maß« sind auf Deutsch in den russischen Text eingestreut und könnten dem Pensionat Brink entstammen. Die über die Stadt hereinbrechenden Ratten aber bedienen sich des Sowjetjargons der frühen zwanziger Jahre.

Zu Ostern 1925 spielte Sergej Efron die Hauptrolle in einer Studentenaufführung eines Stückes von Alexander Ostrowski und hatte damit großen Erfolg. Aus diesem Anlaß fuhr Marina zum ersten Mal seit der Geburt ihres Sohnes nach Prag. Ansonsten hatte Serjosha immer nur Pech: Am Tag, bevor er seine Prüfung bei Kondakow ablegen konnte, starb der berühmte Gelehrte; sein Stipendium wurde nicht mehr erneuert, und zu allem Überfluß machte sich seine alte Lungenkrankheit wieder bemerkbar; er mußte für mehrere Wochen in ein russisches Spital eingeliefert werden. Marina begann intensiver zu überlegen, wie man die Familie aus diesen schwierigen Verhältnissen retten und ihr eine sichere Lebensgrundlage verschaffen könne. In ihren Briefen an Tschernowa taucht immer häufiger, zunächst spielerisch, der Gedanke an eine Übersiedlung nach Paris auf. Sie leidet in der Tschechoslowakei unter ihrer Mittellosigkeit, gesteht sich jedoch nicht ein, daß das Leben für Flüchtlinge auch in Paris nicht leicht ist. Sie begreift nicht, warum die gescheite, talentierte Tschernowa ausgerechnet in einer Fabrik arbeitet, und wundert sich, daß sie in Paris niemanden besucht, daß sie z. B. Alexander Bachrach noch nicht kennengelernt hat.

Im Sommer unterbrach Marina ihre Arbeit am *Rattenfänger*. Da ihr alter Feind Waleri Brjussow in Moskau gestorben war, wollte sie rasch ihre Erinnerungen an ihn zu Papier bringen. Der ursprünglich kurz geplante Essay weitete sich zu einem tiefschürfenden literarischen Porträt aus.[5] »Wie immer ist es fünfmal länger geworden, als ich dachte, anstelle von anekdotischen Aufzeichnungen über den Menschen Brjussow ist es eine Beurteilung seiner dichterischen und menschlichen Statur und viele Gedanken, die damit zusammenhängen . . . Die Aufgabe war eine schwierige: ungeachtet des Widerwillens, den er mir (nicht nur mir) einflößte, eine Vorstellung von seiner eigenartigen Größe zu geben. Ihn zu beurteilen, ohne ihn zu verurteilen, obwohl das Urteil – scheinbar – bereits vorlag . . .« (An Tesková, 1. Oktober 1925)[6]

Der Brjussow-Artikel *Geroj truda* (Ein Held der Arbeit) enthält einige scharf antikommunistische Passagen; die Verfasserin macht aus ihrer politischen Einstellung kein Hehl. Im Hinblick darauf, daß Zwetajewa in Sowjetrußland immer noch gedruckt wurde, war dies zumindest nicht sehr diplomatisch. Wahrscheinlich war das der Grund, warum Maxim Gorki den *Held der Arbeit* kategorisch ablehnte. In einem Brief an Wladislaw Chodassewitsch vom 20. Dezember 1925 äußerte er sich sehr abfällig über dieses Werk.[7] Jedes Wort Gorkis wog in Rußland schwer. Marina hatte von nun an einen weiteren einflußreichen Gegner. Als darüber hinaus fast zur gleichen Zeit in den Pariser »Zeitgenössischen Annalen« *Meine Dienststellen* erschien, Marinas karikaturistische Beschreibung des revolutionären Moskaus und ihrer Arbeit im Narkomnaz, da hatte sie in den Augen der Mächtigen im Moskauer Literaturbetrieb endgültig ausgespielt. Sie wurde nicht mehr gedruckt und nur mehr im negativen Sinn erwähnt.[8]

Jedoch nicht genug damit. Am 5. Oktober erschien in der größten Pariser russischen Zeitung »Wosroshdenije« (Erneuerung) der Artikel eines Mitarbeiters, N. A. Zurikow, unter dem Titel *Emigrantschtschina* (Emigrantenklüngel). Darin wurde Sergej Efrons Zeitschrift »Auf eigenen Wegen« wegen ihrer prosowjetischen Haltung in Grund und Boden verdammt. Umgehend verfaßte Marina eine scharfe Entgegnung *Wosroshdenschtschina* (Der Wosroshdenije Klüngel), die die Konkurrenzzeitung »Tage« wahrscheinlich höchst vergnügt am 16. Oktober 1925 abdruckte. Mit diesem Artikel hatte sich Marina Zwetajewa für immer den Zugang zu der einflußreichen Tageszeitung versperrt.[9]

Kurz vor ihrer Abreise schrieb sie eine zweite kurze Stellungnahme, eine Antwort auf die Rundfrage, die von »Auf eigenen Wegen« an prominente Exilschriftsteller gerichtet worden war: Was sie von Sowjetrußland und einer eventuellen Heimkehr hielten?

Marina antwortete: »Heimat ist nicht die Zufälligkeit eines Territoriums, sondern die unbestreitbare Tatsache der Erinnerung und des Blutes. Entfernt von Rußland zu sein, Rußland zu vergessen – davor kann nur der Angst haben, für den Rußland etwas ist, das außer seiner selbst liegt. Wer es in sich trägt, der verliert es nur gleichzeitig mit seinem Leben ... Für Lyriker, Epiker und Märchenerzähler ist es besser, Rußland aus der Ferne zu sehen, das ganze Rußland vom Fürsten Igor bis zu Lenin, als im fragwürdigen und blindmachenden Kessel der Gegenwart zu schmoren. Außerdem ist es für den Schriftsteller dort am besten, wo man ihn am wenigsten am Schreiben (am Atmen) hindert ... Aber in Rußland wird doch auch geschrieben! – Ja, aber mit Streichungen durch die Zensur und unter Androhung von literarischer Denunziation, und man kann nur über die heldenhafte Lebensfähigkeit der sogenannten sowjetischen Schriftsteller staunen, die schreiben, wie das Gras unter den Gefängnisfliesen wächst – trotz alledem und allem zum Trotz. Was mich betrifft, so werde ich nach Rußland nicht als geduldetes ›Relikt der Vergangenheit‹ zurückkehren, sondern nur als erwünschter und erwarteter Gast.«[10]

Das richtete sich an die Adresse jener, die eine Heimkehr um jeden Preis propagierten, d. h. vor allem an ihren eigenen Mann.

Was Marina Zwetajewa über den russischen Nationalismus äußerte, ging mit den Ansichten der betont russisch eingestellten Kreise nicht konform. In ihren Briefen formulierte sie es noch deutlicher:

»Ich fühle Abscheu vor jeder Art von Nationalismus, außer während des Krieges. Nichts als Lippenbekenntnisse, von denen mir die Ohren dröhnen. Das Wort ›Gottesträger‹ halte ich nicht aus, am liebsten möchte ich schreien. Den ›russischen Gott‹ möchte ich im Dnjepr ersäufen wie ein Götzenbild. Gul, das Volkstum ist auch nur ein Kleid – vielleicht das Hemd, vielleicht die Haut, vielleicht die siebente (letzte), aber nicht die Seele.« (An Gul, 9. Februar 1923)[11]

Sie wollte nicht einmal ein »russischer Dichter« sein: drei Jahre später, am 6. Juli 1926, schrieb Marina Zwetajewa in deutscher Sprache an Rilke: »Dichten ist schon übertragen, aus der Muttersprache – in eine andere, ob französisch oder deutsch wird wohl gleich sein. Keine Sprache ist Muttersprache. Dichten ist nachdichten. Darum versteh' ich nicht, wenn man von französischen oder russischen etc. Dichtern redet. [. . .] Ich bin kein russischer Dichter und staune immer, wenn man mich für einen solchen hält und als solchen betrachtet. Darum wird man Dichter (wenn man es überhaupt *werden* könnte, wenn man es schon nicht allem voraus seie!), um nicht Franzose, Russe etc. zu sein, um alles zu sein . . . Nationalität – Ab- und Eingeschlossenheit. Orpheus sprengt die Nationalität oder dehnt sie so weit und breit, daß alle (gewesene und seiende) eingeschlossen sind.«[12]

Immer wieder taucht in Marinas Briefen die Angst vor einem zweiten Winter in Všenory auf: »S. kommt bald zurück. Für ihn ist es unbedingt notwendig, nicht in der Tschechoslowakei zu leben, der Krankheitsprozeß ist wieder virulent geworden. An einen Winter hier will ich nicht denken: er wäre in jeder Hinsicht verderblich für alle. Alja verdummt (die Schwerarbeit, die Gänse), ich verblöde (ebenfalls), S. opfert seine letzten Kräfte, und der arme Mur – ich kann ihn mir in all' dem Schmutz, dem Ruß, der Feuchtigkeit, in all' der Häßlichkeit nicht vorstellen. Ein Kind in einem Keller aufzuziehen heißt, sich einen kleinen Bolschewiken heranzuziehen, im besten Fall einen Bombenwerfer. Und es wäre sein gutes Recht!« (An Tschernowa, 14. August 1925)[13]

Olga Tschernowa war eine echte Freundin, sie lud Marina ein, die Pariser Wohnung mit ihr zu teilen. Zunächst war allerdings nur von einer Dichterlesung die Rede, von der sich Marina eine Verbesserung ihrer finanziellen Lage erhoffte. In einem Brief an Anna Tesková lesen wir: »Eine Frage und Bitte: Könnten Sie nicht für einige Zeit einen Korb mit unseren Sachen aufbewahren. Einige Zeit, denn: entweder komme ich in drei Monaten zurück, oder, wenn es mir gelingt, in Paris Fuß zu fassen (woran ich *sehr* zweifle), schickt ihn mir S. Ja. par petite vitesse. [. . .] Einen Auslandspaß bekomme ich nächster Tage, M. L. hat versprochen, mir das Visum zu beschaffen, Geld haben wir bis jetzt keines. Ich fahre mit Alja und Mur. [. . .] Wie ich reisen werde, weiß ich nicht: ich bin entsetzlich ungeeignet für dergleichen. [. . .] Ich weiß z. B. nicht, wie ich das mit Georgis Mahlzeiten machen soll? Er ißt viermal am

Tag; man muß es für ihn aufwärmen. Wie macht man das? Auf einem Spirituskocher geht das doch nicht? [. . .] Erzählen Sie niemandem von meiner Reise, d. h. von der *Möglichkeit*, daß ich nicht zurückkomme. Und wenn ich zurückkomme, helfen Sie mir, ein Zimmer in Prag zu finden, irgendwo am Stadtrand, womöglich nicht weit von Ihnen! [. . .] Das Leben außerhalb der Stadt ist unermeßlich schwer – sogar für mich.« (An Tesková, 1. Oktober 1925)

». . . Apropos Paris: Ich fahre nicht nach Paris [. . .], sondern ich *fahre* im allgemeinen – irgendwohin muß man ja fahren! Und nach Paris deshalb, weil mir dort eine Lesung versprochen wurde (Geldverdienen) und, – weil ich dort Freunde habe. Ich habe so wenige.« (An Tesková, 6. Oktober 1925)[14]

»Ich war nicht davon überzeugt, daß es M. I. in Frankreich gelingen würde, alle ihre Pläne zu verwirklichen«, erinnert Slonim, »aber ich wollte ihr nicht widersprechen, um so mehr, da ihre Abreise mit einer Reihe von praktischen und finanziellen Schwierigkeiten verbunden war und sie mich um Hilfe bat [. . .] Ich war mit dem französischen Konsul befreundet und verschaffte den Efrons das unbedingt notwendige Visum. Dann galt es, Marina Iwanownas tschechische Schriftstellerbeihilfe und einen Vorschuß der ›Freiheit Rußlands‹ zu sichern. Auf Grund dieser Versprechungen für die Zukunft gelang es Tesková, von einer Bekannten ein Darlehen zu erhalten, und am 31. Oktober trat M. I., zitternd und aufgeregt, ihren Mann für einige Zeit zurücklassend, mit Mur und Alja die Reise an. Im gleichen Zug fuhr Anna Andrejewa, die alles übernahm, was M. I. so erschreckte, einschließlich der Ernährung des neun Monate alten Babys.«[15]

Für Marina Zwetajewa ist ein Lebensabschnitt von drei Jahren zu Ende. Daß es einer der reichsten, fruchtbarsten ihres Lebens gewesen ist, ahnt sie wohl nur undeutlich. Die Abreise, die sie schließlich immer mehr herbeigesehnt hatte, stimmte sie wehmütig: ». . . denn Prag ist seinem Wesen nach eine ebensolche Stadt, in der allein die Seele Gewicht hat. Ich liebe Prag gleich nach Moskau – nicht wegen der ›slawischen Verwandtschaft‹, sondern weil ich mich selbst der Stadt verwandt fühle: wegen ihrer Verschiedenartigkeit und ihrer Weitherzigkeit. Ich glaube, ich werde in Paris über Prag schreiben; nicht aus Dankbarkeit, sondern weil es mir Freude macht. Von weitem sehe ich alles besser.«

Noch einmal kommt sie auf den »Prager Ritter« zu sprechen, der ihr als Symbol und Quintessenz ihrer Prager Jahre erscheint.

»Ein Symbol der Treue – gegenüber mir selbst, nicht gegenüber den anderen.« (An Tesková, 1. Oktober 1925)

Das Œuvre dieser drei Jahre ist beeindruckend. Marina Zwetajewa hat in der Tschechoslowakei ihren schöpferischen Höhepunkt erreicht. Was sie später über die Verssammlung *Nach Rußland* sagt, gilt auch für ihre anderen Werke: »Von 153 Seiten Text entfallen 133 Seiten auf Prag. Die Tschechen sollen sich davon überzeugen, sie haben mir nicht umsonst alle diese Jahre hindurch einen Unterhalt gezahlt!« (An Tesková, 20. Oktober 1927)[16]

Neunzehntes Kapitel

Im Grunde ist es erstaunlich, daß ausgerechnet Paris zur Hauptstadt der russischen Emigranten wurde, da die Einwanderungsbedingungen ungleich schwieriger waren als etwa in der Tschechoslowakei oder in Jugoslawien. Es war kompliziert, eine Aufenthaltsgenehmigung zu erhalten und die französische Regierung erteilte den ungebetenen Gästen Arbeitsbewilligungen nur für Schwerarbeit, z. B. für die Renault-Werke in Billancourt. Sonst standen russischen Flüchtlingen nur freie Berufe offen: Taxichauffeure, Kellner und Barsänger in russischen Restaurants, Schneiderinnen, Modistinnen, Hausgehilfinnen. Trotzdem strömte in Paris zusammen, was irgendwie mobil war; man war bettelarm, aber man war unter sich. Das russische Paris nahm von den Einheimischen so gut wie keine Notiz; es gab viele, die bis an ihr Lebensende kaum zehn Worte Französisch lernten. Abends und sonntags verwandelten sich die Taxichauffeure und Automechaniker wieder in die Aristokraten und Offiziere von einst, die zum hundertsten Mal die Schlachten des Bürgerkrieges nachvollzogen, Reminiszenzen pflegten, politische Pläne für die Zukunft schmiedeten und sich nach der verlorenen Heimat sehnten. 1925 lebten in Frankreich über 150 000 Russen, davon ein Großteil in Paris. Sie hatten sich in mehr als 300 verschiedenen Gesellschaften, Regimentsverbänden, Landsmannschaften und Wohltätigkeitsvereinen organisiert, die vielen von ihnen halfen, auch unter diesen schwierigen äußeren Bedingungen Menschen zu bleiben und ihre Würde zu bewahren.[1]

Hauptstadt der russischen Emigranten wurde Paris aber vor allem deshalb, weil sich das intellektuelle Leben der Petersburger und Moskauer Vorkriegszeit hier mit kaum eingeschränkter Intensität fortsetzte. Wenn man heute sagen kann, die Vertreibung der russischen Intelligenz durch die Revolution habe für den Westen eine ähnliche Bedeutung gehabt wie seinerzeit der Fall von Konstantinopel für das Abendland, so ist dies vor allem dem Theologischen St. Sergius-Institut in der Rue de Crimée und Männern wie Sergij Bulgakow, Nikolai Berdjajew, Semjon Frank u. a. zu verdanken, die durch die Fortführung ihrer Arbeiten auch dem Westen entscheidende Impulse vermittelten.[2] Und bezüglich der ewig streitenden, ewig einander kritisierenden, ewig politisierenden Intellektuellen und Literaten, die im Café La Bolle unweit der Place St. Michel und im Napoli oder Select auf dem Montparnasse Nächte hindurch bei einer Tasse Kaffee diskutierten, so kann man sicher sein, daß der Beitrag zur russischen Kultur, den sie durch die Bewahrung der Tradition und die Behütung der russischen Sprache leisteten, einmal voll gewürdigt werden wird. Sie stritten und machten sich gegenseitig das Leben zur Hölle, sie hungerten und litten unter Not und Heimweh, aber sie konnten denken, was sie wollten; sie konnten in ihrer kärglichen Freizeit schreiben, und manches wurde sogar gedruckt und so für die Ewigkeit bewahrt. Einiges von dem, was damals in Paris zu Papier gebracht wurde, hat das Denken von Intellektuellen der nächsten Generationen beeinflußt und trägt auch in Rußland vielfältige Frucht.

1925 existierten in Paris zwei große russische Tageszeitungen: die rechtsstehende »Erneuerung« (1925-36) und die linksorientierte »Poslednije nowosti« (letzte Nachrichten) (1920-40); außerdem gab es mehrere »dicke« Literaturzeitschriften, vor allem die »Zeitgenössischen Annalen« (1920-40), »Zweno« (Glied) (1923-28) und einige andere. Sie boten in ihren Redaktionen einer begrenzten Anzahl von Literaten feste Arbeitsplätze und druckten die Arbeiten anderer für kleine Honorare, die den Verfassern halfen, sich kümmerlich über Wasser zu halten. Vereinzelt gab es sogar literarische Salons; in die Literaturgeschichte eingegangen sind die philosophisch-literarischen Sonntagstees und Veranstaltungen der »Grünen Lampe« bei Sinaida Hippius und Dmitri Mereshkowski.

Als wichtig stellte sich heraus, daß es nicht die Moskauer Literaten waren, die in der sich langsam profilierenden Pariser Emigrantenliteratur den Ton angaben und die »Pariser Note« kreierten, sondern die Petersburger Mitglieder von Nikolai Gumiljows zweiter Dichtergilde: Georgi Adamowitsch, Georgi Iwanow, Nikolai Ozup und andere. Sie fuhren fort, in der akmeistischen Tradition zu schreiben, ohne Weiterbildungen und Veränderungen zuzulassen. Daß die kräftigen, farbigen, Neuland aufspürenden Wortformen und Rhythmen Zwetajewas in dieser Umgebung von Anfang an auf Unverständnis stießen, ist nicht weiter verwunderlich.

Doch selbst wenn es Marina nach ihrer Ankunft gelüstet hätte, sich in das literarische Getümmel auf dem Montparnasse zu stürzen, wäre ihr das schwer möglich gewesen – sie mußte alle ihre Kräfte aufwenden, um ihr neues Leben einzurichten. Olga Tschernowa bewohnte mit Adja und ihren Zwillingstöchtern Olga und

Natascha eine Dreizimmerwohnung in der Rue Rouvet im 19. Arrondissement, einem Proletarierviertel am Canal de l'Ourcq. In selbstloser Gastfreundschaft stellten sie eines dieser Zimmer, in dem sich sogar ein richtiger Schreibtisch befand, der Familie Efron zur Verfügung. An diesem Schreibtisch schrieb Marina unter Aufbietung ihrer letzten Energien den *Rattenfänger* zu Ende. Sie beklagt sich bei Anna Tesková, daß sie in den ersten fünf Wochen ihres Pariser Aufenthaltes »wegen *absoluter* Vollbeschäftigung« nicht dazu gekommen sei, auch nur Notre-Dame zu besuchen: »Bis zum 4. Dezember habe ich das Gedicht abgeschlossen und abgeschrieben. Alles übrige ist wie in Všenory: Den Brei für Mur kochen, anziehen, ausziehen, spazierengehen, baden, Menschen – meist unnötige, *erfolglose* Versuche, einen Abend zu veranstalten . . . Das Viertel, in dem wir leben, ist furchtbar: genau wie aus dem Boulevardroman *Die Londoner Elendsviertel*, ein fauliger Kanal; der Himmel ist vor lauter Schornsteinen nicht zu sehen, nichts als Ruß und Lärm (der vorbeifahrenden Lastautos). Man kann nirgendwo spazierengehen, es gibt keinen einzigen Strauch.« (An Tesková, 7. Dezember 1925)[3]

Am meisten machte ihr jedoch die Enge und das ständige Zusammengepferchtsein mit fremden Menschen zu schaffen. Slonim, der Marina im Januar 1926 besuchte und sie in einem ziemlich verstörten Zustand antraf, wirft ihr Mangel an Dankbarkeit gegenüber ihren Gastgebern vor. Sicher war es jedoch weniger das als die Verzweiflung einer sensiblen Dichterin, die keine Sekunde Ruhe hat, um ihre Gedanken zu sammeln.[4]

Leiser loben

Türen nicht schmeißen,
Weniger loben!
Ruhm ist ein Stück
Tisch. Und Ellenbogen.

Schluß mit dem Lärm!
Herze, erfang dich!
Ellbogen und Tisch,
Ellbogen, Gedanke.

Jugend soll lieben,
Alter sich wärmen.
Nie kann man *sein*,
Nirgends sich bergen!

Seis drum! Vergrabt mich –
Nur ohne Nächsten!
Wasserhahn tropft,
Knarren der Sessel,

Sprechen der Münder
(Münder voll Brei):
»Dank für die Schönheit« –
So nebenbei!

Wüßtet ihr, Freunde
Nahe und weit,
Wie um den eigenen
Kopf ist mir leid!

Gott sei die Menge,
Steppe: Verlies?
Dort, wo man *nicht* spricht
Ist Paradies!

Schufte verdienen
Reden voll Kraft. –
Gott ist für mich,
Wer mir verschafft

(Nicht Zeitaufschub!
Tage sind gezählt!) –
Für meine Ruhe
Nichts als vier Wänd'!

Doch auch diese schwierige Lage hält Marina Zwetajewa nicht von der Arbeit ab, wie ihrem Briefwechsel mit dem jungen Fürsten Dmitri Schakowskoy zu entnehmen ist.[5] Schakowskoy studierte an der Universität Leuven und bereitete die Herausgabe einer neuen Literaturzeitschrift mit dem Titel »Blagonamerenny« (Der

Loyale) vor. Kurz vor ihrer Abreise aus der Tschechoslowakei hatte er Zwetajewa zweimal um einen Beitrag gebeten.[6] In Paris intensivierte sich die Korrespondenz, Schakowskoy schaltete sich, wenn auch erfolglos, von Brüssel aus in die Suche nach einen Saal für Marinas Leseabend ein.

Wie schwierig es um 1925 für russische Schriftsteller in Paris war, Vortragsabende zu organisieren, die dem Veranstalter so viel Reingewinn brachten, daß wenigstens die drückendsten Schulden beglichen werden konnten, schildert Xenia Kuprina in ihrem Buch über ihren Vater. Sie zitiert auch einen Dankbrief Zwetajewas an ihre Mutter für deren Mithilfe beim Verkauf von Eintrittskarten für ihren ersten Abend: »Ich weiß, daß niemandem der Kopf nach Gedichten oder Dichtern steht: sie sind nicht einmal Luxus – ein mühsames Hobby. Um so wertvoller sind Anteilnahme und Mitgefühl.«[7]

Bei den Tschernows lernte Marina den Helden ihres Briefromans aus dem Sommer 1923 endlich persönlich kennen. Es ist nicht weiter erstaunlich, daß diese Begegnung vor so vielen Zuschauern nicht sehr erfolgreich verlief. Alexander Bachrach erinnert sich:

»Das Zusammentreffen fand vor zahlreichen Zeugen statt und war gekennzeichnet von einer gewissen Art von zur Schau gestellter ›Weltläufigkeit‹, mit Tee und Gebäck. Irgend etwas in der Stimmung klang wie ein falscher Ton. Zwetajewa erkannte das selbst und schrieb mir einige Jahre später: ›Ich weiß, ich bin Ihnen gegenüber schuldig. Wissen Sie, warum? Die Fröhlichkeit unserer Begegnung war fehl am Platz. Wollen Sie eine neue – erste – ernste?‹ Aber im Laufe der Jahre war irgend etwas dahingegangen, irgend etwas verschwunden. [. . .] So geschah es, daß ich sie während ihrer Pariser Jahre nur einige wenige Male sah.«[8]

Gleich zu Beginn ihres Pariser Aufenthaltes gab es für Marina auch Ärger mit Alexej Remisow, Murs Taufpaten. Er hatte sich ihr gegenüber einen seiner berühmten Scherze erlaubt: Er ließ in den »Letzten Nachrichten« die Mitteilung erscheinen, Marina Zwetajewa sei nach Paris gekommen, um hier eine neue Zeitschrift »Die Zange« herauszugeben. Marina reagierte sehr gereizt und wollte sogar eine Entgegnung in den »Letzten Nachrichten« bringen, die später allerdings unterblieb:

»Auf eine scharfe Antwort an Remisow mußte ich auf Bitten der ›Letzten Nachrichten‹ verzichten. [. . .] Ich hasse solche Scherze. – Scherze (die sich gegen mich richten) verstehe ich überhaupt nicht, als Kind habe ich Gegenstände geworfen, heute, o weh, begnüge ich mich mit mündlichen Repliken, die blitzartig und vernichtend sind. Scherze über mich zu machen, ist Mangel an Fingerspitzengefühl und schlechter Geschmack.« (An Schakowskoy, 15. November 1925)[9]

Zu Weihnachten veranstaltete die Redaktion der Zeitschrift »Glied« einen Lyrikwettbewerb. Die Jury, bestehend aus dem Literaturredakteur der Zeitschrift, Georgi Adamowitsch, sowie aus Sinaida Hippius und Konstantin Motschulski, hatte die Aufgabe, unter 200 eingesandten Gedichten die besten zwanzig für die Veröffentlichung auszuwählen.

»Ich erinnere mich, daß wir in völliger Übereinstimmung ein Gedicht von Marina Zwetajewa als ungeeignet eliminierten, welches, gemäß den Bestimmungen des Wettbewerbs, ohne Unterschrift eingesandt worden war. [. . .] Zwetajewa konnte sich lange nicht beruhigen und schrieb sogar einen Brief an die Redaktion; sie verlangte eine Aufklärung des Vorfalls«, berichtet Adamowitsch und sagt abschließend: »Übrigens war das Gedicht von Zwetajewa wirklich schwach und wenig verständlich.«[10]

Dieses vom »Glied« verschmähte Gedicht, »Starinnoje blagogowenije« (Altertümliche Frömmigkeit), erschien dann in der ersten Nummer des »Loyalen«. Es war Dmitri Schakowskoy gewidmet.

Beim überwiegenden Teil der etablierten Pariser Literaturkritiker hatte Zwetajewa von Anfang an nicht den Erfolg, den sie sich erwartet hatte. Adamowitsch erklärt das viele Jahre später so:

»Da gab es noch Marina Zwetajewa, mit der wir irgendwie auf keinen grünen Zweig kamen, und das blieb so bis zum Schluß; durch wessen Schuld, ist schwer zu sagen. Zwetajewa war eine Moskauerin, sie war eine Herausforderung für den Petersburger Stil in jeder Bewegung und in jedem ihrer Worte. Unsere ›Note‹ mit ihrem Geschmack in Übereinstimmung zu bringen, wäre unmöglich gewesen, ohne sie zu ruinieren. Daß es unter den Versen Zwetajewas unvergleichliche Zeilen gibt – wer könnte das leugnen? [. . .] Aber man konnte von ihr nichts übernehmen. Zweifellos war Zwetajewa sehr gescheit, aber zu demonstrativ, zu sehr auf ihre eigene Art – es war fast ein Zeichen der Schwäche –, und sie äußerte sich in ständigen Rösselsprüngen. An ihr war etwas von einer ewigen ›höheren Tochter‹, ›mit stolz zurückgeworfenem Kopf‹ [. . .] mit einer Schar von erfundenen jugendlichen Verehrern – nein, das gefiel uns nicht! Anscheinend gab es in ihr auch noch etwas anderes, sehr Bitteres – leider blieb es uns unbekannt.«[11]

Alexander Bachrach hingegen erkannte, daß die Wurzeln tiefer lagen: »Wir alle tragen Schuld daran, daß sie nicht mit jenem Minimum von Aufmerksamkeit hier umgeben wurde, das sie bei ihrer Hilflosigkeit in irdischen Dingen mehr als andere verdient hätte, und daß die materielle Ungesichertheit ihrer Familie zeitweise die äußerste Grenze erreicht hatte. Dazu kam das niederschmetternde Unverständnis ihres Schaffens nicht nur durch das breite Leserpublikum, sondern durch die sogenannte kulturelle Elite. [. . .] Aber trotz allem lag ein Teil der Schuld auch bei Zwetajewa selbst. Sie wollte weder mit ihren Lesern auskommen, noch – was für sie viel schlimmer war – mit den Redakteuren der Zeitschriften, die ihr Arbeit gaben, sie aber bot ihnen starrköpfig Material an, das nach ihrem ›Maß‹ war und dem Niveau dieser Blätter nicht entsprach. Sie weigerte sich, Kompromisse zu schließen, und alles, was sie tat, geschah irgendwie herausfordernd. Wen forderte sie heraus? In erster Linie sich selbst.«[12]

Marina ist über die Stimmung, die ihr entgegenschlägt, und alle kleinen Nadelstiche verärgert. Aber sie findet ein Ventil: sie schreibt einen ihrer gescheitesten, brillantesten, aber auch bösesten Essays: *Poet o kritike* (Der Dichter über die Kritik). Für den Begriff »Dichter« findet sie einige bemerkenswerte Definitionen:

»Der Dichter ist erstens ein Mensch, der über die Grenzen seiner Seele hinauswächst. Der Dichter lebt aus der Seele heraus, nicht in der Seele. Zweitens ist er jemand, der aus der Seele herauswächst durch das Wort [. . .] Die Ausgewogenheit zwischen den Gaben der Seele und des Wortes – das ist es, was den Dichter ausmacht. [. . .] Die Untrennbarkeit zwischen Sinn und Form – das ist der Dichter.«

Über ihre eigene Kunst denkt sie:

»Ich höre etwas, das ständig, wenn auch nicht immer mit gleicher Stärke, in mir klingt; manchmal ist es eine Anregung, manchmal ein Befehl. Mit der Anregung streite ich, dem Befehl ordne ich mich unter. Der Befehl ist der erste, unveränderliche und durch nichts anderes zu ersetzende Vers, der Inbegriff der Sache, die sich in diesem Vers ausdrückt (meist die letzten zwei Zeilen, zu denen nach und nach die übrigen hinzuwachsen). Die Anregung ist der Weg, der über das Gehör zum Vers führt. Ich höre die Melodie, nicht die Worte. Die Worte suche ich.«[13]

Die Quintessenz ihres Artikels aber ist, allein die Dichter haben das Recht, das Werk eines anderen Dichters zu beurteilen, keinesfalls jedoch Literaturkritiker. Sie sieht den Augenblick gekommen, um mit einigen bekannten Persönlichkeiten, auf die sie böse ist, abzurechnen: Mit Iwan Bunin, Sinaida Hippius, der sie nicht Mangel an gutem, sondern ein Übermaß an bösem Willen vorwirft, sogar mit dem freundlichen, Marina so wohlgesinnten alten Aichenwald, dem sie das rosa Wasser ankreidet, das in allen seinen Artikeln plätschert. Am schärfsten wird Georgi Adamowitsch aufs Korn genommen: Marina läßt ihrem Essay eine »Blütenlese« aus Adamowitsch' Kritiken folgen, um zu beweisen, wie prinzipienlos dieser je nach Laune seine Einstellung gegenüber verschiedenen Dichtern ändert. (Daß Marina Zwetajewa mit diesem Urteil über den prominenten Kritiker und Dichter der russischen Emigration nicht ganz unrecht hatte, bestätigte ihr Gleb Struve mehr als dreißig Jahre später.)[14]

Doch bevor *Der Dichter über die Kritik* in der zweiten Nummer des »Loyalen« erschien, fand endlich, am 6. Februar 1926, Marinas erste Dichterlesung in einem Saal in der Rue Denfert Nr. 79 statt. Gleb Struve hatte ihr geholfen, ihn zu finden. Dieser in allen russischen Zeitungen angekündigte und mit Artikeln über Zwetajewa vorbereitete Abend wird für Marina Zwetajewa zu einem triumphalen Erfolg. Das schwarze Kleid, das sie aus diesem Anlaß trug, ist ein von Anna Tesková vermitteltes Geschenk von Frau Jurčinová aus Prag; die Tschernow-Töchter hatten es umgenäht und mit einem Schmetterling verziert, der die Psyche symbolisieren sollte. Sie liest vor dem überfüllten Saal ihre älteren Gedichte einschließlich des *Lager der Schwäne;* das Publikum feiert sie stürmisch, und auch die Kritiken sind sehr positiv. Im Auditorium sitzt »le tout-Paris littéraire«; es ist anzunehmen, daß nicht nur Fürst Dmitri Swjatopolk-Mirski aus London anwesend ist, sondern auch Fürst Schakowskoy, da in Marinas Briefen an ihn von der persönlichen Bekanntschaft Anfang Februar die Rede ist.

Der Erfolg von Marinas erstem Auftreten in Paris war zweifellos einer der Gründe, warum die Familie Efron beschloß, sich endgültig in Frankreich niederzulassen. Ein anderer mag Efrons Begeisterung für Paris und die hier tätige Gruppe der »Eurasier« gewesen sein, zu deren prominenten Mitgliedern damals auch Fürst Nikolaj Trubetzkoy zählte. Diese in den zwanziger Jahren populäre politische Bewegung erblickte Rußlands Heil in der Abkehr vom faulen Westen und der Hinwendung zur wilden, unverbrauchten Tradition der asiatischen Völker, wobei sie die Revolution zwar nicht begrüßte, doch aus historischen und patriotischen Gründen akzeptierte. Mit Feuereifer begann Sergej Efron, zusammen mit Swjatopolk-Mirski eine eurasische Literaturzeitschrift vorzubereiten, die neben Aufsätzen von Emigranten auch neue sowjetische Autoren vorstellen sollte. Auf die Idee, durch eine bezahlte Arbeit zum Unterhalt seiner Familie beizutragen, kam er auch in Paris nicht; möglicherweise wurde er durch seine schwache Gesundheit daran gehindert.

Am 10. März 1926 reiste Marina Zwetajewa für zwei Wochen nach London. Mirski, der am Slawischen Institut der Universität unterrichtete und gerade seine Geschichte der russischen Literatur schrieb, hatte sie eingeladen. Dieser Aufenthalt in London sind die ersten Ferien seit acht Jahren; hier findet sie endlich Zeit, ihrem Artikel über die Kritik den letzten Schliff zu geben und mit Schakowskoy über die Drucklegung zu korrespondieren.

Nach ihrer Rückkehr brach Marina ihre Zelte in der Rue Rouvet ab und übersiedelte am 24. April mit den Kindern und Olga Tschernowa und deren Töchter für den ganzen Sommer nach Saint-Gilles-sur-Vie in der Vendée, ein Luxus, der noch auf das Konto der Einnahmen ihres Vortragsabends ging. Daß sie dieses Gebiet des royalistischen Umsturzversuches von 1795 wählte, hatte einen sentimentalen Grund.

»Ich freue mich, daß ich in der Vendée bin, die einst eine so einzigartige Eruption des Willens hervorgebracht hat«, schrieb Marina an Anna Tesková.[15]

Außer Olga Tschernowa und ihren Töchtern verbrachte auch Anna Andrejewa mit ihren Kindern den Sommer in Saint-Gilles. Aus Paris meldeten sich immer wieder die Freunde der Andrejew-Söhne, der junge Journalist und Mitarbeiter der »Freiheit Rußlands«, Wladimir Sossinski, und Daniil Resnikow. Es muß ein fröhlicher Kreis junger Leute gewesen sein, die später in noch engere Beziehungen zueinander traten – Wadim Andrejew heiratete Olga, Daniil Resnikow Natascha und Wladimir Sossinski Adja Tschernowa –, doch kann man sich des Eindrucks nicht erwehren, daß Marina Zwetajewa ein Element der Spannung in diesen Kreis brachte: Obwohl der damals sehr junge Valentin Andrejew Marina zu seiner »Vertrauten« erkor, »weniger des Herzens als der Seele«, wie er 1970 Anna Achmatowa erzählte,[16] obwohl die Verbindung zwischen Wladimir Sossinski und Zwetajewa bis zu ihrer Abreise aus Frankreich andauerte, verschwindet der Name Olga Tschernowa aus Marinas Briefen an Tesková.

Marina hatte kaum ihr Heim in der Vendée bezogen, als der große literarische Skandal losbrach: Fast gleichzeitig erschienen in der zweiten (und letzten) Nummer des »Loyalen« der Essay *Ein Dichter über die Kritik* und das erste Heft von »Wersty« (Werstpfähle), der neuen eurasischen Literaturzeitschrift, redigiert von Swjatopolk-Mirski, S. Ja. Efron und P. P. Suwtschinski, unter engster Mitarbeit von Alexej Remisow, Marina Zwetajewa und Lew Schestow, wie es auf dem Titelblatt hieß. Der Titel der Zeitschrift war Marinas Versbänden *Werstpfähle* entlehnt.[17]

Ein Dichter über die Kritik schlug wie eine Bombe ein, und die neue Zeitschrift löste einen Sturm der Entrüstung aus: Die erste Nummer enthielt außer dem Zwetajewaschen *Poem vom Berg* und neuen Arbeiten von Alexej Remisow, Lew Schestow und Nikolaj Trubetzkoj auch Boris Pasternaks *Potemkin* und etwas von Artem Wesjoly – sie kollaborierte mit den Kommunisten! Die allgemeine Empörung wirkte noch lange nach. P. B. Struve, der nie über literarische Themen schrieb, nannte die »Werstpfähle« »eine widerliche Überflüssigkeit, inhaltslos, konfus, sinnlos«.

Michail Ossorgin, einflußreicher Kritiker, Literat und ein Verwandter von Georgi Adamowitsch, wollte von nun an mit Zwetajewa nichts mehr zu tun haben. Juli Aichenwald berichtete seinem Neffen Slonim ratlos und tief gekränkt über den Angriff der von ihm so geschätzten Dichterin. Und Sinaida Hippius zog alle Register ihrer Intrigierkunst, um die »Schachowskoy-Swjatopolk-Mirski-Bande« samt »der Marinka« fertigzumachen, deren Kunst sie ebenso verachtete wie diese selbst. Aus ihren 1978 erschienenen Briefen an Wladislaw Chodassewitsch ist zu ersehen, wie S. Hippius versuchte, eine konzentrierte Verfolgungsaktion gegen die Herausgeber von »Der Loyale« und »Werstpfähle« zu organisieren, wobei sie auch vor ehrenrührigen Anspielungen nicht zurückschreckte.[18] Im Augenblick schwieg nur einer: Georgi Adamowitsch. Doch die »Blütenlese« aus seinen Werken, diese Bloßstellung, vergab er ihr nie. Und sobald sich eine Gelegenheit bot, äußerte er sich negativ über Marina Zwetajewa.

Marina litt unter diesen heftigen Reaktionen, die sie offenbar nicht vorausgesehen hatte. Sie berichtete Anna Tesková über alle

Angriffe und fügt hinzu: »Laissez dire – so steht über der Tür eines der hiesigen Fischerhäuschen. Das gleiche sage ich auch.«

Und am 8. Juni 1926:

»Ihr Brief war für mich eine große Freude und Unterstützung. Die objektive Auseinandersetzung mit einer Sache ist etwas ganz Seltenes, Sie haben meinen *Dichter über die Kritik* als die Sache und das Du aufgenommen. Der Artikel ist *einfach* geschrieben (was nicht heißt, ich hätte nicht daran gearbeitet, das Einfache wird einem nicht leicht geschenkt, das Komplizierte (Überfrachtete!) leichter), er wurde voreingenommen gelesen. [. . .] *Nicht eine Stimme zu meiner Verteidigung*. [. . .] Im übrigen liegt das alles hinter mir. Die Gegenwart der Sache währt, solange sie geschrieben wird.«[19]

All das lag hinter ihr. Und eher zustimmend als überrascht teilt sie Anna Tesková mit, Fürst Schakowskoy habe plötzlich seiner literarischen Tätigkeit vorerst den Rücken gekehrt und die Weihen zum Mönch auf dem Berg Athos entgegengenommen.

Als Erzbischof Joann von San Francisko wurde er später berühmt: »Ein reines Herz. Das ist besser als ein Redakteur.« Ihr eigenes Herz ist anderswo, es pendelt zwischen Moskau und Muzot in der Schweiz. Sie hat einen neuen Brieffreund, diesmal einen, der ihrer dichterischen Statur gewachsen ist: Rainer Maria Rilke.

Zwanzigstes Kapitel

Es muß Anfang April 1926 gewesen sein, als Boris Pasternak in Moskau an ein und demselben Tag zwei Sendungen erhielt: in handschriftlicher Kopie das Zwetajewasche *Poem vom Ende* und einen Brief seines in München lebenden Vaters. Leonid Pasternak war mit Rainer Maria Rilke befreundet, seitdem dieser zusammen mit Lou Andreas-Salomé 1899 bis 1900 Rußland besucht hatte. Nun schrieb er, Rilke habe sich ihm gegenüber lobend über Boris geäußert (». . . der junge Ruhm Ihres Sohnes Boris hat mich von mehr als einer Seite her angerührt . . .«[1]). Boris Pasternak hatte Rilke bisher nur aus der Ferne bewundert und verehrt; der Gedanke, mit ihm in brieflichen Kontakt zu treten, wäre ihm nie gekommen. Jetzt aber schreibt er Rilke am 12. April 1926 einen langen Erguß in der von ihm vollendet beherrschten deutschen Sprache.

»Großer, geliebtester Dichter!

Ich weiß nicht, wo dieser Brief endete und wodurch er sich vom Leben unterschiede, gäbe ich den Gefühlen der Liebe, Bewunderung und Erkenntlichkeit, die zwei Jahrzehnte zählen, volle Sprache.

Ich bin Ihnen mit dem Grundzuge des Charakters, mit der Art meines Geistesdaseins verpflichtet . . . Der Zauberzufall, daß ich Ihnen unter Augen fiel, wirkte auf mich erschütternd. Die Nachricht darüber war für mich, wie ein elektrischer Seelenkurzschluß.«

Dann fährt er fort:

»Erlauben Sie mir, daß ich auch über den anderen [Zufall] spreche, umsomehr [. . .] daß es eine Dichterin betrifft, die Sie nicht weniger und *nicht anders* liebt, als ich, [. . .] Denselben Tag, wie die Nachricht über Sie, erhielt ich auf den hiesigen Seitenwegen ein Poem, so wahr und echt geschrieben, wie es hier in U.S.S.R. jetzt keiner von uns schreiben wird . . . Die Dichterin ist Marina Zwetajewa, eine Dichterin von Geburt, ein großes Talent vom Schlage eines Desbordes-Valmore. Sie lebt in der Emigration in Paris. Ich möchte – o bitte, bitte, verzeihen Sie mir die Kühnheit und die scheinbare Zudringlichkeit, ich möchte, ich dürfte wünschen, daß sie für ihren Teil etwas der Freude ähnliches erlebte, die sich über mich, dank Ihnen, ergoß. Ich stellte mir vor, was für sie ein Buch von Ihnen, vielleicht die Duineser Elegien, deren Name ich nur vom Hörensagen kenne, mit Ihrer Aufschrift wäre.« Er bittet Rilke ebenfalls um ein Exemplar der Elegien und ersucht ihn, »dieselbe Zwetajewasche Adresse zu benutzen. Man kann nie sicher sein über Postsendungen aus der Schweiz.«[2]

Rilke reagierte sofort. Er schickte Marina die *Duineser Elegien* und die *Sonette an Orpheus* mit folgenden kurzen Begleitschreiben: »Ich bin so erschüttert durch die Fülle und Stärke seiner Zuwendung, daß ich mehr heute nicht sagen kann: aber das beiliegende Blatt schicken sie dem Freunde von mir nach Moskau zu! Als einen Gruß.«[3]

Das »beiliegende Blatt« war ein kurzer Dank an Pasternak mit der Mitteilung, daß Rilke seinen Wunsch erfüllt habe:

»Die ›Elegien‹ und die ›Sonette an Orpheus‹ sind schon in den Händen der Dichterin. Dieselben Bücher kommen dann nächstens – in anderen Exemplaren, auch zu Ihnen . . .«

Marina erhielt Rilkes Päckchen samt Brief und dem kurzen Schreiben an Pasternak am 7. Mai in Saint-Gilles. Es war für sie »ein Schlag ins Herz«. Sie schickte Rilkes Zeilen eingeschrieben an Pasternak und schrieb dazu nur einen einzigen Satz aus dessen Brief an sie: »Ich bin so erschüttert durch die Fülle und Stärke seiner Zuwendung.« Dann setzte sie sich an ihren Tisch und verfaßte einen langen deutschen Brief an Rilke, in dem sie ihm ihre Liebe zu seiner Dichtung gesteht, datiert den Brief mit 9. Mai, dem Datum, an dem ihrer Berechnung nach Rilke den Brief in Händen halten müßte, und hat die Freude, daß der Dichter in seiner Antwort erstaunt fragt:

»Marina Zwetajewa,

sind Sie nicht noch eben hier gewesen? Oder *wo* war *ich*? Es ist immer noch zehnter May, –«[4]

Marina muß diesen Brief am 12. erhalten haben; ihre Antwort erfolgt postwendend am gleichen Tag. Ebenso schnell – am 17. schreibt Rilke zurück. In diesem Brief erzählt er aus seinem Leben, von seiner Einsamkeit und gesteht, er sei nicht imstande, die Gedichte Zwetajewas zu verstehen; sein Russisch reiche dazu nicht aus. Aber sie selbst versteht er, das sieht man aus seinen Briefen. Vielleicht überschätzt er ihr Einfühlungsvermögen? Marina begreift anscheinend nicht, daß hinter Rilkes Satz, sie möge fortfahren, ihm zu schreiben, wann immer sie dazu Lust verspüre, auch wenn die Antworten auf sich warten ließen, sich nichts anderes verbirgt als die Erschöpfung eines todkranken Menschen.

Mittlerweile sitzt Pasternak, der die Bekanntschaft vermittelt hat, in Moskau, wartet auf eine Antwort von Rilke, liest immer wieder das *Poem vom Ende* und begeistert sich immer mehr für die schwesterliche Dichterseele, die er in Marina zu erkennen glaubt. Ihm passiert das gleiche, was mit Zwetajewa so oft geschehen ist: Er verliebt sich in dieses sein Idol, das ihm von den häuslichen Trivialitäten des Moskauer Lebens, der überfüllten Wohnung, dem kranken Kind, so weit entfernt zu sein scheint:

»Fünf Briefe habe ich heute an Dich angefangen«, teilt er Zwetajewa ziemlich verworren am 20. April mit, »zerstör mich nicht, ich will mit Dir leben, lange, lange leben . . . Ich werde Dir jetzt eine Frage stellen, ohne jede Erklärung *meinerseits*, weil ich an *Deine* Gründe glaube, die Du haben mußt, die mir unbekannt sein müssen, die aber einen Teil meines Lebens bilden. Antworte mir so, wie Du niemals einem anderen geantwortet hast – nur Dir selbst. *Soll ich sofort zu Dir reisen oder erst im nächsten Jahr?* Meine Unentschiedenheit ist *nicht absurd*. Ich habe triftige Gründe wegen des Zeitpunkts zu schwanken.«[5]

Und dann kommt statt einer Antwort, da Pasternak die »Seitenwege« falsch kalkuliert hat und Marina den Brief noch nicht hatte erhalten können, Rilkes kurzes Brieflein, adressiert von der geliebten Hand, aber ohne ein einziges persönliches Wort. Kein Wunder, daß er beleidigt ist und sich zurückgesetzt fühlt: »Bis jetzt waren es drei nicht abgeschickte Briefe. Das ist krankhaft. Das muß man bekämpfen. Gestern kam Deine Übermittlung seiner Worte: Dein Fehlen, das spürbare Schweigen Deiner Hand. Ich wußte nicht, daß die sich ausschweigende geliebte Handschrift eine derartige Trauermusik würde auslösen können.«[6]

Und weiter am 23. Mai 1926: »Rilke werde ich jetzt nicht schreiben. Ich liebe ihn nicht weniger als Du, es betrübt mich, daß Du das nicht weißt. Warum kam es Dir nicht in den Sinn, mir den Text seiner Widmung abzuschreiben und überhaupt zu schreiben, wie alles vor sich ging und vielleicht auch einiges aus seinen Briefen.«[7]

Pasternak arbeitet zu dieser Zeit konzentriert an seinem *Leutnant Schmidt;* er legt diesem Brief sein Gedicht »Poswjaschtschenije« (Widmung) bei, dessen Anfangsbuchstaben der Zeilen das Akrostichon »Marine Cvetaevoj« ergeben.

Von all dem, was sie in Pasternak hervorgerufen hat, weiß Marina nichts. Sie schreibt ihm am 23. Mai aus Saint-Gilles und schickt ihm die Abschriften ihrer zwei ersten Briefe von Rilke. Harmlos erzählt sie von ihrem Aufenthalt am Meer und fährt dann fort:

»An Rilke schreibe ich nicht. Die Qual ist zu groß. Fruchtlose Qual. Bringt um den Verstand, bringt um die Verse – ein heraufgeholter Nibelungenhort. Läßt sich damit zurechtkommen? Er braucht es nicht. Mir tut es weh. Ich bin nicht weniger als er (künftig), aber ich bin jünger als er. Um viele Leben jünger. Die Tiefe der Neigung ist das Maß der Höhe. Er hat sich tief zu mir gebeugt – vielleicht tiefer *als* . . . (unwichtig!) – was empfand ich? *Seine Größe*. Ich habe sie auch früher schon empfunden, jetzt kenne ich sie im Vergleich zu mir. Ich habe ihm geschrieben: Ich werde mich nicht verkleinern, das macht Sie nicht höher (mich nicht geringer!) Es macht Sie nur *noch einsamer,* denn auf der Insel, auf der *wir geboren sind – sind alle wie wir.*«

In deutscher Sprache fügt sie hinzu:

»Durch alle Welten, durch alle Gegenden, an allen Weg-Enden. Das ewige Paar der sich-Nie-Begegnenden.«

Am 25. Mai erhält Zwetajewa Pasternaks Brief vom 19. Mai. Sie beeilt sich, ihm zu erklären:

»Boris, Du hast mich nicht verstanden. Ich liebe Deinen Namen so sehr, daß es für mich eine wirkliche Entsagung, ein Verzicht war, ihn nicht noch einmal in einer Beifügung zum Rilke-Brief zu schreiben. So, wie man es sich versagt, vom Fenster aus noch einmal einem Fortgehenden nachzurufen . . .

Boris, ich tat das bewußt. Wollte den Freudenschlag, der von Rilke kam, nicht abschwächen. Nicht zweiteilen. Nicht zwei Wasser mischen. Nicht *Dein Ereignis* in eigenen Zufall umwandeln. Nicht unter mein Niveau gehen, nicht vorhanden sein können.«

Sie schweift vom Thema ab, philosophiert über Orpheus und Euridyke, über ihre Abneigung gegen das Meer und fährt dann fort:

»Über Rilke. Ich sagte es Dir schon (ich werde ihm nicht schreiben). In mir ist augenblicklich die Ruhe des vollen Verlusts – seines göttlichen Antlitzes – des *Verzichts*. Es kam von selbst. Ich verstand *sofort*. Und noch ein Wort über mein Nichtvorhandensein im Brief (gerade das wollte ich: offenkundig, wirklich abwesend sein) – Boris, einfache Höflichkeit nicht ganz oder überhaupt nicht einfacher Dinge.«[8]

Am 3. Juni hält es Marina aber nicht mehr aus: Sie schreibt Rilke trotz alledem und erklärt ihm, warum sie geschwiegen hat:

»Ein Satz in Deinem Brief: . . . ›wenn ich auf einmal unmittheilsam bleiben sollte, was Dich nicht aufhalten dürfte, *mir* zu schreiben, so oft's . . .‹ Gleich wie ich las: – dieser Satz bittet um Ruhe. Ruhe geschah. (Du bist doch ein bißchen ausgeruht?) . . .

Meine Liebe zu Dir zerstückelte sich in Tage und Briefe, Stunden und Zeilen. Daher die Unruhe (Daher batest Du um Ruhe!) Brief heute, Brief morgen. Du lebst, ich will Dich sehen. Eine Überpflanzung aus Immer ins Jetzt. Daher die Pein, das Tage-Zählen . . . Im anderen *sein* oder *haben* (oder haben wollen, überhaupt – *wollen*, eins!) Wie ichs merkte schwieg ich.«

Und weiter am 14. Juni:

»Hör, Rainer, von Anfang an, daß Du's weißt. Ich bin schlecht. Der Boris ist gut. Und, meiner Schlechtheit wegen, schwieg ich . . .

Ich bin Viele, verstehst Du? Unzählige, vielleicht! (Unersättliche Unzahl!) Keiner soll vom anderen wissen, das stört . . . Wenn ich mit Dir bin – u. s. w. Ausschließlichkeit und Abgeschlossenheit. Ich will sogar in mir keinen Mitwissenden haben, nicht nur – um mich. Darum bin ich im Leben – verlogen, (das heißt verschwiegen und, zum Sprechen aufgefordert, verlogen), obgleich ich in einem anderen Leben für wahr gelte und es bin. Ich kann nicht theilen . . . Falsche Lage mein ganzes Leben durch. Denn dort bin ich gelogen, wo ich gebogen bin. *Gelogen*, Rainer, nicht verlogen!«[9]

Das Gedicht ist Rilkes berühmte »Elegie für Marina Zwetajewa-Efron«,[10] die die Herausgeber der Rilke Gesamtausgabe nur im Entwurf kannten.

> O die Verluste ins All, Marina, die stürzenden Sterne!
> Wir vermehren es nicht, wohin wir uns werfen, zu welchem
> Sterne hinzu! Im Ganzen ist immer schon alles gezählt.
> So auch, wer fällt, verhindert die heilige Zahl nicht . . .

dichtet Rilke und spricht eine ernste Mahnung aus:

> . . . weißt du's, wie oft
> trug uns ein blinder Befehl durch den eisigen Vorraum
> neuer Geburt . . .

Hat der hellhörige Dichter Marinas latent vorhandenen, immer wiederkehrenden Wunsch nach einem »Verlöschen ohne Spuren« erahnt?

Liebende dürfen, Marina, dürfen soviel nicht
von dem Untergang wissen. Müssen wie neu sein.
Erst ihr Grab ist alt . . .
Oh wie begreif ich dich, weibliche Blüte am gleichen
unvergänglichen Strauch . . .

Hier haben sich zwei getroffen, die einander verstehen und die gleiche Sprache sprechen, der todkranke, heimatlose Österreicher und die ebenfalls heimatlose, dem Leben schutzlos ausgelieferte Russin:

»Ich war Rilkes letzte Freude, seine letzte *russische* Freude – sein letztes Rußland, seine letzte Freundschaft«, vermutet Marina Zwetajewa 10 Jahre danach.[11]

Am 2. Juli erhielt Marina ein weiteres Geschenk von Rilke, seinen in französischer Sprache verfaßten Versband *Vergers* mit der Widmung »À Marina Zwetajewa-Efron«:

Marina: voici galets et coquillages
ramassés récemment à la française plage
de mon étrange cœur . . . (J'aimerais que tu connusses
toutes les étendues de son divers paysage
depuis sa côte bleue jusqu'à ses plaines russes.)
Fin de Juin 1926, Muzot

Am 2. August bestätigt Marina einen weiteren Brief von Rilke:

»Rainer, Deinen Brief bekam ich an meinem Namenstag 17/30 July, denn eine Heilige hab ich auch, obwohl ich mich als Erstling meines Namens fühle, wie Dich als Erstling des Deinigen. [. . .]

Rainer, ich will zu Dir auch der neuen Marina wegen, der, die nur mit, in Dir entstehen kann. Und dann, Rainer [. . .] – sei mir nicht bös, *ich* bins ja, ich will mit Dir schlafen – einschlafen und schlafen. Das herrliche Volkswort, wie tief, wie wahr, wie unzweideutig, wie genau das, was es sagt. Einfach – schlafen. Und weiter nichts . . .«

Und als auf diesen Brief keine Antwort kommt:

»Lieber Freund,

ob Du meinen letzten Brief erhalten hast? Ich frage Dich, weil ich ihn in einen abgehenden Zug warf . . .

Rainer, diesen Winter müssen wir zusammenkommen, irgendwo in der französischen Savoye, ganz nah an der Schweiz, irgendwo wo Du noch nicht warst ... Oder im Herbst, Rainer. Oder im Frühjahr. Sage ja, daß ich vom heutigen Tag an eine große Freude hab' ...«[12]

Darauf folgt am 6. September ein Aufschrei von Rilke: »Im Frühling? Mir ist bang! Eher! Eher!«[13]

Dann verstummt er und antwortet nicht einmal auf Marinas beschwörenden, nur aus einem Satz bestehenden Brief vom 7. November aus Bellevue:

»Lieber Rainer! Hier leb ich. – Ob Du mich noch liebst?
Marina.«[14]

Mittlerweile wartete in Moskau Pasternak auf eine Antwort. Marinas Schweigen über ihre Freundschaft mit Rilke und die Ablehnung seines Antrags, zu ihr zu kommen, müssen auf Pasternak wie eine kalte Dusche gewirkt haben:

»Ich könnte nicht mit Dir leben, nicht weil ich Dich nicht verstünde, sondern weil ich Dich verstehe. Zu leiden an fremder Schuldlosigkeit, die zugleich auch meine ist, zu leiden an Schuldlosigkeit – diese Erniedrigung könnte ich nicht ertragen [...] Dir begegnend, begegne ich mir, mit allen gegen mich gerichteten Spitzen.«[15]

Ein gemeinsames Leben wäre nur im Jenseits denkbar: »Boris, Boris, wie glücklich wären wir beide – in Moskau, in Weimar, in Prag, in dieser Welt und vor allem in jener, die schon *ganz in uns ist.* Ich kann Anwesenheit nicht aushalten. Du auch nicht. Wir würden ins selbe Horn blasen.«[16]

Einige Jahre später erwähnte Marina Zwetajewa diese Episode gegenüber Anna Tesková: »Im Sommer 1926, nachdem Boris mein *Poem vom Ende* gelesen hatte, strebte er mit allen Kräften zu mir. Er wollte kommen – ich habe es abgelehnt. Ich wollte keine allgemeine Katastrophe [...]« (20. März 1931)[17]

Aber weder Rilke, noch Pasternak, noch die fröhliche Jugend in Saint-Gilles hielten Marina Zwetajewa von der Arbeit ab; dies gelang nicht einmal ihrem Sohn, der gerade laufen lernte. Sie schrieb eine lyrische Versdichtung für Pasternak mit dem Titel »S morja« (Vom Meer), die Schilderung eines Zusammentreffens im Traum:

Mit dem Nord-Südwind –
Weiß: diesen gibts nicht!
– Doch! Wenn ich brauch ihn,
Muß er mir dienen! –

Stürm' wie ein Wirbelwind,
Luftstrom ich teil'.
Traum: drei Minuten nur
Dauert. Ich eil'.

Schläfst du wohl, Freundchen? Mit
Wem, gar nicht schau ich.
Nur drei Minuten vom
Meer bis nach Moskau.

Blitzschneller Weg über-
Windet den Raum.
Aus meinem Traum spring ich
In deinen Traum.

Unmittelbar nach »Vom Meer« entstand ein weiteres »lyrisches Poem«: »Popytka komnaty«, wörtlich »Versuch eines Zimmers«.[18] Erneut ein Zusammentreffen im Traum, diesmal der Versuch, ein Traum-Zimmer zu erschaffen, in dem die Begriffe Ort und Zeit irrelevant sind. Dort wollte sie sich mit Pasternak treffen, aber die Dichtung entwickelte ein nicht beabsichtigtes Eigenleben:

»Sehr wichtig, Boris, worüber ich schon längst sprechen will. Das Gedicht über Dich und mich – der Anfang des ›Versuch eines Zimmers‹ – ist zu einem Gedicht über ihn und mich geworden, jede *Zeile*. Es geschah etwas ganz Merkwürdiges: das Gedicht wurde geschrieben in den Tagen meiner äußersten Konzentration auf ihn, und gerichtet war es nach Bewußtsein und Willen – an Dich.

Ich erzählte ihm einfach, ihm dem Lebenden, zu dem ich mich *auf den Weg machte!* – Wie wir uns nicht begegneten, wie wir uns *anders* begegneten. Daher ist jede Zeile eine seltsame, mich damals recht betrübende . . . Lieblosigkeit, Abkehr, *Absage*. Die Sache heißt ›Versuch eines Zimmers‹, und sie verweigerte sich jeder, jeder Zeile.«[19]

In Saint-Gilles schrieb Marina schließlich »Lestniza«[20] (Die Stiege) zu Ende, in dem sie ein ärmliches Pariser Vorstadthaus und seine Bewohner, arme russische Emigranten, beschreibt, ein Protest gegen Armut und Ungerechtigkeit, der nicht zu ihrer augenblicklichen Stimmung paßte. Sie arbeitete weiter daran, um von ihrer Rilke-Besessenheit loszukommen.

Wesentlich mehr Mühe als die Poeme bereitete der Dichterin die

Fortsetzung der Theseus-Trilogie. Nachdem sie endlich nach mehreren brieflichen Bitten an Sossinski und Tesková ihr Exemplar der *Sagen des klassischen Altertums* von Gustav Schwab in Händen hielt, arbeitete Marina am zweiten Teil der »Phädra« vom Sommer bis zu dem Augenblick gen Jahresende, als sie die Nachricht von Rilkes Tod erhielt. Zwei Bilder waren fertig.

Die materiellen Sorgen ließen sich auch in der Vendée nicht verdrängen. Große Aufregung verursachte ein unangenehmer Brief aus Prag, Marina müsse entweder sofort in die Tschechoslowakei zurückkehren oder auf ihr tschechisches Schriftstellerstipendium verzichten. Sergej Efron hatte nicht die Absicht, seine Mitarbeit bei den »Werstpfählen« aufzugeben und Paris zu verlassen. Marina aber plante zum 15. September nach Prag zurückzukehren, obwohl das Haus in Saint-Gilles bis zum 1. Oktober gemietet war. Sie bat Anna Tesková, ihr eine Wohnung zu suchen. Schließlich gelang es jedoch, dank der Intervention guter Freunde, die Auszahlung des tschechischen Geldes für ein weiteres Jahr sicherzustellen.

Die Übersiedlung nach Prag blieb ein schöner Traum. Am 24. September berichtete Marina Anna Tesková, es sei für sie eine Wohnung mit Gärtchen in Meudon gemietet worden. Die Übersiedlung verzögerte sich jedoch; ein Brief an Tesková, datiert vom 10. Oktober, in dem wahrscheinlich auch davon die Rede ist, fiel zur Gänze dem Rotstift des Korrektors zum Opfer.

In der Zwischenzeit fand die Familie Efron Zuflucht in Bellevue, Boulevard Verdun Nr. 31, in einer Wohnung, die sie wieder mit anderen Menschen teilen mußte. Die Probleme unterschieden sich kaum von denen des vergangenen Jahres. Sergej Efron war selten zu sehen, Alja erhielt Privatstunden bei einer alten Französin, die nach einigen Wochen starb; Marina schuftete im Haushalt, hütete Mur, arbeitete an der »Phädra« und dachte sehnsuchtsvoll an Rilke, von dem sie nichts mehr hörte. Dazu kam eine Kontroverse mit der Zeitschrift »Letzte Nachrichten«:

»[. . .] Sie erbeten die Gedichte der frühen Marina Zwetajewa, d. h. des Jahres 1916. Vor kurzem erhielt ich einen Brief von einem der Herausgeber: ›Sie, eine Dichterin von Gottes Gnaden, machen sich entweder selbst schlecht oder halten das Publikum zum Narren.‹ Diesen Brief hebe ich auf! Er ist der Gipfel der Unverschämtheit. Der Verfasser heißt Rudnjew.« (An Tesková, 24. September 1926)[21]

Und dann, am letzten Tag des Jahres 1926, erschien in Bellevue ein lange nicht gesehener Gast auf der Rückreise aus Amerika, Mark Slonim, und überbrachte Marina die Nachricht von Rilkes Tod am 29. Dezember mit großer Vorsicht, wie er sagt, denn er wußte, wie sehr sie Rilke vergötterte.

»M. I. war furchtbar betroffen und sagte: ›Ich habe ihn nie gesehen und werde ihn jetzt auch nicht mehr sehen!‹ Beim Abschied fragte ich sie, ob sie und Sergej Jakowlewitsch nicht Lust hätten, mit Kollegen aus der ›Wolja Rossii‹ bei gemeinsamen Bekannten Neujahr zu feiern. Ich selbst hatte damals ein tiefes persönliches Leid zu tragen; an ein Fest in einem Restaurant mochte ich nicht einmal denken, die Rede war nur von einem bescheidenen Abend im Kreise von Freunden. S. Ja. wartete wie immer, wie M. I. sich entscheiden würde; sie lehnte die Einladung ab. Aber sie willigte ein, für die ›Freiheit Rußlands‹ etwas über Rilke zu schreiben und schickte mir einige Zeit später nach Prag ›Twoja smert‹ (Dein Tod), das im März 1927 erschien.«[22]

Marina verbrachte die Neujahrsnacht damit, zuerst einen kurzen Brief an Pasternak zu schreiben, in dem sie ihm den Tod des geliebten Dichters mitteilt; anschließend schrieb sie einen zweiten Brief und schickte ihm einen deutschen Neujahrsbrief, der an den toten Rilke gerichtet ist. Unmittelbar danach begann sie, Rilke das gleiche nochmals in lyrischer Form zu sagen. Es entsteht das »Nowogodneje« (Neujahrsgedicht), auch bekannt als »Brief an Rilke«[23]:

[. . .]
Sag ich dir, wie ich von deinem hab erfahren?
Weder Erdrutsch noch Lawine brachte Nachricht.
Jemand ganz Beliebiger kam herein (nicht der Geliebte,
der bist du!) – Das traurige Ereignis. –
»In den ›Tagen‹ und ›Nachrichten‹ – verfassen Sie uns einen
Nachruf?« –
»Wo?« – »Wohl in den Bergen« – (Fenster, Fichtenzweige,
Leintuch . . .) – »Lesen Sie denn keine Zeitung?«
»Nun, der Aufsatz?« – »Nein!« – »Ach!« – »Bitte nicht mit
mir zu rechnen!«
Laut: »Zu schwer!« – im Herzen: Ich bin kein Verräter!
Sanatorium (im Paradies, das man sich mietet.)
»Wann?« – »Ich weiß nicht mehr, vorgestern oder gestern.
Sehn wir abends Sie im ›Alcazar‹?« – »Es geht nicht!«
Laut: »Familie« – leise: alles, nur kein Judas . . .

Mitten in der Arbeit an diesem Gedicht, »auf dem Höhepunkt ihres Briefes an Rilke«, erhielt Marina Zwetajewa ein Schreiben von Rilkes letzter Sekretärin, der Russin Jelena Tschernoswitowa. Marina antwortet:

»Seit dem 31. Dezember lebe ich in diesem Brief, ihm zuliebe lasse ich die ›Phädra‹ liegen [. . .] Einen Brief, den alle lesen werden, nur er nicht. Vielleicht schreibt er ihn zum Teil selbst, sagt ihn mir ein? Wollen Sie die Wahrheit über das Dichten wissen? Jede Zeile ist eine Zusammenarbeit mit ›höheren Mächten‹. Es ist schon viel, wenn der Dichter die Rolle des Sekretärs spielt [. . .] Rilkes Rolle hat sich nur insoweit geändert, als er während eines Lebens zusammengearbeitet hat und jetzt selbst eine ›höhere Macht‹ ist . . .[24]

Ende Februar 1927 folgte ein Stück »lyrischer Prosa«: »Dein Tod«, in der Zwetajewa Rilkes Tod mit dem Sterben von Aljas Lehrerin und eines russischen Kindes verknüpft. 1929 kehrte sie in »Neskol'ko pisem RMR« (Einige Briefe von RMR), erschienen in »Freiheit Rußlands«, wieder zu Rilke zurück. Jetzt, da er tot ist, hat sie das Gefühl, ihn ganz zu besitzen, jetzt gibt es zwischen ihnen keine Sprachschwierigkeiten mehr, nun gehört die Ewigkeit ihnen.

Äußerlich leidet die Familie Not wie selten zuvor; sie essen nur noch Pferdefleisch, und auch das von der billigsten Sorte; sie werden von vielen Pariser Russen boykottiert, aber Marina hat in Rilke einen Schutzpatron gefunden, der ihr neue Kraft gibt. Sie wird Rilke nie persönlich kennenlernen, er kann sie also auch nicht enttäuschen. Nun ist er wirklich ihr persönliches Eigentum, ihr Nibelungenhort, die Festung, in die sie flüchten kann, wenn die Gegenwart zu schwer zu ertragen ist.

Einundzwanzigstes Kapitel

Einer der vielen Mythen, die sich um Marina Zwetajewa ranken, besagt, die große Künstlerin sei in der Emigration von niemandem verstanden worden, sie habe in völliger Einsamkeit und von allen ungeliebt gedarbt, und es sei ihr allein ihr Heft geblieben, das ihr Gesellschaft leistete. Sie selbst hat viele dieser Mythen bestärkt, den Mythos der Außenseiterin, den der versklavten Hausfrau, denn, so erklärte es Juri Ivask, sie »dachte in Mythen« und geriet immer wieder in die Gefahr, Dichtung und Wahrheit miteinander zu vertauschen. Später hat Ariadna Efron, die in den 60er und 70er Jahren viel zur Verbreitung und Verfestigung dieser Mythen beigetragen hat, weil sie hoffte, auf diese Weise leichter die Druckerlaubnis für die Werke ihrer Mutter zu erhalten, einige jener Überlieferungen behutsam korrigiert.

»Im Gegensatz zur Legende, die aufgrund der Feindschaft ihrer Emigranten-Zeitgenossen und deren Unverständnis gegenüber ihrem nicht den Regeln der Kunst entsprechenden Werk entstand, und die die schöpferische Einsamkeit der Zwetajewa gleichsetzt mit ihrer menschlichen Einsamkeit als einem ihr angeborenen Charakterzug, war Marina Zwetajewa ein offener, geselliger Mensch, der auf jeden menschlichen Anruf reagierte, den es zu anderen Menschen nicht nur hinzog, sondern förmlich trieb.«[1]

Es unterliegt keinem Zweifel, daß viele Pariser Schriftsteller und Literaten Marina Zwetajewa mißverstanden und angriffen, aber es gab auch andere, die sie schätzten, ihr halfen und mit ihr normale, freundschaftliche Beziehungen unterhielten. So sind z. B. die neun Briefe Zwetajewas an Lew Schestow, einen Vordenker des französischen Existentialismus, aus den Jahren 1926 und 1927 ein Hinweis dafür, daß nicht alle sich ihr gegenüber feindselig verhielten.[2]

Ein weiterer überzeugender Beweis ist, daß sich eine Gruppe von Pariser Russen fand, die eine Wohnung für die Familie Efron mietete, sie möblierte und bezahlte. Wir wissen, daß zu ihnen Swjatopolk-Mirski, Salomea Halpern geb. Andronikow, die Freundin Mandelstams und Achmatowas gab ihr ein Drittel ihres Monatsgehalts ab, und Jelena Iswolskaja gehörten. Die Wohnung lag in Meudon, in der Avenue Jeanne d'Arc Nr. 2, fünf Minuten vom Waldrand entfernt, sie bestand aus drei Zimmern mit Gasheizung,

Küche und Badezimmer und befand sich in verkehrstechnisch günstiger Lage inmitten eines ausgesprochenen »Russenviertels«. In unmittelbarer Nachbarschaft wohnte der Held des *Poems vom Berg* mit seiner Frau, Marinas Freundin aus der Tschechoslowakei, Muna Bulgakowa:

». . . wir sehen uns ständig, freundschaftliche Seelenruhe und Gleichgültigkeit, wir gehen zusammen ins Kino, kaufen gemeinsam Geschenke: ich für die Meinen, sie für ihn. Den Schlüssel zu diesem Herzen habe ich von einer der Prager Brücken geworfen, er liegt auf dem Boden der Moldau – vielleicht auch – auf dem der Lethe, zusammen mit dem Schatz der Libussa.« (An Tesková, 3. Januar 1928)[3]

Jelena Iswolskaja, die Tochter des ehemaligen russischen Außenministers, die sich und ihre Mutter durch Übersetzungen über Wasser hielt, lernte Marina auf einem Fest bei den Eurasiern kennen. Sie fanden augenblicklich aneinander Gefallen. Iswolskaja hatte Marina vorher nur auf einer Photographie gesehen:

»Meiner Meinung nach glich sie diesem Bild nicht, denn auf der Photographie sah sie viel zu ›hübsch‹ aus: ein rundes Gesicht, elegant gekleidet und frisiert. Diejenige, die ich an diesem Abend zum erstenmal erblickte, war weder festlich gekleidet noch hübsch: hager, blaß, fast ausgemergelt, das Oval des Gesichtes schmal, streng, das kurze, helle Haar schon von einigen grauen Fäden durchzogen, den Blick gesenkt. Sie war nicht hübsch, sie glich einer Ikone. Trotz einer gewissen Zurückhaltung paßte sie sich rasch der Stimmung des Abends an und nahm am Gespräch teil. Ich möchte hier betonen, Marina war absolut nicht so ›wild‹, ›einsam‹ oder ›menschenscheu‹, wie das heute oft dargestellt wird und wie sie sich selbst gern sah. Wenigstens äußerlich sonderte sie sich nicht von ihrer Umgebung ab, sie liebte es, neue Menschen kennenzulernen und interessierte sich für sie. Sie verfügte über ein starkes Einfühlungsvermögen und wünschte aufrichtig, mit ihnen in Kontakt zu kommen, konnte es aber oft nicht oder fand dazu nicht den Mut.«[4]

Jelena Iswolskaja wohnte mit ihrer Mutter nicht weit von den Efrons in einem Haus, in dem fast nur Emigranten lebten (es ist in der *Geschichte einer Widmung* beschrieben). Marina kam oft dorthin, sie las den Bewohnern, je nach deren politischer Einstellung, das *Lager der Schwäne* oder *Der Recke* vor und erfreute sich bei allen größter Beliebtheit. Ihre Besuche wurden erwidert:

»Wir besuchten Marina oft. Immer freute sie sich, uns zu sehen, und führte mit uns endlose Gespräche: über Poesie und Kunst im allgemeinen, über Musik und Natur. Nie habe ich einen glänzenderen Gesprächspartner kennengelernt. Sie bewirtete uns mit Tee oder Wein, an Feiertagen verwöhnte sie uns: in der Butterwoche mit Bliny, nach der Auferstehung mit Pascha und Kulitsch. Wir besuchten zusammen die kleine, bescheidene, aber schön ausgemalte Sankt Johanneskirche in Meudon. Marina sprach selten über religiöse Fragen, feierte aber unaufdringlich und aus ganzem Herzen die kirchlichen Festtage. Die Auferstehung in Meudon war fast wie eine Fortsetzung der Osternacht in Moskau.«[5]

Ihr Grunddilemma bestand jedoch weiterhin: Marina fehlte es an Zeit, um in Ruhe zu schreiben. Vormittags mußte die Hausarbeit erledigt werden, Mur war zu versorgen und zu beaufsichtigen, dann kamen oft Gäste; abends war der Kopf leer, Gedanken und Gefühle stellten sich nicht mehr ein, wie sie sich bei einer ihrer Korrespondentinnen beklagte. Trotzdem schrieb sie weiter: Innerer Antrieb und Geldmangel brachten sie immer wieder dazu, Augenblicke der Verzweiflung zu überwinden.

Auch die Hetzjagd gegen die »Werstpfähle« ging unvermindert weiter.

»Mit wenigen persönlichen Ausnahmen bin ich in Paris verhaßt. Man schreibt über mich alle möglichen Gemeinheiten, übergeht mich, wo immer es möglich ist usw. Es ist Haß gegenüber der Anwesenden und der Abwesenden, denn bei öffentlichen Auftritten bin ich nirgends zu sehen, ich reagiere auf nichts. Die Presse (die Zeitungen) haben das Ihrige getan. Die Teilnahme an den ›Werstpfählen‹, mein Mann, der bei den Eurasiern ist – und zum Schluß kommt heraus, daß ich Komsomol-Gedichte schreibe und von den Bolschewiken ausgehalten werde! ›Schwamm (und Schlamm) drüber!‹ [Im Original deutsch]« (An Tesková, dritter Ostertag 1927)

Und: »Haben Sie die Jagd auf die Eurasier in ›Erneuerung‹, ›Rußland‹ und ›Tage‹ gelesen? ›Sichere Beweise‹, daß die Eurasier *riesige Summen* von den Bolschewiken bekommen. Beweise gibt es natürlich überhaupt keine, (denn es kann keine geben!) . . . Es ist so, als beschuldige man *mich*, bolschewikische Gelder zu erhalten! Ebenso gescheit und wahrscheinlich. S. Ja. regt sich auf und verliert darüber den letzten Rest seiner Gesundheit. Sein Verdienst: von 5.30 Uhr früh bis um 7.00 - 8.00 Uhr abends Statist beim Film für 40 Francs am Tag, von denen fünf auf die Fahrt und sieben fürs

Essen draufgehen – bleiben also summa summarum 28 Francs. Und solche Tage gibt es, wenn es viele sind, zwei in der Woche. Das sind die bolschewikischen Summen!« (An Tesková, 20. Oktober 1927)[6]

Nein, bolschewikische Summen hat es zum damaligen Zeitpunkt im Efronschen Haushalt sicher nicht gegeben. Jelena Iswolskaja schreibt, daß sie eine derartige Armut in der russischen Emigration selten erlebt hat.[7]

Im Frühjahr 1927 kam Marina Zwetajewa durch Salomea Halpern mit einem Mann namens Josif Pouterman in Verbindung, der bei einem Verlag arbeitete. Er erbot sich, auf Subskriptionsbasis einen neuen Gedichtband herauszubringen. Marina stellte aus ihrem lyrischen Œuvre der Jahre 1922 - 1925 einen Band zusammen und gab ihm den Titel *Posle Rossii* (Nach Rußland). Er enthält ihre schönsten und bekanntesten Gedichte.

Bis der Band erschien, vergingen allerdings einige Monate. Marina Zwetajewa mußte viele Briefe schreiben und Bittgänge unternehmen, um Subskribenten aufzutreiben. Leonid Pasternak fand drei Besteller in Berlin, doch ansonsten schien das Interesse nicht gerade groß gewesen zu sein. Als das Buch endlich herauskam, war nichts mehr von jener Begeisterung zu spüren, die die früheren Bände Zwetajewas ausgelöst hatten: die Kritik schwieg oder lehnte *Nach Rußland* ab. Nur Slonim fand anerkennende Worte. Auch wurde es nicht gekauft und soll noch Ende der fünfziger Jahre in Pariser russischen Buchgeschäften gelegen haben. Heute hat es fast Goldeswert erreicht.

»Dieses Buch ist mein letzter Lyrikband«, schrieb sie an Pasternak, »ich weiß, daß das mein letzter sein wird. Ohne darüber traurig zu sein. Das, was man beherrscht, soll man nicht weitermachen. Das ist es. Auf diesem Gebiet beherrsche ich alles. Die Lyrik (ich muß lachen – als ob die Poeme keine Lyrik wären! Aber kommen wir überein, daß wir unter ›Lyrik‹ kurze Gedichte verstehen) war für mich gleichbedeutend mit Glauben und Wahrheit, sie hat mich gerettet, mich aus vielen schwierigen Lagen gerettet und jeden von uns irgendwohin geführt, jeden auf seine Weise . . . Jeder Gedichtband ist ein Band der Trennung, des Zerreißens, mit dem Finger des Thomas zwischen den einzelnen Zeilen. Wer von uns hat jemals ohne Herzzerreißen einen Schlußstrich gezogen – was kommt danach?« (An Pasternak, Mitte Juli 1927)[8]

Die dichterische Ausbeute des Jahres 1927 ist das *Poema vosdu-*

cha (Poem von der Luft), eine Reaktion auf den Ozeanflug Lindberghs am 20./21. Mai. Thematisch schließt dieses längere Gedicht an die Poeme des Vorjahres an. Wieder ist die Rede von einem Zusammentreffen im Traum, das sich hier in der Luft ereignet, wieder scheint Rilke der Gesprächspartner zu sein. »Das Sprödeste, das ich jemals geschrieben habe«, nennt Marina dieses Werk in einem Brief an Pasternak. Slonim hat an dem *Poem von der Luft* die allzu große Kühnheit einiger sprachlicher Neuschöpfungen kritisiert.

Im September erhielt Marina unerwarteten Besuch: aus Italien kam ihre Schwester Assja angereist. Neben ihrer Arbeit im Museum der Schönen Künste in Moskau hatte sie die Absicht, ein Buch über Gorki zu schreiben, und wandte sich deshalb 1927 mit einem Brief an ihn, der in Sorrent lebte. In seiner Antwort lud er Assja für einen Monat nach Italien ein und forderte auch Marina Zwetajewa auf, nach Sorrent zu kommen, um dort ihre Schwester zu treffen. Anastassja Iwanowa zog eine Reise nach Paris vor.

Anastassja Zwetajewa schildert minutiös ihren Aufenthalt in Paris. Sie ist entzückt von Alja und Mur, sehr beeindruckt von der schönen Wohnung, aber Marina erscheint ihr müde, gealtert, und es fällt ihr auf, Zwetajewa ist ihrem Sohn gegenüber weicher, als sie es gegenüber Alja war, und nicht mehr so energisch und widerstandsfähig wie im Chaos der alten Moskauer Wohnung.

»Abends lag Marina auf ihrem kleinen Divan [. . .] blies Zigarettenrauch in die Luft, in ihren Augen standen Tränen: ›Versteh' mich, wie soll ich schreiben, wenn ich morgens auf den Markt gehen muß, auswählen, rechnen, ob das Geld reicht – wir kaufen natürlich nur das Allerbilligste – nach Hause komme und weiß, daß der Vormittag verloren ist: ich muß aufräumen, kochen, Alja geht um diese Zeit mit Mur spazieren – und wenn alles fertig ist, liege ich so da, vollkommen leer, nicht eine Zeile. Und morgens treibt es mich zum Schreiben. So geht es Tag für Tag.‹«[9]

Assja besuchte in Paris ihre ehemalige Schulfreundin Gala, die damals noch mit Paul Eluard verheiratet war, und traf Ilja Ehrenburg, der eine sowjetische Zeitung in Paris als Korrespondent vertrat. Marina weigerte sich, ihre Schwester zu begleiten und gab als Grund an, sie fürchte sich vor dem Pariser Verkehr. Vielleicht war der eigentliche Grund dieser, sie wollte den alten Moskauer Freunden nicht begegnen, die sie während ihres Frankreichaufenthaltes offenkundig niemals wiedergesehen hat, ebensowenig wie Sergej

Efron jemals in Paris seinen Moskauer Schulfreund Marcel Orbec besucht hat.

Die Anwesenheit Assjas erwies sich als Glücksfall, denn gleich nach ihrer Ankunft erkrankte Mur an Scharlach, Alja und Marina steckten sich besorgniserregend an, doch siegte ihre kräftige Natur, und einen Tag vor Assjas Abreise konnte Marina zum ersten Mal wieder aufstehen. Sergej begleitete Assja zum Bahnhof. Als der Zug sich in Bewegung setzte, kam Rodzewitsch gelaufen und überreichte ihr einen Abschiedsbrief von Marina. Ahnten die Schwestern, daß dies der endgültige Abschied war?

»Zum letzten Mal sahen wir uns, als Marina 35 Jahre alt war und ich 33. Dann blieben wir noch zehn Jahre in brieflicher Verbindung. Dann hat uns das Leben für immer getrennt.«[10]

Assjas Besuch bei Gorki hatte ein Nachspiel in Moskau. Offensichtlich von ihren Erzählungen über das Leben Marinas in der Emigration zutiefst beeindruckt, bemühte sich Pasternak, der Freundin die Wege zur Rückkehr zu ebnen. Als Gorki sich bei ihm für sein Buch *Lüvers Kindheit* bedankte, ergriff er die Gelegenheit, um den allmächtigen Schriftsteller auf Marina Zwetajewa aufmerksam zu machen.

»Von den vielen Gestalten und Tatsachen, die mit Ihnen im Laufe dieses Sommers dank Ihrer Großmut in Berührung kamen, ist mir das riesengroße Talent Marina Zwetajewas wichtig und nahestehend, ebenso ihr unglückliches, ihren Fähigkeiten nicht entsprechendes, verworrenes Schicksal [. . .] Die Bedeutung und das Geschick Marinas sind so geartet, daß ich, falls Sie mich fragten, was ich tun oder schreiben würde, antwortete: alles was nützlich sein kann, womit man ihr helfen und Rußland diesen großen Menschen zurückgeben könnte, der vielleicht nicht fähig war, sein Talent seinem Schicksal anzugleichen, oder richtiger umgekehrt.«

Gorki antwortete ungnädig:

»Mit Ihrer hohen Einschätzung der Begabung von Marina Zwetajewa kann ich mich schwer einverstanden erklären. Ihr Talent scheint mir marktschreierisch, ja sogar hysterisch zu sein, sie beherrscht das Wort schlecht, das Wort herrscht über sie . . . Sie kennt die russische Sprache schlecht und behandelt sie unmenschlich, indem sie sie auf jede Weise mißhandelt. Phonetik ist noch keine Musik, aber sie glaubt, sie sei bereits Musik. [. . .] Natürlich sollte man Marina Zwetajewa nach Rußland zurückbringen, doch wird das kaum möglich sein.«[11]

Nach diesem Brief versandeten die Beziehungen zwischen Gorki und Pasternak für mehrere Jahre.

Nach ihrer Krankheit und Assjas Abreise wuchs Marinas Sehnsucht nach Anna Tesková und Prag ins Unendliche. Die in der Tschechoslowakei verbrachten Jahre nahmen in ihrer Erinnerung immer leuchtendere Farben an, der Prager Ritter wurde zum Symbol: »Niemals im Leben wollte ich in eine Stadt zurückkehren, *ich will auf keinen Fall nach Moskau* (überallhin nach Rußland, *außer*!), aber ich will nach Prag [. . .] Ich möchte *mein* damaliges Ich zurückhaben, das glücklich-unglückliche, – mich – aus der Zeit der *Poeme vom Berg* und *vom Ende,* mich, die körperlose Seele aller jener Brücken und Plätze.« (An Tesková, 12. Dezember 1927)[12]

Aber die weise Tesková begreift sehr wohl, daß Marina nicht die Realität des Prager Lebens sucht, sondern den Traum.

»Immer wenn ich nach Prag kam, sprach ich mit ihrer treuen Freundin Anna Tesková«, bemerkte Slonim, der nun viel in Paris lebte, »und wir verstanden ausgezeichnet die Schwierigkeit, genauer die Unmöglichkeit einer derartigen Unternehmung. Ich hatte den Eindruck, daß die kluge und einsichtige Tesková, die Marinas Vorliebe kannte, Mythen zu erfinden und dann selbst an sie zu glauben, befürchtete, eine Reise nach Prag würde keine Freude bringen, sondern Enttäuschung.«[13]

Im Juni 1928 veranstaltete Marina wieder eine Dichterlesung. Sie verlief erfolgreich, obwohl der Termin unglücklich gewählt war, denn am gleichen Abend gab das Moskauer Wachtangow-Theater ein Gastspiel in Paris. Dieses Ensemble hatte zu Marinas Zeiten »Drittes Studio« geheißen; Regisseur der Aufführung war niemand anderer als ihr alter Freund Pawel Antokolski. Es gelang Marina, ihn zu sehen. Antokolski erzählt 1966 im »Nowy mir« (Neue Welt) von einem Besuch bei Marina Zwetajewa in Meudon und von einem hastigen Zusammentreffen in einem Café auf dem Boulevard Saint-Michel. Anscheinend hatten sie sich nicht viel zu sagen.

»Von der Vergangenheit sprachen wir fast überhaupt nicht, und Gesprächen über Moskau, über Rußland wich sie aus – es fiel ihr sichtlich schwer. Wir verabschiedeten uns rasch auf einer fremden, lärmenden Kreuzung voll von Menschen, ohne Gedanken an eine zukünftige Begegnung, ohne Hoffnung, uns jemals wiederzusehen.«[14]

Eine andere, diesmal briefliche Konfrontation mit der Vergangenheit trifft Marina tiefer. Beim Kartenverkauf für ihren Abend wurde sie von Vera Bunina, Iwan Bunins Frau (ihn haßte Marina ebenso wie er sie), aktiv unterstützt. Erst nach ihrem dritten Brief erfaßt Marina, daß diese Vera Bunina als Mädchen Muromzewa geheißen hatte und eine nahe Verwandte des Historikers Ilowajski war, außerdem eine gute Freundin ihrer Halbschwester Walerija. Für einen Augenblick ersteht vor ihrem geistigen Auge die heile Welt der Kindheit: das Haus in der Trjochprudny-Gasse, Nervi, die geliebte Nadja Ilowajskaja. Doch nach dem fünften Brief am 23. Mai schläft die Korrespondenz vorerst wieder ein.

Am 10. April erhielt Anna Tesková von Marina einen ungewohnt fröhlichen Brief: »Bei uns zu Hause hat sich ein unerwarteter Glücksfall in Gestalt einer entfernten Verwandten ereignet, die für einige Zeit zu uns gekommen ist. Das bedeutet Ordnung im Haus und für mich Freizeit – die erste seit zehn Jahren. Mein erstes Gefühl ist nicht ›jetzt kann ich schreiben!‹, sondern: ›jetzt kann ich gehen!‹ Am zweiten Tag nach ihrem Auftauchen bin ich zu Fuß nach Versailles gegangen – fünfzehn Kilometer, Seligkeit. Mein Begleiter war ein rassiges achtzehnjähriges Hündchen; er lehrt mich alles, was er im Gymnasium gelernt hat (gar vieles!) und ich lehre ihn all das, was ich in mein Heft schreibe . . . Wir tauschen unsere Schulkenntnisse aus.«[15]

So begann Marinas Freundschaft mit dem jungen Nikolai Gronski, dem Sohn eines ehemaligen Moskauer Stadtrates und nunmehrigen Redakteurs der »Letzten Nachrichten«. Der junge Mann war ein begeisterter Wanderer und Bergsteiger und schrieb Gedichte. Der kleine Anfänger und die große Meisterin fanden rasch aneinander Gefallen, sie unternahmen lange Fußmärsche und sprachen ausführlich über Themen, die sie beide interessierten. Marina war von Gronskis dichterischem Talent sehr angetan, sie sah in ihm »den ersten echten Dichter, den die Emigration hervorgebracht hat«, und betrachtete ihn als ihren geistigen Schüler.

Im Sommer 1928 fuhr die Familie Efron nach Pontaillac an den Atlantischen Ozean. Es war geplant, daß Gronski im September für einige Tage hinkommen sollte. In Erwartung dieses Besuches flogen Briefe zwischen Meudon und dem Ozean hin und her, im ganzen je 28, »ein ganzes Briefbuch«, aus dem bis heute nur Auszüge bekannt sind.[16] Aber Gronski mußte schließlich aus familiären Gründen absagen – wieder einmal hatte sich Marina zu früh gefreut. Traurig schrieb sie an Anna Tesková:

»Er ist ebensowenig ans Meer gekommen, wie ich zu Ihnen nach Prag kommen werde. – Die natürliche Ordnung der Dinge. – Ich war gar nicht sehr erstaunt und war nur einen Tag lang betrübt, aber im Inneren bin ich abgestumpft, weder Freude noch Trauer, resigniert. Ich verliere ja nicht nur ihn – ihn verliere ich überhaupt nicht! – sondern *mich – mit ihm, ihn – mit mir,* eine bestimmte Konstellation in einem bestimmten Moment der Ewigkeit, auf einem bestimmten Punkt der Weltkugel.« (9. September 1928)[17]

»Es dauerte ein Jahr«, erinnert sich Marina später, »dann begann, unvermeidlich bei meiner Unfreiheit, das Auseinandergehen der Leben.« Gronski verliebte sich in ein Mädchen seines Alters und widmete nun ihr alle Gedichte, die er einstens für Zwetajewa geschrieben, ihr gewidmet hatte, mit Ausnahme eines einzigen, in dem es um den Namen Marina geht. Marina Zwetajewa schätzte ihn jedoch weiterhin als Dichter und lobte vor allem sein Epos *Belladonna.*[18]

Von den Werken dieses Sommers ist zumindest eines, das lyrische Gedicht »Gespräch mit dem Genius«, an Nikolai Gronski gerichtet: Eine höhere Macht erteilt einem jungen Dichter Anweisungen, wie er Verse schreiben soll.[19] Außerdem entsteht 1928 *Krasny bytschok* (Das rote Böcklein), eine kürzere Dichtung mit einigen Seitenhieben auf die Bolschewiken, es handelt von einem Freiwilligen des Bürgerkrieges, der im Alter von 28 Jahren in Paris an Tuberkulose stirbt. In seinen Fieberträumen erscheint ihm der Tod als fröhlich dahinhüpfendes rotes Kalb, und Marina begreift plötzlich, daß dies das Kalb ist, das sie und Mandelstam in Alexandrow so erschreckt hatte.[20]

War es das Mitgefühl mit dem jungen Bürgerkriegskämpfer, das Zwetajewa den Heldenkampf der Weißen Armee wieder ins Gedächtnis rief? Oder vielleicht das als Motto angeführte »angeregte Gespräch im Sommer 1928«? (»In zehn Jahren ist alles vergessen.« – »In zweihundert wird man sich erinnern!« – »Der zweite bin ich.«[21] Jedenfalls wandte sich Marina in Pontaillac einer neuen Arbeit zu:

»Ich schreibe etwas Großes – *Perekop* (das Ende der Weißen Armee) – ich schreibe es mit großer Liebe und Lust, mit wesentlich mehr Liebe als z. B. ›Phädra‹.« (An Tesková, 18. November 1928)[22]

Als Vorlage benutzte sie das Kriegstagebuch ihres Mannes.

Doch dann ereignete sich ein typisches Zwetajewa-Mißgeschick. Gerade als Marina mit Hingabe und Freude ihr Denkmal für die Weiße Armee setzte, gerade als die »Letzten Nachrichten« begannen, das *Lager der Schwäne* in Fortsetzungen zu drucken und dringend Gedichte aus der Periode der »Jugendgedichte« haben wollten, gerade da geschah etwas, das die Dichterin in den Augen der Pariser Emigranten in schwerster Weise kompromittierte: Majakowski traf zu einer Dichterlesung ein. Marina hatte ihn immer bewundert, nun schrieb sie in der ersten Nummer einer neuen, von ihrem Mann herausgegebenen eurasischen Zeitung »Jewrasija« (Eurasien):

»Am 28. April 1922, am Tag vor meiner Abreise aus Rußland, frühmorgens auf dem Kusnetski most, begegnete ich Majakowski:

– Nun, Majakowski, was soll ich Europa von Ihnen ausrichten?

– Daß die Wahrheit – hier ist!

Am 7. November 1928 spät abends, beim Verlassen des Café Voltaire, antwortete ich auf die Frage: Was halten Sie von Rußland nach Majakowskis Lesung? ohne nachzudenken:

– Daß die Kraft – dort ist!«[23]

Diese ungeschickt formulierten Zeilen in einer neuen Zeitung der Eurasier, die der Kollaboration mit den Kommunisten beschuldigt wurden, rief allgemeine Empörung hervor. Die Zeitschrift »Letzte Nachrichten« brach augenblicklich die Veröffentlichung des *Lagers der Schwäne* ab – der Band ist erst 1957 in München erschienen – und Marina Zwetajewa war von nun an als Mitläuferin der Bolschewiken abgestempelt. Die Zeitschrift brachte später wieder ihre Werke, aber viele der unduldsamen Meinungsmacher hatten über Zwetajewa ihren Stab gebrochen.

Und wie reagierte Majakowski? War er Zwetajewa für ihr mutiges Engagement wenigstens dankbar? Er »vergaß« das mit handschriftlicher Widmung versehene Exemplar von *Nach Rußland* bei Elsa Triolet und erklärte später, in einer Rede auf dem Zweiten erweiterten Plenum der Leitung der Russischen Assoziation proletarischer Schriftsteller (RAPP) am 26. September 1929:

»Da behauptet jemand, die Dichterin Zwetajewa schreibe gute Gedichte, aber sie gehen daneben. Daraus ergibt sich: Da muß man der Zwetajewa eben . . . geben [fehlt im russischen Stenogramm], damit sie nicht daneben gehen! Das ist eine von denen, die ›ihren eigenen Weg‹ gehen, die dafür Propaganda gemacht haben, daß die Gedichte Gumiljows wieder erscheinen, die ›an sich gut‹ sind! Ich bin der Meinung, daß etwas, was gegen die Sowjetunion, gegen uns gerichtet ist, keine Daseinsberechtigung hat und es unsere Aufgabe ist, sie so schlecht wie möglich darzustellen und nicht noch an ihnen zu lernen!«[24]

Zweiundzwanzigstes Kapitel

Dem politischen Eklat wegen Zwetajewas Artikel zu Majakowski folgte bald ein zweiter. Marina berichtet Anna Tesková am 22. Januar 1929:

»Eine Spaltung bei den Eurasiern. Professor Alexejew (und andere) behaupten, daß S. Ja. ein Tschekist und Kommunist sei. Wenn ich ihn treffe, garantiere ich nicht für mich. Professor Alexejew ist ein gemeiner Kerl, glauben Sie mir, ich sage das nicht ohne Grund. Ich freue mich, daß er geht, leide aber sehr für S. mit seinem reinen und feurigen Herzen. Abgesehen von zwei bis drei anderen ist er die einzige *moralische Kraft der Eurasier.* – Glauben Sie mir.«[1]

Die Spaltung der Eurasier, die durch den Austritt von Nikolaj Trubetzkoy und anderen besiegelt wurde, ereignete sich, weil die Gesellschaft kommunistisch unterwandert war.[2] Welche Rolle Sergej Efron spielte, ob er in seinen Träumen und Idealen lebte oder bereits 1929 aktiv mit den Kommunisten zusammenarbeitete, läßt sich nicht feststellen.

Slonim und die von ihm gegründete Vereinigung junger Dichter beteiligte sich hingegen an keinen politischen Hetzjagden, bei ihnen war Marina Zwetajewa ein gern gesehener Gast. Es war Slonim, der sie anfangs 1929 mit Natalja Gontscharowa bekannt machte. Die berühmte, in Paris lebende Malerin war eine Urgroßnichte von Puschkins Frau, die den gleichen Namen trug. Die Bekanntschaft fand Ende Januar im Petit Saint-Benoït am linken Seine-Ufer, dem Stammlokal von Larionow und Gontscharowa, statt; beim anschließenden Kaffee im Café de Flore äußerte Zwetajewa den Wunsch, etwas über die beiden Natalja Gontscharowa zu schreiben. Sogleich wurde ein Besuch im Atelier der Künstlerin vereinbart, und danach ging Marina öfters hin, um ihr Modell zu studieren.

»Meine Behandlung des Themas: dem tiefsten Wesen ihres Menschentums entspringend, keine Spur von Äußerlichkeit, so wie sie sich, glaube ich, ihren Bildern gegenüber verhält.« (An Tesková, 19. Februar 1929)[3]

Als Gegenleistung entwarf Gontscharowa Illustrationen zu *Der Recke* und scheint Alja Zeichenunterricht gegeben zu haben. Marina schätzte ihre ehemalige Schulkollegin, sie fand sie nur zu ruhig, zu passiv in ihrer Freundschaft. Aber sie gab selbst zu:

»Ich habe immer ein schlechtes Gewissen, wenn ich anderen Menschen mehr gebe, als sie brauchen (d. i. annehmen können), früher habe ich gegeben, so wie man nimmt – im Sturm. Dann bin ich bescheidener geworden. Die Menschen brauchen etwas anderes als das, was ich ihnen geben kann. Mark Lwowitsch hat mir einmal gesagt, ›Nichts als eine nackte Seele. Man könnte direkt Angst bekommen!‹« (An Tesková, 7. April 1929)[4]

Der große »Nicht-Artikel« mit dem Titel *Natalja Gontscharowa*, der 1929 in drei aufeinanderfolgenden Nummern der »Freiheit Rußlands« erschien, ist eine brillant formulierte Studie über die Interdependenz der Künste, eine mit viel Phantasie und Intuition gezeichnete Skizze der leichtlebigen Frau Puschkins, eine Fundgrube für autobiographische Details aus dem Leben Zwetajewas, aber es ist keine Biographie der Malerin Gontscharowa. Angesichts des lebenden Menschen scheint die Intuition der Dichterin versagt zu haben, und zu ihren Bildern findet sie keinen Zugang. Hier zeigt sich Zwetajewas Unvermögen, ein Verhältnis zu jener Kunst zu finden, die nicht mit dem Ohr erfaßbar ist.[5]

Im Frühjahr 1929 befaßte sich Marina erneut mit Rilke. Für die »Freiheit Rußlands« übersetzte sie aus Rainer Maria Rilkes *Briefe an einen jungen Dichter* und schrieb eine Einleitung dazu.[6]

»Wenn ich sterbe, wird er kommen, um mich zu holen, davon bin ich überzeugt«, schreibt sie Anna Tesková. »Er wird mich in die jenseitige Welt *über-setzen* [deutsch] so wie ich ihn jetzt (an der Hand) *über-setze* [deutsch] – ins Russische. Eine Übersetzung verstehe ich nur so.« (22. Januar 1929)[7]

Zur gleichen Zeit setzte sie die Arbeit an *Perekop* fort, doch am 15. Mai mußte sie unfertig abgebrochen werden: Die Vorlage, Serjoshas Tagebuch, war plötzlich verschwunden –.

»Und der Perekop-Kämpfer war ›Perekop‹ gegenüber abgekühlt. Und die anderen, Nicht-Abgekühlten, konnten nichts erzählen, oder vielleicht verstand ich sie nicht. So blieb der Schluß des *Perekop* ohne mich und ich ohne den Schluß des *Perekop* – schade!«

Das schrieb Marina Zwetajewa im Herbst 1939 bei der Abschrift des Werkes in das Heft, das nach ihrer Rückkehr in die Sowjetunion im Westen blieb. Und ganz am Ende des Heftes, am 7. Januar 1939, fügte sie diesem noch ein Nachwort hinzu:

»Vielleicht ist es gut, daß mein *Perekop* mit einem Sieg endet, dadurch ist der Sieg niemals zu Ende.«[8]

Treue Freunde aus dem »Freiheit Rußlands«-Kreis waren das Ehepaar Lebedjew. Im Sommer 1929 luden sie Alja in die Bretagne ein. Für Marina und Mur reichte das Geld nicht, sie mußten in Meudon bleiben. Um so größer wurde ihre Sehnsucht nach den grünen Hügeln von Mokropsy. Sie träumte davon, als Ersatz für den ferienlosen Sommer im Herbst nach Prag zu fahren, um Anna Tesková wiederzusehen und »etwas für ihre Seele zu tun«.

Wieder werden Pläne für einen Vortragsabend in Prag geschmiedet: Marina möchte im Anschluß an eine Vortragsreise in Belgien in die Tschechoslowakei reisen. Die Briefe sprechen schon konkret vom Kartenverkauf und der Saalmiete. Doch ist es offenbar Tesková, die im letzten Moment absagt.

Zugleich ereignet sich etwas anderes. Kurz vor der Fahrt nach Brüssel teilt Marina Tesková kurz mit: »Die ›Eurasia‹ hat ihr Erscheinen eingestellt und S. Ja. ist verzweifelt, – dieser Mensch kann nicht ohne eine seine Kräfte übersteigende Last leben. Er lebt von der Hoffnung auf ihr Wiedererstehen und von seiner Liebe zu Rußland.« (30. September 1929)

Dann kommt eine Ansichtskarte aus Brüssel: »S. Ja. verdient nichts mehr, seitdem die ›Eurasia‹ nicht mehr erscheint; meine Einkünfte kennen Sie. Wenn die 500 Kronen aus der Tschechoslowakei auch nicht mehr kommen, weiß ich nicht, was wir machen werden!« (26. Oktober 1929).

Und dann erhält Tesková einen Brief ohne Datum:

»Liebe Anna Antonowna – schlechte Nachrichten von uns. Infolge Erschöpfung ist S. Ja.'s alte Lungenkrankheit wieder ausgebrochen – augenblicklich nicht akut, aber um so bedrohlicher, weil er so erschöpft ist. Ärztliche Hilfe ist uns zugesichert, aber das Wichtigste ist jetzt ein Sanatorium (Aufbruch, Erholung, Luft, Ruhe), viel Geld. Die ›Eurasia‹ ist vorbei, damit auch Serjoshas bescheidenes Redakteursgehalt, wir leben von Schulden – an ein Sanatorium ist nicht zu denken. Daß nur um Gottes willen mein tschechisches Stipendium 1930 nicht eingestellt wird! Dann sind wir ganz verloren. Ein halbes Jahr lang habe ich *Perekop* (ein Poem über den Bürgerkrieg) geschrieben – niemand will es, den Rechten ist es zu links in seiner formalen Gestalt, den Linken zu rechts im Inhalt. Sogar die ›Freiheit Rußlands‹ hat abgewinkt ...«[9]

Auch diesmal halfen Freunde. Es gelang, Serjosha für neun Monate im Schloß Arcine bei St. Pierre-de-Rumilly, Haute Savoie, unterzubringen, das als russisches Sanatorium geführt wurde. Es liegt nahe der Schweizer Grenze bei Genf.

Das Frühjahr 1930 wurde für Zwetajewa zu einer harten Bewährungsprobe. Da Alja in diesem Jahr in Paris die Louvreschule besuchte, mußte sie alle Probleme allein bewältigen und allein mit ihren schweren Sorgen und ihrer Geldknappheit fertig werden, »d. h. allein mit meinen beiden Händen«, wie sie Vera Bunina schrieb. Ihr schildert sie die Lage, in der sie sich befindet:

»Mein Mann ist schwer krank (Lungentuberkulose, drei Herde + Nierenentzündung). Das Rote Kreuz zahlt pro Tag 30 Francs, aber das Sanatorium kostet 50; ich muß im Monat 600 dazuzahlen . . .« (An Bunina, 10. April 1930)[10]

Der nächste Brief beginnt mit »Christus ist wahrlich auferstanden« und einem herzlichen Dank; anscheinend erwies Vera Bunina tatkräftige Hilfe.

Trotz alledem gingen auch Marinas literarische Arbeiten weiter. Sie übertrug ihren *Recken* ins Französische und hoffte, auf diese Weise bekannt zu werden und einen französischen Leserkreis zu gewinnen. Der April verging außerdem mit Vorbereitungen für eine neue Dichterlesung, auf deren Reinertrag sie ihre letzte Hoffnung setzte. Der Abend fand am 26. April im Saal der Geographischen Gesellschaft statt und stand unter dem Motto »Romantik«. Nicht nur Fürst Wolkonski und Wadim Andrejew unterstützten sie durch ihre aktive Teilnahme, selbst Georgi Adamowitsch, Georgi Iwanow, Nikolai Ozup und Boris Poplawski, außerdem N. A. Teffi lasen aus ihren Werken und trugen so zum Gelingen des Abends bei.[11]

Der Erfolg des »Romantik«-Abends bedeutete für Marina nicht nur eine finanzielle Erleichterung. Er gab ihr die Möglichkeit, in Savoyen, in unmittelbarer Nähe des Schlosses Arcine, ein altes Chalet zu mieten und dort zu bleiben, bis ihr Mann im Oktober 1930 als geheilt entlassen wurde. Das Haus war klein und primitiv, aber die Landschaft herrlich – allerdings bedeutete dies wieder das Ende von Aljas Zeichenunterricht. Einen Teil des Sommers verbrachte Jelena Iswolskaja bei ihnen; nach ihrer Beschreibung verlebten die beiden Freundinnen dort eine märchenhaft schöne Zeit mit einem Minimum an lästiger Hausarbeit, bei langen Wanderungen und Gesprächen, die bis in die frühen Morgenstunden dauerten.

Die literarische Ausbeute dieser Zeit in der Einöde war die Vollendung des französischen *Recken* (Le Gars) und ein Gedichtzyklus auf den Tod Majakowskis.[12]

Im Oktober 1930 kehrte die Familie Efron nach Meudon zurück. Sergej Jakowlewitsch war nicht mehr arbeitsfähig, eine größere Anstrengung war für ihn unmöglich. Er schrieb sich in einen Kinematographie-Kurs ein und hoffte, später als Kameramann bei einer Filmgesellschaft unterzukommen. Marina hatte anfangs Mühe, ihren Haushalt wieder in Schwung zu setzen, trotzdem begann sie sogleich mit ihrer literarischen Arbeit.

Alle Hoffnungen Marinas konzentrierten sich nun auf die Veröffentlichung von *Le Gars* mit Illustrationen von Natalja Gontscharowa in einer französischen literarischen Zeitschrift. Sie korrespondierte diesbezüglich mit Charles Vildrac. Aus diesem Briefwechsel in französischer Sprache ist nur die russische Übersetzung eines Briefes bekannt, eine Antwort Zwetajewas auf die Frage, warum sie das Werk in Versen geschrieben habe. Sie läßt sich in einem Satz zusammenfassen: Wenn eine Dichtung Bestand haben soll, muß sie sich in ein Lied verwandeln.[13]

Marina wurde eingeladen, in einem bekannten Pariser literarischen Salon ihr Werk vorzulesen. Jelena Iswolskaja begleitete sie: »Marina las ihre Übersetzung des *Recken*. Sie wurde mit eisigem Schweigen aufgenommen. Der russische Bauernbursche paßte leider nicht in die snobistische Atmosphäre dieses Hauses. Ich glaube, daß das Werk in anderen Pariser Kreisen gebührend gewürdigt worden wäre, aber nach diesem unglücklichen Auftritt verkroch sich Marina in ihre Einsamkeit.«[14]

Jelena Iswolskaja hatte in allen diesen Jahren bewiesen, daß sie eine treue und liebende Freundin war. Um so schwerer muß es Marina Zwetajewa getroffen haben, daß sie sich Anfang 1931 entschloß zu heiraten und zu ihrem zukünftigen Mann nach Japan zu übersiedeln. Sie erzählt:

»Marina verwandelte meine Abreise in ein richtiges Drama. Das heißt nicht, daß sie besonderen Schmerz um mich empfand. In ihren Augen war mein gewöhnliches Leben zu Ende, nun kam für mich die Zeit der Stürme, der Unsicherheit, des Flugs ins Ungewisse. [. . .] Marina besuchte mich ständig, sie kam mehrmals am Tag, verwöhnte mich, schenkte mir Bücher, lenkte mich durch Gedichte und Geschichten ab und half mir beim Einpacken, d. h. sie störte mich mehr durch ihre Geschäftigkeit. Meine bevorstehende Reise verwandelte sich in einen Mythos. Die Trennung wurde zu einer wirklichen Tragödie. Ich erinnere mich an Marina auf dem Bahnsteig, blaß, wortlos, regungslos wie eine Statue. Dieser Abschied glich eher einem Begräbnis. [. . .] Weder sie noch ich ahnten damals, daß uns bald danach ein anderer Abschied bevorstand. Vielleicht verabschiedete sie sich von mir aber schon damals, auf dem Bahnsteig, für ewige Zeiten. In ihrer bewegungslosen Gestalt lag etwas Prophetisches. Ja, es war das Vorgefühl einer Katastrophe, ihrer eigenen . . .«[15]

Mit dem Aufräumen und Einpacken vor der großen Reise und dem Zerreißen von überflüssigen Schriftstücken beginnt die *Geschichte einer Widmung,* Marinas »verspätetes Hochzeitsgeschenk für ihre liebe Freundin Je. A. I.«, wie es in der Widmung heißt. Tatsächlich ist die Geschäftigkeit, die Jelena Iswolskaja beim Einpacken stört, der unmittelbare Anlaß zur Entstehung dieser reizenden Skizze. Denn dieses Verbrennen von unnützem Papier bringt Marina auf die Idee, zu Hause das gleiche zu tun, und dabei fällt ihr, wie sie erzählt, ein Zeitungsblatt mit einem phantasievollen Artikel Georgi Iwanows, seine Erinnerungen an Ossip Mandelstam, in die Hände. Unter anderem erzählt Iwanow, Mandelstam habe 1916 auf der Krim eine brünette, mit einem reichen Armenier zusammenlebende Ärztin geliebt und ihr die ersten Gedichte in seinem Buch *Tristia* gewidmet. Voll Empörung erzählt Marina nun von ihrer Bekanntschaft mit Mandelstam, von der Entstehung des Gedichtes »Nicht glaubend an das Wunder der Auferstehung« und dem gemeinsam verbrachten Sommer. Zwischendurch erfährt der Leser eine Fülle von Details aus ihrem eigenen Leben, Anekdoten aus ihrem Vaterhaus in Moskau ebenso wie aus dem Leben in Meudon.[16]

Auch mit der *Geschichte einer Widmung* hatte Zwetajewa kein Glück; sie blieb in der Schublade liegen wie *Perekop* und *Le Gars*. In diesem Fall jedoch wahrscheinlich nicht ohne Absicht, denn der verlogene Dichter, in dessen Erinnerungen sich ein Übermaß von Dichtung statt Wahrheit eingeschlichen hatte, mußte für alle leicht zu identifizieren gewesen sein.

Nach der Abreise von Jelena Iswolskaja wird es um Marina still. Auch die Freundschaft mit der verehrten Natalja Gontscharowa schläft ein, nachdem Marinas Biographie beendet ist und Alja nicht mehr bei ihr, sondern im Louvre zeichnen lernt. Der monotone Rhythmus der Haushaltspflichten, der Zwang, mit jedem Sou zu geizen, erschweren, wie schon so oft, jeden menschlichen Kontakt. Wieder bleibt Marina nur ihr Heft und ein seit kurzem heiß geliebtes Buch, in dessen Heldin sie sich selbst erkennt: Sigrid Undsets *Kristin Lavranstochter:* »Manchmal denke ich, daß ich – bei meiner pausenlosen Arbeit – ein derartiges Leben vielleicht doch nicht ganz verdient habe. Was mich ins Unglück bringt, ist meine Geduld, mein maßloser Stolz, der mich zwingt, so zu tun, als ob ich alles zustandebrächte: alles aufzuheben, abzuwerfen, zu tragen und *zu ertragen* . . .« (An Tesková, 17. Oktober 1930)[17]

Dreiundzwanzigstes Kapitel

Nicht nur die Familie Efron geriet seit 1930 immer tiefer in Not, auch anderen Emigranten ging es nicht besser. Die Auswirkungen der Weltwirtschaftskrise erfaßte alle, Einheimische ebenso wie Flüchtlinge; mit dem Unterschied, daß sich die Einheimischen meist besser schützen konnten. Von der Krise wurden Verlage und Druckereien, Buchhändler und Käufer in gleicher Weise erfaßt, Zeitschriften stellten ihr Erscheinen ein, Lyrik wurde überhaupt nicht mehr gedruckt. Jedermann war sich selbst der Nächste; von der literarischen und künstlerischen Bruderschaft der zwanziger Jahre blieb fast nichts mehr übrig. Das Schicksal der darbenden russischen Schriftsteller hörte auf, deren Landsleute zu interessieren, niemand war mehr bereit, Karten für die immer wieder veranstalteten Dichterabende zu kaufen, die sich nach Ablauf und Inhalt kaum voneinander unterschieden. Gleichzeitig griff eine politische Radikalisierung um sich. Vor 1930 hatte sich die französische Öffentlichkeit nicht sonderlich um ihre Gäste gekümmert, aber nun war unter den Intellektuellen ein gesteigertes, durch die Reisen einiger französischer Schriftsteller entfachtes Interesse für die Sowjetunion und Begeisterung für das kommunistische Experiment zu bemerken, welches auch die französische Innenpolitik beeinflußte. Als Iwan Bunin und Konstantin Balmont Ende der zwanziger Jahre einige Dokumente über die Unterdrückung der schöpferischen Freiheit in der UdSSR publizierten, wurden sie deswegen von Romain Rolland in der Presse scharf angegriffen.

Die ausweglose wirtschaftliche Situation bewirkte eine Polarisierung auch innerhalb der russischen Emigranten. Einige bewunderten den italienischen Faschismus und beobachteten Hitlers Kampf um die Macht und seine Angriffe gegen Juden und Bolschewiken mit Sympathie. Vor allem die heranwachsende national eingestellte Jugend sammelte sich in der »Jungrussischen Bewegung«. Auf der entgegengesetzten Seite der politischen Skala kokettierte eine andere Gruppe mit dem Gedanken einer Aussöhnung mit den Kommunisten und der »Zuschüttung der Gräben«, d. h. mit einer Rückkehr in die Heimat. Ein »Verband der Heimkehrer in die UdSSR« trat aktiv in Erscheinung.

Zu welchem Zeitpunkt Sergej Efron ganz in sowjetisches Fahrwasser geriet, läßt sich nicht feststellen. Sinaida Schachowskaja macht ihn z. B. für die »Sowjetisierung« der Zeitschrift »Eurasien« verantwortlich.[1] Efron war ein schwacher, lebensuntüchtiger Mensch, der eine Idee brauchte, an die er sich klammern und der er dienen konnte. Die hoffnungslose Lage seiner Familie, seine Krankheit und die Anfeindungen innerhalb der Emigrantenkreise waren wahrscheinlich die ausschlaggebenden Momente, die ihn dazu veranlaßten, wieder Kontakte zu seinem Vaterland zu suchen. Er wurde ein glühender, gläubiger Kommunist und kannte nur noch ein Ziel: die Rückkehr nach Rußland. Daß für die Erreichung dieses Ziels von einem ehemaligen Offzier der Weißen Armee ein hoher Preis gefordert wurde, mag ihm anfangs vielleicht nicht richtig zu Bewußtsein gekommen sein.

Wie wenig Marina Zwetajewa von der neuen Leidenschaft ihres Mannes entzückt war, geht sogar aus der stark zensurierten Ausgabe ihrer Briefe an Anna Tesková hervor. Und ihr Brief an Ivask zeigt, ihre Einstellung gegenüber der sowjetischen Regierung hatte sich nicht geändert: »Vielleicht wollen Sie sagen, daß mein Haß gegenüber den Bolschewiken ihnen (d. h. den Emigranten) nicht groß genug ist? Darauf antworte ich: es ist ein anderer Haß, ein anders gearteter. Die Emigranten hassen sie, weil sie ihnen ihre Güter weggenommen haben, ich hasse sie deshalb, weil man Boris Pasternak daran hindern kann, in sein geliebtes Marburg zu fahren (wie es bereits geschehen ist), und mich, in mein mir von Geburt zustehendes Moskau. Und Hinrichtungen, mein Täubchen – alle Henker sind Brüder, egal, ob es sich um die Hinrichtung eines Russen nach einem ordentlichen Gericht oder um einen Schuß in den Rücken durch einen Tschekisten handelt –, ich schwöre Ihnen, daß alles das gleiche ist, wie immer es sich nennt: eine Gemeinheit, der ich mich nie unterordnen werde, wie überhaupt keiner organisierten Gewaltanwendung, gleich, in wessen Namen sie begangen wird und wessen Name dafür als Aushängeschild dient.« (An Ivask, 4. April 1933)[2]

Trotzdem kann, wohl unter dem Einfluß ihres Mannes, auch bei Zwetajewa ungefähr seit 1930 ein gesteigertes Interesse für gewisse Entwicklungen in ihrer Heimat und ein wachsender russischer Patriotismus beobachtet werden. Die *Gedichte an den Sohn*, entstanden im Januar 1932, sind Ausdruck dieser Gefühle; sie sind aber auch ein Indiz dafür, wie wenig man im allgemeinen im Westen über die tatsächliche Lage in Rußland während und nach der »Entkulakisierung« Bescheid wußte:

Unser Gewissen, es ist nicht das eure!
Laßt der Vergangenheit ihren Lauf!
Kinder, schreibt doch selbst die Geschichte
Eurer Tage und Sehnsüchte auf!

Seht die versteinerte Lot-Familie
Auf dem Familien-Albumblatt!
Kinder, machet selbst eure Rechnung
Mit der als Sodom verschrienen Stadt,

Mit dem Bruder, mit dem du selber,
Blondschopf, niemals dich hast entzweit!
Euer das Land, das Jahrhundert, die Stunde,
Unser das Kreuz und die Sünde, der Streit,

Unser der Zorn. Fort mit Trauergewändern,
Die von Geburt an euch dienen als Kleid.
Kinder, hört auf, um ein Eden zu trauern,
Wo ihr niemals gewesen seid,

Dessen Früchte und Anblick ihr niemals
Eigenen Auges gesehen habt,
Denket daran, sie sind blind, die euch führen
Zu einem Requiem für jenes Land,

Welches Brot ißt und euch davon bietet,
Wenn von Meudon ihr geht zum Kuban!
Unsere Kämpfe sind nicht die euren!
Kinder, schaffet euch eigene an![3]

Die gewandelte Haltung Zwetajewas kommt auch in ihrem kurzen Aufsatz *Über das neue russische Kinderbuch* zum Ausdruck. Sie bewundert die russische Kinderliteratur, weil sie »hinführt zur Realität und weg von der Verlogenheit ihrer Kindheit«, sie »schließt mit der befriedigten Feststellung, daß das russische Buch für vorschulpflichtige Kinder das beste der Welt ist«.[4]

Marina ist erstaunt und gekränkt, daß die Redaktion der Zeitschrift, für die der Artikel verfaßt war, ihren Essay ablehnt. »Ich habe über das neue Kinderbuch – dort, in Rußland, geschrieben, über seinen Reichtum, über den märchenhaften Realismus (Wenn

Sie wollen über die ihm zugrundeliegende Phantastik), über seine unvergleichliche Überlegenheit ... Dort aber liegt eben der ›Hund begraben‹ [im Original deutsch]. Heute erhalte ich einen Brief: Sie können den Artikel nicht annehmen und so fort, und in Rußland gäbe es auch schlechte Kinderbücher. Das Schreiben war umsonst (NB! In dem Artikel kommt kein einziges Mal ›sowjetisch‹ vor, immer nur: russisch, kein Deut von Politik, sie gehört ja auch nicht zu meinem Thema (das Kind im Vorschulalter)) [...] So ziehe ich mich wortlos und voll Verachtung zurück. Alles stößt mich nach Rußland, wohin ich *nicht fahren kann*. Hier bin ich *überflüssig*. Dort bin ich *unmöglich*.« (An Tesková, 25. Februar 1931)[5]

Ein besonders merkwürdiges Produkt dieser Einstellung ist das Gedicht »Sibir« (Sibirien), eine Beschreibung der Stadt Tobolsk, in dem sich eurasische Elemente mit dem Stolz auf die glorreiche Eroberung des Landes durch Jermak vermischen, und das mit einer unerwarteten Schlußzeile endet: »Tobolsk, Tobolsk, hölzerne Zelle, Tobolsk, Tobolsk, hölzerner Sarg!« Man kann daraus schließen, wo die Gedanken der Dichterin weilten; möglicherweise haben wir hier den einzig erhaltenen Überrest des Epos über den Untergang der Zarenfamilie vor uns, an dem Marina Zwetajewa jahrelang arbeitete und über das sie immer wieder geheimnisvolle Andeutungen macht.[6]

Diese Arbeiten – der Artikel über das russische Kinderbuch erschien schließlich, eingeleitet von einem sich distanzierenden Vorwort, in »Freiheit Rußlands« – mögen Marinas politischen Ruf noch mehr geschadet haben. Die Dichterin zu verstehen, nahm sich kaum jemand mehr Mühe:

»Das Unglück mit meiner Umgebung besteht darin, daß ich auf *taube Ohren stoße* [...] Das Schicksal meiner Bücher: jeder will sie 1. einfacher, 2. lustiger, 3. schöner. So einsam wie in den letzten fünf Jahren war ich noch nie. Zu Hause bin ich so etwas wie ein Gendarm [im Original der tschechische Ausdruck ›Stráž bespečnosti‹] – die allerundankbarste Rolle. Den ganzen Tag überwachen, herumkommandieren, alles wegen Kleinigkeiten. Mitunter denke ich voll Bitterkeit: alle bei mir zu Hause und um mich herum sind mehr ›Dichter‹ als ich. Von ›Poesie‹ bleibt mir nur mein unglückliches Heft.« (An Tesková, 25. Februar 1931)

Immer mehr Freunde entschwanden aus Marinas Gesichtskreis. Iswolskaja war in der Ferne (sie kam zwar später nach Paris zurück, aber die alte Vertrautheit stellte sich nicht mehr ein), Swjatopolk-Mirski, der Marina alle diese Jahre hindurch geholfen hatte, schickte 1932 seinen letzten Scheck. Dieser unglückliche, rastlose, wie von Furien gejagte Mensch, der nach einer Bemerkung Iswolskajas nur gelöst wirkte, wenn er in der Efronschen Küche Kaffee in einer türkischen Kaffeemühle mahlen konnte, trat der Englischen Kommunistischen Partei bei, übersiedelte 1932 nach Rußland und ist 1937 in einem Konzentrationslager verschwunden.

Schwer traf Marina eine aus Moskau kommende Nachricht: Der von ihr vergötterte Pasternak hatte seine Familie verlassen, weil er sich in *eine andere* Frau verliebt hatte.

»(Jahrelang habe ich von der Hoffnung gelebt, daß wir uns einmal wiedersehen werden.) Jetzt ist alles leer. Ich habe in Rußland niemanden mehr. Frau und Sohn – das achte ich. Aber eine *neue* Liebe – da ziehe ich mich zurück. Verstehen Sie mich richtig, liebe Anna Antonowna, *das ist nicht Eifersucht!* . . . Ich hatte bei P. das Gefühl, ich könne ihn rufen, wenn ich sterbe. Denn trotz seiner Familie habe ich ihn als völlig vereinsamten Menschen empfunden, als mir gehörend. Jetzt ist mein Platz besetzt.« (An Tesková, 20. März 1931)

Die finanzielle Lage wird immer hoffnungsloser. Serjosha ist arbeitslos, drei Werke Marinas, die das Haushaltsbudget entlasten sollen, liegen in der Schublade. (»Das alles ist für später, wenn ich nicht mehr existieren werde, wenn man mich ›entdecken‹, aber nicht mehr ausgraben wird.«) Die meisten Mitglieder des Zwetajewa-Unterstützungskomitees sind fort oder haben selbst kein Geld mehr; übrig bleibt immer noch Salomea Halpern. Die »Freiheit Rußlands«, der Rettungsanker so vieler Jahre, erscheint nicht mehr regelmäßig – ein unheilvolles Anzeichen dafür, daß die Krise auch die Redaktion der Prager Zeitschrift bedroht. Zu allem Unglück kommt auch die Unterstützung der tschechischen Regierung mit großer Verspätung an; die meisten Stipendiaten erhalten die Mitteilung, daß mit der weiteren Auszahlung des Geldes nicht mehr gerechnet werden kann. Ein guter Engel in Prag bewirkt, daß Zwetajewa und Alexej Remisow, die beiden ärmsten unter den russischen Schriftstellern, von dieser Maßnahme nicht betroffen werden. Als im Herbst 1931 »die Katastrophe des Mietentermins« herannaht, sind es noch einmal Freunde, unter ihnen Tesková, die das Geld für die Miete bis zum Jahresende aufbringen.

»Ich lebe von meinen letzten (seelischen) Kräften«, schreibt Marina am 31. August an die Freundin, ». . . wie ein schlecht funktionierender Automat, schlecht – wegen des Überrestes von Seele, der die Maschine beeinträchtigt. Wie ein unglücklicher, untauglicher Automat, wie ein Hohn auf einen Automaten. [. . .] Der Alltag hat mein Gehirn zerstört! Ich lebe das Leben einer gewöhnlichen Meudoner oder Všenorer Hausfrau, ohne Unterschied, ich muß all das tun, was sie macht, und darf nichts, was sie nicht darf . . . Unter den gleichen Umständen (gibt es überhaupt gleiche Umstände?) wäre jede andere (d. h. nicht ich – damit ist schon alles anders) zufrieden . . . aber das nicht getane Werk (Gedichte, die liegen bleiben, ein nicht beantworteter Brief) quälen mich und vergiften alles. – Manchmal schreibe ich wochenlang nichts (NB! ich möchte: immer), ich komme einfach nicht dazu, mich hinzusetzen.«[7]

Ausgerechnet in diesem ungünstigen Augenblick erschien ein Gast aus Prag: Nikolai Jelenjew.

»Gegen Ende des Sommers 1931 besuchte ich die Familie des Regisseurs T. in Meudon. Während des Abendessens ertönte im Vorzimmer die Glocke. Unerwartet betrat Sergej Efron das Speisezimmer. Unsere Beziehungen waren seit langem unterbrochen. Wir schrieben uns nicht. Aber Efron freute sich aufrichtig über das zufällige Zusammentreffen. [. . .] Er bestand darauf, daß ich nach dem Abendessen, trotz der späten Stunde, bei ihnen vorbeischauen müsse. ›Marina wird sich so freuen, Sie zu sehen, wir haben uns ja so lange nicht getroffen . . .‹ Schon vorher hatten mich meine Freunde darauf aufmerksam gemacht, daß mit Zwetajewa etwas Ungutes geschehen sei; man habe aufgehört, ihr in politischer Hinsicht zu vertrauen. Aber es war unmöglich, die Einladung auszuschlagen . . . Marinas Zimmer, an der Wand, Kopfende an Kopfende, zwei Betten. An den farblosen Wänden nicht ein Bild, nicht eine Photographie. Ein unordentlicher Holztisch, herumstehendes Geschirr. Tabakrauch. Und darüber eine trübe elektrische Birne. [. . .] Efrons Erwartungen erfüllten sich nicht. Nicht nur, daß sich Marina nicht freute, mich zu sehen, sie empfing mich gleichgültig; fast kalt. Sie blickte eigensinnig zur Seite und rauchte ohne Unterbrechung. Die Gesichtshaut war gelblich-trüb geworden. Nicht nur draußen näherte sich der Herbst . . . Marinas strahlender Nimbus war nicht mehr zu spüren, er war erloschen. Von ihr ging etwas Feindseliges aus . . . Beim Fortgehen fühlte ich keinen Ärger, ich wußte nur, daß wir uns niemals wiedersehen würden. Marinas Schweigen war das Schweigen eines Menschen, der keinen Ausweg mehr weiß.«[8]

Jelenjews Bemerkungen wurden teilweise von Slonim bestätigt. Auch auf ihn machte Marina Zwetajewa 1931 einen ungewohnt niedergeschlagenen Eindruck. Er führt es hauptsächlich auf politisch bedingte Mißstimmigkeiten innerhalb der Familie zurück. Aber er erinnert sich auch an einen fröhlichen, sehr gelungenen Ausflug, den er mit dem Ehepaar Prokofjew unternahm, um Marina zu besuchen. Prokofjew, ein miserabler Chauffeur, lenkte sein Auto selbst; auf der Heimfahrt war er so sehr von der Persönlichkeit Zwetajewas beeindruckt, daß er an einen Telegraphenmast fuhr und seine Mitfahrer um ein Haar ins Jenseits befördert hätte.

Selbst unter diesen schwierigen Bedingungen fand Marina die Kraft und Energie, ihrem schöpferischen Auftrag nachzukommen. Die Ausbeute dieses Sommers sind ein Gedichtzyklus an Puschkin, eine dreiteilige »Ode über das Zufußgehen« – sie erschien erst lange nach ihrem Tod im Druck – und ein lyrisches Selbstporträt »Das Haus«.[9]

Vielleicht sind es die Puschkingedichte und die Besinnung auf ihren Lieblingsdichter, die Marina Zwetajewa wieder zu einem Thema zurückführen, das sie besonders berührt. Trotz aller häuslichen Schwierigkeiten und Sorgen, mit einer Zielstrebigkeit, die Bewunderung abnötigt, schreibt sie den ganzen Winter und bis weit ins Jahr 1932 hinein an einer Fortsetzung ihrer theoretischen Überlegungen über das Verhältnis zwischen Kunst und Künstler. Am Beispiel Puschkins und anderer großer Dichter stellt Marina dar, worin für sie das tiefste Wesen der Kunst besteht: in der sittlichen Verpflichtung des Dichters gegenüber seiner Zeit und seinem Gewissen. Es ist ihr magnum opus, ihr künstlerisches Glaubensbekenntnis, das hier entsteht: *Iskusstwo pri swete sowesti* (Die Kunst im Lichte des Gewissens).

»Mensch zu sein ist wichtiger, weil es notwendiger ist. Ein Arzt oder Priester sind notwendiger als ein Dichter; sie sind es, die am Totenbett stehen, nicht wir. Der Arzt und der Priester sind menschlich wichtiger, alle anderen sind für die Gesellschaft wichtiger. Außer den Schmarotzern aller Erscheinungsformen sind alle anderen wichtiger als wir. Und obwohl ich das weiß, bekräftige ich nach bestem Wissen und Gewissen, daß ich meine Berufung gegen nichts anderes eintauschen würde. Ich weiß um das Große und tue das Kleine – das wird mir nicht vergeben werden. Solche wie ich werden sich vor dem letzten Gericht des Gewissens verantworten müssen. Aber wenn es ein letztes Gericht des Wortes gibt: vor diesem werde ich rein dastehen.«[10]

Das komplette Buch *Die Kunst im Lichte des Gewissens* ist nie erschienen; vielleicht hat Marina Zwetajewa es nie ganz beendet. Möglicherweise liegt jedoch die Schuld bei der Redaktion der »Zeitgenössischen Annalen« – laut zahlreicher, beredt zum Ausdruck gebrachter Klagen der Verfasserin strich der Redakteur Rudnjew das Werk auf die Hälfte zusammen.[11] Im Druck erschienen bloß zwei Kapitel, eines, das den gleichen Titel trägt, und ein anderes, *Poet i wremja* (Der Dichter und die Zeit).[12] Diese Kapitel las Marina zuerst an zwei Abenden, am 21. Januar und 26. Mai 1932, einem interessierten und zahlreich erschienenen Publikum vor. Am ersten Abend fiel bei der anschließenden Diskussion der junge russische Dichter A. Eisner, aus Prag, auf; er half ihr später viel und war es auch, der den Rat gab, als Diskussionsredner für den zweiten Abend Georgi Fedotow einzuladen. Marinas erster kurzer Brief an Fedotow vom 16. Mai handelt von diesem Thema.

Georgi Fedotow, den Gleb Struve als einen der glänzendsten Schriftsteller und Publizisten der Emigration bezeichnet, war seit dem *Poem vom Berg* und dem *Rattenfänger* ein begeisterter Anhänger Zwetajewas. 1932 hatte er gerade begonnen, zusammen mit I. Fondaminski-Bunakow die bis zum Krieg existierende Zeitschrift »Nowy grad« (Neue Stadt) herauszugeben. Zu ihren engsten Mitarbeitern gehörten Nikolai Berdjajew, Sergij Bulgakow, Fedor Stepun und N. Losski. Fedotow lud Zwetajewa ein, für die »Neue Stadt« etwas zu schreiben, und so kam sie mit ihren alten Moskauer Bekannten wieder in nähere Berührung. Marinas Briefe an Fedotow lassen den Schluß zu, daß die beiden viel Freundschaft und Sympathie für einander empfanden.[13] Sie betreffen vor allem den Artikel *Epos und Lyrik des heutigen Rußland: Majakowski und Pasternak*.[14] Der Briefwechsel bricht am 24. Mai 1933 unvermittelt ab; Fedotows Witwe mutmaßt, daß er überflüssig geworden sei, weil man sich bei Berdjajew traf; sie schließt aber auch nicht aus, daß Fedotow sich von Efrons politischer Haltung abgestoßen fühlte.

Im Frühling 1932 war die Familie gezwungen, die Wohnung in Meudon aufzugeben. Ohne die Hilfe reicher Freunde konnten sie die Miete nicht mehr bezahlen. Sie übersiedelten in den von vielen Russen bewohnten Pariser Vorort Clamart und fanden zunächst, ab April 1932, Unterkunft in einer kleinen, engen Wohnung in der Rue Condorcet Nr. 101; im Jahr darauf zogen sie in die unmittelbare Nachbarschaft von Nikolai Berdjajew, Rue Lazare Carnot Nr. 10.

Im tristen, gesichtslosen Mietshaus in der Rue Condorcet beendete Marina Zwetajewa *Die Kunst im Lichte des Gewissens* und schrieb den ganzen Sommer über, »ohne den Rücken geradezubiegen«, eines ihrer bezauberndsten literarischen Porträts, ihre Erinnerungen an Maximilian Woloschin: *Ein lebendiges Wort über einen Lebenden.*[15] Anlaß war hierfür die Nachricht vom Tod des Freundes und Förderers in Koktebel. Diese Erinnerungen sind so lebendig geschrieben, daß vor den Augen des Lesers ein lebendiger Mensch und zugleich eine mythische Heldenfigur entsteht. Chodassewitsch sah sich in der »Erneuerung« zu einer trockenen Bemerkung veranlaßt: »Die Erinnerungen Zwetajewas an Woloschin sind unvergleichlich bedeutender als Woloschin selbst – darin liegt ihr bemerkenswerter literarischer Wert und ihr eindeutiger Fehlschlag als Memoirenwerk.«[16]

Zwischen dem 16. Oktober 1932 und dem 7. März 1933 erfolgte in dem Briefwechsel zwischen Marina Zwetajewa und Anna Tesková eine Unterbrechung. War es vielleicht deshalb, weil die Dichterin an einem kurzen Werk schrieb, das sich mit dem Begriff von »Schicklichkeit« schwer vertrug? Die im November und Dezember 1932 entstandene, in französischer Sprache geschriebene Prosa *Mon frère féminin* mit dem Untertitel *Lettre à l'amazone* ist Marinas verspätete Antwort auf ein 1918 verfaßtes Buch der in Paris lebenden Amerikanerin Nathalie Clifford Barney *Pensées d'une amazone* – ein Buch über die Liebe zweier Frauen. Zwei sich liebende Frauen sind für Marina Zwetajewa, wohl in Erinnerung an Sofia Parnok und Sonja Holliday, die vollkommene Ganzheit, allerdings mit einem einzigen Fehler, kein gemeinsames Kind haben zu können. »Selbst wenn wir eines Tages ein Kind *ohne ihn* haben könnten, werden wir nie ein Kind von ihr haben können, werden wir nie ein Kind von ihr haben, ein weibliches kleines Du, das wir lieben dürfen.«[17]

1933 stellte die »Freiheit Rußlands« ihr Erscheinen ein – ein Ereignis von folgenschwerer Bedeutung, das für Marina Zwetajewa nicht nur finanzielle Konsequenzen hatte. Die Prager Zeitschrift hatte ihr künstlerisch völlige Freiheit gewährt und alles von ihr gedruckt, ohne auch nur eine Zeile zu streichen. Nun blieben nur mehr die »Zeitgenössischen Annalen« – dort jedoch war W. W. Rudnjew für den literarischen Teil verantwortlich, und er wußte mit dem Stil Zwetajewas nicht viel anzufangen. Klagen über Rudnjew und seine willkürlichen Eingriffe und Streichungen in den Texten und über seine Zurückweisung einzelner Gedichte »wegen ihres mangelnden Anklangs beim Publikum« füllen von nun an Marinas Briefe an alle ihre Korrespondenten. Allerdings weist Mark Wischnjak, der langjährige Herausgeber der Zeitschrift, diese Klagen zum großen Teil zurück.[18]

Auch in der Rue Condorcet blieb die bittere Not ständiger Gast: »Ich flehe Sie an, schreiben Sie Fondaminski noch einmal wegen meines Honorars – wir wurden gepfändet – das erste Mal im Leben«, schreibt Marina am 4. März 1933 an Fedotow und entschuldigt sich bei ihm am 24. Mai, weil sie nicht wie vereinbart zu Besuch kommen konnte: ». . . Die Schuhsohle hat sich geweigert, weiter Dienst zu tun, d. h. sie ist abgefallen, und da ich nur ein Paar Schuhe besitze . . .«[19]

In der Rue Condorcet scheint ein Werk entstanden zu sein, über das wir nur aus Marinas Briefen an Anna Tesková und Vera Bunina wissen: »Gedichte habe ich diesen Winter wenig geschrieben: eine große Arbeit über M. Woloschin und eine Übersetzung meiner eigenen Prosa ins Französische: Neun Briefe (meine eigenen echten) und als Antwort ein einziger männlicher – und ein Nachwort: Postface oder Face posthume des choses – und das letzte Zusammentreffen mit meinem Adressaten vor fünf Jahren in der Neujahrsnacht. Herausgekommen ist ein geschlossenes Werk, vom Leben geschrieben. Aber ich habe wieder mein übliches Glück: Lob (von Franzosen) von allen Seiten, aber das Manuskript bleibt liegen. Offensichtlich wird es weiter liegenbleiben – wie auch mein französischer *Recke* mit den Illustrationen von Gontscharowa.« (An Tesková, 7. März 1933)[20]

Sie hat mit ihrer Voraussage recht behalten. Die »französische Prosa« – es handelt sich um ihre Briefe an Abram Wischnjak aus dem Jahr 1922 – ist in der von der Dichterin 1933 konzipierten Form *Florentinische Nächte* erst 1983 in französischer und italienischer Sprache erschienen, das russische Original erst 1985.[21]

Marinas Isolation innerhalb der eigenen Familie wurde immer größer: »S. Ja. hat sich völlig nach Sowjetrußland zurückgezogen, er sieht nichts anderes und dort nur das, was er sehen möchte«, vertraut sie am 16. Oktober 1932 Tesková an. Von František

Kubka wissen wir, daß Sergej Efron 1932 dem »Verband der Heimkehrer« beitrat und daß Alja, die mittlerweile 20 Jahre alt geworden war, die politische Einstellung ihres Vaters teilte und bei einer französischen kommunistischen Zeitung arbeitete.[22]

Die Entfremdung zwischen ihr und der einst so bewunderten und vergötterten Tochter muß Marina Zwetajewa tief getroffen haben. Es ist wahrscheinlich, daß viele der gestrichenen Stellen in dem Briefwechsel zwischen Zwetajewa und Tesková von dem gestörten Verhältnis zwischen Mutter und Tochter sprachen. Dennoch unterstützte Alja die Familie, wo sie konnte; zuweilen waren die wenigen Francs, die sie durch Heimarbeit verdiente, das einzige Bargeld im Familienbudget. Ihr Wesen aber unterschied sich von dem ihrer Mutter, sie hatte weder deren noch der Großmutter romantisches Streben und die rastlose Sehnsucht geerbt.

»Sie ist sehr harmonisch, d. h. sie bevorzugt nichts und akzeptiert alles, die heutige Zeitung ebenso wie mein verzweifeltes Fliehen in den Traum, für sie ist alles gleichwertig. Das bin nicht ich, das hat sie nicht von mir.« (An Bunina, 24. August 1933)[23]

Auch Marinas über alles geliebter, niemals von ihrer Seite gelassener und äußerst verzogener Sohn Mur war nicht ihres Geistes Kind: er lebte in der Zukunft und wiederholte immer nur verächtlich: »Arme Mama, wie schrecklich alt müssen Sie sein!« Im Grunde war es die Haltung, zu der ihn Marina in den *Gedichten an den Sohn* ermutigt hatte.

Waren ihr selbst die Nächsten fremd geworden – einer blieb ihr treu: ihr Arbeitstisch. Und zu ihm flüchtete Marina, wenn sie Trost brauchte.

> Das dreißigste Jubiläum
> Eines Bundes, der Liebe heißt.
> Ich kenn' deine Runzeln und Falten,
> Wie du um die meinigen weißt.
> [. . .]
>
> Die Briefe, das Geld, das gekommen –
> Versunken im Strome der Zeit!
> Du sagst, daß für jede Zeile
> Der letzte Termin ist heut',

Daß dem Schöpfer mit Zins zu erstatten
Sein Pfund wird die Zeit reichen nicht,
Daß morgen schon könnte der Tag sein,
An dem man mich bettet – auf dich.[24]

Vierundzwanzigstes Kapitel

Im Frühling 1933 erfuhr Marina von Assja aus Moskau, daß am 8. April ihr Stiefbruder Andrej gestorben war – an Tuberkulose, der Familienkrankheit. Durch diese jähe Konfrontation mit der Vergangenheit erstand vor ihrem geistigen Auge plötzlich wieder die verdrängte Welt der Kindheit und des Trjochprudny pereulok. Ihr und ihrem Bruder wollte sie ein würdiges Denkmal setzen. Aber sie merkte bald, daß sie von dieser entschwundenen Welt nur wenig wußte und auch dieses wenige nur aus der Sicht eines Kindes kannte. In Frankreich gab es einen Menschen, der über die Familie Ilowajski und alles, was mit ihr zusammenhing, Bescheid wußte: Vera Bunina. Marina Zwetajewa sandte ihr am 6. August einen Brief mit einer langen Liste von Fragen und erhielt umgehend eine sehr ausführliche Antwort. Vera Bunina tat noch mehr: sie schickte Marina ihre eigenen Aufzeichnungen über Dmitri Ilowajski und seine Kinder[1] und erwies ihr damit eine große, dankbar anerkannte Hilfe. Die beiden Frauen, die gemeinsame Kindheitserinnerungen und ähnliche literarische Bestrebungen verbinden, treten in einen regen Briefwechsel. Für einige Zeit wird Bunina Marinas liebste und vertrauteste Freundin; sogar die Korrespondenz mit Anna Tesková tritt etwas in den Hintergrund. Marinas Erzählung *Das Haus beim Alten Pimen* trägt die Widmung: »Für Vera Muromzewa, die aus den gleichen Wurzeln stammt wie ich.«[2]

Das *Haus beim Alten Pimen,* an dem Marina von August bis Oktober 1933 arbeitete, und *Der Turm in Efeu,* eine Erinnerung an ihre Pensionatszeit in Freiburg,[3] sind der Beginn einer neuen Etappe im Prosawerk Zwetajewas. In rascher Folge schreibt sie nun eine größere Anzahl von Essays, die sich auf die eine oder andere Weise mit ihren Kindheits- und Mädchenjahren beschäftigen.

Die autobiographischen Skizzen aus den Jahren 1933 - 1937 erfüllen zwei Aufgaben: sie bringen Geld, denn die »Letzten Nachrichten« und die »Zeitgenössischen Annalen«, die die Veröffentlichung von Gedichten ablehnen, drucken die Prosa Zwetajewas gern. Daneben ermöglichen sie der Dichterin eine regelrechte Flucht in die Vergangenheit. Dort ist sie sicher.

»Weder in der Gegenwart noch in der Zukunft gibt es für mich einen Platz, nicht ein Fußbreit der Erdoberfläche . . . Für mich und meinesgleichen bleibt nur ein Spalt: in die Tiefe, ein Spalt, der aus der Zeit heraus in die stalagtitenartigen Höhlen der Vorgeschichte führt: in das unterirdische Reich der Persephone und des Minos, dorthin, wo sich Orpheus verabschiedet – in den Hades. Oder in das selige Reich der Frau Holle [. . .] In eure Luft, die Luft der Maschinen, der Flugzeuge, die heute noch für Vergnügungsfahrten verwendet werden und morgen – das wissen Sie selbst! – in eure Luft möchte ich nicht. Ich bin ein einsamer Geist. Für den es keine Luft zum Atmen gibt . . . Wir existieren. Aber wir sind die letzten. Die Epoche ist gegen mich . . . nicht so gegen mich, wie ich gegen sie. Ich hasse sie, sie bemerkt mich nicht . . .« (An Ivask, 3. April 1934)[4]

In ihren freundschaftlichen Beziehungen zu Vera Bunina war Marina Zwetajewa die Fragende, die Empfangende. Aber plötzlich meldete sich, für Marina völlig unerwartet, eine Stimme aus der Ferne, die an sie Fragen richtete: Es gab jemanden, der sich für sie interessierte. Der junge, in Reval lebende russische Literat Juri Ivask hatte die Absicht, etwas über Zwetajewa zu schreiben. Er übersandte ihr einen Entwurf seines Artikels und stellte ergänzend eine Reihe von gezielten Fragen nach ihren Werken und ihren Ansichten im allgemeinen, die sie dazu brachten, am 4. April 1933 einen ersten ausführlichen Antwortbrief zu schreiben. Es ist das große Verdienst des nachmaligen amerikanischen Professors George Ivask, diese Korrespondenz auch später, nach dem Erscheinen seines Aufsatzes in der Revaler Zeitung »Now« (1934, Nr. 6), weitergeführt und so geschickte Fragen gestellt zu haben, daß die 12 Briefe, die ihm Marina Zwetajewa schrieb, zum wichtigsten gehören, was die Dichterin über sich selbst ausgesagt hat. Sie läßt sich herbei, einige Erklärungen zu ihren unverständlichen Werken zu geben, zu *Recke* und *Seitengäßchen*, und sie beantwortet auch Ivasks persönliche Fragen.

Gleich im ersten Brief muß Ivask sich nach Marinas Einstellung zu gewissen russischen antisemitischen Gruppen erkundigt haben. Ihre Stellungnahme läßt an Deutlichkeit nichts zu wünschen übrig:

»Wo man ›Jewrej‹ sagt und ›shid‹ [etwa: ›Saujud‹] meint, dort ist für mich, einen Mitmenschen Heinrich Heines, kein Platz. Ich sage noch mehr: dieser Platz wird sich selbst vor mir zurückziehen, dieser Platz hat vor mir Angst wie das Pulverfaß vor dem Zündholz.«

Und sie erzählt ihrem Korrespondenten über die Störungsversuche von »Jungrussen« bei einem Vortrag Slonims, bei dem sie die Eindringlinge laut mit »Cham-lo« [ungefähr: Drecksbande] beschimpft hatte, bevor sie sich entfernte.

Obwohl sich auch die Pariser Russen, angesteckt von ihrer Umgebung und den Ereignissen in der Welt, immer tiefer in politische Differenzen verstrickten, ging der literarische Kaffeehausbetrieb mit unverminderter Hektik weiter. Trotz Hitler und Mussolini verfolgte der russische Montparnasse mit Spannung die Auseinandersetzung zwischen Georgi Adamowitsch, dem Erfinder der »Pariser Note«, und Wladislaw Chodassewitsch, ob ein Gedicht das Innere widerspiegeln und »wahr« sein müsse, wie Adamowitsch forderte, oder ob es, wie Chodassewitsch verlangte, »gut« zu sein habe. Daß im Sommer 1933 ein für die russische Exilliteratur wichtigeres Ereignis stattfand, die Aussöhnung zwischen Zwetajewa und Chodassewitsch, blieb wahrscheinlich weitgehend unbemerkt.[5]

Die Wege dieser beiden großen Dichter hatten sich gekreuzt, seitdem sie in der *Anthologie* des Musagetes-Verlages zum ersten Mal nebeneinander gedruckt wurden. Sie lernten sich in Berlin und bald darauf in Prag näher kennen, aber sie fanden keinen Gefallen aneinander. Auch im Exil fand Zwetajewa neue Themen und Ausdrucksmöglichkeiten in ihrer Dichtung; Chodassewitsch hingegen entwickelte sich nicht weiter, und bald verstummte er als Lyriker vollkommen. Bis zu seinem Tod arbeitete er jedoch als strenger und gefürchteter Literaturkritiker bei der »Erneuerung«. Einige Male hat er die Werke Zwetajewas, vor allem ihre Dramen, sehr negativ rezensiert, dennoch war er einer der wenigen, die *Nach Rußland* zur Kenntnis nahmen und darüber etwas Positives sagten. In Marinas Erinnerungen an Woloschin tritt Chodassewitsch in einer kurzen Szene auf. Als sie *Ein lebendiges Wort über einen Lebenden* an die Redaktion der »Zeitgenössischen Annalen« sandte, erregte diese Szene Anstoß bei Rudnjew; er befürchtete Schwierigkeiten mit dem scharfzüngigen Kommentator und wollte die ganze Stelle streichen. Daraufhin wandte sich Marina Zwetajewa am 11. Juli 1933 direkt an Chodassewitsch und fragte, ob er mit der Nennung seines Namens einverstanden sei. Dieser muß sofort eingewilligt haben, denn bereits am 19. Juli schreibt Marina zum zweiten Mal:

»Lieber Wladislaw Felizianowitsch, es ist leichter, sich mit mir zu versöhnen als zu zerstreiten. Ich erinnere mich überhaupt nicht an unsere Auseinandersetzung, mir scheint übrigens, es war gar nicht unsere – irgend jemand – oder sogar irgend etwas – hat neben uns gestritten, und plötzlich waren die Zerstrittenen wir. Das ist doch alles Unsinn! Für einen echten Dichter, sogar für einen halben (oder für ein Achtel, wie die Tschechen sagen) verzichte ich auf hundert Pseudo-Dichter. So ist das!«[6]

Danach begann eine herzliche, auf gegenseitigem Verstehen basierende Freundschaft. Das, was die beiden Dichter einander nahebrachte, war, neben gleichen Ansichten über die Kunst, ein Gefühl der Zusammengehörigkeit in einer zutiefst fremden Umgebung, ein Bund von Einsamen, in den Marina auch Jewgeni Samjatin mit einbezog. Chodassewitsch erkannte nun auch die Bedeutung Zwetajewas und rezensierte ihr Spätwerk mit wesentlich mehr Verständnis als früher. Die Freundschaft blieb bestehen, als über Marina das schreckliche Jahr 1937 hereinbrach; sie hielt bis zum Tod von Chodassewitsch, der wenige Tage nach ihrer Abreise erfolgte.

Die Briefe Zwetajewas an Chodassewitsch sind im New Yorker »Nowy shurnal« (Neue Zeitschrift) veröffentlicht worden; ein weiterer wichtiger Brief erschien 1969 in der Moskauer »Neuen Welt«. Er enthält folgende Passage:

»Nein, man muß Gedichte schreiben. Man darf weder dem Leben, noch den Emigranten, den diversen Wischnjaks, Bridgespielern usw. den Triumph gönnen, daß sie die Macht haben, einen Dichter zum Verzicht auf seine Gedichte zu zwingen, daß sie aus einem Dichter einen Prosaschriftsteller und aus einem Prosaschriftsteller einen Toten machen können. Ihnen (uns!) ist etwas in die Hand gegeben worden, das wir weder das Recht haben, verkümmern zu lassen, noch in die Hände eines anderen (den es nicht gibt!) legen dürfen.«[7]

Ab Herbst 1933 besuchte ihr Sohn endlich eine Schule – bisher hatte ihn Marina aus übertriebener Angst um sein Wohlbefinden nicht von ihrer Seite gelassen, weil sie fand, daß die französische Schule für ihn zu ermüdend sei. »Das heißt, daß auch ich in die Schule eingetreten bin«, schreibt sie am 5. Oktober Vera Bunina. Zur Mühsal des häuslichen Alltags kam nun noch dazu, daß Mur zweimal am Tag zur Schule gebracht und abgeholt und dazwischen spazierengeführt werden mußte – vormittags eine Stunde, nachmittags zwei –, um ihm Bewegung zu verschaffen. »Alle finden das verrückt«, beklagt sich Marina bei Tesková. Noch mehr böses Blut mag wohl erregt haben, daß Mur ausgerechnet in eine teuere Privatschule eingeschrieben wurde; Marinas Begründung hierfür hat ihre Beliebtheit in ihrer Nachbarschaft zweifellos nicht erhöht.

»Warum er nicht in eine öffentliche Schule geht? Weil mein Vater auf seine Kosten Studenten ins Ausland geschickt, das Schulgeld für zahllose Gymnasiasten bezahlt und vor seinem Tod 20 000 Rubel von seinen Ersparnissen für die Errichtung einer Schule in seinem Heimatort Taliza zur Verfügung gestellt hat. Ich habe das Recht, Mur in einer guten Schule lernen zu lassen. D. h. das Recht, aus meiner Tasche für ihn zu zahlen und, wenn sie leer ist, für ihn zu bitten.« (An Bunina, 7. Mai 1935)[8]

Mur ist am 8. Januar 1934 der Überbringer einer Hiobsbotschaft aus Rußland: er entdeckt in einer Zeitung die Notiz, daß Andrej Belyj gestorben ist. Vater Sergij Bulgakow zelebriert für ihn eine Panichida in St. Sergius; Marina nimmt teil und lernt anschließend den Schriftsteller und Publizisten Vladimir Weidlé kennen. Dieser verschweigt in seinen Erinnerungen nicht, daß die berühmte Dichterin auf ihn einen tiefen Eindruck gemacht habe. Marina empfing ihn später einige Male in Clamart, und Weidlé gelang es dank seiner guten Beziehungen zu französischen Intellektuellenkreisen, einige ihrer Puschkin-Übersetzungen in der Dominikanerzeitschrift »La vie intellectuelle« unterzubringen.[9]

Diese in französischer Sprache geschriebenen Verse, die mehr als ein halbes Jahrhundert lang für Interessenten unerreichbar waren, zeigen, wie hervorragend Marina Zwetajewa auch die Kunst des Übersetzens beherrschte.

Adieux à la mer

Adieu, Espace des Espaces!
Pour la dernière fois mon œil
Voit s'étirer ta vive grâce
Et s'étaler ton bel orgueil.

Telle une fête qui s'achève,
Supplique d'une chère voix –
Ta grave voix, ta voix de rêve
J'entends pour la dernière fois.

[. . .]

Adieu, ô Gouffre, l'heure presse,
Mais en tout temps et en tout lieu
Me poursuivra sans fin ni cesse
Ta voix à l'heure des adieux.[10]

Im November 1933 begeisterte ein Ereignis fast das gesamte russische Paris: Iwan Bunin wurde als erstem Russen der Nobelpreis verliehen. Zwetajewa konnte jedoch nur verhalten in die allgemeine Freude einstimmen. »Am 26. [November] werde ich auf der Bühne sitzen und Bunin feiern. Ausweichen wäre offener Protest. Ich protestiere nicht, bin nur nicht einverstanden damit, denn unvergleichlich größer als Bunin: und bedeutender, und menschlicher, und eigenwilliger, auch notwendiger ist Gorki. Gorki ist eine Epoche . . . Ich habe Bunin noch nie gesehen. Ich *liebe* ihn nicht: seine Frau hingegen sehr.« (An Tesková, 24. November 1933)[11]

Marina konnte damals nicht wissen, was die Welt erst Jahrzehnte später erfuhr: Die finanzielle Unterstützung, die Vera Bunina ihr gewährte, ermöglichte Bunins Nobelpreis.

Ein Vorfall, der unter diesen Verhältnissen nur als glücklich zu bezeichnen ist, gab Marina die Möglichkeit, ihre Erinnerungen an Belyj (»ça me hante!«) zu Papier zu bringen und in einem Zug niederzuschreiben: Alja und Mur waren an Masern erkrankt, daher entfielen die täglichen Schul- und Spazierwege. Ihren Essay *Plennyj duch* (Ein gefangener Geist) widmete sie Chodassewitsch zum Dank für einen ausgezeichneten Vortrag, den er über Andrej Belyj gehalten hatte. Marina Zwetajewa las ihren Essay am 15. März 1934 in der Pariser Salle Géographie vor; kurz danach wurde er, anscheinend weniger beschnitten als ihre anderen Sachen, in den »Zeitgenössischen Annalen« publiziert.[12]

Auch verschaffte W. I. Lebedjew Marina die Möglichkeit, einige ihrer unveröffentlichten Werke im Belgrader »Ruski arhiv« (Russisches Archiv) herauszubringen. Diese Zeitschrift, die gegründet worden war, um Emigranten zu helfen, zahlte gute Honorare. Dort erschienen *Poety s istoriej i poety bes istorii* (Dichter mit Geschichte und Dichter ohne Geschichte) – ein Aufsatz über einen neuen Gedichtband Pasternaks mit einer Würdigung von Anna Achmatowa, Alexander Blok und Ossip Mandelstam – später *Retsch o Balmontu* (Rede über Balmont) und *Pesnik Alpinist* (Der

Bergsteiger-Dichter) – über Gronski. Für diese Arbeiten erhielt sie ein dreifaches Honorar, was auch Slonim zu verdanken war.[13]

Obgleich Marina Zwetajewa bei jeder Gelegenheit über die Pariser Exilblätter herzog, muß festgestellt werden, daß ihre Prosawerke in den Jahren 1933 - 1937 auf den Seiten dieser Zeitschriften häufig zu finden sind. Sie schrieb in dieser Zeit viel, fast durchwegs Prosa, da niemand die Gedichte haben wollte; neben ihrer durchgefeilten, lyrischen Prosa auch weniger interessante, rasch hingeworfene Gelegenheitsarbeiten. In »Tschisla« (Zahl) erschienen *Zwei Erlkönige,* ein Vergleich zwischen den Balladen Goethes und Wassili Shukowskis, in der kurzlebigen Zeitschrift »Wstretschi« (Begegnungen) die Kindheitserinnerungen *Chlystowki* und die *Eröffnung des Museums.* Die Erzählung *Der Teufel* und das lyrisch-psychologische Meisterstück *Mat i musyka* (Mutter und die Musik) wurden in den »Zeitgenössischen Annalen« abgedruckt, *Kitaez* (Der Chinese) und *Skaska materi* (Das Märchen der Mutter) in den »Letzten Nachrichten«.[14]

Trotz alledem reichte das Geld weder zum Leben noch zum Sterben, und der Dichterin bemächtigte sich eine tiefe Hoffnungslosigkeit. Slonim erinnert sich, daß sie ihm 1934 in einem Pariser Café gestand: »Mein Glaube ist zerstört, meine Hoffnungen geschwunden, meine Kräfte erlahmt.« Und ihre Briefe an Anna Tesková enthalten während dieser Zeit besonders viele Stellen, die nicht veröffentlicht wurden.

Ende Juli 1934 gaben die Efrons ihre Wohnung in Clamart auf. Marina und Mur übersiedelten für ein paar Wochen aufs Land, nach Elancourt, Seine-et-Oise, zwei Stationen hinter Versailles. Für einige Zeit erhielt sie Besuch von Anna Andrejewa, die Marina als eine ihrer wenigen echten Freundinnen betrachtete. Alja gab in der Normandie einer aus Deutschland geflüchteten Bankiersfamilie Französischunterricht, ohne indes mehr zu verdienen als ein Taschengeld. Sergej Efron ging seiner Wege.

Seit Oktober tragen Marinas Briefe eine neue Adresse: 33, Rue Jean-Baptiste Potin, Vanves.

Zu Jahresende erlitt Marina einen Schmerz, »rein und scharf wie ein Diamant«. Nikolai Gronski, ihr ehemaliger Schüler und Wanderbegleiter, geriet am 21. November unter einen Zug der Pariser Métro und verunglückte tödlich. Sie hatten sich seit dem Frühjahr 1931 nicht mehr gesehen, aber dieser unerwartete Tod erschütterte Marina tief. Plötzlich konnte sie wieder dichten. Innerhalb von wenigen Tagen entstand der Zyklus *Nadgrobnoje* (Zur Erinnerung an Gronski).[15] Der Zyklus erschien im 58. Band der »Zeitgenössischen Annalen«, bei denen Gronskis Vater arbeitete. Ihren Nachruf in Prosa, eine Würdigung des Dichters Gronski, lehnte die Zeitschrift ab und zog einen oberflächlichen Nekrolog von Georgi Adamowitsch vor. Marina Zwetajewa las den Aufsatz *Posmertny podarok* (Postumes Geschenk) im April 1935 ihrem gewohnten Publikum vor, bevor sie ihn dem Belgrader »Russischen Archiv« überließ.[16]

Marina arbeitete mit ungeheurem Fleiß, sie verkroch sich in ihre Arbeit und steckte den Kopf in den Sand wie der Vogel Strauß, um nichts von der Außenwelt zu sehen. Sie suchte Zuflucht in ihrer Traumwelt, wie sie es seinerzeit in ihrem rottapezierten Jungmädchenzimmer getan hatte.

»Ereignisse, Kriege, diverse Hitler, Herriot, Balbo, Rossi und wie sie alle heißen – das ist es, was die Leute wirklich interessiert: die Zeitung, die mich vor Langeweile fast umwirft.« (An Bunina, 24. August 1933)[17]

Sie steckt den Kopf so tief in den Sand, daß sie nicht einmal bemerkt, was in ihrer nächsten Umgebung vor sich geht. Oder ahnt sie doch, daß mit ihrem Mann etwas nicht in Ordnung ist? Slonim berichtet: »Seit 1935 arbeitete Sergej Jakowlewitsch als bezahlter Angestellter des ›Verbandes für die Rückkehr ins Vaterland‹, Marina Iwanowna aber ahnte nicht, daß das Geld, das er nach Hause brachte, aus einem speziellen Fonds des sowjetischen Geheimdienstes kam.«[18]

Fünfundzwanzigstes Kapitel

Die »diversen Hitler« ließen sich aber nicht ausschalten. Schon hatte eine Volksabstimmung dem Deutschen Reich das Saargebiet zurückgebracht; schon waren Bücher verbrannt und Judenverordnungen in Kraft gesetzt; klare Köpfe erkannten nur allzu gut, wohin das nationalsozialistische Deutschland und die übrige Welt steuerten.

Im Juni 1935 veranstalteten die französischen Linksparteien, unter ihnen die Kommunisten, in Paris einen internationalen Schriftstellerkongreß, um die Welt auf die faschistische Gefahr aufmerksam zu machen. Auch die UdSSR entsandte eine Schriftstellerdelegation. Anscheinend geschah es auf Anordnung Stalins, daß zu dieser Delegation auch Boris Pasternak und Isaak Babel gehörten. Es ereignete sich, was Marina nicht mehr für möglich gehalten hatte: In den Gängen des Kongreßgebäudes traf sie mit ihrem Boris zusammen.

Das Wiedersehen wurde, wie nicht anders zu erwarten war, zu einem Fiasko: »Über das Treffen mit Pasternak (es fand statt – und was für ein *Nicht-Begegnen*) schreibe ich, sobald Sie antworten. Jetzt fällt es mir zu schwer«, schreibt Marina am 2. Juli Anna Tesková. Und der Bericht von Pasternak lautet:

»Im Sommer 1935 geriet ich, halb von Sinnen und am Rande einer seelischen Erkrankung wegen meiner damals fast ein Jahr anhaltenden Schlaflosigkeit, auf den antifaschistischen Kongreß in Paris. Dort machte ich die Bekanntschaft des Sohnes, der Tochter und des Mannes von Zwetajewa, und wie ein Bruder lernte ich diese hinreißenden, feinfühligen und standhaften Menschen lieben. Die Familienmitglieder Zwetajewas bestanden auf ihrer Rückkehr nach Rußland. Zum Teil sprach aus ihnen Heimweh und Sympathie für den Kommunismus und die Sowjetunion, zum Teil die Überlegung, daß Paris kein Aufenthaltsort für Zwetajewa sei und sie dort im leeren Raum, ohne Leser, verkommen müsse. Zwetajewa fragte mich, was ich darüber dächte. Ich hatte keine besondere Meinung. Ich wußte nicht, was ich ihr raten sollte, ich fürchtete zu sehr, daß es für sie und ihre bemerkenswerte Familie bei uns schwer und unruhig werden würde. Die allgemeine Tragödie, die dann über die Familie hereinbrach, überstieg meine Befürchtungen bei weitem.«[1]

»Als ich sie fragte, wie diese Begegnung verlaufen sei, antwortete sie mit einem Kummer, den ich nie vergessen werde: ›Das war eine Nicht-Begegnung‹, und sprach plötzlich, ohne den Satz zu beenden, die letzten Zeilen ihres Gedichtes an Blok:

> Aber meine Hand mit der deinigen
> sich verfehlt . . .«

So Slonim.[2]

Erst viel später vertraut Marina ihrer tschechischen Freundin an, worin Pasternak sie so enttäuscht hat: »Als ich das Wort ›Furchtlosigkeit‹ [im Original deutsch] las, durchzuckte mich ein Strom, entlang dem Rückgrat: *Furchtlosigkeit*: jenes Wort, das ich mir in letzter Zeit, mitunter auch laut – als letztes Bollwerk – vorspreche: es ist das erste und letzte Wort meines Wesens. Derjenige, der mir – von allen Menschen! – am nächsten ist, Boris Pasternak, an den ich mich jahrelang – über Hunderte von Meilen hinweg – gewandt habe, wie an mein zweites Ich, flüsterte mir auf dem Schriftstellerkongreß zu: ›Ich habe nicht gewagt, nicht zu fahren; bei mir erschien St-ns Sekretär, ich hatte Angst.‹«

Und direkt gehässig, in völliger Verkennung der Bedingungen, unter denen Pasternak zu leben gezwungen war, fügt sie hinzu:

»Er fuhr ungern ohne seine wunderschöne Frau; sie haben ihn einfach ins Flugzeug gesetzt und expediert.« (An Tesková, 15. Februar 1936).[3]

Heute wissen wir von Olga Iwinskaja, wodurch Pasternak »halb von Sinnen und an den Rand einer seelischen Erkrankung« gebracht worden war. Er hatte im Jahre zuvor an einer vom Schriftstellerverband organisierten Reise durch die »entkulakisierten« ländlichen Gebiete teilnehmen und das dort herrschende Elend mit eigenen Augen sehen müssen. Er war damals aus einem Sanatorium geholt und ins Flugzeug gesetzt worden, auf besonderen Wunsch der Organisatoren Barbusse, Aragon und Malraux.

Hätte Pasternak, der auch unter normalen Umständen den Schwierigkeiten des Lebens gern durch Nicht-Handeln aus dem Wege ging, Marina Zwetajewa vor dem Verderben retten können, wenn er ihr 1935 die Wahrheit über die Vorgänge in ihrem Vaterland erzählt hätte? Hätte sie ihm geglaubt?

»Pasternak trug schwer an Marina Zwetajewas Tod und dem Unglück der Familie, zumal er ihr seinerzeit zugeredet hatte, aus der

Emigration zurückzukehren«, schreibt Olga Iwinskaja.[4]

Im Sommer 1935 bot sich Marina die Gelegenheit, mit ihrem Sohn in die Provence zu fahren. Am Fuße des Esterel-Gebirges, unweit des Kurortes Le Lavandou, hatten zwei russische Familien in einer einsamen Bucht die Ferienkolonie La Favière ins Leben gerufen. Eine der Gründerinnen, Baronin Wrangel, war die Tochter des Schriftstellers Jelpatjewski, des Cousins von Iwan Wladimirowitsch Zwetajew, in dessen Villa Marina 1905 in Jalta gewohnt hatte. Nun bezog sie ein Mansardenzimmer im südfranzösischen Sommerhaus der Baronin Wrangel.

Marina Zwetajewa sah zum ersten Mal die Côte d'Azur, aber die Großartigkeit der Landschaft stimmte sie nicht vorbehaltlos glücklich: »Eine derartige Schönheit bürdet mir die Verpflichtung auf, fortwährend in Ekstase zu geraten . . . Die Beständigkeit der Schönheit bedrückt mich. Ich habe *nichts, was* ich zurückschenken könnte. Ich habe immer die bescheidenen Dinge geliebt: einfache und öde Orte, die niemandem gefallen, die mir vertrauen und mich – ich fühle es – lieben. Doch die Côte d'Azur zu lieben ist das gleiche, wie wenn man einen zwanzigjährigen Thronfolger liebt.« (An Tesková, 12. Juli 1935)[5]

Anfangs ist Marina in La Favière nicht glücklich. Auch hier trennt sie sich nicht eine Sekunde lang von Mur. Nach einem exakten Stundenplan geht sie mit ihm an den Strand – sie selbst kann nicht schwimmen und haßt es, untätig in der Sonne zu liegen –, dann kocht sie wie zu Hause Murs Mahlzeiten auf einem Primuskocher und sitzt, wenn er nachmittags und abends ab neun Uhr schläft, unglücklich in der schwülen Küche; ohne Tisch kann sie nicht schreiben, und der einzige steht in Murs Zimmer. Außerdem ist sie einsam, keiner der vielen Russen beachtet sie: »Über vieles schreibe ich, was ich einem anderen nicht schreiben könnte. Darüber, daß ich ›aus dem Spiel‹ [im Original deutsch] bin – ganz, aus jedem. Ich sehe die heute Zwanzigjährigen, mich (und doch nicht mich) vor zwanzig Jahren, aber sie sehen mich nicht. [. . .] Vielleicht bemerken sie mich gar nicht, wie einen Gegenstand. Es ist bitter, so plötzlich herauszufallen – aus der Reihe der Lebenden.« (An Tesková, 2. Juli 1935)[6]

Und gegenüber Vera Bunina spricht sie von einer anderen Befürchtung: »In den letzten Jahren habe ich nur wenige Gedichte geschrieben. Dadurch, daß sie niemand haben wollte, zwang man mich, Prosa zu schreiben. [. . .] Ich liebe meine Prosa *sehr*, ich beklage mich nicht. Aber trotzdem: der Zwang zum Prosawort ist etwas Gewaltsames. Natürlich kamen weiterhin Gedichtzeilen, aber wie im Traum. Manchmal – immer öfter – entschwanden sie ebenso. Gedichte schreiben sich ja nicht von selbst. Und meine ganze karge Freizeit geht in der Prosa auf, oder ich habe sie für die Prosa verbraucht. [. . .] Ich schrieb Bruchstücke in ein Heft. Mal acht Zeilen, mal vier, auch nur zwei. Manchmal brachen die Gedichte wie aufgespult hervor, oder ich geriet in einen Strom. Dann waren es Zyklen, wiederum jedoch – nichts fertiggeschrieben: ununterbrochen Lücken: mal fehlt diese Zeile, dann ganze Vierzeiler, d. h. im großen und ganzen ein Entwurf. Schließlich erschrak ich. Was aber wird sein, wenn ich sterbe? Was wird aus diesen Jahren übrigbleiben? . . . Dann ein zweiter Schrecken: Was aber, wenn ich verlernt habe zu schreiben? D. h. nicht mehr imstande bin, etwas Geschlossenes zu schreiben: bis ans Ende zu schreiben. Was ist, wenn ich bis an das Ende meiner Tage verdammt bin – zu Bruchstücken?

Diesen Sommer habe ich begonnen, etwas zu Ende zu schreiben. Einfach so: ich habe das Heft genommen und mit der ersten Seite begonnen . . . Doch sind während dieser Jahre, das habe ich bemerkt, meine Ansprüche auch gewachsen: was den Klang und den Sinn anbetrifft: Vera! manch einen Tag (. . .) suche ich das *Epitheton*, d. h. EIN Wort: den Tag über – und manches Mal finde ich es *nicht* – und befürchte, doch das, Vera, bleibt unter uns –, daß ich wie Schumann enden werde, der plötzlich (Tag und Nacht) in seinem *Kopf*, unter der Schädeldecke Trompeten in h-moll hörte . . .« (An Bunina, 28. August 1935)[7]

Gegen Ende des Sommers besserte sich Marinas Stimmung. Sie fand Anschluß an sympathische Menschen, u. a. lernte sie den Slawisten Boris Unbegaun und Elisabeth Mahler, eine Russisch-Schweizerin und Lehrbeauftragte für Russisch an der Universität Basel, kennen. Sie begann sogar zu schwimmen und war schließlich mit ihrem Sommer am Mittelmeer sehr zufrieden. »Das Ergebnis: ein paar Gedichte und die Hälfte eines Poems (über eine Dichterin: mich)«, berichtet Marina am 30. September 1935 Anna Tesková von ihrem Aufenthalt in La Favière. Das Poem blieb nicht nur unvollendet, es war bis Ende 1981 den Literaturfreunden überhaupt unbekannt. Erst dann wurde es von E. Korkina veröffentlicht (es liegt im gesperrten Zwetajewa-Archiv im Moskauer Zentralen Literaturarchiv).[8] Bekannt war nur der Anfang, ein Gedicht namens »Dom« (Das Haus), die Beschreibung des von russischen Emigranten bewohnten Hauses in Vanves, in dem die Familie Efron wohnte, zur gleichen Zeit ein Selbstporträt der Dichterin. In der Fortsetzung spielt ein Jüngling mit einem »Gesicht – wie Mond so klar« eine Rolle. Am 10. September brach das Poem ab, »plötzlich und für immer«.

Der Winter 1935/36 verlief für Marina Zwetajewa einsam und eintönig. Sie saß mit Mur in Vanves; Alja und Sergej Efron ließen sich zu Hause kaum mehr blicken. Immer größer wurden die Gegensätze innerhalb der Familie.

»Kennen Sie, liebe Anna Antonowna, in Prag eine gute Wahrsagerin?« erkundigte sich Marina am 15. Februar. »Denn ohne Wahrsagerin finde ich mich schließlich nicht mehr zurecht. Alles konzentriert sich auf das eine: fahren oder nicht fahren. (Wenn fahren, dann für immer.) Kurzum: S. Ja. ebenso wie Alja und Mur sind darauf versessen. Ringsherum – Bedrohung durch Krieg und Revolution, überhaupt – katastrophale Ereignisse. Allein kann ich hier nicht bleiben. Die Emigranten *mögen mich nicht.* Die ›Letzten Nachrichten‹ [. . .] haben mich hinausgeekelt, man druckt nichts mehr von mir. Die Pariser Patronae können mich wegen meines unabhängigen Charakters nicht ausstehen. Schließlich – Mur hat hier keine Perspektiven. Ich beobachte diese Zwanzigjährigen – sie sind in einer Sackgasse. In Moskau lebt meine Schwester, die mich liebt, vielleicht sogar mehr als ihren einzigen Sohn. In Moskau hätte ich – trotz allem – einen Kreis von echten Schriftstellern, nicht von bloßen Relikten. (Die hiesigen Schriftsteller mögen mich nicht, sie betrachten mich nicht als eine der ihren.) Und schließlich: die Natur: die Weite.

Das ist das Pro. Dagegen spricht: Moskau hat sich in ein New York verwandelt, in ein ideologisches New York – weder freie Plätze noch Hügel – Asphaltmeere, Lautsprecher, kolossale Reklametafeln: Nein, ich habe nicht mit dem Wichtigsten begonnen: mit *Mur*, den man mir in Moskau sofort und ganz wegnehmen wird. Und das zweite, Wichtigste: ich mit meiner Furchtlosigkeit, ich werde es *nicht fertigbringen,* nicht zu antworten, ich bin nicht fähig, Glückwunschadressen an den großen Stalin zu unterschreiben, denn für *mich* ist er *nicht* groß . . . und vor allem: ich hasse jede triumphierende, offizielle Kirche. [. . .] Alles das quält mich und macht jede ernste Arbeit unmöglich.« (An Tesková, 15. Februar 1936)

Und am 29. März: »Ich stehe im Schatten – der Abreise. Sie ist noch nicht konkret, doch brauche ich für mein Gefühl nichts Konkretes. Ich spüre, daß mein Leben in zwei Teile auseinanderbricht und daß das – sein letztes Ende ist. Ob morgen oder in einem Jahr – ich befinde mich einerlei schon nicht mehr hier (für eine Frist lohnt die Arbeit nicht . . .) und lebe schon nicht mehr . . . Und, nachdem ich morgens freudig aufgestanden bin, ausgeschlafen! – stürze ich mich sofort auf mein Manuskript und sofort entsinne ich mich – à quoi bon? ich werde es sowieso nicht abschließen, und schließ ich es ab – werde ich es dennoch verwerfen: Im besten Fall werde ich es lebendig in irgendeinem Archiv begraben; werde es nie mehr durchlesen können! (ganz zu schweigen von vorlesen oder drucken). Ich kann S. Ja. nicht mehr länger hier halten und werde ihn auch nicht halten – ohne mich wird er nicht fahren, er wartet auf etwas (meine plötzliche ›Erleuchtung‹) und begreift nicht, daß ich – so wie ich bin – sterben werde. [. . .] An seiner Stelle hätte ich gesagt: entweder – oder. Ich fahre im Sommer. Kommen Sie mit? Und natürlich hätte ich ja gesagt – wir können uns doch nicht trennen! Außerdem komme ich hier allein mit Mur um. Aber das nimmt er nicht auf sich, er wartet darauf, daß ich freiwillig meine Schiffe verbrenne (nach ihm: meine Segel setze). [. . .] Das einzige, was ich wirklich möchte: zu Ihnen in die Tschechoslowakei – für immer!« (An Tesková, 29. März 1936)[9]

Marina Zwetajewas Befürchtungen, sie wäre nicht mehr imstande, ein Werk zu Ende zu führen, erwiesen sich als unbegründet. Als sie die Nachricht vom Tod Michail Kusmins erhielt, verfaßte sie binnen kürzester Zeit *Nesdeschni wetscher* (Ein überirdischer Abend), ihre Erinnerungen an Kusmin und den Neujahrsabend in seinem Petersburger Haus. Der Essay erschien im 61. Band der »Zeitgenössischen Annalen«.[10]

Slonim ist der einzige Zeuge, der etwas Konkretes über ein Werk Zwetajewas zu berichten weiß, über das sie selbst immer nur in Andeutungen spricht, das Poem über das Leben und den Untergang der Zarenfamilie, »ein langes Epos mit Beschreibungen von Jekaterinburg und Tobolsk«. Sie hatte es geschrieben, während ihre gesamte Familie bereits im kommunistischen Fahrwasser schwamm. Es wurde 1936 abgeschlossen, und da an eine Drucklegung nicht zu denken war, wurde beschlossen, es im kleinsten Kreis bei der Familie Lebedjew vorzulesen, wobei Marina Slonims Anwesenheit ausdrücklich wünschte.

»Fast alles schien mir geglückt und gut getroffen. Die Lesung dauerte mehr als eine Stunde, und am Schluß begannen alle gleichzeitig zu sprechen. Lebedjew meinte, dieses Werk stelle, absichtlich oder nicht, eine Verherrlichung des Zaren dar. Marina Iwanowna rügte ihn, er bringe verschiedene Ebenen durcheinander. Ich sagte, einige Kapitel hätten mich tief berührt; sie hätten ein tragisches Pathos und wären sprachlich gut gelungen. M. I. drehte sich rasch zu mir um und fragte: ›Würden Sie es wagen, das Poem zu drukken, wenn Sie noch eine Zeitschrift zur Verfügung hätten?‹ Ich antwortete, daß ich es tun würde, allerdings mit einem entsprechenden Vorwort der Redaktion, da, unabhängig vom Sinn und von der Absicht der Verfasserin, das Werk als politische Manifestation angesehen werden würde. M. I. zuckte die Achseln: ›Jeder weiß genau, daß ich keine Monarchistin bin; mir und S. Ja. wirft man jetzt vor, daß wir Bolschewiken sind!‹ Hier bemühten sich alle auf einmal, sie zu überzeugen: es handle sich nicht darum, was sie denke, sondern um den Eindruck, den ihr Werk hervorrufen würde. [...] M. I. dachte nach, dann meinte sie ironisch, daß wohl dereinst auf der ersten Seite zu lesen sein würde: Aus dem Nachlaß von Marina Zwetajewa. Aber diese Voraussage erfüllte sich nicht. 1939, vor ihrer Abreise nach Rußland, wurde das Poem über die Ermordung der Zarenfamilie und eine große Anzahl von Gedichten und Prosawerken, die Marina Zwetajewa mit Recht als ›für die Einfuhr in die UdSSR ungeeignet‹ bezeichnete, mit Hilfe unserer ausländischen Freunde an das Internationale Sozialistische Archiv in Amsterdam zur Aufbewahrung geschickt. Während der Okkupation Hollands wurde das Gebäude von Hitler-Flugzeugen durch Bomben zerstört, und das gesamte Material verbrannte ...«[11]

Im Mai 1936 erhielt Marina eine Einladung, ihre Werke in Belgien zu lesen. Die Initiative dazu ging von Sinaida Schachowskaja aus, der Schwester des Herausgebers von der »Loyale«, die in Brüssel lebte und zusammen mit der dortigen kleinen russischen Kolonie zwei Abende organisierte. Am ersten las Marina ihre französische Prosa vor: *Mon père et son musée*, die nur in einer Rückübersetzung ins Russische bekannt ist.[12] Das Programm des zweiten bestand aus den Erinnerungen an Michail Kusmin und der *Rede über Balmont*. Die Reise nach Brüssel verlief sehr erfolgreich; von dem verdienten Geld konnte Marina Mur neu einkleiden und sogar Ersparnisse zurücklegen, dennoch war Marina nicht restlos befriedigt. Sie bemerkte gegenüber Anna Tesková, daß sie auf die Freundschaft ihrer Gastgeberin gehofft habe, aber, wie ihr schien, »mit leeren Händen der Seele« zurückgekommen sei.

Sinaida Schachowskaja besuchte Zwetajewa später in Vanves und erinnert sich, wie Marina über Rilke sprach, während sie in einem kleinen Topf Eier kochte:

»Ich lauschte verzaubert dem unnachahmlichen Rhythmus und dem unwiederholbaren Klang ihrer Sprache, doch was sie über Rilke sagte, weiß ich nicht mehr. Ich erinnere mich an ihr Gesicht und an die Höhen, zu denen sie mich mit unwiderstehlicher Gewalt führte, ohne zu ahnen, daß ich ihr nicht folgen konnte. Natürlich rächte sich der Alltag auf der Stelle: Das Wasser im Topf verkochte, die Eier wurden nicht weich, sondern platzten, der Aluminiumtopf brannte an.«[13]

In der Zeit zwischen ihrer Rückkehr von Brüssel und vor ihrem Sommeraufenthalt, von Ende Mai bis zum 16. Juni, beschäftigte sich Marina Zwetajewa mit der Überarbeitung eines 1934 begonnenen Werkes, des Gedichtes »Awtobus«. Es ist eine fröhliche, unbeschwert klingende, wenn auch etwas unorganisch zusammengewürfelte Beschreibung eines Tagesausflugs mit einem Begleiter, dem nichts Besseres einfiel, als einen blühenden Baum mit Karfiol in weißer Soße zu vergleichen. Der fröhliche Ton steht in krassem Gegensatz zur Stimmung, in der sie sich befand.[14]

Im Juli übersiedelten Marina und Mur in das mittelalterlich anmutende Städtchen Moret-sur-Loing. Aus Briefen, die sie an Tesková und Schachowskaja richtete, ist zu ersehen, daß sie die Absicht hatte, dort den ganzen Sommer zu verbringen und fleißig zu arbeiten: sie wollte alle ihre Lieblingsgedichte von Puschkin ins Französische übersetzen. Gibt ihren Freundinnen jedoch keine Erklärung, wieso sie sich, von August bis Mitte September, mit Mur im Schloß Arcine bei St. Pierre-de-Rumilly, dem russischen Rekonvaleszentenheim in Hochsavoyen, befindet.

Und plötzlich ereignet sich in diesem Sommer noch einmal ein Wunder im Leben Marina Zwetajewas. In Moret-sur-Loing erreicht sie ein Brief, der noch einmal alle Quellen, alle geheimen Kräfte ihrer Seele aufbrechen läßt. Der Schreiber ist ein junger Montparnasse-Dichter durchschnittlichen Kalibers, Baron Anatoli Steiger, ein Russe schweizerischer Abstammung. Er schickt Marina aus einem Schweizer Sanatorium seinen eben erschienenen Gedichtband und teilt ihr mit, er sei schwer an Tuberkulose erkrankt und müsse in den nächsten Tagen operiert werden. Marina antwortet – dieser Brief ist uns nicht bekannt – und beeindruckt Steiger offenbar so sehr, daß er ihr in einem Schreiben von 16 Seiten sein Leben erzählt und sie um Freundschaft und Unterstützung »für den Rest seines Lebens« bittet. Der junge Mann sucht in seiner Krankheit und Angst vor dem Tod die Hilfe einer reifen Frau, die er als Dichterin schon immer verehrt hat, aber er begeht, wie sich sein Freund Kiril Wiltschkowski ausdrückt, eine schreckliche Unvorsichtigkeit: er rührt an einen Vulkan.[15] Marina liest den Brief auf ihre Weise, sie vernimmt, daß es jemanden gibt, der sie braucht und nur auf sie gewartet hat, und diese Erkenntnis hat die elementare Wucht eines Erdbebens. Sie stürzt sich in diese neue Aufgabe, sie stellt sich Steiger restlos zur Verfügung und ergreift ebenso restlos von ihm Besitz, ohne zu bedenken, daß dem Schwerkranken eher ein behutsames Verständnis vonnöten wäre als ihre tyrannische Liebe.

»Wenn ich ›Mutter‹ sage, so deshalb, weil dieses Wort das allumfassendste und alles umschlingende ist, das weitestreichende und genaueste und – nichts für sich beansprucht. [. . .] Und ob Sie es wollen oder nicht, ich habe Sie bereits in mein Innerstes eingeschlossen, wohin ich alles aufnehme, was mir lieb ist, ohne es vorher genau zu betrachten, es aus dem Inneren heraus betrachtend. Sie sind meine Beute und mein Fang, genauso wie der Überrest des römischen Viadukts, durch den die Morgenröte scheint, besser und ewiger in meinem Inneren geborgen ist als im Fluß Loing, in dem er sich für ewige Zeiten spiegelt.« (An Steiger, 29. Juli 1936)

In den Tagen vor und nach Steigers Operation schreibt Marina täglich – um den Kranken, wie sie es ihm versprochen hat, eine Freude zu machen, aber auch deshalb, weil dieses Phantombild des verlassenen, leidenden Jünglings ihr Lebensinhalt geworden ist: »Staunen Sie nicht über das Gigantische meines Schrittes zu Ihnen hin; ich habe keinen anderen«, schreibt sie ihm, und : »Manchmal glaube ich, daß Sie und ich – eins sind.«[16]

Sie wartet auf seine Briefe wie zu den Zeiten Bachrachs, besonders auf das erste Lebenszeichen nach der Operation. Marina wandert durch die altertümlichen Räume des Schlosses, sie durchstöbert den weitläufigen Dachboden und ist in ihrer Angst und Sorge um den jungen Dichter wahrscheinlich zum letzten Mal wirklich glücklich. Wie sehr sie es ist, beweisen die *Stichi sirote*

(Gedichte an ein Waisenkind), die plötzlich hervorsprudeln wie in alter Zeit.

> Endlich! Jetzt hab' ich getroffen
> Jemanden, den ich brauch'!
> Irgendwo gibt es einen
> Menschen, der dringend mich braucht!
> [. . .]
>
> Weil in der Hand du die Wunde
> Gläubig mir streckst entgegen,
> Werd' ich für dich stets bereit sein,
> Meine ins Feuer zu legen.[17]

Es ist kein Wunder, daß Steiger diese Briefe, die ihn doch nur trösten sollten, falsch verstand und erschrak, besonders, als ihn die aus seiner Sicht alte Dichterin einlud, nach Savoyen zu kommen und, als Steiger vorsichtig ablehnte – ein Ablehnen und Zurechtrücken der Maßstäbe nahm sie nicht zur Kenntnis – Schritte unternahm, um ein Visum für die Schweiz zu erhalten und ihn in Bern zu besuchen. Daraufhin – irgendwann nach dem 11. September – sah sich Steiger veranlaßt, diese Brieffreundschaft zu beenden. Die Briefe Zwetajewas nach dem 1. September kennen wir ebensowenig wie die Antworten Steigers; ein letzter, datiert Ende September, erschien in »Neue Welt«. Nach Wiltschkowski endete der Briefwechsel mit dem von Marina oft wiederholten Refrain des deutschen Volksliedes

> Behüt dich Gott, es wär so schön gewesen,
> Behüt dich Gott, es hat nicht sollen sein!

Das Erwachen aus diesem sommerlichen Traum war bitter und kränkend. Am Tag nach ihrer Rückkehr nach Paris schrieb Marina ihrer Freundin Tesková diese Geschichte:

»Der Arzt möchte, daß er den Winter in Bern verbringt, zusammen mit den Eltern – und die Eltern wünschen dies natürlich auch –, doch er hat beschlossen: nach Paris – denn in Paris gibt es Adamowitsch – die Literatur – und den Montparnasse – und Zusammenkünfte bis drei Uhr früh bei der zehnten Tasse schwarzen Kaffee: und weil er sowieso (nach jener Liebe) tot ist [. . .] Und dafür habe ich also le plus clair de mon été verschwendet. Darauf habe ich mit der ganzen Gradlinigkeit meines Wesens geantwortet. – Daß sich unsere Wege *trennen*: Daß mein Weg – der Weg zu mir – Abgeschiedenheit bedeutet. Und alles über den Montparnasse. Und alles über den seelischen Kräfteverfall, mit dem ich nichts anfangen kann. Und Dankbarkeit für das Zettelchen mit Rilkes Grab. Meine Dankbarkeit für einen ganzen Sommer, für Sorgen und Träume. Und Dankbarkeit für die Wahrheit . . .« (An Tesková, 16. September 1936)[18]

»Für meine Freundschaft brauche ich gesunde Wurzeln«, schreibt Marina in ihrem letzten Brief an Steiger. »Eine Freundschaft gepaart mit Herablassung, ein bloßes Bedauern, ist eine Erniedrigung. [. . .] Mir ist es egal, wie viel Sie tragen können, wichtig ist mir, wie sehr Sie sich darum bemühen. Bemühen ist Wollen. Und wenn in Ihnen dieses Wollen nicht existiert, habe ich mit Ihnen nichts zu schaffen.«[19]

Möglich ist allerdings, daß Marina Zwetajewa diesen letzten Brief nur in ihr Konzeptheft geschrieben und nicht abgeschickt hat.

Trotzdem fand es Steiger notwendig, nach seiner Ankunft in Paris bei Marina Zwetajewa einen Besuch zu machen. Sie hatten sich nichts zu sagen. (»Alles was an ihm menschlich ist, fließt in seine kurzen Gedichte; für etwas anderes reicht es nicht, man sieht gleich den Boden durchschimmern«, bemerkte Marina zu Ivask.)

Dennoch konnte sie ihrem ehemaligen »Adoptivsohn« einen letzten Dienst erweisen: sie empfahl ihn Ivask mit der Bitte, ihn bei seinen literarischen Bestrebungen zu unterstützen.[20] Danach haben sie sich nicht mehr gesehen. Anatoli Steiger war für Marina tot. (Er starb 1943 in der Schweiz an Tuberkulose.)

Das Erlebnis dieses Sommers hat auch in *Moj Puschkin* (Mein Puschkin), einem der schönsten Prosawerke Zwetajewas, seinen Niederschlag gefunden: »Für eines noch, nicht für eines, sondern für vieles, hat Eugen Onegin mich vorherbestimmt. Wenn ich später, mein Leben lang bis zum heutigen, immer als erste schrieb, als erste die Hand ausstreckte – auch beide Hände, ohne das Gesicht zu fürchten – so tat ich dies allein deshalb, weil in der Morgenröte meiner Kindheit die zwischen den Buchdeckeln liegende Tatjana, bei Kerzenlicht, mit zerzaustem und über die Brust geworfenem Zopf, und das vor meinen Augen, ebensolches getan hatte. Und wenn ich dann, als sie fortgingen (und sie gingen immer) es nicht nur unterließ, die Hand nach ihnen auszustrecken, ja nicht einmal den Kopf nach ihnen zurückwandte, so nur deshalb, weil damals, im Garten, Tatjana zu einer Statue erstarrte.«[21]

Was tat unterdessen Sergej Efron? Warum mußten Frau und Sohn plötzlich ihren Urlaubsort bei Paris verlassen und wurden weit weg, an der Schweizer Grenze, in dem sicherlich teuren Schloß Arcine einquartiert? Sein Name taucht in einem kleinen, gut dokumentierten und 1939 herausgekommenen Buch *L'assassinat politique et l'URSS* auf. Darin berichtet Maurice Wullens[22] folgende erstaunliche Dinge:

Ab Juli 1936 begann die GPU, Trotzkis Sohn Léon Sedow zu überwachen. Ein Team von fünf Leuten mietete in seiner Nähe eine Wohnung, und als das Ehepaar im August nach Cap d'Antibes reiste, fuhren die »Schatten« mit. Es waren dies eine junge Schweizerin Renata Steiner, eine begeisterte Verehrerin der Sowjetunion, der man gesagt hatte, sie könne ein Visum durch den »Verband für die Heimkehr in die Sowjetunion« erhalten, ihr »Chef« Marcel Rollin alias Dmitri Smirenski, ihr Lebensgefährte Pierre Schwarzenberg, der gleich darauf im Spanischen Bürgerkrieg für immer verschwand, ein Franzose namens Pierre-Louis Ducomet und – Sergej Efron.

Und nochmals begegnen wir Sergej Efron. Als Kirill Chenkin, ein junger Russe der zweiten Emigrantengeneration und Student der Pariser Universität, sich in den Kopf setzte, auf seiten der Republikaner am Spanischen Bürgerkrieg teilzunehmen, war es Efron, der ihm den Weg nach Valencia ebnete und anwies, sich dort mit dem NKWD-Residenten Orlow in Verbindung zu setzen, der ihm eine »interessante Arbeit« zuweisen würde. Orlow war jener sowjetische Funktionär, dem es bald darauf gelang, den Stalinschen Terrorkommandos zu entkommen und sich nach Amerika abzusetzen.[23]

Sechsundzwanzigstes Kapitel

Das schreckliche Jahr 1937, das Jahr der grausamen Stalinschen Schauprozesse und systematischen Kriegsvorbereitungen des nationalsozialistischen Deutschland, das Jahr, das die Familie Efron endgültig ins Unglück stürzte, begann für Marina Zwetajewa nicht schlecht. Es war das 100. Todesjahr Puschkins, aus diesem Anlaß beschäftigte sich auch Marina intensiv mit ihrem Lieblingsdichter und schrieb den Essay *Puschkin und Pugatschow*[1] und die lyrische Prosa *Mein Puschkin*.

»Meine früheste Kindheit – Puschkin im Kinderzimmer, mit der Betonung auf mein«, erklärte Marina ihrer tschechischen Freundin und ärgerte sich, daß ihr dieser Titel wieder einmal als Anmaßung ausgelegt wird.[2] Aus Anlaß des Puschkinjahres druckten die »Zeitgenössischen Annalen« die *Gedichte an Puschkin* aus dem Jahre 1931, obwohl Marina dies vorerst bezweifelt hatte, da sie sie selbst zu revolutionär fand.[3] Sie las diese Gedichte und *Mein Puschkin* am 3. März 1937, ihrem, wie sich herausstellte, letzten öffentlichen Auftreten im Westen.

Zu dieser Zeit stoßen wir auf den Namen Sergej Efron nicht etwa als Zuhörer bei der Lesung seiner Frau, sondern in einem anderen Zusammenhang: Er ist Pariser Einsatzleiter des uns schon bekannten Teams Renata Steiner – Smirenski – Ducomet. Sie reisten im Januar 1937 Léon Sedow nach Straßburg nach, um herauszufinden, was dieser mit seinem Schweizer Anwalt zu besprechen hatte. Ein Telegramm Efrons beorderte sie nach Paris zurück. Hier erhielten sie den ungleich wichtigeren Auftrag, die Beschattung des französischen GPU-Residenten zu übernehmen, dem offensichtlich unter dem Eindruck der Stalinschen Säuberungen ernste Zweifel an der Moskauer Führung gekommen waren. Er stammte aus Podwoloczyska, war in Parteikreisen als »Ludwig« bekannt und hieß Poretzky alias Ignaz Reiss.[4]

Der Leiter des Büros der »Union der Heimkehrer in die UdSSR« hatte aber auch einen offiziellen Erfolg zu verbuchen: Am 15. März kehrte seine eigene Tochter freiwillig und begeistert in die Sowjetunion zurück. Alja wurde von den wenigen verbliebenen Freunden der Familie mit Geschenken überhäuft und fieberte einer Zukunft entgegen, die ihr in das rosigste Licht getaucht zu sein schien.

»Die Abfahrt war fröhlich«, erzählt Marina Anna Tesková, »so fährt man sonst nur auf Hochzeitsreise, und auch das nicht immer. Sie hatte neue Kleider an, war sehr elegant [eine Zeile fehlt], sie lief von einem zum anderen, redete, scherzte [sieben Zeilen fehlen]. Dann hat sie sehr lange nicht geschrieben [zwei Zeilen fehlen]. Dann begannen die Briefe einzutreffen und kommen jetzt regelmäßig [fünf Zeilen fehlen]. Sie wohnt bei S. Ja's kranker, bettlägriger Schwester, in einem winzigen, aber eigenen Zimmer und lernt Englisch bei meiner Schwester (der besten Englischkennerin Moskaus). Mit wem sie die Zeit verbringt, wie sie sie verbringt, wissen wir nicht. Ihr erster Verdienst, gleich nach ihrer Ankunft, 300 Rubel, und einige Aussichten, als Buchillustratorin zu arbeiten. Klar ist eines: Sie ist sehr zufrieden [22 Zeilen fehlen].« (An Tesková, 2. Mai 1937)[5]

Aljas Abreise hat ein unmittelbares Ergebnis zur Folge. Marinas russische Briefpartner wollen mit ihr nichts mehr zu tun haben – oder ist sie es selbst, die die Korrespondenz abbricht? Ihr letzter Brief an Vera Bunina vom 19. (oder 26.) Februar betrifft den Puschkinabend, der an Ivask (27. Februar) behandelt das abstrakte Thema der literarischen Mittelmäßigkeit; im letzten Schreiben an Chodassewitsch heißt es u. a.:

»Wundern Sie sich nicht, daß ich so lange geschwiegen habe, übermorgen fährt Alja weg, das ganze Haus und der ganze Tag sind verückt [. . .] Sobald sie fort ist, gehöre ich Ihnen [. . .] Ich umarme Sie und melde mich bald.« (13. 3. 1937)[6]

Nach dem 15. März kennen wir außer einigen eher nichtssagenden Mitteilungen Zwetajewas an Wladimir Sossinski nur noch ihre Briefe an Anna Tesková. Mehr denn je wird die tschechische Freundin zu ihrer Stütze.

In ihrem ersten Brief aus Moskau schrieb Alja ihrer Mutter, daß die Schauspielerin Sonja Holliday vor kurzem gestorben sei. Diese Nachricht erschütterte Marina zutiefst. Vor ihrem geistigen Auge lebt eine ganze Epoche ihrer Jugend wieder auf. Ihr ist das letzte Prosawerk von Zwetajewa gewidmet: *Powest o Sonetschke* (Die Erzählung von Sonetschka).[7]

Diese Prosa ist eines der Meisterstücke Zwetajewas. So flach das Porträt von Natalja Gontscharowa geraten war, so plastisch, lebendig, zum Greifen nahe ersteht vor unseren Augen die kleine, exzentrische Schauspielerin, die sich aufführt wie eine Institutsschülerin, immer weint, aber im entscheidenden Augenblick Tapferkeit des Herzens zeigt. Rückblickend scheint es Marina Zwetajewa, daß sie nie ein weibliches Wesen mehr geliebt habe, und sie zieht Bilanz ihres freudlosen Lebens, wenn sie zum Schluß schreibt:

»Und nun, Sonetschka, lebe wohl. Sei gesegnet für die Minute der Seligkeit und des Glücks, die du einem anderen einsamen, dankbaren Herzen gegeben hast. Mein Gott! Eine Minute der Seligkeit! Ist das wenig, sei es auch für ein ganzes Menschenleben?«

Ihre Erinnerungen an Sonetschka und an das Moskau des Jahres 1919 ließen Marina die Gegenwart so völlig vergessen, daß sie sie überhaupt nicht wahrnahm. Sie beendete ihre Arbeit erst im Sommer 1937 am Atlantischen Ozean, in ihrem Urlaubsort Lacanau im Département Gironde. Von dort schickte sie am 16. Juli einen fröhlich klingenden Urlaubsgruß an Anna Tesková. Sie schreibt von ihrer Arbeit und ihrer Lektüre – Sigrid Undset und Selma Lagerlöf –, erinnert sich an die Zeit vor zehn Jahren, als sie in der gleichen Gegend weilte, und erwähnt in einem Nebensatz, daß ihr Mann die Absicht geäußert habe, im August mit ihr und Mur einige Tage am Meer zu verbringen. Ob dieser Besuch stattfand, wissen wir nicht; leider kann auch nicht festgestellt werden, ob Marina Sergej antraf, als sie am 20. September nach Vanves zurückkehrte. Einem ansonsten uninteressanten Brief an Tesková vom 27. September ist zu entnehmen, daß sie nichts Böses ahnte, daß die Welt für sie bis zu diesem Tag noch heil war.

Sie ist es aber nicht mehr. Denn am 17. Juli hat Ludwig Poretzky einen unwiderruflichen Schritt getan, der auch dem Leben von Marina Zwetajewa die letzte, entscheidende Wende gibt: Er hat sich in einem eindringlichen, wie ein Manifest abgefaßten Brief von Stalin und seiner seit Jahrzehnten geübten Treue gegenüber der Sowjetunion losgesagt; ein Schritt, der von seinem großen Mut zeugt.[8] Es gelingt ihm, sich mit seiner Frau und seinem kleinen Sohn unbemerkt aus Paris zu entfernen, obwohl sein an Stalin gerichteter Brief schon in der Pariser Botschaft in die »richtigen« Hände geraten ist, zur Sicherheitsbeauftragten Lydia Grossowskaja und zum Sonderkommissar Spiegelglass. »Zufällig« ist einer der letzten Briefe, den Poretzky durch die Botschaft erhalten hat, ein Schreiben seiner alten Bekannten Gertrud Schildbach aus Deutschland, die vorgibt, ebenfalls mit Moskau brechen zu wollen, und Poretzky um eine Zusammenkunft bittet. Das Überwachungsteam, das sofort ausgesandt wird, um Poretzky zu suchen, ist um eine wichtige Figur bereichert worden. Denn Poretzky begeht den Fehler, seiner alten Freundin noch vor seinem Verschwinden in die Hochsavoyen nahe der Schweizer Grenze zu antworten und mit ihr ein Rendezvous in Lausanne zu vereinbaren.

Das Treffen zwischen Schildbach und Poretzky fand am 4. September statt. Frau und Kind warteten vergeblich auf seine Rückkehr. Am nächsten Tag aber wurde in einem Vorort von Lausanne auf der Straße ein erschossener Mann gefunden. Die »Neue Zürcher Zeitung« enthielt ihrem Publikum nicht vor, was sie über diesen Toten in Erfahrung brachte:

6. September 1937 (Morgenausgabe):

»Politischer Mord? Pully. In der Nacht zum Samstag fand die Polizei [. . .] auf der Straße bei Chamblandes die Leiche eines Mannes, die ganz mit Kugeln durchlöchert war. Die Schüsse scheinen mit einem leichten Maschinengewehr abgegeben worden zu sein. Da niemand in der Umgebung Schüsse hörte, nimmt man an, daß das Verbrechen an einem anderen Ort begangen wurde. Die Brieftasche des Toten war unberührt und enthielt Banknoten. Es handelt sich um einen tschechischen Staatsangehörigen namens Eberhardt.«

Die Abendausgabe des gleichen Tages weiß bereits mehr über den Mordfall von Pully zu berichten.

»Die Erhebungen haben ergeben, daß Eberhardt am Samstagabend allein in einem Hotel abgestiegen war. Er wurde seither nicht mehr gesehen. Seine Leiche wurde in der gleichen Nacht durch ein von Lausanne kommendes Auto an die Fundstelle gebracht, das Auto hielt brüsk an und fuhr nachher in gleicher Richtung zurück. Sonntag abends fand die Genfer Polizei beim Bahnhof Cornavin ein graues Auto mit Berner Nummer. In dem Auto fanden sich Blutspuren und auf dem Boden zehn leere Patronenhülsen gleichen Kalibers wie die Pistole, die unweit von der Leiche gefunden wurde. Es kann also keinem Zweifel mehr unterliegen, daß man es hier mit dem Auto des oder der Banditen zu tun hat, die offenbar die Eisenbahn benützt haben, um nach Frankreich zu fliehen.«

»Da nach den Umständen, unter denen der tschechoslowakische Geschäftsmann Eberhardt bei Lausanne aufgefunden wurde, ein Selbstmord als ausgeschlossen betrachtet wird, neigt man immer mehr zu der Vermutung, daß es sich um ein politisches Verbrechen handelt«, schreibt die NZZ am nächsten Tag.

8. September 1937 (Mittagsausgabe):

»Die waadtländische Polizei hat sich mit der Walliser Sicherheitspolizei in Verbindung gesetzt, nachdem sie in Erfahrung gebracht hat, daß ein verdächtiger sowjetrussischer Staatsbürger am Samstag von Lausanne nach Martigny verreist sei. Von Martigny fuhr der Verdächtige, nachdem er telephonisch verlangt worden war, in Richtung Chamonix weiter. Nach Meldung aus Prag ist der auf dem Opfer des Verbrechens gefundene tschechoslowakische Paß gefälscht.«

Am 9. September wußte die Sicherheitspolizei, daß ein verdächtiges Paar von einem Chauffeur von Genf nach Annemasse gefahren worden war. Am 13. September veröffentlichte die »Neue Zürcher Zeitung« einen Bericht aus Budapest, wonach mehrere Mitglieder der dortigen Arbeiterbewegung in Eberhardt den stellvertretenden Kommandanten der Rotarmisten während der kommunistischen Diktatur erkannt hatten.

Doch schon zehn Tage später hatte die Welt eine neue Sensation: »Neue Zürcher Zeitung«, 23. September 1937 (Abendausgabe):

»Neue Affäre Kutjepow? Paris, 23. 9. Die Pariser Polizei teilt mit, daß General Eugen Miller, der Präsident des weißen russischen Kriegsteilnehmerverbandes, seit gestern nachmittag spurlos verschwunden ist. Man fürchtet, daß General Miller das gleiche Schicksal widerfahren sei, wie dem im Jahre 1930 entführten und niemals wiedergefundenen General Kutjepow, der Millers Vorgänger auf dem Posten des russischen Kriegsteilnehmerverbandes war . . .«

Neue Zürcher Zeitung, 24. September, Blatt 3:

»Die Entführung von General Miller [. . .] Die Polizei verfolgte in den Nachtstunden des Donnerstags eine erste Spur, die nach Le Havre führte. Der dortige Polizeikommissar hat mitgeteilt, daß am Mittwochabend gegen 16 Uhr, also wenige Stunden nach dem Verschwinden des Generals Miller, ein mit drei ausländischen Personen besetztes Auto im Hafen eintraf und nach dreieinhalbstündigem Aufenthalt mit nur zwei Personen wieder in Richtung Paris zurückfuhr. Das Auto wurde ganz in der Nähe des sowjetrussischen Dampfers ›Marija Uljanowa‹ bemerkt. Dieser Dampfer hat merkwürdigerweise eineinhalb Stunden später, ganz plötzlich und ohne sich bei der Hafenkommandatur abzumelden, Le Havre verlassen. Der Dampfer fährt, wie verlautet, direkt nach Petersburg. In den Polizeikreisen fragt man sich, ob General Miller vielleicht auf dieses Schiff gebracht worden ist. Die Polizei bemüht sich gegenwärtig, das verdächtige Auto und seine Insassen ausfindig zu machen . . .«

Neue Zürcher Zeitung, 25. September, Blatt 1:

»Paris, 24. 9. Die sowjetrussische Botschaft in Paris teilte der Sicherheitspolizei mit, daß der mysteriöse Kleincamion, der in der Nähe von Le Havre gesehen wurde, der Botschaft gehöre. Dieses Motorfahrzeug, das das Diplomatenschild trug, habe sich nicht mit drei, sondern mit vier Personen nach Le Havre begeben, nämlich mit dem Vizekonsul der UdSSR, einem Beamten der Sowjethandelsvertretung, einem Beamten der Botschaft und dem Chauffeur. Die beiden erstgenannten Personen schifften sich an Bord des Handelschiffes ›Marija Uljanowa‹ ein [. . .]«

Am 30. September ist die waadtländische Polizei in der Aufklärung des Mordes von Chamblandes ein großes Stück weitergekommen. Der Präsident der »Revolutionären sozialistischen Partei Hollands«, H. Sneevliet, hat den Toten als seinen Freund Ignaz Reiss identifiziert. Die Polizei hatte auch herausgefunden, daß Gertrud Schildbach unter dem Vorwand, auch sie sei über Stalins Exekutionen empört und wolle nicht mehr nach Moskau zurückkehren, den Abgesprungenen, der sich mit Frau und Kind in der Nähe von Montreux versteckt hatte, besuchte und mit ihm ein neues Rendezvous vereinbarte, bei dem Reiss von Unbekannten im Auto erschossen wurde. Am 8. Oktober druckt die Zeitung eine amtliche Stellungnahme aus Bern ab:

»Bern, 7. Oktober. Der Tscheka-Mord von Pully. Seit dem Mord von Pully ist etwas mehr als ein Monat verflossen. Während dieser Zeit hat die Untersuchung das Verbrechen weitgehend aufgeklärt. Die Haupttäter sind noch nicht festgenommen, und es ist fraglich, ob sie nicht bereits in Sowjetrußland weilen.

[. . .] Mit der Überwachung des Reiss war u. a. eine Schweizerin beauftragt, die St. Gallenerin Renata Steiner. Ein angeblicher Südfranzose mit dem wahrscheinlich falschen Namen Rossi war ihr Chef. Mit ihm reiste sie am 1. September nach Bern. Hier mietete sie in einer Garage ein Auto. Bald darauf traf auch Reiss in der Schweiz ein. Mit diesem traten in Lausanne Rossi, die 1894 in Straßburg geborene Gertrud Schildbach und ein Unbekannter in Verbindung. Die vier unternahmen eine Fahrt, die nach Bern führen sollte. Rossi führte den Wagen, und in Chamblandes wurde Reiss mit einer Mitraillette ermordet. In einem Hotel in

Lausanne fand die Polizei Spuren des Mörders, u. a. eine Flasche mit Strychninlösung und vergiftete Chokoladebonbons. Die Spuren deuten auf einen ehemaligen Offizier der weißrussischen Armee, Kudratiev, der jetzt im Dienste der GPU steht und von Paris aus u. a. die Offiziere der altrussischen Armee zu überwachen hat . . . Kudratiev hatte Paris vor einigen Wochen verlassen, um nach Hochsavoyen, also in die Nähe der Schweiz zu reisen.«

Im Dezember ermittelte die Pariser Polizei, daß die Angestellte der sowjetischen Botschaft Lydia Grossowskaja, die den Brief von Poretzky in die Hand bekommen hatte und in Paris für die GPU arbeitete, eine Schlüsselfigur in der Affäre Reiss darstellte. Auf Grund des schweizerischen Auslieferungsbegehrens wurde sie am 17. Dezember verhaftet, aber nach einer Intervention der Botschaft drei Tage später gegen Kaution auf freien Fuß gesetzt. Von diesem Tag an war Lydia Grossowskaja verschwunden.

Am 22. Februar 1938 faßte ein Leitartikel der »Neuen Zürcher Zeitung« zusammen, was über den Fall Reiss bekannt war, bevor der politische Mord durch den Einmarsch deutscher Truppen in Österreich aus dem Bewußtsein des schweizerischen Volkes verdrängt wurde:

»Die Tscheka in Europa [. . .]

[. . .] Daß die Hand Moskaus bei der Flucht der Grossowskaja mit im Spiel war, ist so offensichtlich, daß auch die Sowjetregierung und ihre Pariser Vertretung vorgezogen hat, sich in Schweigen zu hüllen. Lydia Grossowskaja, ihr Mann und der ›Doktor‹ Beletzki, die alle drei in der russischen Handelsvertretung in Paris angestellt waren, sind, zusammen mit dem Leiter des sogenannten ›Heimkehrerbureaus‹, Efron, als die für die Ermordung des Agenten Reiss verantwortlichen Personen festgestellt worden. Grossowski, Beletzki und Efron konnten rechtzeitig flüchten, Frau Grossowskaja wurde verhaftet, konnte aber gegen eine Kaution von 50.000.– Frs, die von der Sowjetregierung eingezahlt wurden, auf freiem Fuß bleiben. Trotz der scharfen polizeilichen Überwachung ist es ihr Ende Januar gelungen, im Auto des Pressechefs der russischen Handelsvertretung zu entkommen und in der Rue de Grenelle, in der sich die Pariser Sowjetbotschaft befindet, spurlos zu verschwinden.«

Der Mord von Chamblandes war perfekt geplant, aber stümperhaft ausgeführt, weil die Altkommunistin Schildbach die Nerven verlor und wohl ihren treuen Freund und Kampfgenossen Ludwig Poretzky ans Messer geliefert hat, dessen Frau und Kind die vergifteten Süßigkeiten jedoch nicht zuspielte, wie ihr Auftrag gelautet haben mag. So blieb Elisabeth Poretzky am Leben; sie konnte der Polizei sogleich alle nötigen Auskünfte geben und dreißig Jahre später ihr Buch *Our own people* über den Fall »Ignaz Reiss« schreiben. Den allerersten Anlauf zur Aufklärung dieses Falles hatte allerdings bereits Victor Serge geleistet, der die fassungslose Witwe wenige Tage nach dem Mord in Paris traf; sein 1939 erschienenes Buch *L'assassinat politique et l'URSS* ging allerdings im Trubel des Kriegsausbruches unter. Und am 17. November 1938 hatte die Basler »National Zeitung« schon gemeldet: »Die weitere Untersuchung in der Affäre des [. . .] politischen Mordes an dem früheren russischen GPU-Agenten Ignaz Reiss [. . .] ist durch den Untersuchungsrichter des Kantons Waadt eingestellt worden [. . .] Verschiedene andere Beschuldigte sind inzwischen wegen Mangels an Beweisen aus der Untersuchungshaft entlassen worden.«

Nach Schilderung von Elisabeth Poretzky fuhr Renata Steiner mit dem Auto, das sie in Bern gemietet hatte und in dem Ludwig Poretzky am 4. September erschossen wurde, zuerst nach Martigny, um nach der untergetauchten Familie Ausschau zu halten. In ihrer Begleitung befanden sich Gertrud Schildbach, der ehemalige weißrussische Offizier Kondratjew und zwei Russen, die Steiner aus Paris kannte: Efron und Smirensky. Von Martigny aus kehrte Kondratjew nach Paris zurück und war dort drei Wochen später einer der Hauptbeteiligten an der Entführung von General Miller.

In Frankreich war 1937 eine Volksfrontregierung an der Macht; es bestanden enge Beziehungen zur Sowjetunion. Die französische Polizei wollte mit einem Mord, der auf fremdem Territorium verübt worden war, ungern etwas zu tun haben; als die Schweizer Behörden gegen Efron und Smirensky Anzeige erstatteten, wurden sie in Frankreich bloß verhört und frei gelassen – nach Spanien, wie Elisabeth Poretzky glaubt. Die Lage veränderte sich allerdings schlagartig nach dem Verschwinden Millers: Die Polizei fuhr nach Vanves, um Sergej Efron zu verhaften, und als sich herausstellte, daß er verschwunden war, nahmen sie jemand anderes mit – seine Frau.

Wie sich die aus allen Wolken gefallene Marina Zwetajewa zu den Anschuldigungen stellte, die die Vernehmungsbeamten gegen ihren Mann erhoben, wissen wir nicht von ihr selbst. Ihr 64 Zeilen langer Brief an Anna Tesková vom 17. November 1937 wurde in die Prager Ausgabe ihrer Briefe nicht aufgenommen. Aber die Berichte ihrer Freunde über diese schreckliche Nacht stimmen überein. Jelena Iswolskaja erzählt:

»Marina, die von der sorgsam vor ihr verborgenen Tätigkeit ihres Mannes nichts wußte, konnte die Fragen der Polizei nicht beantworten. Man kann sich ihr Entsetzen und ihre Angst leicht vorstellen. Ihre Loyalität und ihr absolutes Vertrauen in Serjosha wurden aber trotz allem nicht erschüttert. Plötzlich begann sie sehr leise französisch zu sprechen. Die Polizisten lauschten erstaunt – es waren Verse, die aus ihrem Mund strömten, Verse und nochmals Verse. Merkwürdigerweise machte ihr Vortrag tiefen Eindruck. Sie hörten andächtig zu und entließen sie schließlich. Sie wurde von niemandem mehr belästigt.«[9]

Außer Corneille und Racine rezitierte Marina Zwetajewa auch ihren französischen *Recken*, der auf diese Weise seine Verfasserin rettete. Laut Schachowskaja erwiderte Marina beim Verhör, als man ihr Beweise für die Schuld ihres Mannes vorlegte: »Sa bonne foi a pu être surprise, la mienne en lui reste intacte.«[10]

Jahrzehnte nach diesen Ereignissen wollte Véronique Lossky im Zusammenhang mit ihren Nachforschungen zu Marina Zwetajewa bei der französischen Sicherheitspolizei Einsicht in dieses Vernehmungsprotokoll nehmen. Es stellte sich heraus, daß es verschwunden war und auch andere Teile der Akte »Miller« fehlten, wie auch der Name Efron nicht mehr im französischen Polizeiarchiv existiert. Es scheint, als seien Teile der Akte entfernt worden.[11]

Slonim traf Marina im Oktober bei den Lebedjews, sie wirkte um viele Jahre gealtert und irgendwie vertrocknet:

»Ich umarmte sie, und plötzlich begann sie zu weinen, leise und ohne ein Wort zu sagen; ich sah sie zum ersten Mal weinen. Dann faßte sie sich und erzählte in fast humorvollen Tönen davon, was sie als ›Unglück‹ bezeichnete. Mich erschütterten ihre Tränen ebenso wie das Fehlen von Klagen über ihr Schicksal und ihre hoffnungslose Überzeugung, daß es keinen Sinn habe zu kämpfen, daß man das Unvermeidliche akzeptieren müsse. Ich erinnere mich, wie einfach ihre Worte klangen: ›Ich möchte sterben, aber um Murs willen muß ich weiterleben; Alja und Sergej Jakowlewitsch brauchen mich nicht mehr!‹«[12] Seiner Meinung nach war in diesen Tagen etwas in Marina Zwetajewa endgültig zerbrochen.

Halten wir fest, es gab einige Freunde, die auch in dieser bösen Zeit treu zu Marina hielten und sich bemühten, ihr zu helfen. Außer Slonim und der Familie Lebedjew waren dies Nikolai Berdjajew, der sich um Marina bemühte wie um eine Kranke, Fondaminski, der »rastlose Beschützer aller Mühseligen und Beladenen«, wie ihn Fedotowa bezeichnet, Iswolskaja, Sossinski und Chodassewitsch, der um diese Zeit schon sehr krank gewesen sein muß. Die übrigen straften Zwetajewa mit Boykott, denn man kann sich leicht vorstellen, daß die Affäre Efron unter den Pariser Russen eine ungeheure Aufregung hervorgerufen haben muß. Nina Berberowa beschreibt wohl Marinas letztes Erscheinen in der russischen Öffentlichkeit:

»M. I. Zwetajewa sah ich zuletzt auf dem Begräbnis (oder war es die Panichida?) des Fürsten S. M. Wolkonski am 31. Oktober 1937. Nach Beendigung des Gottesdienstes [. . .] trat ich auf die Straße. Auf dem Gehsteig stand Zwetajewa allein und blickte uns mit tränenschweren Augen an. Sie war gealtert, fast ergraut, schlecht frisiert und hatte die Hände über der Brust gefaltet. Es war kurz nach der Ermordung von Ignaz Reiss, in die ihr Mann verwickelt gewesen war. Sie stand allein wie eine Aussätzige, niemand sprach sie an. Und so wie alle ging auch ich an ihr vorüber . . .«[13]

Zurückgezogen, ohne Geld, beschäftigt mit Wäschewaschen und Heizen, verbrachte Marina mit Mur den letzten Winter in ihrer Wohnung in Vanves. Weihnachten feierten sie allein; ihr winziger Christbaum war mit vergoldeten Tannenzapfen aus Všenory geschmückt. Ein kurzer Neujahrsgruß an Tesková, am 7. Februar eine Postkarte:

»Den ganzen Winter über habe ich nichts geschrieben . . . Mir fehlt die seelische Ruhe (die wichtigste und einzigste); was ich habe, ist das Gegenteil. Verzeihen Sie die langweilige Postkarte – ich habe nichts anderes bei der Hand – und zu einem Brief bin ich unfähig.«

Womit sich Marina in diesem Winter vor allem beschäftigte, war die Durchsicht und Reinschrift und das Aussortieren ihrer Werke und etwas, das sie immer schon gehaßt hatte: Behördengänge. Sie bemühte sich um die Wiedererlangung der sowjetischen Staatsbürgerschaft für sich und ihren Sohn, um auf diese Weise die Möglichkeit zu erhalten, Sergej und Alja nach Rußland zu folgen.

Siebenundzwanzigstes Kapitel

Anfang März 1938 spitzte sich die mitteleuropäische Krise in gefährlicher Weise zu. Am 11. März marschierten deutsche Truppen in Österreich ein. Die Welt starrte hypnotisiert nach Wien und nahm kaum zur Kenntnis, daß in Rußland zur gleichen Zeit der größte aller Schauprozesse, jener gegen Bucharin, Rykow und Krestinski, inszeniert wurde. Einen Tag nach Hitlers »Vollzugsmeldung an die Geschichte« auf dem Wiener Heldenplatz wurden Bucharin und seine Mitangeklagten zum Tode verurteilt. Schriftliche Stellungnahmen von Zwetajewa zu diesen Ereignissen sind uns nicht bekannt – mit Österreich verband sie nichts außer der Herzog von Reichstadt und von dem anderen wußte sie wohl kaum etwas –, aber zu ihrer Beruhigung dürften sie nicht beigetragen haben.

Hitlers Befriedigung über seine leicht errungene Beute war nur von kurzer Dauer. Nicht einmal zwei Monate nach dem Anschluß Österreichs, am 1. Mai 1938, gab es die ersten »blutigen Zusammenstöße« und »Ausschreitungen« in der Tschechoslowakei, die am 21. Mai zur Mobilisierung der tschechischen Armee und zur kurzfristigen Schließung der Grenzen führten. Diesmal erkannte Marina die Gefahr:

»Liebe Anna Antonowna, ich denke unaufhörlich an Sie – und leide, zittere und bin empört«, schreibt sie der Freundin am 23. Mai aus Vanves, »und ich hoffe mit Ihnen. *Ich fühle die Tschechoslowakei als freien Geist,* über den die Körper keine Gewalt haben. Und persönlich empfinde ich es als *mein* Land, als mein *Heimatland*, für dessen Taten ich einstehe und dem ich mich von vorneherein verschreibe. Was für eine *schreckliche* Zeit!« (An Tesková, 23. Mai 1938)[1]

Im Frühjahr setzte in den russischen Emigrantenblättern eine Pressekampagne gegen den verschwundenen Sergej Efron ein. Obwohl Marinas Name in diesem Zusammenhang nicht genannt wurde, war ihre Situation in Clamart unhaltbar geworden. Außerdem hatte sie keine Einnahmen mehr: Die »Russkije Sapiski« (Russischen Annalen) hatten zwar in der dritten Nummer den ersten Teil ihrer *Erzählung von Sonetschka* gebracht, der zweite wurde jedoch zurückgewiesen. (Er lag bis 1976 unveröffentlicht in der Universitätsbibliothek Basel.) Marina Zwetajewa gab ihre

Wohnung auf und übersiedelte mit Mur in das bescheidene Hotel Innova, 13 Boulevard Pasteur, im 15. Pariser Bezirk. Dort wartete sie, verborgen vor den Augen ihrer Landsleute, hungernd und verzweifelt über die sich immer bedrohlicher zusammenziehenden Kriegswolken, auf die Erledigung ihres Gesuches um Einreise in die UdSSR. Sie fuhr fort, ihre Arbeiten zu sichten und abzuschreiben; beileibe nicht alle waren für eine Einfuhr in die Sowjetunion geeignet.

Man könnte meinen, Marina Zwetajewa habe nun den Tiefpunkt ihres Emigrantendaseins erreicht, etwas Schlimmeres könne nicht mehr geschehen. Doch Ende August treten politische Ereignisse ein, die sie ins Mark treffen und ihr persönliches Unglück in den Hintergrund treten lassen. Hitler greift nach der Tschechoslowakei.

In ihrem schäbigen Hotelzimmer in Paris erlebt und erleidet Marina die Tage und Wochen der nationalsozialistischen Erpressung gegen das kleine Land, die drohende Kriegsgefahr, die Kapitulation des Münchner Abkommens und die Auslieferung ihres geliebten Landes durch die Westmächte. Die Tschechoslowakei ist das Traumland ihrer Wünsche und Sehnsüchte, die im Prager Ritter verkörperte Heimat ihrer Seele.

»Es gibt keine Worte, aber es *muß* sie geben«, schreibt sie Anna Tesková am 24. September. »[. . .] Tag und Nacht, Tag und Nacht denke ich an die Tschechoslowakei, ich lebe in ihr, mit ihr und durch sie, ich fühle sie in mir, ihre Wälder und Herzen. Die ganze Tschechoslowakei ist jetzt ein riesiges menschliches Herz, das nur für eines schlägt: im gleichen Rhythmus wie das meine [. . .] Bis zur letzten Minute und noch in der allerletzten werde ich an Rußland glauben, an die Treue *seiner Hand*. Rußland wird *nicht erlauben,* daß die Tschechoslowakei aufgefressen wird, denken Sie an meine Worte . . .«

Sie bittet die Freundin um einige Erinnerungsstücke: um eine Halskette aus Gablonzer Glasperlen, um ein Buch mit tschechischen Sagen, um eine Photographie des Prager Ritters.

Am 3. Oktober schreibt sie: »Ich liebe die Tschechoslowakei unendlich und bin ihr unendlich dankbar, aber ich möchte sie nicht *beweinen* (Gesunde beweint man nicht; von allen Ländern ist sie das einzig gesunde, krank sind die anderen!), ich will sie also nicht beweinen, sondern besingen.«[2]

Und Marina Zwetajewa besingt die Tschechoslowakei. Plötzlich ist der Bann gebrochen, sie kann wieder dichten und ihren Schmerz, ihre Liebe zu dem unglücklichen Land in Worte fassen. Es entsteht der erste Teil der *Gedichte an die Tschechoslowakei,*[3] betitelt *September*. Ihre Verfassung spiegelt sich in ihnen deutlich:

Berge – Wanderseligkeit.
Wald am Hang des Bergs.
Wasser strebt hinab ins Tal,
Berge himmelwärts.

Freiestes und hilfreichstes
Land, das ich gekannt! –
Dieses Land ist meines Sohns
Bergig Heimatland!

Fluch sei dem, der okkupiert
Dieses Paradies auf Erden,
Voll von Wild, Fasanenfedern,
Voll von Bächen, wilden Beeren.

Dreimal Fluch und kein Verzeihn
Denen, die so schnöd betrogen
Land, das seit den Vätern her
Heimat bot den Heimatlosen.[4]

Den ganzen Winter 1938/39 und bis zur endgültigen Liquidierung der Tschechoslowakei unterhielten Marina Zwetajewa und Anna Tesková ihren intensiven Briefwechsel. Einige Briefe tragen den Stempel der tschechischen Zensur. Marina will trösten und sucht selbst Trost; es ist deutlich zu spüren, daß die treue Freundin ihre letzte Stütze ist.

»Ich bin schrecklich einsam. In ganz Paris gibt es nur zwei Familien, die ich ab und zu besuche. Alle übrigen haben sich von mir abgewandt. Sollten diese meine Freunde zufällig abreisen, dann bliebe uns niemand [. . .] Wenn ich jetzt in Prag wäre – so ginge es Ihnen besser – und mir. Meine Existenz hier ist vollkommen sinnlos. Dort aber würde ich alles mit neuer Inbrunst lieben. Und vielleicht würde ich wieder anfangen zu schreiben. Hier aber habe ich das Gefühl: wozu? Das ganze vorige Jahr habe ich meine Sachen beendet, ausgewählt, beiseitegelegt (später werden Sie verstehen warum) – jetzt ist alles fertig; etwas Neues zu beginnen habe ich nicht die Courage. Wenn sowieso nichts davon übrigbleiben wird! Ich bin wie ein Kuckuck, ich habe meine Kinder in fremde Nester gelegt. Aufgezogen – und auf die Schlachtbank!« (26. Dezember 1938)[5]

Ganz selten ereignen sich jedoch auch jetzt noch erfreuliche Dinge, z. B. die Aussöhnung mit Georgi Iwanow, von der Irina Odojewzewa erzählt. Sie trafen sich bei Bekannten; nach einer Sekunde betretenen Schweigens ging das Ehepaar Iwanow auf Marina Zwetajewa zu und betonte überschwenglich, wie sie sich über das Wiedersehen freuten. Danach schrieben sie gemeinsam einen Brief mit der Bitte um Unterstützung für eine junge Dichterin. Während des Heimwegs durch die Straßen des nächtlichen Paris sagt Marina zu Odojewzewa, die in ihr weißes, müdes, hoffnungsloses Gesicht blickt und am liebsten in Tränen ausbrechen möchte: »›Sie sind ganz anders, als ich dachte. Sehr schade. Das heißt, noch eine Begegnung, die nicht stattgefunden hat. Wie viele dieser nicht stattgefundenen Begegnungen gab es in meinem Leben! Und jetzt noch eine!‹ – Sie reichte mir die Hand. – ›Leben Sie wohl! Leben Sie wohl für immer! Seien Sie glücklich. Mir wünschen Sie weder Glück, noch eine glückliche Reise, das ist nichts mehr für mich.‹«[6]

Einigen alten Freunden gelingt es trotz allem, Marina in ihrem Versteck aufzustöbern. »Gestern habe ich nach langer Pause Mark Lwowitsch wiedergesehen, und wir haben uns in jeder Beziehung verstanden. Aber solche Abende gibt es höchstens einmal im Jahr«, schreibt Marina am 24. November. Zufällig wird sie im Hotel von Je. N. Fedotowa entdeckt, die dort eine Bekannte besucht und hört, daß auch Zwetajewa hier wohnt und sehr unglücklich sein soll.

»Ich wagte es, an ihre Tür zu klopfen. Marina Zwetajewa schien sich über die Besucherin zu freuen und begann, mir zu erklären, daß sie nach Rußland fahren müsse, daß sie wegen der Nachbarn aus Clamart habe fliehen müssen; es sei unmöglich gewesen, den Buben weiter in die Schule zu schicken; daß sie verhungern müsse, weil es bald Krieg geben werde und weil niemand mehr ihre Werke drucke. Zu meiner großen Freude las sie mir dann ihr Requiem auf die Tschechoslowakei vor. Später sagte mir Fondaminski, er habe sie sehr gebeten, ihm dieses Werk für die ›Zeitgenössischen Annalen‹ zu überlassen, aber offenbar wollte Marina Zwetajewa, nachdem sie ihre verhängisvolle Entscheidung getroffen hatte, nichts mehr in Emigrantenblättern veröffentlichen. Im Zimmer befand sich auch ihr Sohn, der sich um den Besuch überhaupt nicht kümmerte und es nicht einmal der Mühe wert fand, das Radio leiser zu stellen . . . Das war das letzte Mal, daß ich sie sah.«[7]

Kurz vor Weihnachten kommt Juri Ivask auf Besuch von Estland nach Paris. Er läßt sich nicht davon abhalten, die verfemte Zwetajewa zu besuchen. Am 19. Dezember sucht er sie zum ersten Mal im Hotel Innova auf. Im 5. Stock klopft er aufs Geratewohl an eine Tür:

»Gestank, Geschrei. Efron – gegenüber! ›Scheren Sie sich zum Teufel, Monsieur!‹ Es ist schwierig, bis zu Marina vorzudringen; der ganze Boden ist bedeckt mit irgendwelchen Sachen; ich werfe eine Kaffeemühle um. Ihr weißes Gesicht. Graue Haare. Eine lange, scharf geschnittene Nase. Merkwürdige, eckige, vogelartige Bewegungen. Mur: dick, rote Wangen, schlapp.«[8]

Sie sprechen über Gronski, über Marinas Gedichte, über die Musikschule Zograf-Plaxina in Moskau, die auch Ivask besucht hatte. Marina setzt ihm ein Essen vor, dann gehen sie in ein Café und unterhalten sich fünf bis sechs Stunden, als hätten sie sich seit einem Jahrhundert gekannt. Bei ihrem nächsten Zusammentreffen am 21. Dezember erzählt Marina Ivask von ihren Plänen, in die Sowjetunion zurückzukehren, und von ihren Sorgen wegen ihrer Manuskripte. Ivask hat ein Geschenk von Elisabeth Mahler aus Basel mitgebracht, einen Topf Marmelade. (»Stellen Sie sich vor, Mur hat ihn ganz allein aufgegessen, mir hat er nichts davon übriggelassen – und recht hat er getan«, sagte sie am letzten Abend.) Es ist Ivasks Idee, alle Handschriften, die in die Sowjetunion nicht mitgenommen werden können, Frau Mahler, der Schweizer Russischprofessorin, zur Aufbewahrung zu übergeben. Zum Glück für die Nachwelt befolgte Marina Zwetajewa diesen ausgezeichneten Rat; wenigstens einen Teil ihrer Handschriften schickte sie schließlich nach Basel. So haben *Das Lager der Schwäne, Perekop* und *Die Erzählung von Sonetschka* den Krieg überstanden, während das Poem vom Ende der Zarenfamilie und vielleicht vieles andere in Amsterdam im Archiv der Sozialistischen Internationale in Flammen aufging. Aber wer hätte Anfang 1939 mit Sicherheit voraussagen können, auf welchem Fleck in Europa eine Handschrift die bösen Zeiten überdauern würde? Juri Ivask sah Zwetajewa zum letzten Mal am 22. Dezember 1938.

Am 14. März 1939 erschienen die slowakischen Führer Tiso und

Durčanský bei Hitler auf dem Obersalzberg und baten um den Schutz des Deutschen Reiches vor dem unerträglichen Terror der Tschechen. In der Nacht zum 15. März marschierten deutsche Heeresverbände in Böhmen und Mähren ein, ohne daß ein Schuß fiel. Die »Neuordnung in diesem Lebensraum« war vollzogen, das Land, das »Heimat bot den Heimatlosen«, hatte aufgehört zu existieren. Von diesem Augenblick an hatte die Zeit Flügel: Wie Sand zerrannen die Tage, die von der Katastrophe trennten – – Marina von der Abreise, die Welt von dem Zweiten Weltkrieg. Nach der Besetzung Prags unterbrachen Zwetajewa und Tesková ihre Korrespondenz; erst am 22. Mai kommt ein kurzes Lebenszeichen:

»Liebe Anna Antonowna, ich hoffe, daß Sie mittlerweile wieder so weit genesen sind, daß Sie meinen Brief ohne Anstregung lesen können. Ich werde mich bemühen, *verständlich* zu schreiben. In der letzten Zeit habe ich viel geschrieben – es ist bereits ein kleines Büchlein entstanden, und ich kann immer noch nicht Schluß machen [. . .] Die Gedichte fließen wie ein Strom, sie begleiten mich auf allen Wegen, genau so wie früher die Bäche [. . .] Da ich weiß, wie sehr Sie Gedichte lieben, denke ich die ganze Zeit an Sie, während ich sie schreibe, während sie sich schreiben.«

Anna Tesková antwortet auf einer Postkarte, daraufhin teilt ihr Marina mit:

»Liebe Anna Antonowna, auch wir verreisen wahrscheinlich bald, aufs Land, weit weg und für sehr lange Zeit. Einstweilen teile ich dieses allein Ihnen mit. Aber wo immer ich sein werde, mein ganzes (verbleibendes) Leben lang werde ich mich nach Ihnen sehnen, nach Ihnen, die so untrennbar mit meinem Gedichtstrom verbunden ist. [. . .] Es könnte ein ganzes Buch ergeben, doch augenblicklich kann ich mich nicht darum kümmern. Ich schiebe es auf, bis ich auf dem Land bin. Dort gibt es Kiefern, das ist das einzige, was ich weiß. [. . .] Doch die Ruhe wird lange andauern: Meine Freunde leben vollkommen einsam, wie auf einer Insel, ständig, sowohl sommers wie auch winters. Das Fräulein fährt in die Stadt zur Arbeit; ich werde dazu gar keine Veranlassung haben.«(31. 5. 1939)

Am 7. Juni, zwischen Reisevorbereitungen, letzten Einkäufen, dem Versand von Handschriften und dem Verschenken von Büchern schreibt Marina ihrer treuen Freundin einen Abschiedsbrief:

»Danke für Ihre Zustimmung, Sie haben mich gleich verstanden [zwei Zeilen fehlen], aber ich hatte keine andere Wahl: Man kann einen Menschen doch nicht im Stich lassen, wenn er ins Unglück geraten ist, so bin ich nun mal beschaffen. Außerdem kann Mur in einer Stadt wie Paris weder leben noch wachsen. So ist das nun einmal.«

Sie bedauert, daß sie Anna Tesková ihre letzten Gedichte über die Tschechoslowakei nicht schicken kann, »aber der Strom wird bis zu Ihnen dringen [. . .] doch Sie werden meine Stimme immer erkennen. Gott, ist mir schwer ums Herz! Im Augenblick fühle ich es noch nicht so stark, aber ich weiß, was mich erwartet, ich kenne mich. Ich werde mir den Hals ausrenken, um zurückzublicken: zu Ihnen, zu Ihrer Welt, zu unserer Welt . . . Eines sollen Sie wissen, wenn Sie an mich denken: Es wird immer nur eine Antwort auf mein Gedenken sein [. . .] Sie sind der Mensch, der *alle* meine Bitten erfüllt und alle meine (stillen) Forderungen um Anhänglichkeit und Erinnerung übertroffen hat. So wie Sie mich lieben, hat mich niemand geliebt. Ich erinnere mich an alles und werde Ihnen ewig dankbar sein.«[9]

Marinas Freunde waren über ihren Entschluß zutiefst betroffen, aber sie konnten ihr keine Alternative anbieten. Slonim lud sie und Mur Anfang Juni zum letzten Mal zu sich ein. Nach dem Abendessen gedachten sie der gemeinsam in Prag verlebten Zeit, Marina las »Autobus« vor, sie sprachen von den Handschriften, die im Westen blieben, und davon, ob es Marina Zwetajewa möglich sein würde, in Rußland etwas zu veröffentlichen. An dieser Stelle wurde der vor sich hindösende Mur plötzlich lebhaft und sagte »Ach Mama, was Sie sich immer vorstellen! Alles wird wunderbar werden, Sie wollen es nur nicht glauben!« worauf Marina ihren alten Ausspruch wiederholte, dem Schriftsteller gehe es dort am besten, wo man ihn am wenigsten am Schreiben, d. h. am Atmen hindere.

»Wir saßen bis spät in die Nacht. Als Marina Iwanowna vom nahen Kirchturm zwölf Schläge vernahm, erhob sie sich und sagte mit traurigem Lächeln: ›Es ist Mitternacht, aber hier brauchen wir keinen Autobus, wir sind nicht in Všenory, bis zur Rue Pasteur können wir zu Fuß gehen.‹ Mur drängte zum Aufbruch, sie zögerte. Im Stiegenhaus vor meiner Wohnung umarmten wir uns. Vor Aufregung konnte ich kein Wort sprechen und sah schweigend zu, wie M. I. und ihr Sohn in die Aufzugskabine traten, wie sich der Aufzug in Bewegung setzte und ihre Gesichter hinabschwammen – für immer.«[10]

Das letzte Lebenszeichen Zwetajewas aus dem Westen ist eine Postkarte, die sie an Anna Tesková am Tag der Abfahrt aus dem Zug schrieb:

12. Juni 1939, im noch stehenden Zug

Liebe Anna Antonowna! (Ich schreibe auf meiner Handfläche, deshalb diese Kinderschrift.) Ein riesiger Bahnhof mit einem grünen Glasdach, ein erschreckender grüner Garten . . . Zum Abschied setzten Mur und ich uns nach alter Sitte nieder und bekreuzigten uns vor der leeren Stelle, wo die Ikone gehangen hatte (sie ist in guten Händen, seit 1918 hat sie mit mir gelebt und mich auf allen Reisen begleitet – na ja, irgendwann einmal muß man sich von allem trennen: vollständig! Das ist eine Lehre, damit es später nicht schrecklich – und sogar nicht merkwürdig – werde . . .) Ein Leben von siebzehn Jahren geht zu Ende. Wie glücklich war ich damals! Und die glücklichste Zeit meines Lebens – merken Sie sich das! – war Mokropsy und Všenory und jener, mein Heimatberg. Merkwürdig, gestern habe ich auf der Straße den Helden meines Berges getroffen, den ich seit Jahren nicht mehr gesehen habe; er kam von hinten herangestürmt und schob seine Arme zwischen meine und Murs, so als wäre nie etwas gewesen, und den alten verrückten Dichter [Balmont] und seine Frau – auch das ist ein Wunder – habe ich dort getroffen, wo er seit *einem Jahr nicht mehr zu Besuch gewesen war.* Als hätten es alle geahnt. [. . .] Wir nähern uns Rouen, wo einst Jeanne d'Arc als Folge menschlicher Dankbarkeit verbrannt worden ist . . . Rouen ist vorüber – bitte weitergehen . . . Ich träume von einer Wiederbegegnung in Murs Heimat, die mir teurer ist als die meinige. [. . .] Ich breche auf, Ihre Halskette um den Hals, Ihre Knöpfe an meinem Mantel und Ihre Schnalle an meinem Gürtel. Alles, das Bescheidene und wahnsinnig Geliebte, nehme ich mit ins Grab oder lasse mich damit verbrennen.

Auf Wiedersehen! Jetzt ist es nicht mehr schwer, jetzt ist es nur mehr das Schicksal. Ich umarme Sie und die Ihren, jeden einzeln und alle zusammen. Ich liebe Sie und die Ihren, jeden einzeln und alle zusammen. Ich liebe Sie und glaube an Sie ebenso wie an mich. Ich liebe und bewundere Sie.«

Die Karte trägt den Stempel: Le Havre-Gare, 16 Uhr 30, 12. Juni 1939.[11]

Sie fährt ihrem Schicksal entgegen, aber sie ist nicht mehr wirklich am Leben. Den ersten tödlichen Stoß hat ihr die Nacht in der

Pariser Sûreté versetzt, den zweiten der deutsche Einmarsch in Prag; alles folgende wird nur mehr eine Bestätigung dessen sein, was Marina Zwetajewa bereits weiß. Eines ihrer letzten Gedichte an die Tschechoslowakei ist die Ankündigung ihres Todes, der zwei Jahre später eintrifft.

Oh Tränen im Auge
Aus Liebe und Wut!
Oh Böhmen in Tränen
Oh Spanien im Blut!

Oh schwarzer Berg, der verdunkelt,
Verstellt mir Welt so weit!
Dem Schöpfer die Karte ins Leben
Laut hinknallen – lang schon ists Zeit!

Ich weigere mich, zu leben
Im anti-humanen Wirrwarr.
Ich weigere mich, zu heulen
Im Chor mit der Wölfe Schar.

Ich weigere mich, zu schwimmen,
Zusammen mit den Hai'n,
Mit der Strömung, den Rücken flußabwärts.
Ich weigre mich, länger zu sein!

Was brauche ich noch meine Ohren,
Was brauch' ich mein Augenlicht!
Auf Deine verrückte Welt gibt es
Nur eine Antwort: Verzicht![12]

Kaum hatten Mutter und Sohn Frankreich verlassen, als sich in Paris das Gerücht verbreitete, Sergej Efron sei bei seiner Rückkehr verhaftet und erschossen worden. Sinaida Schachowskaja berichtet von ihrem Versuch, Marina davon in Kenntnis zu setzen, um sie zu warnen, aber das Telegramm, das sie, wie ihr scheint, nach Warschau geschickt habe, sei nicht in ihre Hände gelangt.[13]

Schachowskaja erzählt auch, Marina Zwetajewa habe bei ihrem letzten Zusammentreffen gesagt: »Die Emigration stößt mich aus!« Von einer Vertreterin der Emigration, Irina Odojewzewa, wird das bestätigt:

»Marina Zwetajewa ist unsere gemeinsame Sünde, unsere gemeinsame Schuld. Wir alle stehen ihr gegenüber in einer nicht abzutragenden Schuld. [. . .] Sie hatte recht, die Emigration hat sie tatsächlich ›ausgestoßen‹, sie, der Liebe ebenso notwendig war wie die Luft zum Atmen, durch die völlige Gleichgültigkeit und Kälte ihr gegenüber. Wir waren nicht imstande, ihren Wert zur erkennen, wir haben sie nicht liebgewonnen und sie nicht von ihrer todbringenden Rückkehr nach Moskau zurückgehalten. Nicht nur, daß wir sie nicht zurückhielten, wir haben sie sogar noch zu diesem verhängnisvollen Schritt gedrängt.«[14]

Was aber wäre geschehen, wenn Marina Zwetajewa wirklich im Westen geblieben wäre? Genau achtzig Tage nach ihrer Abreise brach der Zweite Weltkrieg aus, der neben vielem anderen auch den russischen Montparnasse und die einzigartige, in ihren Zusammenhängen noch zu wenig erforschte russische Kulturleistung auf französischem Boden zerstörte. Die Pariser russischen Schriftsteller haben die Katastrophe nur zum Teil und auf sehr unterschiedliche Weise überlebt. Einige kamen unter die Räder, weil sie mit den Deutschen kollaborierten, einige, weil sie sich der französischen Widerstandsbewegung anschlossen; einige starben jämmerlich im besetzten Paris wie Konstantin Balmont; einige überlebten im französischen Widerstand wie Sinaida Schachowskaja und die Familie Tschernow-Sossinski, einige in der freien Zone Frankreichs wie die Bunins und Alexander Bachrach; Georgi Adamowitsch, Mark Slonim, Gleb Struve und Juri Ivask konnten sich nach Amerika retten; Fondaminski, der Beschützer der Mühseligen und Beladenen, kam in einem Konzentrationslager des Dritten Reiches um. Im Vergleich dazu ist Wladislaw Chodassewitsch fast als glücklich zu bezeichnen: Er starb am 14. Juni 1939, zwei Tage nach der Abreise Zwetajewas, an Krebs.

IV. Teil
Sowjetunion

Ich weigere mich, zu schwimmen
Zusammen mit den Hai'n,
Mit der Strömung, den Rücken flußabwärts.

Achtundzwanzigstes Kapitel

Als Simon Karlinsky 1966 seine Zwetajewa-Biographie herausbrachte, lag zwischen Ost und West die hermetische Trennungslinie, hinter der Marina Zwetajewa 1939 verschwunden war. Über ihr weiteres Schicksal auf jenem fernen Stern gab es bei uns im Westen nur Gerüchte, Vermutungen, anonyme Berichte, die wohl zum Teil der Wahrheit sehr nahe kamen, zum Teil wahrscheinlich auf Erfindung beruhten. Erste schriftliche Zeugnisse fanden sich Anfang der siebziger Jahre in dem Band *Unveröffentlichte Briefe,* den der Emigrantenverlag YMCA-Press in Paris publizierte. Heute ist die Trennungslinie transparent geworden, russische Zwetajewa-Spezialisten befinden sich im Westen; und im Land selbst sind viele Arbeiten über Marina Zwetajewas Jahre in der Sowjetunion erschienen. Aber es dauerte bis 1982, daß der erschütternde Bericht der einzigen Augenzeugin, die mit Zwetajewa in Tschistopol zusammengetroffen war, nämlich Lidija Tschukowskaja, bekannt wurde und Viktoria Schweitzers »Woswraschtschenije domoj« (Heimkehr) erschien.[1]

Marina und ihr Sohn kamen am 18. Juni 1939 mit der Bahn in Moskau an. Es ist anzunehmen, daß sie von Alja und Marinas Schwägerin Jelisaweta Efron abgeholt wurden. Erst in diesem Augenblick erfuhr sie, was alle bis jetzt vor ihr verheimlicht hatten: Ihre Schwester war am 2. September 1937 verhaftet worden, bald nach dem geheimnisvollen Tod Maxim Gorkis, der seine schützende Hand über sie gehalten hatte. Sergej und Alja wohnten in einer Datscha in Bolschewo in der Nähe von Moskau. Serjosha war krank und verzweifelt. Alja lebte mit einem Mann namens Samuil (Mulja) Gurewitsch zusammen, der wohl den Auftrag hatte, sie zu bespitzeln. 1949 wurde Gurewitsch als »Kosmopolit« verhaftet und 1952 erschossen.

Die zitierte Pariser Briefausgabe enthält auch Tagebucheintragungen von den ersten Tagen Zwetajewas in Moskau: »18. Juni Ankunft in Moskau. In die Datscha. Wiedersehen mit dem kranken S. Ungemütlichkeit. Petroleum. S. kauft Äpfel. Herz immer schwerer. Leidensweg am Telefon. Alja rätselhaft, ihre künstliche Fröhlichkeit. Ich zeige mich niemandem. Katzen. Mein allerliebster, unliebenswürdiger junger Mann gleicht einem Kater. (Das schreibe ich nur zu meinem eigenen Gedächtnis auf, sonst für niemanden. Wenn Mur das liest, erkennt er es sowieso nicht. Er wird es nicht lesen – vor derartigem flieht er. Torten Ananas – davon wird nichts leichter.) Spaziergänge mit Mulja. Meine Einsamkeit. Geschirr, Wasser, Tränen. Der Ober- und Unterton des ganzen – Grauen. Man verspricht uns eine Trennwand – die Tage verrinnen. Murs Schule – die Tage verrinnen. Eine Landschaft, in der es nur Holz gibt, das Fehlen von Stein: von Standhaftigkeit. S.'s Krankheit. Die Angst vor seiner Herzensangst. Bruchstücke aus seinem Leben ohne mich – ich habe keine Zeit, zuzuhören. Meine Hände sind angefüllt mit Arbeit, ich höre zu und bin immer wieder auf dem Sprung. Der Keller: hundertmal am Tag. Wann soll ich schreiben? Das Mädchen Schura. Zum ersten Mal das Gefühl einer fremden Küche. Eine irrsinnige Hitze, die ich nicht bemerke. Bäche von Schweiß und Tränen in die Waschschüssel. Niemand, an den ich mich halten kann. Ich beginne zu verstehen, daß S. hilflos ist, vollkommen, in allem . . .«[2]

In der gleichen Datscha wohnte ein ebenfalls aus dem Ausland zurückgekehrtes Ehepaar Klepinin-Sezeman mit zwei Kindern. Der damals 17jährige Sohn, Dmitri Sezeman, erinnert sich 40 Jahre später noch genau an die berühmte Dichterin, die abends beim großen Kamin ihre Gedichte vortrug und so kerzengerade saß, daß man gleich die frühere Erziehung merkte.

»Von ihr ging eine derartige Kraft, ein so mächtiger geistiger Wille aus, daß sogar ein unvernünftiger und selbstbewußter junger Mann nicht völlig gleichgültig bleiben konnte.«

Heute bedauert er, nicht auf den Rat seiner Mutter gehört zu haben, die ihm immer wieder sagte: Schau sie dir gut an, merke sie dir, sie ist ein großer Mensch und ein großer Dichter. Er deutet an, daß das Zusammenleben nicht ganz leicht war:

»Ich weiß nicht, ob ich erzählen soll, was für ein unmöglich schwieriger Mensch M. I. in einer Gemeinschaftswohnung war. Sie war jemand, dem man ›bei lebendigem Leibe die Haut abgezogen hatte‹ – ihre Reaktionen waren maßlos. Maßlosigkeit war überhaupt ein Charakteristikum ihres Verhaltens und in weiterem Sinn ihrer Persönlichkeit; sie reagierte maßlos auf alles, was ihrer Meinung nach die Integrität ihrer geistigen Persönlichkeit einschränkte, das einzige, was für sie wichtig war!«[3]

»Der Ober- und Unterton – Grauen!« Marina Zwetajewa hatte Sowjetrußland verlassen, als die Lage wirtschaftlich immer besser wurde und auch das geistige Leben wieder zu erwachen schien; auf die Atmosphäre des Terrors und der Angst nach den Stalinschen Säuberungen war sie nicht vorbereitet. Ihre alten Freunde hatten Angst, mit der suspekten Remigrantin in Kontakt zu treten. Jelena Tager erzählte Viktoria Schweitzer, eines Tages habe Pasternak ihren Mann angerufen.

»Marina Iwanowna ist zurückgekommen und möchte, daß ich sie besuche. Aber ich habe Kawerin (und noch einen anderen Schriftsteller) getroffen; sie meinen, ich solle auf keinen Fall hinfahren. Es sei gefährlich. Ich habe es auch nicht getan.«[4]

Es ist Pasternak hoch anzurechnen, daß er, obwohl er alles andere als couragiert war, dennoch mit Marina Zwetajewa verkehrte und sie aktiv unterstützte. Er war es, der sie gleich zu Beginn mit dem einflußreichen Literaten Viktor Golzew bekannt machte, der ihr eine Übersetzung des georgischen Dichters Wasa Pschawela übertrug und ihr damit die Möglichkeit gab, Geld zu verdienen. Aber die Beziehungen waren nicht jene, von denen Marina seinerzeit geträumt hatte. Pasternak hatte bereits zwei Familien (das Zusammentreffen mit seiner »Lara« ereignete sich erst später), und brieflich hatten sie sich bereits alles gesagt.

Später erinnert sich Olga Iwinskaja: »Seltsamerweise hat Borja während unserer vierzehn Jahre mir nie etwas Genaueres über sein erstes Wiedersehen mit Marina nach ihrer Heimkehr 1939 erzählt. Die Erinnerung daran war wohl zu schmerzlich. Und als ich ihm, nicht ganz ohne Bosheit, einmal im Scherz sagte: ›Damals hättest du Marina heiraten sollen‹, protestierte er heftig: ›Oljuscha, ich hätte doch überhaupt nicht mit ihr leben können. Marina war das Konzentrat aller weiblichen Hysterien! Nie hätte ich das ausgehalten.‹«[5]

Dann griff das Schicksal zum ersten Mal zu. Am 27. August wurde ihre Tochter verhaftet. »Ich wühle in der Wunde, im lebendigen Fleisch. Kurzum: in der Nacht des 27. August Aljas Verhaftung. Alja ist fröhlich, hält sich tapfer. Scherzt noch! Ich habe vergessen: Vier Tage zuvor habe ich sie zum letzten Mal glücklich gesehen, auf der landwirtschaftlichen Ausstellung, als ›Kolchosarbeiterin‹, mit dem roten tschechischen Kopftuch, meinem Geschenk, sie strahlte. Sie geht, ohne sich zu verabschieden. Ich: ›Alja, du verläßt uns, ohne dich von uns zu verabschieden?‹ Sie, in Tränen, winkt ab, über die Schulter. Der Kommandant, ein alter Mann: ›Laß es gut sein. So ist es besser. Langer Abschied – überflüssige Tränen.‹«[6]

Am Tage ihrer Verhaftung war Ariadna Sergejewna Efron nicht ganz 27 Jahre alt. Als sie nach schrecklichen Erlebnissen aus der Verbannung in ein ebenso tragisches »normales« Leben zurückkehrte, war sie 44.

Wenige Wochen später, »gerade zu den Oktoberfestlichkeiten«, kam es in Bolschewo zu weiteren Verhaftungen: Sergej Efron wurde am 8. Oktober abgeholt, die Eltern Sezemans am 6. November 1939.

»Meine weiteren Zusammentreffen fanden im Empfangsraum des Butyrki-Gefängnisses statt, wohin M. I. Pakete für ihren Mann trug [. . .] und ich für meine Eltern.«[7]

Marina und Mur blieben in Freiheit, mußten aber die Datscha in Bolschewo verlassen. Sie standen auf der Straße. Möglicherweise war es Pasternak, dem es gelang, sie in einem Haus des Schriftstellerverbandes in Golizyno bei Moskau unterzubringen. Sie wohnten zur Untermiete und nahmen die Mahlzeiten im Heim ein. Mur besuchte die Schule und war oft krank, Marina »verbiß sich in die Übersetzungen wie ein Wolf«. Gleich im Herbst begann sie, einen Band ihrer früheren Gedichte vorzubereiten. Sie arbeitete ihre Werke systematisch durch und verbesserte manches, was ihr nicht mehr gefiel. Nach ihrem Plan sollte das erste Gedicht dieser Sammlung das 1920 ihrem Mann gewidmete, »Auf Schiefertafeln schreib' ich es hin«, sein:

> Ich ritz' es in Rinde, die hundert Jahr'
> Und siegle, damit nur kein Zweifel blieb,
> Daß du geliebt bist, geliebt, geliebt.

Marina Zwetajewa glaubte nicht an die Veröffentlichung (»Ich bin fast überzeugt, daß sie es nicht annehmen werden, ich wäre verblüfft, wenn sie es täten. Nun, ich habe das Meinige getan, ich habe den guten Willen gezeigt . . .«).[8]

Doch Jahrzehnte später erbrachte diese Arbeit ein Resultat: Die 1961 und 1965 von ihrer Tochter in Moskau herausgegebenen Auswahlbände fußten zum Teil auf diesem von der Dichterin vorbereiteten Manuskript.

Aus der gleichen Zeit stammt wohl auch der mit »Winter 1939/40« datierte »Lebenslauf« Zwetajewas, den J. Stoblová in ihrer tschechischen Anthologie *Hodina duše* abdruckt:

»[. . .] Im Frühling 1911 lernte ich Max Woloschin kennen. [. . .]

Bei ihm auf der Krim treffe ich meinen zukünftigen Gatten Sergej Efron. Ich fasse den Entschluß, mich niemals, was immer auch geschehen möge, von ihm zu trennen, und heirate ihn 1912. [...] 1914 geht mein Mann, Student der Philologischen Fakultät der Universität Moskau, als Sanitäter an die Front. 1917 kämpft er in den Reihen der Weißen Armee. Wie geriet er, seinen Vorfahren nach ein Revolutionär, der Sohn von Narodowolzen, in die Weiße Armee? Er hat dies für den grundlegenden Fehler seines Lebens gehalten. In Ergänzung dazu kann ich sagen, daß nicht nur er irrte, der damals ein ganz junger Mensch war, sondern auch viele reife Menschen. Er sah darin die Rettung Rußlands und die Wahrheit; als er diesen Glauben verloren hatte, wandte er sich ab, vollkommen, ohne Vorbehalte, und blickte niemals mehr in diese Richtung zurück. Ich bestätige als Zeuge: Dieser Mensch hat die Sowjetunion und die Idee des Kommunismus mehr geliebt als sein Leben. [...] 1937 erneuerte ich meine sowjetische Staatsbürgerschaft und kehrte 1939, zusammen mit meinem 14jährigen Sohn, zurück, um meinem Mann und meiner Tochter zu folgen. Der Grund meiner Rückkehr in mein Heimatland war mein Wunsch, meinem Sohn ein Vaterland und eine Zukunft zu geben. Der Wunsch, zu Hause zu arbeiten. Und die völlige Einsamkeit in der Emigration, mit der mich in den letzten Jahren nichts mehr verband.«[9]

Zum Glück war Marina Zwetajewa in diesen schrecklichen Monaten nicht ganz allein. Im Haus des Schriftstellerverbandes wohnten für kürzere oder längere Zeit Literaten, mit denen sie Bekanntschaft schloß. Den bisher im Druck erschienenen Briefen aus dieser Zeit ist zu entnehmen, daß sie sich dem Schriftsteller Nikolaj Jakowlewitsch Moskwin anschloß und vor allem dessen junge Frau Tatjana Nikolajewna Kwanina sehr lieb gewann. Diese Briefe werfen ein bezeichnendes Licht auf den zermürbenden Kampf, den Marina gegen offizielle Stellen führen mußte, auf die Schikanen der Hausverwaltung. So mußte sie z. B. für ihre und Murs Verpflegung das Doppelte von dem zahlen, was die im Haus wohnenden Gäste zu entrichten hatten, weshalb sie darum bat, einen von ihnen beiden – d. h. sie selbst – von der Essensliste zu streichen.

Tatjana Kwanina erinnert sich an den Augenblick, als Marina Zwetajewa und Mur zum ersten Mal zum Mittagessen im Haus des Schriftstellerverbandes erschienen:

»Einmal, als alle um den Tisch saßen und schwätzten, öffnete sich die Tür und – nein, sie kam nicht herein, niemand schien die Tür geöffnet zu haben. Plötzlich stand dort eine schlanke Dame, behängt mit Silberschmuck. [. . .] Sie setzten sich, und sogleich veränderte sich die Atmosphäre im Eßzimmer. Das lakaienhafte Gerede und der böswillige Tratsch hörten sofort auf. [. . .] Das Niveau der Unterhaltung hob sich. In der Gegenwart Zwetajewas waren Gemeinheiten und üble Nachrede unmöglich.«[10]

Ein anderer Schrifsteller, den Marina Zwetajewa in Golizyno kennenlernte, war Viktor Ardow. Er war von ihrer Persönlichkeit tief beeindruckt:

»Armut, Verlassenheit und Heimweh hatten im wunderschönen Gesicht der Poetin Spuren hinterlassen. Aber sie ließ den Kopf nicht hängen. Ihre Energie und ihr bewundernswertes Temperament verblüfften alle. Das vergangene wie auch vor kurzem erfahrene Leid drückte sich deutlich in Stimme und Blick aus, in ihren Bewegungen und in den Gesprächspausen, die der Dichterin sogar in fröhlicher Tischrunde unterliefen. Marina Iwanowna war in unserem – für sie zufällig zustande gekommenen – Kreis oft fröhlich. Es fiel ihr leicht, beim Nachtmahl oder nach dem Essen die allgemeine Aufmerksamkeit auf sich zu lenken. Ihre Gespräche waren immer interessant und inhaltsreich. Muß ich hinzufügen, daß ihre Bildung, ihr Geschmack, ihre seltene Begabung uns alle zwangen, ihren Worten mit ehrfurchtsvoller Aufmerksamkeit zu lauschen?«[11]

Ardow fügt hinzu, daß Marina Zwetajewa als Remigrantin in ihren Gesprächen sehr vorsichtig sein mußte, da es einige »Übereifrige« gab, die diese Neuankömmlinge gern anzeigten.

Jahrzehnte später hat Marietta Schaginjan erzählt, daß sie damals ebenfalls im Heim der Schriftsteller in Golizyno war und dort Marina Zwetajewa kennenlernte.[12] Mag dies eine oberflächliche Bekanntschaft gewesen sein, mit dem Literaturwissenschaftler und Übersetzer Jewgeni Borisowitsch Tager scheint eine richtige Freundschaft entstanden zu sein, wie aus dem an Tager gerichteten Brief Zwetajewas vom 22. Januar 1940 (»am Tag der Abreise«) zu schließen ist:

»Mein Lieber, kommen Sie unbedingt wieder, auch wenn Sie hier kein Zimmer mehr haben. Meine Wände (*Nicht*-Wände!) gibt es noch [. . .] Danke für die erste Freude – hier, für das erste Vertrauen – hier, und für das erste An-Vertrauen – seit vielen Jahren.«[13]

Und Je. Tager sind drei kurze Gedichte gewidmet, die in Golizyno zwischen dem 7. und 23. Januar 1940 entstanden sind und erst 1982 bekannt wurden.[14]

Daß Marina Zwetajewa in diesem Winter trotzdem einsam und verzweifelt war, ist aus den Briefen zu ersehen, die sie aus Golizyno an die beiden Literatinnen Vera Merkurjewa und Olga Motschalowa, die sie noch aus der Revolutionszeit kannte, gerichtet hat.[15] Herauszulesen ist ihre große Freude und Dankbarkeit, daß sie sich an sie erinnerten. Denn das taten nicht alle. Laut Mark Slonim war auch Jewgenij Lozman, der »Lann« des Jahres 1920, einer jener Freunde, die sich um Marina kümmerten und sich bemühten, ihr Übersetzungen zu verschaffen. Wir wissen, daß Alexej Krutschonych vor der gefährlichen Heimkehrerin keine Angst hatte. Antokolski bemerkte beiläufig, er sei mit der ergrauten, wortkargen Jugendfreundin mehrmals zusammengetroffen und bei einer Lesung des *Poems von der Stiege* anwesend gewesen. »Aber unser Gespräch war sachlich, fachlich, langweilig und flach.«[16]

Bis zum Ende des Schuljahres, im Juni 1940, blieben Marina und ihr Sohn in Golizyno. Die nächsten Monate verbrachten die beiden in Moskau, von einem Quartier zum anderen wandernd, ohne vorerst eine feste Bleibe zu finden. Für einige Wochen erhielten sie ein Zimmer im Haus der Literatur in der Uliza Gerzena, dann zogen sie zu Lilja Efron. Der Wunsch nach einem sicheren Dach über dem Kopf wurde zu einer Art fixer Idee: »Ich glaube, am meisten im Leben habe ich die Gemütlichkeit geliebt«, schreibt Marina am 26. Oktober 1940 in ihr Notizbuch.

Im Westen hat man sich häufig die Frage gestellt, ob Marina Zwetajewa nach ihrer Rückkehr in die Sowjetunion noch etwas geschrieben hat. Ihr Brief an Vera Merkurjewa beantwortet diese Frage: »*Ich habe das Meinige geschrieben*. Natürlich könnte ich noch, aber ich kann auch *ohne* das leben . . .« Und im gleichen Brief, nachdem sie ein paar Zeilen zitiert hat: »das ist ein altes Gedicht. Sie sind übrigens alle alt. Es gibt keine neuen.« (31. August 1940)[17]

Unter dem Datum 5. September 1940 steht im Notizbuch:

»Alle halten mich für tapfer. Ich kenne keinen furchtsameren Menschen als mich. Ich habe vor allem Angst. Vor Augen, vor der Dunkelheit, vor Schritten und am allermeisten vor mir selbst, vor meinem Kopf, diesem Kopf, der mir bei meinen Heften treu dient und mich im Leben tödlich quält. Niemand sieht, niemand weiß, daß ich seit (ungefähr) einem Jahr einen Haken suche, aber es gibt keinen. Überall ist elektrischer Strom, nirgends ein ›Lüster‹.

N. P. hat mir übersetzte Volkslieder gebracht. Das, was ich am meisten liebe. Ach, wie habe ich das alles geliebt! Seit einem Jahr fasse ich den Tod ins Auge. Alles ist häßlich und beängstigend. Etwas schlucken – scheußlich. Hinabspringen – die Feindseligkeit, das ureigentlich Abstoßende des Wassers. Ich will nichts verwirren (nach dem Tod), ich glaube, ich habe schon Angst vor mir nach dem Tod. Ich will nicht sterben. Ich will nicht sein. Unsinn. Solange ich gebraucht werde . . . aber, Gott, wie klein bin ich, wie wenig vermag ich zu tun! Zu Ende leben. Zu Ende kauen. Den bitteren Wermut.

So viele entfliehende Zeilen! Ich schreibe nichts auf. Damit ist Schluß.«[18]

Doch ist das nicht ganz wörtlich zu nehmen. Irina Korkina hat unter den Entwürfen, die Marina Zwetajewa für ihre Übersetzungen anfertigte, auch einige unvollendete Strophen und zwei vollendete Gedichte gefunden, die aus dem Jahr 1941 stammen. Das letzte bisher bekannte, »Noch immer sage ich den ersten Vers«, ist vom 6. März 1941 datiert. Noch besser dürfte der Vierzeiler vom Februar 1941 ausdrücken, wie der Dichterin zumute war:

Zeit ists, den Bernstein abzulegen,
Zeit ists, den Wortschatz zu wechseln,
Zeit ists, die Lampe zu löschen
über der Tür . . .[19]

Irgendwann im Herbst 1940 ein Brief an Jewgeni Somow:

»Liebster Shenja, danke. Ihr Brief ist der erste, den ich seit vier Monaten bekommen habe, dieser der erste, den ich seit vier Monaten schreibe. Vielleicht freut Sie das trotz allem ein bißchen, denn es beweist Ihnen – indirekt, ohne Ihr Wissen, wie außergewöhnlich Ihre Zuneigung ist, sie stellt Sie in einer (nicht existierenden) Reihe an den ersten Platz – an einen einsamen Platz – den einzigen. Im Augenblick bin ich erschlagen, es gibt mich überhaupt nicht mehr, ich weiß nicht, ob es mich jemals wieder geben wird, aber dessen ungeachtet, gezwungen von meinem Gefühl für Gerechtigkeit, welches nicht erlaubt, daß derartiges unbeantwortet bleibt, mit dem Blick auf die Zukunft und mit den Mündern der Kommenden antworte ich Ihnen: Danke!«[20]

Ein paar Wochen später, am 17. November 1940, folgende Postkarte an Tatjana Kwanina:

»Liebe Tanja, heute beim Aufstehen sagte ich zu Ihnen in Gedanken: Wenn Sie doch neben mir wären, wenn wir nebeneinander leben könnten, so wäre ich halbwegs glücklich. Wirklich! [. . .] Tanja, das, was ich von den Menschen brauche, ist Liebe. Meine Liebe und, wenn es ein derartiges Wunder gibt, die Liebe des anderen. Was für mich notwendig ist, ist, daß Menschen mich brauchen, meine grenzenlose Wichtigkeit (womöglich Unentbehrlichkeit), für sie, verstehen Sie? Die Freude über eine Anwesenheit ist etwas sehr Seltenes [. . .]. Was tut man mit mir? Man lädt mich ein, damit ich Gedichte vorlese. Ohne zu verstehen, daß jede Zeile von mir – Liebe ist; wenn ich mein Leben lang gestanden und Gedichte vorgetragen hätte, gäbe es überhaupt keine Gedichte . . .«

Kwanina versteht nicht. Voll Staunen zeigt sie diese Postkarte ihrem Mann mit den Worten: »Ich weiß nicht, was sie will.«

1982 schreibt sie: »Jetzt (zu meinem tiefsten Leidwesen erst jetzt) ist mir klar, daß Marina Iwanowna das dringende Bedürfnis hatte, neben sich Menschen zu fühlen, die ihr wohlgesinnt waren, die sie schätzten, die ihr vielleicht bloß menschliche Anteilnahme bezeugten.«[21]

Und ein weiterer Brief vom Oktober 1940, dessen Adressat, der Lyriker Arsseni Tarkowski, dank einer Mitteilung Viktoria Schweitzers ermittelt werden konnte, zeugt zugleich von Zwetajewas Wunsch und dem Zwang, ein zurückgezogenes Leben zu führen: »Lieber Genosse T., Ihr Buch ist reizend. [. . .] Bald werde ich Sie einladen, am Abend, um Gedichte (meine) aus meinem zukünftigen Buch zu hören. Ich bitte Sie sehr, diesen Brief niemandem zu zeigen. Ich bin ein Mensch, der sehr zurückgezogen lebt.«[22]

Ardows Frau, Nina Antonowna Olschewskaja, war seit langem mit Anna Achmatowa befreundet. Unter Mithilfe von Boris Pasternak fand 1941, einige Tage vor Kriegsausbruch, in der Ardowschen Wohnung in Moskau das erste Zusammentreffen überhaupt der beiden Dichterinnen statt, das von mehreren Autoren beschrieben worden ist.[23] Nach Ardows Erzählung ließ er die beiden allein. Als sie nach vielen Stunden den Raum verließen, waren beide sehr bewegt. Am nächsten Tag trafen sie sich nochmals bei Nikolai Chardshiew, danach »wanderten sie lange durch Moskau«. Marina schenkte Anna Achmatowa eine Brosche, diese schrieb für sie aus dem Gedächtnis einige ihrer Gedichte auf. Als

Menschen scheinen beide sehr voneinander beeindruckt gewesen zu sein, aber ihre künstlerischen Wege waren verschieden. Achmatowa wußte bis zum Schluß mit dem Werk Zwetajewas nicht viel anzufangen, und diese schrieb, nachdem sie den zu ihren Lebzeiten letzten Gedichtband von Achmatowa gelesen hatte, in ihr Tagebuch: »Alt, schwach. [. . .] Dieses Buch ist eine nicht wiedergutzumachende leere Seite. Schade!«[24]

Als Lidija Tschukowskaja in den siebziger Jahren der in Paris publizierte Briefband Zwetajewas in die Hände fiel und sie diese Zeilen las, war sie empört: »Achmatowa klagte von Jahr zu Jahr trauriger darüber, daß ihre Gedichtsammlungen dem Leser ein falsches Bild ihrer Dichtung, ihres künstlerischen Weges gäben . . . Wie tieftraurig wäre sie gewesen, hätte sie gewußt, daß nicht nur die gewöhnlichen sowjetischen Leser, denen die Behörden jahrelang absichtlich ihre Gedichte vorenthalten hatten, . . . ja selbst Marina Zwetajewa, die nach ihrer Rückkehr den Gedichtband *Aus sechs Büchern* zur Hand nahm, nichts von erzwungenen Kürzungen, von der Herausnahme ganzer Gedichte durch die Zensur erriet. Wie konnte sie, die sich die Frage gestellt hat, was Achmatowa zwischen 1917 und 1940 gemacht hat, nicht auch fragen, ob wohl viel von dem, was sie getan hatte, veröffentlicht wurde? Schade!«[25]

Am 11. April kommt eine Nachricht von Ariadna, ein Zeichen, daß sie noch am Leben ist. Marina Zwetajewa antwortet am nächsten Tag:

»Liebe Alja! Endlich Dein erster Brief vom 4., im blauen Kuvert. Ich habe ihn von 9 Uhr früh bis um 3 Uhr nachmittags angeschaut, bis Mur aus der Schule kam. Er lag auf seinem Teller, Mur erblickte ihn schon an der Tür und stürzte sich auf ihn mit einem befriedigten, fast selbstgefälligen ›Aha‹. Er ließ ihn mich nicht lesen, las ihn mir laut vor, sowohl seinen als auch den für mich bestimmten. Aber noch vor dem Lesen habe ich Dir – aus Ungeduld – eine Postkarte geschickt. Das war gestern, am 11. Und am 10. habe ich etwas für Papa hingetragen; es wurde angenommen.

Alja, ich habe gleich begonnen, mich um Deine Lebensmittelversorgung zu kümmern. Zucker und Kakao habe ich bereits, jetzt bemühe ich mich um Speck und Käse . . .«[26]

Am 10. April 1941 wurden Pakete für Sergej Efron also noch »angenommen«. Vielleicht ist das eines der letzten indirekten Lebenszeichen von ihm. Seine Spuren verlieren sich wie die von unzähligen anderen seiner Leidensgenossen, die 1941 in einem Moskauer Gefängnis saßen. Man weiß heute, daß diese Gefangenen liquidiert wurden, als sich die Deutschen Moskau näherten. In sowjetischen Ausgaben ist sein Todesdatum mit 1941 angegeben. Nach einer anderen Version ist er bereits 1939, nach oder während eines Verhörs durch Berija erschossen worden.

1969 wurde in der »Neuen Welt« ein anderer undatierter Brief von Zwetajewa an ihre Tochter publiziert, in dem sie über ihre Tätigkeit als Übersetzerin spricht:

». . . Keine Hefte, keine Honorare, keine Not werden mich jemals zwingen, ein Manuskript abzugeben, bevor der letzte Punkt an seinem Platz steht, und den richtigen Augenblick für diesen Punkt kennt nur Gott. Der Gott der Dichter. ›Mit Gott‹ oder ›Gib o Herr!‹ stand am Beginn aller meiner Werke, so beginnt selbst die armseligste meiner Übersetzungen. Das ist kein Gebet, schon allein deshalb nicht, weil es eine Forderung ist. Nie habe ich um einen Reim ›von oben‹ gebeten (das ist meine Sache!) – gebeten (gefordert) habe ich um die Kraft, ihn zu finden, um Kräfte, diese Qual auszuhalten. Sie wurde mir gegeben, nach und nach.«[27]

Nur Mur bleibt bei Marina, auch wenn er innerlich längst eigene Wege geht. Über die Persönlichkeit des verzogenen, unverschämten Halbwüchsigen, der längst kein Kind mehr ist, obwohl seine Mutter ihn als solches behandelt, und der seelisch mit Ereignissen fertig werden muß, die den Träumen von seinem Heimatland so radikal widersprechen, hat sich kaum jemand den Kopf zerbrochen. Erstmals erschien in einer für Auslandsrussen bestimmten Zeitschrift ein Artikel unter dem Titel »Zeilen über den Sohn«, in dem etwas von Georgi Efron berichtet wird. Er enthält einige 1939 entstandene Karikaturen, die von großem zeichnerischem Talent zeugen, und Auszüge aus Briefen an seine Schwester. Diese Briefe machen deutlich, was für ihn das großer Erlebnis in Rußland war: die Entdeckung von Tschaikowskij und Dostojewski. Er möchte sich in Zukunft ganz der Musik widmen, aber auch ein Buch über Dostojewski schreiben: »Ein ungewöhnlicher Schriftsteller. Man wird über ihn einmal etwas ganz Ungewöhnliches sagen müssen, ganz anders als bisher . . .«[28]

Zu Beginn des Sommers 1941 erhielten Mutter und Sohn ein winziges Zimmer im 5. Stock eines Hochhauses auf dem Pokrowski-Boulevard Nr. 14, das anscheinend nicht einmal fertiggebaut war. Ein kurzer Brief an A. Kotschetkow vom 10. Juni (»Ich muß Sie unbedingt sehen, ich bin sehr verwirrt und unglücklich . . .«) muß in diesem neuen Zuhause geschrieben worden sein.

Am 18. Juni – es ist ein Mittwoch – holten sie aus dieser Wohnung Alexej Krutschonych und die junge Dichterin Lidija Libedinskaja, eine geborene Gräfin Tolstoj, zu einem Ausflug nach Kuskowo ab. Libedinskaja erzählt von diesem schönen und harmonisch verlaufenen Tag in den Räumen des Scheremetjewschen Schlosses und wie natürlich und gelöst Marina Zwetajewa wirkte. Wir kennen die an diesem Tag entstandene und in den *Unveröffentlichten Briefen* abgebildete Photographie, auf der Mur, Krutschonych, Zwetajewa und Libedinskaja zu sehen sind, und die dort zitierte Widmung: »Meinem teuren Alexej Jelisejewitsch Krutschonych zum Dank für die erste Schönheit hier. Kuskowo, See und Insel, Porzellan. Am 2. Jahrestag meiner Einreise.«[29]

Auf der Heimfahrt kam die Rede auf die Kenntnisse von Fremdsprachen. Als Marina erfuhr, daß Lidija Libedinskaja nicht Französisch sprach, schlug sie vor, ihr Stunden zu geben. Beim Abschied sagte sie: »Rufen Sie mich Montag an, wir machen aus, wann wir mit dem Unterricht beginnen.«

Doch vor dem Montag brach über Moskau ein schwarzer Sonntag herein. Am 22. Juni überschritten deutsche Truppen die Grenzen der Sowjetunion.

Neunundzwanzigstes Kapitel

Über den Kriegsbeginn und die ersten Kämpfe in Rußland während des Zweiten Weltkrieges ist viel geschrieben worden, auch über die Stimmung in Moskau, als die deutsche Wehrmacht immer näher rückte. Daß Marina Zwetajewa in Panik geriet und weniger sich als ihren sechzehnjährigen Sohn vor der herannahenden Front retten wollte, können wir mit Sicherheit annehmen; wir hören es auch von Olga Iwinskaja. Sie wollte um jeden Preis fort aus Moskau und wandte sich um Hilfe an verschiedene Bekannte aus alter Zeit.

Olga Iwinskaja erzählt, daß Zwetajewa Boris Pasternak um Rat fragte, ob sie sich evakuieren lassen solle:

»Als habe er ein ungutes Gefühl, riet Boris Leonidowitsch ihr dringend ab, hatte aber keinen besseren Vorschlag. Darauf hatte sie wohl gehofft. Sie erzählte Sinaida Kuljmanowa von ihrem Besuch bei Pasternak und fügte ein wenig bitter hinzu: ›Boris hätte mich doch einladen können, eine Zeitlang in seiner Datscha zu wohnen.‹ Mir erzählte er später, am liebsten hätte er sie eingeladen. Aber seine eigene Indolenz und die häuslichen Verhältnisse hätten es verhindert.«[1]

In dieser verzweifelten Situation bezwang Marina ihren Stolz und suchte einen einflußreichen Mann auf, der sie bis dahin geflissentlich übersehen hatte. Ilja Ehrenburg beschreibt dieses Wiedersehen nach Jahrzehnten:

»Sie kam zu mir im August 1941. Die Trennung war lang, das Wiedersehen mißlang – durch meine Schuld. Sie kam an einem Morgen, der Heeresbericht hatte bereits neue Hiobsbotschaften gebracht. Meine Gedanken weilten ganz woanders. Marina spürte das sofort und gab dem Gespräch eine geschäftsmäßige Wendung: Sie lenkte es auf Übersetzungen, an denen sie damals arbeitete. Als sie sich verabschiedete, sagte ich: ›Marina, wir müßten uns einmal richtig aussprechen.‹ Aber dazu sollte es nicht mehr kommen. Marina Zwetajewa beging Selbstmord in Jelabuga, wohin die Evakuierung sie verschlagen hatte.«[2]

Über Zwetajewas letzte Tage in Moskau kursieren mehrere Anekdoten. So erzählte beispielsweise Paustowski, als er 1965 Mark Slonim in Rom traf, daß Marina vor ihrer Abreise einen Besuch von Pasternak erhalten habe, gerade als sie beim Packen war. Pasternak soll ihr einen Strick zum Verschnüren des Koffers mitgebracht und scherzend gesagt haben: »Der ist so fest, daß man sich an ihm sogar aufhängen könnte.« Noch viele Jahre später scheint sich Pasternak wegen dieses »verhängnisvollen Scherzes« die größten Vorwürfe gemacht zu haben.[3]

Lidija Libedinskaja sah Marina Zwetajewa und Mur einen Monat nach ihrem Ausflug nach Kuskowo, bei ihrer Abfahrt von Moskau, zum letzten Mal. Zwetajewa hatte sich in dieser Zeit sehr verändert; in ihren Augen spiegelte sich Angst; sie griff ununterbrochen nach der Hand ihres Sohnes, obwohl dieser keinen Schritt von ihr wich. Ursprünglich hätte auch Libedinskaja Moskau mit dem gleichen Transport verlassen sollen; aus irgendeinem Grund kam es nicht dazu. Beim Abschied umarmte und küßte Marina die junge Frau und bedauerte, daß sie in der Stadt zurückblieb.

»Manchmal glaube ich, daß Marina Iwanowna vielleicht noch am Leben wäre, wenn auch ich nach Jelabuga gefahren wäre. Natürlich konnte ich ihr tragisches Schicksal nicht ändern. Aber ich glaube an die Macht der Liebe. Und ich habe Marina Iwanowna sehr geliebt.«[4]

Über die Evakuierung und die Reise, die per Schiff erfolgte, wissen wir nichts, außer, daß sich die Kinderbuchautorin Saxonskaja mit ihrem Sohn im gleichen Transport befand.

Es gab eine Kategorie von Privilegierten, die bei der Evakuierung aus Moskau mit einem angenehmeren Aufenthaltsort und einer besseren Versorgungslage rechnen konnten. Dazu gehörten die Mitglieder des Schriftstellerverbandes. Für sie und ihre Familien war die für gewöhnliche Sterbliche gesperrte Stadt Tschistopol an der Kama in der Tatarischen Autonomen Sowjetrepublik reserviert. Wie schwer die Lebensbedingungen selbst in diesem bevorzugten Ort waren, kann man bei Genia Quittner nachlesen, die mit ihren Kindern nach Tschistopol hineingelassen wurde.[5] Die Provinzhauptstadt Jelabuga, stromaufwärts am gegenüberliegenden Ufer der Kama gelegen, hatte den Hauptstrom der Flüchtlinge aufzunehmen. Die dort herrschenden Verhältnisse müssen unbeschreiblich gewesen sein.

Unter den Mitgliedern des Schriftstellerverbandes, die in Tschistopol Zuflucht fanden, waren die Schriftsteller Nikolai Assejew und Konstantin Trenjow, auch Pasternaks zweite Frau und seine Kinder erhielten die Zuzugsgenehmigung. Marina Zwetajewa und ihrem Sohn wurde sie verweigert, sie mußten nach Jelabuga. Ihr

Schiff legte dort am 21. August 1941 an.

Als Mutter und Sohn in Jelabuga ankamen, war die Stadt bereits von Flüchtlingen überfüllt. Sie fanden Unterschlupf bei einfachen Leuten in einem landesüblichen Haus in der Uliza Woroschilowa Nr. 10 (heute Shdanowa Nr. 20). Die Besitzer des Hauses waren M. I. und A. I. Brodelschtschikow, sympathische, ruhige Leute, die außerdem noch ihren sechsjährigen Enkel bei sich hatten. Marina und Mur bezogen die eine Hälfte des Hauses. Sie hatten Gepäck und Lebensmittel. A. I. Brodelschtschikowa hörte, wie Georgi Efron, den sie als hübschen, großen jungen Mann beschreibt, seiner Mutter Vorwürfe machte, ihn dorthin gebracht zu haben, während die Mutter schwieg und viel rauchte.

Marina Zwetajewa begab sich in Jelabuga auf Arbeitssuche, allerdings erfolglos. Anschließend versuchte sie ihr mitgebrachtes Silber zu verkaufen, aber dafür bestand im hungernden Jelabuga kein Bedarf.

Später fuhr Marina Zwetajewa für einige Tage nach Tschistopol zu Nikolai Assejew; in sehr gedrückter Stimmung kam sie nach Jelabuga zurück.

Am 31. August, einem Sonntag, war »Woskresnik«; die Bewohner mußten unbezahlten Arbeitseinsatz leisten, um den Boden für einen neuen Flugplatz zu planieren. Statt des Hausherrn, der es vorzog, mit seinem Enkel fischen zu gehen, begab sich A. I. Brodelschtschikowa an den Arbeitsplatz, begleitet von Mur, der seine Mutter vertrat. Marina sagte, sie wolle zu Hause bleiben; man solle sich ihretwegen keine Sorgen machen. Frau Brodelschtschikowa war die erste, die zurückkam. Im Vorraum stolperte sie über einen Stuhl, und als sie die Augen zur Decke hob, sah sie ihre Untermieterin in der Schlinge hängen. Sie rief einen Arzt und die Miliz. Sie kamen zwei Stunden später. Die Miliz nahm in Gegenwart von Mur eine gründliche Untersuchung der hinterlassenen Gegenstände vor, um etwaige Verluste festzustellen; dabei wurden zwei Briefe gefunden, von denen einer an Assejew gerichtet war. Der Leichnam wurde ins Spital gebracht und von dort begraben. Mur verließ am gleichen Abend das Haus der Brodelschtschikows und übernachtete bei Saxonskaja.

Milica Nikolić, die Herausgeberin der serbischen Zwetajewa-Ausgabe, zitiert in ihrem Vorwort eine Erklärung des Ehepaares Brodelschtschikow, die ihrer Aussage nach in Leningrad im Samisdat zirkulierte. Sie sei hier wörtlich wiedergegeben:

»M. Zwetajewa kam im August 1941 als Evakuierte zu uns. Sie wohnte bei mir. Sie kam mit zwei Kilo Mehl, Graupen, einem Kilo Zucker und einigen silbernen Löffeln. Sie fragte mich, ob ich jemanden kennen würde, der Silber kaufen wollte. Ich kannte niemanden. Wir hörten oft, daß Mutter und Sohn in einer fremden Sprache miteinander sprachen. Ihr Sohn machte ihr übrigens häufig Vorwürfe, daß sie ihn hierhergebracht hätte, daß er hungrig sei und nichts anzuziehen habe. Wir wußten nicht, daß sie auch eine Tochter hatte. Sie erwähnte sie nicht. Sie sprach auch nicht von ihrem Mann. Eines Tages sagte sie, sie wolle den Schriftsteller Assejew besuchen, der gleichfalls in die Nähe von Jelabuga evakuiert worden war. Sie kehrte nach zwei Tagen zurück. Nach ihrer Rückkehr war sie sehr niedergeschlagen. Am nächsten Tag sagte sie, sie könne unmöglich mit uns zur Arbeit gehen (wir mußten bei der Errichtung eines Flugplatzes helfen); ich ging daher allein mit ihrem Sohn. Abends kam ich als erste nach Hause. Ich fand sie an der Decke hängend. Ich verständigte sofort die Miliz. Sie kamen und brachten die Leiche in die Prosektur.

Wir wußten nicht, daß sie eine Dichterin war. Sie hatte es uns nicht gesagt. Wenn wir es gewußt hätten, wären wir zu ihrem Begräbnis gegangen. Auch ihr Sohn nahm am Begräbnis seiner Mutter nicht teil. So weiß niemand, wo ihr Grab ist. Nach dem Krieg kamen Leute, um es zu suchen, doch sie fanden es nicht.

Sie hinterließ nur einen einzigen Brief an Assejew. Sie bat ihn, er möge sich um ihren Sohn kümmern. Aber der Junge meldete sich sogleich an die Front. Er war noch nicht sechzehn Jahre alt. Später hörte ich, er sei gefallen.«[6]

Viktoria Schweitzer, die 1966 das Ehepaar Brodelschtschikow noch antraf, ergänzt diesen Bericht: »Warum hat sie sich bloß so beeilt?« habe die alte Frau mehrmals wiederholt. »Vielleicht hätte sie sich hier eingelebt, vielleicht wären wir Freunde geworden? Sie hatte ja noch so viele Lebensmittel; sie hätte wirklich warten können, bis alles aufgegessen war.«[7]

So viel war über Marina Zwetajewas Ende in Jelabuga bekannt, als 1981 die erste Auflage dieses Buches erschien. Fast hatte es den Anschein, daß die Nachwelt mehr nicht erfahren würde – die meisten Augenzeugen waren gestorben, ohne Aufzeichnungen zu veröffentlichen. Doch als sich 1982 Zwetajewa-Forscher und -Verehrer aus der ganzen Welt (außer der Sowjetunion) in Lausanne zu einem Symposium versammelten, fand Efim Etkind in seinem Hotel einen Brief vor: einen langen Bericht von Lidija Tschukowskaja über ihr Zusammentreffen mit Marina Zwetajewa in Tschistopol. Sie schrieb, sie habe am 4. September 1941, als sich die Nachricht vom Tod Marinas verbreitete, alles über dieses Zusammentreffen aufgeschrieben, das Heft verschlossen und erst im Oktober 1981, 40 Jahre nach den Ereignissen, zum ersten Mal wieder geöffnet.

Folgendes berichtet Lidija Tschukowskaja:

In Tschistopol sei bekannt gewesen, daß Assejew und Trenjow, die beiden Repräsentanten des Litfond, Zwetajewa die Zuzugsgenehmigung verweigert hätten. Lidija Tschukowskaja, die mit der Dichterin persönlich nicht bekannt war, traf sie unerwartet am 26. August auf der Hauptstraße. »Marina Iwanowna sagte: ›Ich freue mich so, daß Sie hier sind. Wenn ich jetzt nach Tschistopol übersiedle, werden wir Freundinnen sein.‹«

Am nächsten Morgen kam ein junges Mädchen zu Lidija Tschukowskaja und fragte, ob sie Mitglied des Litfond sei: »Im Parteibüro findet eine Ausschußsitzung statt. Sie haben Marina Zwetajewa gerufen und beraten darüber, ob ihr Zuzug genehmigt werden soll. Sie ist verzweifelt. Laufen Sie schnell hin!« Lidija Tschukowskaja fand Marina Zwetajewa im Gang des Parteigebäudes vor dem Büro des Vorsitzenden. Sie bat: »Gehen Sie nicht fort, bleiben Sie bei mir!« Und so warteten sie zusammen auf die folgenschwere Entscheidung. Sie war auch zugegen, als aus dem Sitzungszimmer eine Schriftstellerin herauskam und zu Zwetajewa sagte: »Ihre Angelegenheit wurde positiv entschieden. Es war nicht ganz leicht, denn Trenjow war kategorisch dagegen. Assejew ist nicht erschienen, er hat aber einen Brief geschrieben und *dafür* gestimmt. Schließlich wurde beschlossen, mit einfacher Mehrheit abzustimmen; die Mehrheit war dafür.«

Danach begaben sie sich gemeinsam auf die Suche nach einem Zimmer für Marina und Mur. Unterwegs auf der Straße sagte Marina plötzlich: »Bitte sagen Sie mir, warum glauben Sie, daß es noch dafürsteht zu leben? Glauben Sie nicht, daß alles aus ist?«

Und auf die Frage, was denn aus sei: »Nun, zum Beispiel Rußland!«

Sie sprachen über das Leben in Tschistopol, und Tschukowskaja sagte unvorsichtigerweise: »Über eines freue ich mich, daß Anna Achmatowa nicht hier ist. Sie wäre hier sicher umgekommen. [. . .] Sie kann ja nichts, rein gar nichts«, worauf Marina mit wütender Stimme aufschrie: »Glauben Sie, daß *ich* etwas kann? Achmatowa kann nicht, aber *ich* soll Ihrer Meinung nach hier leben können!«

Sie machten einen Besuch beim ebenfalls evakuierten Schriftstellerehepaar Schneider, die sich sehr darüber freuten, Marina Zwetajewa zu sehen. Sie gaben ihr zu essen, luden sie ein, sich auszuruhen und versprachen jede mögliche Hilfe. Marina begann, ihnen ihr Gedicht »Heimweh« vorzutragen; mittendrin stockte sie, entschuldigte sich und versprach, abends wiederzukommen, um das *Poem von der Luft* und andere Gedichte vorzulesen. Zur festgesetzten Zeit kam Lidija Tschukowskaja zu dem Ehepaar Schneider, aber Marina war nicht eingetroffen. Sie erschien nicht.

Am nächsten Tag, am 28. August, hörte Tschukowskaja, Marina Zwetajewa sei nach Jelabuga zurückgefahren, um ihren Sohn zu holen und mit ihm gemeinsam ein Zimmer zu suchen. Wenige Tage später vernahm sie auf der Post, daß der Sohn von Marina Iwanowna angekommen sei, sich bei Assejew gemeldet und ihm gesagt habe, »Mama hat sich aufgehängt«.

Zum Schluß ihres Berichtes schreibt Lidija Tschukowskaja, daß sie dank verschiedener Schicksalsfügungen im Besitz des Briefes Zwetajewas an Assejew aus diesen Tagen sei. Er besteht nur aus einem Satz: »Ich bitte, mich als Geschirrspülerin in die Kantine des Schriftstellerverbandes aufzunehmen.«[8]

Georgi Efron meldete sich am 4. September bei der Miliz ab und verließ Jelabuga per Schiff. Danach verbrachte er zwei Jahre in Taschkent, und obwohl es ihm materiell sehr schlecht gegangen zu sein scheint, beendete er dort die Schule. Er hielt sich oft »bei Freunden seiner Mutter« auf, namentlich genannt ist die Familie Alexej Tolstojs.[9]

In dieser Zeit in Taschkent gelang es Mur nicht nur, mit seiner Schwester in Kontakt zu treten, sondern auch seine Tante Anastassja Zwetajewa in den Weiten des Russischen Reiches aufzuspüren. Er schrieb ihr, schickte ihr sein Photo und erzählte ihr vom Tod seiner Mutter. Und obwohl Anastassja Zwetajewa erst 1943 durch Mur vom Tod ihrer Schwester erfuhr und auch ihn selbst nicht mehr antraf – sie hat ihren Neffen nie persönlich kennengelernt! –, hat sie sich eine Meinung über den Grund dieses Selbstmordes gebildet, die sehr wahrscheinlich klingt. Ihre Ansicht wurde durch Gespräche bekräftigt, die sie nach ihrer Rückkehr aus der Verbannung mit A. Sokolowski, dem Sohn der Schriftstellerin A. Saxonskaja, geführt hat. Mur hatte die erste Nacht nach dem Tode seiner Mutter bei ihnen verbracht.

»Mur wiederholte gegenüber A. Sokolowski die Worte, die er in der Hitze eines Streites in Jelabuga seiner Mutter an den Kopf geworfen hatte: ›Also *einen von uns beiden* wird man von hier mit den Füßen zuerst hinaustragen!‹ [. . .] Seit 1943, als ich von ihrem Tod erfuhr, sah ich zum ersten Mal, was sich an jenem Tag, in jener Stunde dieses unvorsichtigen bösen Satzes, ausgesprochen von einem Buben, zutrug, wie sie sich erhob, um das einzige auszuführen, was jetzt noch zu tun war – *ihn* davor zu retten, ›mit den Füßen zuerst‹ hinausgetragen zu werden, um den Sohn, den sie vergötterte, das Wesen, dem sie das Leben geschenkt hatte, zu schützen. Wenn es schon so weit gekommen war, warum sollte sie es nicht selbst sein? . . Ich wiederhole: Die mitleidlos-groben Worte des sechzehnjährigen Mur klangen für Marina wie ein Todesbefehl. [. . .] Sie ging, damit er nicht gehen mußte.«[10]

Es sollten Jahre vergehen, ehe die Wahrheit ans Licht kam und der unglückliche 16jährige Georgi von dieser bösen Verdächtigung seiner Tante freigesprochen wurde: Im Oktober 1992, anläßlich des 100. Geburtstages der Dichterin, erschien in der Moskauer Zeitschrift *Argumenty i fakty* eine kleine Notiz: »Nach Aussage eines ungenannt bleiben wollenden Beamten des Staatssicherheitsamtes befinde sich in den Archiven ein Dokument, daß Marina Zwetajewa am Tag unmittelbar vor ihrem Tod den Besuch eines Beamten des NKWD erhalten habe. Sowohl die Tatsache dieses Gesprächs als auch sein Inhalt seien vorsätzlich so geführt worden, daß der Dichterin nur ein einziger Ausweg geblieben sei – der Tod.«

Nach Beendigung seiner Schule kehrte Mur nach Moskau zurück und wurde am Tag seines 19. Geburtstages, am 1. Februar 1944, zur Roten Armee einberufen. Sein Regiment kämpfte zu diesem Zeitpunkt am linken Ufer der westlichen Dwina, und er machte den Vormarsch nach Westen mit. Ein Brief an Ariadna Efron ist vom 17. 6. 1944 datiert:

»Morgen geht es in die Schlacht. Ich bin fest davon überzeugt, daß mich mein Stern unversehrt aus dem Krieg herausführen und daß der Erfolg unbedingt kommen wird.«

Am 7. Juli wurde sein Schützenregiment Nr. 437 in einem Nahkampf um die Eroberung einer Anhöhe bei Drujka in Lettland verwickelt; die Verwundeten wurden ins 183. Medizinische Sanitätsbataillon eingeliefert. Im Protokoll des Bataillons ist eine Eintragung zu finden: »Rotarmist Georgi Efron Abgang wegen Verwundung 7. 7. 1944.« Später wurde im Ortsgebiet von Drujka das Grab eines unbekannten Soldaten gefunden, gefallen im Sommer 1944. Dies ist möglicherweise das Grab von Georgi Sergejewitsch Efron, dem »Sohn«, der mit so großer Freude in seine Heimat zurückgekehrt war und im Alter von 19 Jahren für sie sein Leben lassen mußte.[11]

Das einzige Familienmitglied, das die Katastrophe überstand, war Alja – aber ob ihr dadurch ein leichteres Los beschieden war? Nach ihrer Verhaftung im Sommer 1939 verbrachte Ariadna Efron acht lange Jahre in der Verbannung im hohen Norden, durch Briefe und Paketsendungen unterstützt von Boris Pasternak. Ihre Briefe an ihn geben einen erschütternden Einblick in das Leben, das sie dort führen mußte.[12] Erst 1955 kehrte sie nach Moskau zurück, ihre Tante Lilja Efron und deren Freundin nahmen sie in ihr ärmliches Zimmer auf. Eine der beiden war bettlägerig, die andere schlief auf einem Koffer. Es stellte sich heraus, daß sich in diesem Koffer alle Handschriften, Briefe, Tagebücher und Druckexemplare befanden, die Marina Zwetajewa aus dem Ausland mitgebracht und auf ihre letzte Reise nach Jelabuga mitgenommen hatte. Ihr Sohn hatte ihn nach Moskau gebracht, die Tanten hatten ihn durch alle Fährnisse bewahrt.[13] Nun übernahm Ariadna Efron das »Zwetajewa-Archiv«, es wurde zur Grundlage für das, was sie von jetzt an als ihre Lebensaufgabe betrachtete: die Anerkennung der Mutter in ihrer Heimat durchzusetzen, ihre ungedruckten Werke herauszugeben und zu kommentieren und selbst über Marina Zwetajewa zu schreiben. Wie unendlich schwer diese Aufgabe gewesen sein muß, wie viele Kämpfe mit diversen Zensurinstanzen zu führen waren, kann der westliche Leser nur ahnen. Die Bruchstücke, die in den sechziger und siebziger Jahren in verschiedenen sowjetischen Zeitschriften erschienen, sprechen eine eindrucksvolle Sprache. Ariadna Efron hat auch Teile ihrer eigenen Erinnerungen veröffentlicht.[14] Und einen interessanten Einblick in ihre Persönlichkeit geben die Gespräche, die sie mit Véronique Lossky in Moskau geführt hat.[15]

In den siebziger Jahren wurde das Leben für Ariadna Efron leichter. Sie wohnte in Tarussa in einem Haus, das sich auf dem ehemaligen Grund ihrer Tante Tjo genannten Stiefgroßmutter mütterlicherseits befand. In Tarussa ist sie auch am 25. Juli 1975 im Spital an einem Herzinfarkt gestorben. Sie wurde auf dem Friedhof von Tarussa begraben, am hohen Ufer des Flusses Taganka, nicht weit von der Stelle, an der sich ihre Mutter zu liegen gewünscht hatte.[16]

Ariadna Efron hat das Zwetajewa-Archiv testamentarisch dem Moskauer Zentralen Literaturarchiv mit der Auflage vermacht, es müsse bis zum Jahre 2000 gesperrt bleiben. Dennoch sind in letzter Zeit Materialien aus diesem Archiv im Druck erschienen.

Anastassja Zwetajewa, die letzte Augenzeugin aus Marinas Jugendzeit, hat ihre Schwester heute bereits um 48 Jahre überlebt. Sie wurde dreimal verhaftet, zum ersten Mal nach ihrer Rückkehr aus Italien, danach 1937 und 1947. Sie war lange in verschiedenen Lagern, lebte dann als Verbannte in der Nähe von Nowosibirsk und wurde 1958 rehabilitiert. Im Sommer 1960 fuhr sie nach Jelabuga, um das Grab ihrer Schwester zu suchen, und als sie es nicht finden konnte, ließ sie ein Kreuz mit der Aufschrift errichten: »Auf dieser Seite des Friedhofs ruht Marina Iwanowna Zwetajewa, 26. September (alten Stils) 1892-31. August 1941.« Dieses Kreuz wurde 1970 durch einen Grabstein ersetzt.

Anastassja Iwanowna ist im September 1993, wenige Tage vor ihrem 99. Geburtstag, in Moskau gestorben. Ihr Erinnerungsbuch, in Rußland ein Bestseller, ist in drei russischen Auflagen und zwei verschiedenen deutschen Ausgaben erschienen. Sie hat Entscheidendes zur russischen Zwetajewa-Renaissance beigetragen.

Als die achtzehnjährige Marina Zwetajewa am Strand von Koktebel ihren zukünftigen Mann traf und gelobte, ihm zu folgen, was immer auch geschehen möge, konnte sie nicht ahnen, wohin dieser Schwur sie führen und wie viel Standhaftigkeit und Heldentum er ihr abverlangen würde. Sie hat ihrem Mann die Treue gehalten, sie ist ihm durch Leid und Not gefolgt in einer Weise, die anscheinend selbst dem Schicksal Erbarmen abzwang: Sie, die das Leben zum Schluß getrennt hatte, wurden fast zur gleichen Zeit durch den Tod vereint: Sergej Efron wurde am 16. Oktober 1941 auf der Hinrichtungsstätte Butovo bei Moskau erschossen.

Dreißigstes Kapitel

Die Nachricht vom Tode Marina Zwetajewas erreichte die Schriftstellerkolonie in Tschipostol sofort. Anna Achmatowa, die aus dem umzingelten Leningrad ausgeflogen worden war, kam in der zweiten Oktoberhälfte 1941 nach Tschistopol, wollte die Stadt aber schleunigst wieder verlassen. Einerseits weil nicht vorauszusehen war, ob der deutsche Vormarsch aufgehalten werden konnte, andererseits, weil über der Stadt noch »der Schatten des Todes von Zwetajewa schwebte«.[1]

Im angstgeschüttelten, kriegsbedrohten Moskau war es Herbst, als die Nachricht vom Tod Zwetajewas dorthin gelangte:

»Es war Krieg. Viele Nachrichten vom Tod von Freunden und Verwandten kreuzten sich wie Scheinwerfer am nächtlichen Himmel. Einsam streckten sie ihre langen, hilflosen Finger aus, diese bitteren Nachrichten von Verlusten, persönlichen und allgemeinen, von Berühmten und Namenlosen, von bitter Beweinten und überhaupt nicht Beweinten. Und der Himmel blieb schwarz und sternenlos, voll neuer Drohungen, die zum größten Teil eintrafen. In dieser drohenden, winterlichen Finsternis verlor sich der Tod Marinas.« So beschreibt Pawel Antokolski diese Tage.[2]

Erhalten ist auch ein Brief, den Boris Pasternak »am 10. September morgens« an seine Frau nach Tschistopol schrieb:

»Fedin erzählte mir gestern abend, Marina hätte sich umgebracht. Ich will es nicht glauben. Sie muß irgendwo bei Euch in der Nähe sein, in Tschistopol oder Jelabuga. [. . .] Wenn es wahr ist, es wäre entsetzlich! Wenn es tatsächlich so ist, dann kümmere Dich um ihren Sohn. Stelle fest, wo er ist, was mit ›ihm‹ wird. Welch unendliche Schuld habe ich auf mich geladen – wenn es so ist! Niemals kann mir das verziehen werden. Im letzten Jahr habe ich mich wenig um sie gekümmert. In Schriftsteller- und Intellektuellenkreisen schätzte man sie sehr. Ihre Dichtung wurde verstanden, sie kam geradezu in Mode bei den Freunden Garrik, Asmus, Kolja, Wiljam und nicht zu vergessen bei Assejew. Seit es schmeichelhaft geworden war, zu ihren Freunden zu zählen – und aus einigen anderen Gründen –, hatte ich mich zurückgezogen, mochte mich nicht aufdrängen. Im letzten Jahr hatte ich sie sogar schier vergessen. Und nun dies!«[3]

Erstaunlich ist, daß man auch im Westen bald von Marinas Tod erfuhr, obwohl die Front dazwischen lag und die Menschen andere Probleme hatten. Nina Berberova überstand die deutsche Okkupation in Frankreich auf dem Land in der Nähe von Paris. Sie notierte im Februar 1942 in ihr Tagebuch:

»Das Gerücht geht um, daß sich Zwetajewa am 11. August in Moskau erhängt haben soll. ›Nasche slowo‹ (oder ›Nowoje slowo‹) – eine Pariser nationalsozialistische Zeitung in russischer Sprache – hat darüber eine widerliche, völlig analphabetische Notiz gebracht. [. . .] Es heißt, daß Efron erschossen wurde. Wie soll man sich auch nicht aufhängen, wenn das geliebte Deutschland Bomben auf das geliebte Moskau wirft, wenn die alten Freunde Angst haben, einen zu sehen, wenn man in Zeitungen beschimpft wird und nichts zu fressen hat?«[4]

Nach dem Krieg erschien in Paris eine Nummer des »Russki sbornik« (Russischer Sammelband), der heute so gut wie nirgend mehr aufzutreiben ist. Er enthielt den einzigen gedruckten Nekrolog für Marina Zwetajewa, verfaßt von Alexander Bachrach:

»Ein einzigartiger Mensch, eine große russische Dichterin ist von uns gegangen, deren vom Tod nicht zu verwischende Züge allen denen, die sie kannten, für immer in Erinnerung bleiben werden. Man glaubt immer noch, ihr Profil mit der scharfen Nase vor sich zu sehen, die hohe Stirn, umwölkt von Schwaden von Zigarettenrauch, und die von silbernen Ringen und Armbändern umschlossene Hand, kurzsichtig in einem ›Chaos‹ von Papier wühlend, das von ihren charakteristischen, ornamentalen Schriftzügen bedeckt war.«[5]

Und dann fiel über Marina Zwetajewa der Vorhang des Schweigens – sowohl im Osten als auch im Westen. Im russischen Westen waren es die Dichter und Schriftsteller der anderen Richtung, die den Ton angaben, und ihr literarisches Zentrum war außerdem vernichtet; wer überlebt hatte, mußte seine Existenz neu aufbauen. In der Sowjetunion begann am 14. August 1946 mit einer Rede, in der Andrej Shdanow Anna Achmatowa und Michail Soschtschenko angriff, die dunkle Ära der Hexenjagd auf »Kosmopoliten« und »Freunde des Westens«, die in der russischen Geistesgeschichte mit Shdanows Namen verknüpft bleiben wird. Daß Marina Zwetajewa in der UdSSR nicht einmal erwähnt werden durfte, ist unter diesen Umständen kein Wunder; in Publikationen, die für das Ausland bestimmt waren, ließ sich mit ihrem Namen allerdings gut Staat machen. Besonders die *Gedichte an die Tsche-*

choslowakei waren für antifaschistische Tiraden gut zu gebrauchen.[6]

Der erste westliche Zwetajewa-Auswahlband erschien 1953, im Todesjahr Stalins. Es war eine Sammlung ausgewählter Prosawerke, herausgebracht von Marinas langjähriger Freundin Katarina Jelenjewa und eingeleitet von Fedor Stepun. Trotz ihrer Unvollständigkeit und offenkundigen Mängel war dieser Band der Anfang der westlichen Zwetajewa-Renaissance. In seiner Einleitung zeichnet Stepun das erste große literarische Porträt der Dichterin und macht den Versuch, ihre Kunst und Bedeutung objektiv zu würdigen:

»Ein besonderes Merkmal ihrer Dichtung ist die Kombination von wirbelwindartigen Inspirationen mit bewußter, fast berechnender Handwerkskunst. [. . .] In ihren Gedichten fühlt man mit gleicher Stärke den Glauben an das am Anfang stehende Wort, das die Welt erschaffen hat, und die unendliche Liebe zum poetischen Wörterbuch, zu alten und neuen Wörtern, zu Rhythmen und Versmaß, zur Gegenüberstellung von Vokalen und Konsonanten . . .«[7]

1957 veröffentlichte Gleb Struve in einer privaten Ausgabe den Gedichtband *Das Lager der Schwäne,* dem 1971 eine zweite verbesserte, um *Perekop* erweiterte Auflage folgte. Juri Ivask hat das Vorwort »Die hehre Zwetajewa« dazu verfaßt. »Die Dichtkunst Zwetajewas ist eine Dichtkunst des Lobes und der Schmähung. Sie lobte vieles und viele, offen, laut, ohne sich zu verbergen. Lautes Lob und laute Schmähung ist Rhetorik. Rhetorik ist scheinbar keine ›Frauensache‹, aber Zwetajewa widmete sich ihr und kam mit ihr zurecht.«[8]

Und 1964 veröffentlichte Mark Slonim in den »Oxford Slavonic Papers« die *Geschichte einer Widmung.* 1971 wurden andere schwer zugängliche Werke der Dichterin in einer gewichtigen Teilsammlung durch Günther Wytrzens wieder aufgelegt.[9] In russischen Emigrantenjournalen begannen ihre Briefe zu erscheinen: an Juri Ivask, Roman Gul, an Alexander Bachrach. Der Mensch Zwetajewa zeigte sich plötzlich in einem neuen Licht. Schließlich meldeten sich ehemalige Freunde zu Wort und erzählten von ihren Erinnerungen an die Dichterin, wobei den Memoiren Mark Slonims eine besondere Bedeutung zukommt.

Der Höhepunkt der Zwetajewa-Renaissance im Westen war die Monographie von Simon Karlinsky, die 1966 in den USA erschienen ist. Karlinsky, ein Schüler von Gleb Struve, faßte zusammen und interpretierte das, was bis zu diesem Zeitpunkt im Westen über Marina Zwetajewa bekannt war. Die gesamte westliche Zwetajewa-Literatur fußt auf diesem Standardwerk, das 1985 erweitert und umgeschrieben als neue Fassung[10] erschien. Auch das vorliegende Buch verdankt Karlinskys Studien Anregungen und Präzisierungen.

Einige Stimmen über Marina Zwetajewa klangen immer noch abfällig, wie z. B. die Iwan Bunins, aber nach und nach verstummten unter den westlichen Landsleuten ihre Gegner. Georgi Adamowitsch blieb am längsten bei seiner Meinung; er ließ keine Gelegenheit verstreichen, wenn sich die Möglichkeit bot, gegen seine ehemalige Feindin zu polemisieren. Wenige Wochen vor seinem Tod im Jahr 1972 erschien aber auch von ihm ein Gedicht, das anders klang:

> Wärs möglich, wenigstens zu sprechen jetzt, Marina!
> Im Leben kam es nicht dazu. Jetzt sind Sie fort . . .[11]

In Rußland begann eine behutsame Rehabilitierung der verpönten Weißgardistin, als Ilja Ehrenburg, der mit seinem Roman *Tauwetter* eine ganze Epoche der russischen Literatur eingeleitet hatte, im gleichen Jahr 1956 sieben Gedichte von Zwetajewa im zweiten Band des Almanachs *Literaturnaja Moskwa* veröffentlichte, darunter: »Für meine Dichtungen, die ich geschrieben«, »Was soll ich, Dichter und Stiefsohn« und »Versuch, eifersüchtig zu sein«. In der Einleitung schrieb Ehrenburg:

»Der Augenblick ist noch nicht gekommen, um von ihrem schweren Leben zu erzählen, sie ist uns noch zu nahe. Aber ich möchte sagen, daß Zwetajewa ein sehr gewissenhafter Mensch war und rein und edel gelebt hat, fast immer in Not, die äußerlichen Annehmlichkeiten des Lebens verachtend, leidenschaftlich in ihren Zu- und Abneigungen, ungewöhnlich empfindsam.«[12]

Der Erfolg der Tauwetterperiode muß, speziell was Marina Zwetajewa betrifft, so durchschlagend gewesen sein, daß sich die amtlichen Stellen zu einem eiligen Rückzug bemüßigt fühlten. Auf dem 3. Plenum der Leitung des Schriftstellerverbandes am 16. Mai 1957 rügte Alexander Dymschiz:

»Es ist falsch, einige Werke, die der Vergangenheit angehören, zu den bedeutenden Erscheinungen unseres Landes zu zählen. Die

Namen Chlebnikow, Zwetajewa, Mandelstam werden bekannt, aber manchmal erlangen sie eine falsche Popularität, und unter diesem Einfluß beginnt die Jugend, an ihnen Gefallen zu finden. Was ist aber nun mit Achmatowa? Im Vergleich mit Zwetajewa steht sie unendlich höher. Zwetajewa ist eine winzige Erscheinung. Dieser meiner Meinung nach unverantwortliche Versuch, dichterische Reputationen zu revidieren, bringt einem Teil unserer Jugend Schaden!«

Und Alexej Surkow sagte bei der gleichen Gelegenheit noch unmißverständlicher:

»Sind es nicht Nachklänge dieses Lärms bei den Nachbarn [den Ungarn und Polen – die Ereignisse des Jahres 1956 waren kaum abgeklungen], die bei uns in letzter Zeit in der Aufforderung zum Ausdruck kommen, unsere jungen Dichter sollten doch bei Marina Zwetajewa oder Boris Pasternak in die Lehre gehen [. . .] bei jenen, die durch ihre Biographien und ihre Gedichte ihre distanzierte Einstellung gegenüber dem unterstreichen, was unser Volk in den letzten vierzig Jahren getan hat und tut. Wir haben die Werke Bunins veröffentlicht, [. . .] wir werden auch die Gedichte Zwetajewas drucken. [. . .] Aber es geht nicht, daß wir unsere Verlagspolitik danach ausrichten, ob die Jugend bei dem einen oder anderen dieser Meister in die Lehre geht.«[13]

Surkow hielt diesmal Wort, wenn auch mit beträchtlicher Verspätung. 1961 kam der »kleine« Zwetajewa-Auswahlband heraus, 1965 der »große« in der Reihe »Bibliothek des Dichters«, mit einer langen Einführung von Wladimir Orlow und ausführlichen Anmerkungen von Ariadna Efron.[14] Er enthält Gedichte, längere Poeme und dramatische Werke aus der Zeit von 1913-1939, und obwohl er nur zirka ein Drittel des literarischen Nachlasses der Dichterin umfaßt, ist er bis vor kurzem der beste und umfangreichste Lyrikband Zwetajewas geblieben, in dem viele ihrer Werke zum ersten Mal abgedruckt sind.

Als Anfang der sechziger Jahre der Druck auf das russische Geistesleben etwas nachließ, begannen auch in der Sowjetunion Memoiren zu erscheinen, filtrierte, von der Zensur zurechtgestutzte, aber immerhin. Wieder war es Ehrenburg, der mit *Menschen, Jahre, Leben* den Anfang machte:

»Ich kenne viele Dichter und weiß, wie teuer sie ihre Kunstbesessenheit bezahlen mußten. Doch kenne ich kein tragischeres Schicksal als dasjenige Marinas. Alles in ihrem Leben war fragil und illusorisch: die politischen Ideen, die kritischen Urteile, ihre persönlichen Dramen, alles – nur die Poesie nicht.«[15]

Nun bekannte sich auch Pasternak öffentlich zu Marina Zwetajewa:

»Zwetajewa war eine schaffensfreudige Frau mit einer männlichen Seele, entschlossen, kämpferisch, unbezähmbar. Im Leben wie in der Kunst griff sie zielsicher, begierig, ja beinah wild nach dem Bestimmten und Entschiedenen. Sie kam weit voran auf diesem Weg und übertraf alle anderen. Außer den wenigen Gedichten, die wir kennen, hat sie noch eine ganze Reihe uns bislang unbekannter Dinge geschrieben: ungeheure, wild bewegte Werke; einige im Stil russischer Volksmärchen, andere auf der Grundlage mythischer Motive oder historischer Überlieferungen. Die Veröffentlichung dieser Werke wird ein großer Triumph, ja eine Offenbarung für unsere Poesie sein. Unsere Dichtung wird durch dieses verspätete und einmalige Geschenk mit einem Schlag reicher werden. Ich bin der Meinung, daß wir Zwetajewa neu sehen und schließlich anerkennen werden.«[16]

Für Pawel Antokolski bot sich bei der Besprechung des Zwetajewa-Bandes in der Zeitschrift »Neue Welt« die Gelegenheit, das Werk seiner Jugendfreundin ausführlich zu würdigen:

»Ein im höchsten Grad ungewöhnliches Schicksal. Ein erstaunlicher Charakter. Hinter beiden stehen größere Kategorien: Im Schicksal Marina Zwetajewas verkörpert sich unsere Geschichte, die erste Hälfte unseres Jahrhunderts, und ihr Charakter zeigt sich in ihrem Lebenslauf, der ein so tragisches Ende fand. In dieser Wechselwirkung definiert sich unaufhaltsam und eindeutig die Bedeutung ihres Schaffens, sein lebendiger Kern . . .«[17]

Es ereignete sich jedoch noch Wichtigeres: Menschen, die jahrzehntelang inexistent gewesen waren, kehrten ins tägliche Leben zurück und begannen zu sprechen. Unter den Tausenden von Repressierten, die unter Chruschtschew ihre Freiheit wiedergewannen, befanden sich auch Anastassja Zwetajewa und Ariadna Efron. Anastassja Iwanowna hat die ihrer Schwester gewidmeten Memoiren zuerst in der »Neuen Welt«, später in Buchform veröffentlicht und danach noch mehrere Artikel geschrieben.[18] Ariadna Efron gab verschiedene größere und kleinere Teilsammlungen der Werke ihrer Mutter heraus, versah sie mit Kommentaren und hat selbst Erinnerungen an ihre Kindheit geschrieben. 1969 brachte sie in der »Neuen Welt« eine wichtige Auswahl von Briefen, 1971 das bis dahin unbekannte *Jegoruschka*-Fragment heraus.[19] Und nach ihnen kamen andere, Alte und Junge, die sich erinnerten, fragten und forschten.

Am 25. Oktober 1962 fand im Moskauer Haus der Künste der erste halboffizielle Zwetajewa-Abend statt. Wie Karlinsky schreibt, wurden für diese Veranstaltung 140 Einladungen ausgegeben, vor den Türen des Saales aber drängte sich eine riesige Menge von Enthusiasten, die hofften, irgendwie hineinzugelangen. In den Gesprächen zwischen Anna Achmatowa und Lidija Tschukowskaja ist von diesem Abend mehrmals die Rede.[20] Keine von beiden war eingeladen worden, aber da das von Raissa Orlowa angefertigte Stenogramm im Samisdat zirkulierte, wußte jeder über den Verlauf des Abends Bescheid: Zunächst erzählte Ehrenburg von seiner ersten Bekanntschaft mit den Gedichten Zwetajewas, dann sprachen die Dichter Boris Sluzki und E. Tager. Den Abschluß bildeten Gedichtrezitationen von Mitgliedern des »Jugendstudios des Literaturmuseums«.

Wie Tschukowskaja anmerkt, war Anna Achmatowa mit der Organisation dieses Abends nicht zufrieden:

». . . Marinas Abend ist stümperhaft durchgeführt worden. Ehrenburg kam, er brachte Sluzki und Tager mit – bei Sluzki hörte das Publikum noch zu, aber Tager sprach und sprach und sprach; langsam begann der Saal, ein Eigenleben zu führen. Sie wissen, wie das ist? Die einen husten, die anderen spielen Ping-Pong . . . Und das soll Marinas Heimkehr nach Moskau, in *ihr* Moskau sein?«[21]

Die offizielle Anerkennung ging nicht problemlos vonstatten, immer wieder gab es Rückschläge. So wurde vom Puschkinhaus 1973 eine wissenschaftliche Studie über *Die poetische Struktur der russischen Lyrik* herausgegeben, in der 24 Dichter genannt werden, vom 18. Jahrhundert bis zur Gegenwart: Boris Pasternak, Anna Achmatowa und Alexander Twardowski. Der Name Zwetajewas hingegen wird nicht einmal erwähnt, als habe sie nie existiert.[22] Diese Tendenz setzt sich in der 1979 neu erschienenen 3. Auflage des »kleinen« Zwetajewa-Auswahlbandes fort, in welchem dem inzwischen verstorbenen Wsewolod Roshdestwenski in seinem Vorwort die Aufgabe zufällt, in Orwellscher Manier das Leben Marina Zwetajewas »umzuschreiben«: Nicht nur, daß bei ihm ihr Vater »dem Arbeitermilieu« entstammt; die Rückkehr von Sergej und Ariadna Efron in die UdSSR wird durch die Tatsache erklärt, daß beide »nach Maßgabe ihrer Kräfte den internationalen Kampf für die demokratischen Rechte des spanischen Volkes unterstützten« und zur Belohnung dafür heimkehren durften. Marina Zwetajewa sei, zermürbt durch ihren jahrelangen Kampf gegen die feindliche Emigration »hoffnungslos krank, gebrochen und ausgebrannt« zurückgekommen, und so sei es eben »unter Druck und durch Krankheit, persönliches Unglück und Einsamkeit« zu dem verhängnisvollen Schritt gekommen.[23]

Seit den späten siebziger und achtziger Jahren ist der Ruhm Marina Zwetajewas im Westen wie im Osten unbestritten. Im Westen waren es allerdings erst die Emigranten, die 1979 alle bekannten Prosaschriften und ab 1980 eine fünfbändige Gedichtsammlung herausgebracht haben.[24] In Rußland selbst ist 1980 zum ersten Mal eine gute, wenn auch nicht vollständige Prosaausgabe in zwei Bänden erschienen.[25]

Das alles gehört jetzt der Geschichte an. Heute ist Marina Zwetajewa in ihrer Heimat anerkannt: Es werden Lesungen veranstaltet, die ein begeistertes Publikum finden. Ein Teil ihrer Werke wurde veröffentlicht, und es erscheinen Bücher, die die uneingeschränkte Wahrheit über das berichten, was nach 1939 in der Sowjetunion über die Familie hereinbrach. Auch soll ein Museum in ihrer letzten Moskauer Wohnung errichtet werden. Heute ist Marina Zwetajewa wirklich heimgekehrt.

Kann aus diesem allen eine Schlußfolgerung gezogen werden? Wäre es besser gewesen, wenn Marina und Mur 1939 in Frankreich geblieben und dann, wie so viele russische Intellektuelle, nach Amerika gegangen wären?

Tatjana Kwanina erzählt 1982 folgende Episode aus ihrer gemeinsamen Zeit in Golizyno im Herbst 1939:

Sie saßen nachts auf einer Bank, der Mond schien, die ganze Umgebung war in ein geheimnisvolles Licht getaucht. Plötzlich sagte Marina: »Es ist gut, daß ich hier bin!« »Wo?« fragte Kwanina, die dachte, daß sie den romantischen Ort meinte.

Marina Zwetajewa antwortete: »In Rußland!«[26]

Anmerkungen

Zum ersten Kapitel

1 A. I. Cvetaeva, *Vospominanija* (1971) S. 23 (*dt. Kindheit mit Marina,* 1977 und *Erinnerungen,* 1979).
2 M. Cvetaeva, *Istorija odnogo posvjaščenija,* in: *Izbr. proza* (1979) Bd. 1, S. 349.
3 »Babuške« (1914), in: *Stichotvorenija i poemy* (1980) Bd. 1, S. 176.
4 M. Cvetaeva, *Neizd. pis'ma* (1972) S. 27.
5 *Pis'ma M. Cvetaevoj Ju. P. Ivasku,* in: Russkij literaturnyj archiv (1956) S. 217.
6 A. I. Cvetaeva, *Vospominanija* (1971) S. 26.
7 M. Cvetaeva, *Neizd. pis'ma* (1972) S. 29.
8 M. Cvetaeva, *Mat' i muzyka,* in: *Izbr. proza* (1979) Bd. 2, S. 172 (dt. Mutter und die Musik, 1987).
9 A. I. Cvetaeva, *Vospominanija* (1971) S. 7.
10 A. Cvetaeva, *Korni i plody,* in: Zvezda 1979.4. S. 186.
11 M. Cvetajevová, *Můj životopis,* in: M. C., *Hodina duše* (1971) S. 9.
12 M. Slonim, *O Marine Cvetaevoj,* in: Novyj žurnal 100. 1970, S. 160.
13 A. Cvetaeva, *Vospominanija* (1971) S. 64.
14 A. Efron, A. Saakjanc, *Marina Cvetaeva – perevodčik,* in: Don 1966.2. S. 178.
15 *Perepiska M. Cvetaevoj k A. Štejgerom,* 22. 8. 1936, in: Opyty 7.1956 S. 13.
16 M. Cvetaeva, *Istorija odnogo posvjaščenija,* in: *Izbr. proza* (1979) Bd. 1, S. 343.
17 M. Cvetaeva, *Mat' i muzyka,* in: *Izbr. proza* (1979) Bd. 2, S. 187-188.
18 M. Cvetaeva, *op. cit.,* S. 172-173.
19 M. Cvetaeva, *Moj Puškin,* in: *op. cit.,* S. 268.
20 A. I. Cvetaeva, *Vospominanija* (1971) S. 65, 93, 76.
21 M. Cvetaeva, *Svetovoj liven',* in: *Izbr. proza* (1979) Bd. 1, S. 135 f.
22 In Wirklichkeit war Andrej I. Cvetaev ein hochbegabter und aktiver Mensch, Musiker, ebenfalls Dichter und später ein anerkannter Kunstsachverständiger. Er scheint seinen Schwestern viel geholfen zu haben. (Mitteilung aus der Sowjetunion)
23 M. Cvetaeva, *Dom u starogo Pimena,* in: *Izbr. proza* (1979) Bd. 2, S. 299.
24 M. Cvetajevová, *Můj životopis,* in: M. C., *Hodina duše* (1971) S. 10.
25 M. Cvetaeva, *Moj Puškin,* in: *Izbr. proza* (1979) Bd. 2, S. 249, 250.
26 M. Cvetaeva, *Chlystovki,* in: *op. cit.,* S. 150.
27 »Osen' v Taruse« (1909), in: *Stichotvorenija i poemy* (1980) Bd. 1, S. 93.

Zum zweiten Kapitel

1 M. Cvetaeva, *Moj Puškin*, in: *Izbr. proza* (1979) Bd. 2, S. 261.
2 M. Cvetaeva, *Istorija odnogo posvjaščenija*, in: *op. cit.*, Bd. 1, S. 343.
3 A. I. Cvetaeva, *Iz prošlogo*, in: Novyj mir 1966.1. S. 107.
4 M. Cvetaeva, *Moj Puškin*, in: *Izbr. proza* (1979) Bd. 2, S. 275.
5 *Op. cit.*, S. 279.
6 »Na skalach«; »On byl sineglazyi i ryžij«; »Bajard«, in: *Stichotvorenija i poemy* (1980) Bd. 1, S. 15, 99, 84.
7 M. Cvetaeva, *O Germanii*, in: *Izbr. proza* (1979) Bd. 1, S. 124.
8 M. Cvetaeva, *Neizd. pis'ma* (1972) S. 402.
9 A. I. Cvetaeva, *Vospominanija* (1971) S. 125 ff.
10 »Naši carstva«; »Skazočnyj Švarcval'd«; »Kak my čitali ›Lichtenštein‹«; »Ot-ezd«, in: *Stichotvorenija i poemy* (1980) Bd. 1, S. 19, 17, 18, 19.
11 »Germanii« (1. 12. 1914), in: *Stichotvorenija i poemy* (1980) Bd. 1, S. 175.
12 A. I. Cvetaeva, *Vospominanija* (1971) S. 197.
13 M. Cvetaeva, *Neizd. pis'ma* (1972) S. 402-403.
14 *Bašnja v pljušče*, in: *Izbr. proza* (1979) Bd. 2, S. 191-197.
15 Vgl. E. Poretsky, *Our Own People* (1969).

Zum dritten Kapitel

1 Vgl. A. I. Cvetaeva, *Vospominanija* (1971) S. 205 ff.
2 *Op. cit.*, S. 217.
3 »Ne smejtes' vy nad junym pokolen'em«, in: *op. cit.*, S. 225-227.
4 M. Cvetaeva, *Mat' i muzyka*, in: *Izbr. proza* (1979) Bd. 2, S. 189 f.
5 A. I. Cvetaeva, *Vospominanija* (1971) S. 238 f.
6 *Op. cit.*, S. 243.
7 »Mame«, in: *Stichotvorenija i poemy* (1980) Bd. 1, S. 21.
8 A. I. Cvetaeva, *Vospominanija* (1971) S. 253.

Zum vierten Kapitel

1 M. Cvetaeva, *Pis'ma k A. Teskovoj* (1969) S. 140.
2 »Stolovaja«, in: *Stichotvorenija i poemy* (1980) Bd. 1, S. 63.
3 Zitiert nach A. I. Cvetaeva, *Vospominanija* (1971) S. 264 f.
4 »Gordost' i robost'« (20. 9. 1921), in: *Stichotvorenija i poemy* (1982) Bd. 2, S. 299.
5 »V pjatnadcat' let«, in: *op. cit.*, S. 95.
6 A. I. Cvetaeva, *Vospominanija* (1971) S. 275 f.
7 A. I. Cvetaeva, *Vospominanija* (1971) S. 299 ff. Marina Cvetaeva schreibt am 8. 4. 1914 an Rozanov: »Mit 16 Jahren verliebte ich mich grenzenlos in Napoleon I. und Napoleon II., ich lebte ein ganzes Jahr

ohne Menschen, allein in meinem kleinen Zimmer, in meiner riesigen Welt . . . In: M. C., *Neizd. pis'ma* (1972) S. 30.

8 *Op. cit.*, S. 344.

Zum fünften Kapitel

1 Vgl. *Otčet Moskovskago Publičnago i Rumjancevskago Muzeev za 1909 god* (1910).

2 A. I. Cvetaeva, *Vospominanija* (1971) S. 316.

3 »Čarodeju«, in: *Stichotvorenija i poemy* (1980) Bd. 1, S. 28.

4 A. Bachrach, *Pis'ma M. Cvetaevoj*, in: Mosty 6.1961, S. 335.

5 »V Pariže« (Juni 1909), in: *Stichotvorenija i poemy* (1980) Bd. 1, S. 52f.

6 »Molitva« (26. September 1909), in: *op. cit.*, S. 56f. »Wieviele Male wären wir gestorben, wenn uns die Götter immer erhört hätten«, schrieb Marina Cvetaeva über dieses Gedicht am 8. 8. 1936 an A. Štejger, in: *Perepiska M. Cvetaevoj s A. Štejgerom*, in: Opyty 5.1955 S. 57.

7 M. Cvetaeva, *Neizd. pis'ma* (1972) S. 18.

8 »Novolun'e«, in: *Stichotvorenija i poemy* (1980) Bd. 1, S. 27.

9 *Otčet Moskovskago Publičnago i Rumjancevskago Muzeev za 1909 god* (1910) Bericht des Direktors I. V. Cvetaev.

10 Andrej Belyi hat in seinem Erinnerungsbuch *Meždu dvuch revoljucij* die Ėllis-Affäre ausführlich behandelt. Hier seine Version der Hintergründe: »Nun zu Cvetaev: Dieser haßte Ėllis. Ėllis erschien jeden Tag in seiner Wohnung, um Marina und Assja, seinen Töchtern, den Symbolismus zu predigen, und der Papa war über den Einfluß entsetzt, den dieser ›Dekadent‹ auf sie ausübte, um so mehr, als sie nach Meinung dieses eingefleischten Oktobristen ultra-linke Ansichten zum besten gaben. Sie bezeichneten sich als Anarchistinnen, und nach den Vorstellungen des Professors nährte Ėllis ihre Tendenz zur Aufsässigkeit gegen den Papa. Auf der anderen Seite: Die Dame, in die sich der Papa verliebt hatte, war ihrerseits bis über beide Ohren in Ėllis verliebt – hier ebenso wie dort kreuzte der ›Dekadent‹ den Weg des Professors. Er rächte sich für seine Erniedrigung in seiner Eigenschaft als Direktor des Rumjancev-Museums. Außerdem wollte er sich vor dem von ihm gehaßten Minister rechtfertigen; er forderte strengste Untersuchungen, um Ėllis zu beschuldigen.« (S. 369)

11 »Byvšemu čarodeju«, in: *Stichotvorenija i poemy* (1980) Bd. 1, S. 28.

12 A. I. Cvetaeva, *Vospominanija* (1971) S. 250.

13 »Ošibka«, in: *Stichotvorenija i poemy* (1980) Bd. 1, S. 33.

14 A. I. Cvetaeva, *Iz prošlogo*, in: Novyj mir 1966.1. S. 107.

15 *Marina Cvetaeva V. Ja. Brjusovu*, 15. 3. 1910, in: Novyj mir 1969.4. S. 186.

16 M. Cvetaeva, *Geroj truda*, in: *Izbr. proza* (1979) Bd. 1, S. 186. Über das Verhältnis von Dichtung und Wahrheit in diesem Cvetaevaschen

Essay vgl. A. Saakjanc, *O pravde letopisi i pravde poeta,* in: Voprosy literatury 1983.11. S. 208-214.

17 I. V. Cvetaev, *Moskovskij Publičnyj i Rumjancevskij Muzej. Spornye voprosy. Opyt samozaščity I. Cvetaeva, byv. direktora sich muzeev* (1910); I. V. Cvetaev, *Delo byvšich ministra Narodnago prosveščenija A. N. Švarca i direktora Rumjancevskago Muzeja I. V. Cvetaeva* (1911).

18 Unter dem Titel »Pravda«, in: *Stichotvorenija i poemy* (1980) Bd. 1, S. 46.

19 M. Cvetaeva, *Geroj truda,* in: *Izbr. proza* (1979) Bd. 1, S. 186.

20 »Ešče molitva« (Moskau, Herbst 1910), in: *Stichotvorenija i poemy* (1980) Bd. 1, S. 71.

Zum sechsten Kapitel

1 Vgl. J. von Guenther, *Ein Leben im Ostwind* (1969) S. 266f.

2 V. Ja. Brjusov, *Novye sborniki stichov,* in: Russkaja mysl' 1911.2. S. 233.

3 »Nedoumen'e«, in: *Stichotvorenija i poemy* (1980) Bd. 1, S. 60; vgl. dazu auch A. I. Cvetaeva, *Vospominanija* (1971) S. 314-315.

4 »V. Ja. Brjusovu«, in: *Stichotvorenija i poemy* (1980) Bd. 1, S. 120.

5 N. S. Gumilev, (Rezension), in: *Sobranie sočinenij,* 4 Bde. (1962-1968) Bd. 4, S. 262.

6 Zitiert nach: I. Kudrova, *Predislovie* zu: *Pis'ma M. Cvetaevoj k M. A. Vološinu,* in: Novyj mir 1977.2. S. 231.

7 *Pis'ma M. Cvetaevoj k M. A. Vološinu,* 23. 12. 1910, in: Novyj mir 1977.2. S. 236.

8 F. Stepun, *Das Antlitz Rußlands und das Gesicht der Revolution* (1961) S. 190f.

9 M. Cvetaeva, *Neizd. pis'ma* (1972) S. 19.

10 M. Cvetaeva, *Plennyj duch,* in: *Izbr. proza* (1979) Bd. 2, S. 90.

11 A. I. Cvetaeva, *Vospominanija* (1971) S. 388.

Zum siebten Kapitel

1 M. Cvetaeva, *Živoe o živom,* in: *Izbr. proza* (1979) Bd. 2, S. 58.

2 *Pis'ma M. Cvetaevoj k M. A. Vološinu,* in: Novyj mir 1977.2. S. 239.

3 J. Terapiano, *Vstreči* (1953) S. 8.

4 M. Cvetaeva, *Istorija odnogo posvjaščenija,* in: *Izbr. proza* (1979) Bd. 1, S. 358.

5 M. Cvetajevová, *Můj životopis,* in: M. C., *Hodina duše,* (1971) S. 10.

6 Vgl. A. Efron, *Stranicy vospominanij,* in: Zvezda 1973.3. S. 161.

7 A. I. Cvetaeva, *Vospominanija* (1971) S. 433.

8 Op. cit., S. 455.

9 »Nerazlučnoj v dorogu«, in: *Stichotvorenija i poemy* (1980) Bd. 1, S. 129.
10 *Pis'ma M. Cvetaevoj k M. A. Vološinu,* 28. 10. 1911, in: Novyj mir 1977.2. S. 241-243.
11 Vgl. ausführlicher dazu A. I. Cvetaeva, *Vospominanija,* T. 2, in: Moskva 1981. 3-5. S. 116-160; S. 117-160; S. 112-159.
12 Einzelheiten zu M. Cvetaevas Wohnungen vgl. A. Cvetaeva, *Marinin dom,* in: Zvezda 1981. 12. S. 142-157.
13 Die Memoiren von Evgenija Gercyk sind 1973 in Paris erschienen. Die Absicht der Verfasserin, über Marina und Anastasija Cvetaeva ein eigenes Werk zu schreiben, scheint – laut Anmerkung des Verlages – nicht verwirklicht worden zu sein.
14 A. I. Cvetaeva, *Vospominanija* (1971) S. 391-392.
15 B. Zajcev, *Dalekoe* (1965) S. 130ff.
16 *Pis'ma M. Cvetaevoj k M. A. Vološinu,* 19. 11. 1911, in: Novyj mir 1977. 2. S. 244.
17 »Na radost«, in: *Stichotvorenija i poemy* (1980) Bd. 1, S. 127.
18 A. I. Cvetaeva, *Vospominanija,* T. 2, in: Moskva 1981.3. S. 145.

Zum achten Kapitel

1 *Pis'ma M. Cvetaevoj Ju. P. Ivasku,* in: Russkij literaturnyj archiv (1956) S. 211.
2 Zum Folgenden vgl. A. Efron, *Stranicy vospominanij* (1979) S. 22f.
3 A. I. Cvetaeva, *Marinin dom,* in: Zvezda 1981.12. S. 142-157.
4 Vgl. B. Zajcev, *Dalekoe* (1965) S. 133; N. Elenev, *Kem byla Marina Cvetaeva?,* in: Grani 39. 1958, S. 145; M. Slonim, *O Marine Cvetaevoj,* in: Novyj žurnal 100. 1970, S. 160; A. Efron, *Stranicy vospominanij* (1979) S. 23.
5 V. Lossky, *Marina Cvétaeva. Souvenirs de contemporains,* in: *Marina Cvetaeva. Studien und Materialien.* Wiener Slawistischer Almanach (1981) Sonderband 3, S. 213.
6 S. E. (Koktebel', 3. 6. 1914), in: *Stichotvorenija i poemy* (1980) Bd. 1, S. 166.
7 M. Cvetaeva, *Neizd. pis'ma* (1972) S. 25.
8 Vgl. S. Karlinsky, *Marina Tsvetaeva* (1985) S. 38.
9 N. S. Gumilev, *Pis'ma o russkoj poezii,* in: Sobranie sočinenij, 4 Bde. (1962-1968) Bd. 4, S. 293.
10 V. Ja. Brjusov, *Segodnjašnij den' russkoj poezii. 50 sbornikov stichov,* in: Russkaja mysl' 1912.7. S. 233.
11 Zitiert nach: *Russkaja literatura konca XIX – načala XX veka* (1908 bis 1917), hg. v. B. Bjalik, (1972) S. 545.
12 M. Cvetaeva, *Geroj truda,* in: *Izbr. proza* (1979) Bd. 1, S. 188.
13 *Vgl. Istorija gos. Ordena Lenina Biblioteka SSSR im. Lenina za 100 let,* (1962).

14 M. Cvetaeva, *Neizd. pis'ma* (1972) S. 30.
15 *Junošeskie stichi,* in: *Stichotvorenija i poemy* (1980) Bd. 1, S. 138-197. Einzelne Gedichte waren schon 1915-1917 in der Petersburger Zeitschrift »Severnye zapiski«, eine größere Auswahl, mit Kommentaren von Ariadna Efron, im Auswahlband: *Izbr. proizv.* (1965 Biblioteka poeta) erschienen. Einzelveröffentlichungen u. a. in: *Tarusskie stranicy;* in: *Den' poezii* Moskau 1968. Siehe dort auch die Einleitung von V. Švejcer.
16 Die genaue Datierung der Aufenthalte in Koktebel' und weitere Einzelheiten siehe bei V. P. Kupčenko, *Predislovie* zu: *Pis'ma M. Cvetaevoj k M. A. Vološinu,* in: Ežegodnik rukopisnogo otdela Puškinskogo doma (1975) S. 151f.
17 »Moim sticham, napisannym tak rano« (13. 5. 1913), in: *Stichotvorenija i poemy* (1980) Bd. 1, S. 140.
18 *Pis'ma M. Cvetaevoj Ju. P. Ivasku,* 4. 4. 1933, in: Russkij literaturnyj archiv (1956) S. 211.
19 M. Cvetaeva, *Neizd. pis'ma* (1972) S. 23-24.
20 Zitiert nach V. P. Kupčenko, *Predislovie* zu: *Pis'ma M. Cvetaevoj k M. A. Vološinu,* in: Ežegodnik rukopisnogo otdela Puškinskogo doma (1975) S. 154-155.

Zum neunten Kapitel

1 »Vojna, vojna« (Moskau, 16. 7. 1914), in: *Stichotvorenija i poemy* (1980) Bd. 1, S. 174.
2 Charles de Chambrun, *Lettres à Marie. Pétrograd 1914-1917* (1941); Grand-Duc Nicolas Mikhailovitsch, *La fin du tsarisme. Lettres inédites à Frédéric Masson 1914-1918* (1968).
3 Vgl. A. I. Cvetaeva, *Marinin dom,* in: Zvezda 1981.12. S. 142-157.
4 Vgl. S. Poljakova, *Zakatnye ony dni. Cvetaeva i Parnok* (1982); Sofija Parnok, *Sobranie stichotvorenij* (1979); S. Karlinsky, *Marina Tsvetaeva* (1985) S. 51.
5 Vgl. S. Poljakova, *Poezija i pravda v cikle stichotvorenij Cvetaevoj »Podruga«,* in: *Marina Cvetaeva. Studien und Materialien*: Wiener Slawistischer Almanach (1981) Sonderband 3, S. 113-121.
6 Vgl. N. Elenev, *Kem byla M. Cvetaeva?,* in: Grani 39.1958, S. 141 bis 147.
7 Grand-Duc N. Mikhailovitsch, *La fin du tsarisme* (1968) S. 76-81.
8 »Germanii« (Moskau 1. 12. 1914), in: *Stichotvorenija i poemy* (1980) Bd. 1, S. 175.
9 »Ja znaju pravdu« (3. 10. 1915), in: *op. cit.,* S. 194.

Zum zehnten Kapitel

1 Alle diese Gedichte wurden später entweder in: *Izbr. proizv.* (1965) abgedruckt oder in den Band *Nesobr. proizv.* (1971) aufgenommen.

2 F. Stepun, *Das Antlitz Rußlands und das Gesicht der Revolution* (1961) S. 204.

3 Vgl. Georgij Ivanovs Brief an G. Struve, *Pis'ma Georgiju Ivanovu,* in: Mosty 13/14. 1968, S. 394. Möglicherweise verwechselt M. Cvetaeva G. Ivanov mit G. Adamovič, wenn sie am 17. 10. 1924 an Olga Kolbasina schreibt: »Die Rezension habe ich gelesen. Der Verfasser – ein gewisser Adamovič – ist mir bekannt. Er war ein Schüler Gumilevs, schrieb gereimte Stilleben – ein Petersburger, der Moskau verachtete.« (M. C., *Neizd. pis'ma* (1972) S. 73)

4 »M. A. Kuzminu«, in: *Stichotvorenija i poemy* (1982) Bd. 2, S. 111. Auch die Erzählung *Nezdešnij večer,* in: *Izbr. proza* (1979) Bd. 2, S. 131-144 schildert ihre Begegnung.

5 M. Cvetaeva, *Nezdešnij večer,* in: *op. cit.*, S. 136.

6 »Iz ruk moich – nerukotvornyj grad« (31. 3. 1916), in: *Stichotvorenija i poemy* (1980) Bd. 1, S. 215.

7 O. Mandelštam, »V raznogolisice devičeskogo chora« (1916), in: O. M. *Sobranie sočinenij,* 4 Bde. (1964-1981) Bd. 1, S. 57.

8 A. Bachrach, *Pis'ma Mariny Cvetaevoj,* 25. 5. und 25. 7. 1923, in: Mosty 5.1960, S. 313 und 316.

9 N. Mandelštam, *Vtoraja kniga* (1970) S. 520; (dt. Generation ohne Tränen, 1975).

10 M. Cvetajeva, *Istorija odnogo posvjaščenija,* in: *Izbr. proza* (1979) Bd. 1, S. 346. Dieser Text wurde erst 30 Jahre nach dem Tod der Verfasserin mit einer kurzen Einführung von M. Slonim in den »Oxford Slavonic Papers« N. F. 11.1964. veröffentlicht. Im Cvetaeva-Archiv im CGALI soll sich laut A. Efron eine weitere unvollständige Skizze über Mandelštam befinden, die bisher unpubliziert ist.

11 Vgl. A. Saakjanc, *O pravde letopisi i pravde poeta,* in: Voprosy literatury 1983.11.

12 M. Cvetaeva, *Istorija odnogo posvjaščenija,* in: *Izbr. proza* (1979) Bd. 1, S. 349, 354.

13 Vgl. O. Mandelštam, *Sobranie sočinenij* (1964-1981) Bd. 1, S. 433 (Anm.).

14 N. Mandel'stam, *Vtoraja kniga* (1970) S. 522-523.

15 S. Karlinsky, *Marina Tsvetaeva* (1985) S. 64.

16 Vgl. A. Saakjanc, *Marina Cvetaeva. Stranicy žizni i tvorčestva* (1986) S. 109 f.

17 M. Cvetaeva, *Nezdešnij večer,* in: *Izbr. proza* (1979) Bd. 2, S. 141.

18 »Ruki dany mne« (2. 7. 1916), in: *Stichotvorenija i poemy* (1980) Bd. 1, S. 237.

19 »Vot opjat' okno« (23. 12. 1916), in: *op. cit.*, S. 248.

20 Ch. de Chambrun, *Lettres à Marie. Pétrograd 1914-1917* (1941) S. 29.

Zum elften Kapitel

1 Erstveröffentlichung in M. Cvetaeva, *Neizdannoe* (1976). Der Zyklus *Don Žuan* erschien zuerst unvollständig in: Vestnik RSChD 100.1971 S. 217-223. Eine erste Auswahl war 1921 im Moskauer Verlag Kostry in einer Auflage von 1000 Stück erschienen und erlebte 1922 in Berlin zwei weitere Auflagen.

2 *Lebedinyj stan* konnte zu Lebzeiten der Dichterin nicht als geschlossener Gedichtband erscheinen. P. B. Struve publizierte in: Russkaja mysl' 1922. 8-12. nur einige Gedichte daraus. Die erste vollständige Veröffentlichung auf der Grundlage des Manuskriptes, das sich in der Universitätsbibliothek Basel befindet, erfolgte 1957 durch Gleb Struve, die zweite zusammen mit der Versdichtung *Perekop*, ebenfalls durch G. Struve, im YMCA-Press Verlag, Paris 1971.

3 *Pis'ma M. Cvetaevoj Ju. P. Ivasku*, 25. 1. 1937, in: Russkij literaturnyj archiv (1956) S. 231.

4 »Nad cerkovoj golubye oblaka« (2. 5. 1917) in: *Stichotvorenija i poemy* (1982) Bd. 2, S. 60.

5 F. Stepun, *Das Antlitz Rußlands und das Gesicht der Revolution* (1961) S. 265 f.

6 »Nadobno smelo prinjat'sja lira« (1. 8. 1918), in: *Stichotvorenija i poemy* (1982) Bd. 2, S. 75.

7 »Za Otroka – za Golubja – za Syna« (4. 4. 1917, 3. Ostertag), in: *op. cit.*, Bd. 2, S. 61.

8 »– Čto že! koli kinut žrebij –« (13. 5. 1917), in: *op. cit.*, S. 201.

9 M. Cvetaeva, in: *Izbr. proizv.* (1965) S. 737 (Anm.).

10 »I kto-to, upav na kartu« (21. 5. 1917, Pfingsten), in: *Stichotvorenija i poemy* (1982) Bd. 2, S. 63.

11 *Pis'ma M. Cvetaevoj k M. A. Vološinu*, in: Ežegodnik rukopisnogo otdela Puškinskogo doma (1975) S. 177-179.

12 Vgl. A. I. Cvetaeva, *Vospominanija*, T. 2, in: Moskva 1981. 4. S. 237.

13 M. Cvetaeva, *Oktjabr' v vagone*, in: *Izbr. proza* (1979) Bd. 1, S. 21.

14 M. Cvetaeva, *Živoe o živom*, in: *op. cit.*, Bd. 2, S. 75.

Zum zwölften Kapitel

1 F. Stepun, *Das Antlitz Rußlands und das Gesicht der Revolution* (1961) S. 372.

2 Grand-Duc N. Mikhailovitch, *La fin du tsarisme* (1968) S. 282.

3 »Moskve 1« (9. 12. 1917), in: *Stichotvorenija i poemy* (1982) Bd. 2, S. 144.

4 I. Ehrenburg, *Menschen, Jahre, Leben* (1962) Bd. 1, S. 301.

5 A. Efron, *Stranicy vospominanij* (1979) S. 84.

6 *Op. cit.*, S. 36-37.

7 *Pis'ma M. Cvetaevoj k R. B. Gulju*, 17. 2. 1923, in: Novyj žurnal 58.1959, S. 175.

8 Es sind dies in chronologischer Reihenfolge *Oktjabr' v vagone* (Oktober-November 1917); *O ljubvi* (1917, Niederschrift 1918-19); *Vol'nyj proezd* (September 1918); *Moi služby* (11. 11. 1918-7. 7. 1919); *Iz dnevnika (Smert' Stachoviča)* (Februar-März 1919), *O Germanii*, (1919); *Otryvki iz knigi Zemnye primety* (1919); *O blagodarnosti* (Juli 1919); *Čerdačnoe* (1919-20); alle in: *Izbr. proza* (1979) und dt. in: M. Z., Auf eigenen Wegen, 1987). Von den später verfaßten Erinnerungen handeln von dieser Zeit vor allem *Povest' o Sonečke* und *Geroj truda*.

9 M. Cvetaeva, *Povest' o Sonečke*, in: *Neizdannoe* (1972) S. 209 (dt. Erzählung von Sonečka, 1984).

10 P. Antokol'skij, *Kniga Mariny Cvetaevoj*, in: Novyj mir 1966.4. S. 212 bis 224.

11 Die Stücke sind: *Metel'* (1918); *Červonnyj valet* (1918); *Fortuna; Kamennyj angel; Priključenie und Feniks*, die alle 1919 entstanden sind. Ariadna Efron glaubte 1965, daß die Stücke *Kamennyj angel* und *Červonnyj valet* verschollen seien. Das letzte ist 1974 im Nachlaß des 1919 emigrierten Regisseurs N. F. Baliev wieder aufgetaucht und wurde in: Novyj žurnal 115.1974, S. 20-40 zum ersten Mal abgedruckt.

12 Vgl. M. Cvetaeva, *Smert' Stachoviča*, in: *Izbr. proza* (1979) Bd. 1, S. 72f.

13 *Stichi k Sonečke*, in: *Stichotvorenija i poemy* (1982) Bd. 2, S. 252-258. Diejenigen, die sich noch an die damalige Zeit erinnern, unterstreichen, daß S. E. Holliday ein außergewöhnlicher Mensch und eine große Schauspielerin gewesen sei, die Cvetaeva nicht richtig geschildert habe.

14 »Don 1« (11. 3. 1918), in: *Stichotvorenija i poemy* (1982) Bd. 2, S. 68.

15 M. Cvetaeva, *Čerdačnoe*, in: *Izbr. proza* (1979) Bd. 1, S. 82.

16 M. Cvetaeva, *Vol'nyj proezd*, in: *op. cit.*, S. 29-49.

17 »Prošče i prošče« (18. 8. 1918), in: *Stichotvorenija i poemy* (1982) Bd. 2, S. 233.

18 M. Cvetaeva, *Moi služby*, in: *op. cit.*, S. 50-71.

Zum dreizehnten Kapitel

1 A. Efron, »Ne stydis', strana Rossija«, in: Wiener Slavistisches Jahrbuch 20.1974, S. 180. Dieses dort M. Cvetaeva zugeschriebene Gedicht stammt, wie A. Saakjanc festgestellt hat, von ihrer Tochter Ariadna.

2 K. Bal'mont, »*Gde moj dom?*« (1924).

3 K. Bal'mont, *Marina Cvetaeva*, in: Sovremennye zapiski 1921.7. S. 92.

4 A. Bachrach, *Pis'ma Mariny Cvetaevoj*, in: Mosty 5.1980, S. 317.

5 E. Mindlin, *Neobyknovennye sobesedniki* (1968) S. 55-56.
6 »Otkliki na vojnu i revoljuciiu« (1918) und V. V. Majakovskij, *Polnoe sobranie sočinenij*, 13. Bde. (1955-1961) Bd. 12, S. 391.
7 M. Cvetaeva, *Moi služby*, in: *Izbr. proza* (1979) Bd. 1, S. 70.
8 M. Cvetaeva, *Geroj truda*, in: *op. cit.*, S. 204.
9 I. Erenburg, *Portrety russkich poetov* (1921, Nachdruck 1972) S. 150.
10 I. Erenburg, *Menschen, Jahre, Leben* (1962) Bd. 1, S. 302.
11 *Vere Zvjagincevoj*, 7. Februar 1920, in: Russian Literature 9 (1981) 4. S. 335. Vgl. auch V. Schweitzer ebendort.
12 M. Cvetaeva, *Neizd. pis'ma* (1972) S. 42.
13 *Vere Zvjagincevoj*, 9. Februar 1920, in: Russian Literature 9 (1981) 4. S. 337.
14 Vgl. A. Efron, *Stranicy vospominanij* (1979) S. 35.
15 A. Saakjanc, *Marina Cvetaeva. Stranicy žizni i tvorčestva 1910-1922* (1986) S. 227f.
16 »Kto sozdan iz kamnja« (20. 5. 1920), in: *Stichotvorenija i poemy* (1982) Bd. 2, S. 286.
17 »Pisala ja na aspidnoj doske« (18. 5. 1920), in: *op. cit.*, S. 283.
18 Inhaltsangaben und ausführliche Besprechung von *Car'-devica*, *Egoruška*, *Na krasnom kone*, *Pereuločki* gibt S. Karlinsky, *Marina Tsvetaeva* (1985) S. 100-103. *Car'-devica*, (Moskva, 1. 7.-4. 9. 1920 st. stilja), in: *Stichotvorenija i poemy* (1983) Bd. 4, S. 9-90; *Egoruška* (Moskva 1920-21 gg.) in: *op. cit.*, S. 341-358, *Na krasnom kone* (13.-17. 1. 1921, in: *op. cit.*, S. 155-160. *Pereuločki* (Moskva, aprel' 1922) in: *Stichotvorenija i poemy* (1982) Bd. 2, S. 174-183.
19 D. S. Mirsky, Geschichte der russischen Literatur (1964) S. 446.
20 Vgl. A. Saakjanc, *Marina Cvetaeva. Stranicy žizni i tvorčestva 1910 bis 1922* (1986).
21 *Pis'ma M. Cvetaevoj k M. A. Vološinu*, in: Ežegodnik rukopisnogo otdela Puškinskogo doma (1975) S. 179.
22 M. Cvetaeva, *Neizd. pis'ma* (1972) S. 42.
23 »Plač Jaroslavny« (23. bis 31. 12. 1920), in: *Stichotvorenija i poemy* (1982) Bd. 2, S. 90.
24 Ju. P. Ivask, *Poezija staroj emigracii*, in: *Russkaja literatura v emigracii* (1972) S. 51.

Zum vierzehnten Kapitel

1 L. Weiss, *Mémoires d'une européenne*, T. 2 (1970) S. 105-107.
2 I. Ehrenburg, *Menschen, Jahre, Leben* (1962) Bd. 1, S. 446.
3 *Pis'ma M. Cvetaevoj Evgeniju Lannu*, 19. 1. 1921, in: Wiener Slawistischer Almanach (1981) Sonderband 3, S. 179 und 185.
4 A. Efron, *M. C.*, *Egoruška*, in: Novyj mir 1971. 10. 119-131.
5 M. Cvetaeva, *Ženich*, in: *Izbr. proza* (1979) Bd. 2, S. 214.

6 A. I. Cvetaeva, *Vospominanija*, T. 2, in: Moskva 1981.4. S. 138 f.

7 Ju. P. Ivask, *Blagorodnaja Cvetaeva*, in: M. Cvetaeva, *Lebedinyi stan. Perekop* (1971) S. 30.

8 *Otrok* (12.-17. 8.), in: *Stichotvorenija i poemy* (1982) Bd. 2, S. 124 bis 125 (Auszüge in: dt. *Dein Lächeln, noch unbekannt gestern*, 1958).

9 Vgl. E. Mindlin, *Neobyknovennye sobesedniki* (1958) S. 42-76.

10 A. Bachrach, *Pis'ma Mariny Cvetaevoj*, 10. 1. 1924, in: Mosty 6.1961. S. 339.

11 *Pis'ma M. Cvetaevoj Ju. P. Ivasku*, 4. 6. 1934, in: Russkij literaturnyj archiv (1956) S. 220.

12 S. Vol'konskij, *Byt i bytie* (1924, Nachdruck 1979).

13 *Remeslo* (2. 4. 1921-April 1922), in: *Stichotvorenija i poemy* (1982) Bd. 2, S. 95-145.

14 »Bašennyj boj« (Mai-Juni 1921), in: *Stichotvorenija i poemy* (1982) Bd. 2, S. 105.

15 *Pis'ma k Borisu Pasternaku*, 29. 6. 1922, in: M. Cvetaeva, *Neizd. pis'ma* (1972) S. 267.

16 Vgl. A. Saakjanc, *Marina Cvetaeva. Stranicy žizni i tvorčestva 1910 bis 1922* (1986) S. 302.

17 M. Cvetaeva, *Neizd. pis'ma* (1972) S. 57.

18 »Majakovskomu« (20. 9. 1921), in: *Stichotvorenija i poemy* (1982) Bd. 2, S. 127.

19 *Stichi k Bloku* (15. 4. 1916 bis 2. 12. 1916), in: *Stichotvorenija i poemy* (1982) Bd. 2, S. 47-50.

20 *Pis'ma M. Cvetaevoj k M. A. Vološinu*, 7. 11. 1921, in: Ežegodnik rukopisnogo otdela Puškinskogo doma (1975) S. 181.

21 Vgl. *Pis'ma M. Cvetaevoj k R. B. Gulju*, 9. 2. 1923, in: Novyj žurnal 58.1959, S. 169-187.

22 *Sugroby* (10. 2. bis 5. 3. 1922); *Pereuločki* (April 1922), in: *Stichotvorenija i poemy* (1982) Bd. 2, S. 160-183.

23 *Pis'ma M. Cvetaevoj Ju. P. Ivasku*, 11. 11. 1935 und 25. 1. 1937, in: Russkij literaturnyj archiv (1956) S. 227-270.

24 Vgl. S. Karlinsky, *Marina Tsvetaeva* (1985) S. 100-102 und A. Saakjanc, *Marina Cvetaeva. Stranicy žizni i tvorčestva 1910-1922* (1986) S. 338-341.

25 M. Cvetaeva, *Stichotvorenija i poemy* , 5 Bde. (1980-).

26 N. Mandel'štam, *Vtoraja kniga* (1970) S. 515-518.

Zum fünfzehnten Kapitel

1 R. C. Williams, *Culture in exile, Russian Emigrés in Germany 1881-1941* (1972). Vgl. auch I. Ehrenburg, *Menschen, Jahre, Leben* (1962) Bd. 1, S. 526-539; A. Bachrach, *Pis'ma Mariny Cvetaevoj*, in: Mosty 5.1960; A. B., *Andrej Belyj in Berlin*, in: Kontinent (dt. Ausgabe) 3.1975, S. 159-186.

2 Die wichtigsten Zeitschriften waren: Epopeja, nahezu ausschließlich hg. v. Andrej Belyj; Beseda, hg. v. M. Gor'kij; Novaja russkaja kniga, bei der R. Gul' und I. Erenburg mitarbeiteten. Zusammen mit El Lisickij gab Erenburg die Kunstzeitschrift Vešč heraus.

3 A. Bachrach, *Pis'ma M. Cvetaevoj,* in: Mosty 5.1960, S. 300.

4 Folgende Ausgaben der Werke von M. Cvetaeva sind in Berlin erschienen: *Razluka*, Verlag Gelikon 1922; *Stichi k Bloku,* Verlag Ogon'ki 1922; *Car'-devica*, Verlag Epocha 1922; *Remeslo*, Verlag Gelikon 1923; *Psicheja*, Verlag Grzebin 1923.
Über *Psicheja* schreibt Cvetaeva am 4. 4. 1933 an Ivask: »*Psicheja* ist für die Aufhellung meines dichterischen Weges überhaupt nicht wichtig, denn es ist das *einzige* meiner Bücher, das keine Etappe darstellt. Es ist ein Sammelband, zusammengestellt nach seinem *offensichtlichen* romantischen Inhalt, sogar ein romantisches *Thema.*« In: Russkij Literaturnyj archiv (1956) S. 209. Als Anhang enthält dieser »romantische« Band einige Gedichte von Alja.

5 Vgl. E. Kannak, *Vospominanija o Gelikone,* in: Russkaja mysl' vom 17. 1. 1974.

6 A. Efron, *Stranicy vospominanij* (1979) S. 91-92.

7 M. Cvetaeva, *Le notti fiorentine* (1981). Russische Übersetzung: M. C., *Florentijskie noči.* Ü. aus dem Französischen R. Rodina, in: Novyi mir 1985.8. S. 155-170.

8 I. Erenburg, *Portrety russkich poetov* (1922).

9 A. Bachrach, *Pis'ma Mariny Cvetaevoj,* 20. 7. 1923, in: Mosty 5.1960 S. 311.

10 *Op. cit.*, S. 311.

11 M. Cvetaeva, in: *Russica.* Sbornik, 1981, S. 347-349. Vgl. auch *Russkij Berlin,* Paris 1983.

12 M. Cvetaeva, *Plennyj duch,* in: *Izbr. proza* (1979) Bd. 2, S. 97.

13 Andrej Belyj hielt sich in Berlin bis zum Oktober 1923 auf. Während dieser Zeit gab er die Zeitschrift Epopeja heraus (4 Nummern, Nachdruck in den Slavischen Propyläen, München 1969 Bd. 47) und veröffentlichte darin seine *Vospominanija o Bloke* sowie mehrere Werke von M. Cvetaeva. Vgl. A. Bachrach, *Andrej Belyj in Berlin,* in: Kontinent (dt. Ausgabe) 3. 1975 S. 159-186.

14 H. Slonim, *O Marine Cvetaevoj,* in: Novyi žurnal 100. 1970, S. 156.

15 Cvetaeva an Leonid Pasternak und Boris Pasternak, beide vom 29. Juni 1922, in: M. C., *Neizd. pis'ma* (1972) S. 251 und 266.

16 M. Cvetaeva, *Svetovoj liven',* in: *Izbr. proza* (1979) Bd. 1, S. 135.

17 A. Efron, *Stranicy vospominanij* (1979) S. 108.

18 »Berlinu« (10. Juli 1922), in: *Stichotvorenija i poemy* (1983) Bd. 3, S. 21.

Zum sechzehnten Kapitel

1 Als Kondakov 1925 starb, gründeten seine Schüler das Kondakov-Institut, das bis 1939 existierte und großes Ansehen genoß.
2 N. Elenev, *Kem byla M. Cvetaeva?* in: Grani 38. 1958, S. 141-147.
3 A. Bachrach, *Pis'ma Mariny Cvetaevoj,* in: Mosty 5. 1960, S. 312.
4 M. Cvetaeva, *Neizd. pis'ma* (1972) S. 274.
5 A. Efron, *Stranicy vospominanij* (1979) S. 27.
6 »Rassvet na rel'sach« (20. 10. 1922) in: *Stichotvorenija i poemy* (1983) Bd. 3, S. 43.
7 A. Efron, *Stranicy vospominanij* (1979) S. 137.
8 Vgl. *Pis'ma M. Cvetaevoj L. E. Cirikovoj,* in: Novyj žurnal 124.1976 S. 140-151.
9 N. Elenev, *Kem blya M. Cvetaeva?,* in: Grani 38.1958, S. 141-147.
10 Slonim gibt in seinen Erinnerungen ein späteres Datum an, aber das Gedicht »Chvala bogatym«, das er in diesem Zusammenhang erwähnt, trägt das Datum 30. September 1922.
11 M. Slonim, *O Marine Cvetaevoj,* in: Novyj žurnal 100. 1970, S. 157, 159, 174.
12 Der Zyklus *Derev'ja* (in: *Stichotvorenija i poemy* 1983 Bd. 3, S. 29-35) ist vom 5. 5. bis 12. 10. 1922 bzw. vom 7. bis 9. 5. 1923 datiert und wurde zuerst in dem Gedichtband *Posle Rossii* veröffentlicht.
13 M. Cvetaeva, *Pis'ma k A. Teskovoj* (1969) S. 26.
14 F. Kubka, *Smutná romance o Marine Cvetajevové,* in: F. K., *Hlasy od východu* (1960) S. 17-20.
15 »Sedye volosy« (27. 9. 1922), in: *Stichotvorenija i poemy* (1983) Bd. 3, S. 38.
16 O. Kolbasina-Černova, *O Marine Cvetaevoj,* in: Mosty 15.1970 S. 311-317.
17 Vgl. A. Efron, *Pis'ma Mariny Cvetaevoj,* in: Novyj mir 1969.4. S. 185. In ihren Erinnerungen *Stranicy bylogo* geht A. Efron ausführlich auf den Briefwechsel ihrer Mutter mit B. Pasternak ein und zitiert einige seiner Briefe im Wortlaut.
18 Zitiert nach dem Verlagskatalog des Verlages Epocha, in: Beseda 1923.1.
19 *Pis'ma M. Cvetaevoj k. R. B. Gulju,* 21. 12. 1922, in: Novyj žurnal 58.1959, S. 172.
20 M. Cvetaeva, *Neizd. pis'ma* (1972) S. 273, 284f.
21 *Pis'ma M. Cvetaevoj k R. B. Gulju,* 11. 3. 1923, in: Novyj žurnal 58.1959, S. 178.
22 *Provoda,* 10 Gedichte, 17. 3. bis 11. 4. 1923. (»Ich ertrinke in Gedichten, ich habe nicht genug Hände, um sie aufzuschreiben«, schreibt M. Cvetaeva am 28. 3. an Gul'.) *Posle Rossii,* und *Poety* (8. bis 23. 4. 1923) in: *Stichotvorenija i poemy* (1983) Bd. 3, S. 57-63.

23 »Poet 2«, 22. 4. 1923, in: *Stichotvorenija i poemy* (1983) Bd. 3, S. 67f.
24 *Pis'ma M. Cvetaevoj k R. B. Gulju*, in: Novyj žurnal 58.1959, S. 176f.
25 Die *Zemnye primety* wurden bis heute nicht vollständig gedruckt. Einzelne Abschnitte erschienen in russischen Tageszeitungen in den Jahren 1924 und 1925 und wurden in: *Izbr. proza* (1979) Bd. 1, S. 106-122 nachgedruckt. Auszüge aus den Tagebüchern von A. Efron finden sich in ihren *Stranicy vospominanij* (1979).
26 V. Lur'e, in: Novaja russkaja kniga 1923. 3./4. S. 14.
27 Unter dem Titel *Pis'mo kritiku* wurde der Entwurf abgedruckt, in: Novyj mir 1969.4. S. 191f.; der folgende Satz und weiteres in: A. Bachrach, *Pis'ma Mariny Cvetaevoj*, in: Mosty 5.1960, S. 299-318 und 6.1961, S. 319-146.
28 Vgl. A. Bachrach, *Andrej Belyj in Berlin*, in: Kontinent (dt. Ausgabe) 3.1975. S. 159-186; A. B.: *Po pamjati po zapiskam. Andrej Belyj*, in: Kontinent (russ. Ausgabe) 3.1975, S. 288-321.
29 »Čas duši« (14. 8. bis 14. 9. 1923), in: *Stichotvorenija i poemy* (1983) Bd. 3, S. 87f. Auch die folgenden Gedichte sind an Bachrach gerichtet.
30 »Pis'mo« (30. 9. 1923), in: *Stichotvorenija i poemy* (1983) Bd. 3, S. 91.

Zum siebzehnten Kapitel

1 A. Bachrach, *Pis'ma Mariny Cvetaevoj*, 9. 9.; 10. 9.; 20. 9. 1923, in: Mosty 6.1961, S. 330, 331, 332f.
2 »Pražskij rycar« (27. 9. 1923) in: *Stichotvorenija i poemy* (1983) Bd. 3, S. 100. Am gleichen Tag schreibt M. Cvetaeva an Bachrach: »Ich habe einen Freund in Paris (!), einen steinernen Ritter, der mir sehr ähnlich sieht. Er steht an der Brücke und bewacht den Fluß; Schwüre, Ringe, Wellen, Körper. Er ist ungefähr 500 Jahre alt und ist sehr jung; ein steinerner Jüngling. Wenn Sie an mich denken, sehen Sie mich mit ihm zusammen!« (Die kleine Statue des »Prager Ritters« neben der Karlsbrücke ist laut Elenev ein Werk des Bildhauers Ludwig Schimek aus dem Jahre 1884.)
3 Zitiert nach I. Kudrova, *Dom na gore*, in: Zvezda, 1987.8. S. 172.
4 A. Bachrach, *Pis'ma M. Cvetaevoj*, in: Mosty 6.1961, S. 340.
5 *Poema gory* (1. 1. bis 1. 2. 1924), in: *Stichotvorenija i poemy* (1983) Bd. 4, S. 161-167 (dt. Gedicht vom Berg, 1984); *Poema konca* (1. 2. bis 8. 6. 1924) in: *Stichotvorenija i poemy* (1983) Bd. 4, S. 168-187. M. Slonim, »Both lyrical are intensely emotional pieces of love and separation, with tragic overtones . . .« *Notes on Tsvetaeva*, in: The Russian Review 1972.2. S. 119; S. Karlinsky, »Poema konca is one of Cvetaeva's finest accomplishments. This poem and Poema gory . . . show us the poet at the peak of her originality and poetic stature.« In: S. K., *Marina Tsvetaeva* (1985).
6 M. Cvetaeva, *Neizd. pis'ma* (1972) S. 298.

7 Nina Berberova: »Hinter den Fenstern ein früher Novemberabend. Seit 3 Uhr sitzen wir bei künstlichem Licht in einem Zimmer des Prager Hotels Beranek: Cvetaeva, Efron, Chodasevič und ich. [. . .] Wir sitzen stundenlang, trinken Tee, den ich auf einem kleinen Spirituskocher bereite, essen Schinken, Käse und Semmeln, die auf Papier ausgebreitet sind. Alles, was Cvetaeva sagt, ist für mich interessant; in ihr vereinigen sich meiner Meinung nach Weisheit mit Launenhaftigkeit; ich nehme ihre Reden begierig auf, aber in diesen Reden schwingt immer ein mir fremder, mich verletzender Ton mit; alles was sie sagt, ist bewundernswert, merkwürdig, gescheit.« N. B., *Kursiv moj* (1972) S. 237-240.

8 V. Nabokov, *Drugie berega* (1954) S. 243 (dt. Andere Ufer, 1964).

9 Vgl. O. Chernov-Andreyev, *Cold Spring in Russia* (1978).

10 O. Kolbasina-Černova, *O Marine Cvetaevoj*, in: Mosty 15.1970 S. 311-317.

11 M. Cvetaeva, *Neizd. pis'ma* (1972) S. 78.

12 *Tezej* zuerst veröffentlicht in: *Versty II*, Paris 1927, danach u. d. T. *Ariadna*, in: *Izbr. proizv.* (1965). Vgl. dort Anmerkung S. 784-788. An Ol'ga Černova schreibt M. Cvetaeva am 2. Februar 1924: »Meine große Sache habe ich beendet; *Tezej* (Ariadna) T. 1. Etwas Dramatisches, vielleicht sogar eine Tragödie. (Zu diesem Untertitel werde ich mich nie entschließen, denn ich bin eine Frau, und eine Frau kann keine Tragödien schreiben).«

13 *Pis'ma k O. E. Černovoj-Kolbasinoj i ee dočeri Ariadne*, in: M. Cvetaeva, *Neizd. pis'ma* (1972) S. 65-228.

14 *Op. cit.*, 25. 1. 1925 und 27. 12. 1924, S. 120, 104.

15 M. Cvetaeva, *Pis'ma k A. Teskovoj*, (1969). Anna Tesková (1872 bis 1954) schenkte vor ihrem Tod diese Briefe dem in Prag lebenden russischen Schriftsteller Vadim Morkovin (gest. 1973). Ihm und Z. Mathauser ist es zu verdanken, daß der größte Teil der Briefe, wenn auch mit Zensurkürzungen, 1969 gedruckt werden konnte.

16 M. Slonim, *O Marine Cvetaevoj*, in: Novyj žurnal 100.1970, S. 355.

17 M. Cvetaeva, *Neizd. pis'ma* (1972) S. 97.

18 »Popytka revnosti« (19. 11. 1924), in: *Stichotvorenija i poemy* (1983) Bd. 3, S. 111.

19 M. Slonim, *O Marine Cvetaevoj*, in: Novyj žurnal 100.1970, S. 176.

Zum achtzehnten Kapitel

1 M. Cvetaeva, *Pis'ma k A. Teskovoj* (1969) S. 28.

2 M. Cvetaeva *Neizd. pis'ma* (1972) S. 139f.

3 »Russkoj rži ot menja poklon« (Prag, 7. 5. 1925) in: *Stichotvorenija i poemy* (1983) Bd. 3, S. 126.

4 *Krysolov* (Paris, November 1925) bisher vollständig publiziert in: Volja Rossii 1925 und 1926. Eine genaue Analyse des Werkes gibt S. Karlinsky, *Marina Tsvetaeva* (1985). Die Stelle, bei der die Ratten

»Glavk, Glavk« bellen wie die Bolschewiken der zwanziger Jahre, fehlt beispielsweise in der gekürzten Ausgabe in: *Izbr. proizv.* (1965). Deutsch erschien der *Krysolov* in der Übersetzung von M.-L. Bott in: M. Cvetaeva. Krysolov, in: Wiener Slawistischer Almanach (1982) Sonderband 7 und russisch, in: *Stichotvorenija i poemy* (1983) Bd. 4, S. 188-246.

5 M. Cvetaeva, *Geroj truda,* in: *Izbr. proza* (1979) Bd. 1, S. 176-220.

6 M. Cvetaeva, *Pis'ma k A. Teskovoj* (1969) S. 32.

7 Vgl. *Letopis' žizni i tvorčestva A. M. Gor'kogo,* 4 Bde (1958-1960) Bd. 3, S. 436.

8 So schreibt V. V. Majakovskij 1928: »Wenn eine Komsomolzin mit der festen Absicht (in eine Buchhandlung) kommt, ein Werk von, sagen wir, Cvetaeva zu kaufen, so muß man ihr klar machen: Genossin, wenn Sie sich für Zigeunerlyrik interessieren, nehmen Sie lieber gleich Sel'vinskij. Das gleiche Thema, aber viel besser bearbeitet . . .«, in: V. V. M., *Polnoe sobranie sočinenij,* 13 Bde. (1955-1961) Bd. 12, S. 79.

9 M. Cvetaeva, *Vozroždenščina* (Prag, 8. 10. 1925), in: Dni vom 16. 10. 1925; in: *Izbr. proza* (1979) Bd. 2, S. 307-309. Vgl. I. Kudrova, *Polgoda v Pariže,* in: Wiener Slawistischer Almanach (1981) Sonderband 3, S. 142-143.

10 M. Cvetaeva, *Otvet na anketu žurnala »Svoimi putjami«* (1925), in: *Izbr. proza* (1979) Bd. 2, S. 305.

11 *Pis'ma k R. B. Gulju,* in: Novyj žurnal 58.1959, S. 173.

12 *Brief an Rilke,* 6. 7. 26, in: Zeitschrift für Slavische Philologie 1980.1. S. 164.

13 M. Cvetaeva, *Neizd. pis'ma* (1972) S. 189.

14 M. Cvetaeva, *Pis'ma k A. Teskovoj* (1969) S. 34, 36.

15 M. Slonim, *O Marine Cvetaevoj,* in: Novyj žurnal 100.1970, S. 179.

16 M. Cvetaeva, *Pis'ma k A. Teskovoj* (1969) S. 33, 54.

Zum neunzehnten Kapitel

1 Vgl. ausführlicher G. Struve, *Russkaja literatura v izgnanii* (^{2}1956); Ju. Terapiano, *Vstreči* (1953); N. Berberova, *Kursiv moj* (1972); N. Andreev, *Ob osobennostjach i osnovnych etapach razvitija russkoj literatury v emigracii,* in: *Russkaja literatura v emigracii (1972).*

2 I. Kudrova, *Polgoda v Pariže,* in: Wiener Slawistischer Almanach (1981) Sonderband 3, S. 129-159.

3 M. Cvetaeva, *Pis'ma k A. Teskovoj* (1969) S. 35-36.

4 Vgl. »Tiše, chvala« (26. 1. 1926), in: *Stichotvorenija i poemy* (1983) Bd. 3, S. 135.

5 M. Cvetaeva, *Neizd. pis'ma* (1972) S. 339-376.

6 Vom Blagonamerennyj erschienen nur zwei Nummern 1926.1. (Jan.-Febr.) und 1926.2. (März-April). Sie enthalten von M. Cvetaeva u. a.:

O blagodarnosti. Iz dnevnika 1919 g. das Šachovskoj gewidmete Gedicht *Starinnoe blagogovenie* mit der Bemerkung, daß Zveno dieses Gedicht zurückgewiesen habe, und den Essay *Poet o kritike*.

7 Ks. Kuprina, *Kuprin, moj otec* (1971) S. 161.

8 A. Bachrach, *Marina Cvetaeva v Pariže*, in: Russkaja mysl' vom 20. 12. 1979.

9 M. Cvetaeva, *Neizd. pis'ma* (1972) S. 346.

10 G. Adamovič, *Odinočestvo i svoboda* (1955) S. 154-157.

11 Ders., *Kommentarii* (1967) S. 171-172.

12 A. Bachrach, *Marina Cvetaeva v Pariže*, in: Russkaja mysl' vom 20. 12. 1979.

13 M. Cvetaeva, *Poet o kritike*, in: *Izbr. proza* (1979).

14 G. Struve, *Ob Adamoviče-kritike*, in: Novyj žurnal 34/35.1957, S. 365 bis 369.

15 M. Cvetaeva, *Pis'ma k A. Teskovoj*, 8. 6. 1926 (1969) S. 40.

16 V. Andreev, *Vstreča s A. Achmatovoj*, in: Russkaja mysl' vom 12. 2. 1970.

17 Versty. Heft 1 bis 3, Paris 1926-28. »It was clearly intended to be a showcase for the poetry of M. Tsvetaeva«, schreibt Karlinsky und bezeichnet sie »if not the best émigré journal, it was certainly the most original and imaginative in the whole history of the Russian émigré press«. In: S. Karlinsky, *M. Tsvetaeva* (1985) S. 155. In Versty erschienen erstmals *Poema gory, Tezej, Novogodnee* und *S morja*.

18 Vgl. Z. Gippius, *Pis'ma k Berberovoj i Chodaseviču* (1977).

19 M. Cvetaeva, *Pis'ma k A. Teskovoj*, 9. 5. und 8. 6. 1926 (1969) S. 38, 40.

Zum zwanzigsten Kapitel

1 Rilke an Leonid Pasternak, 14. 3. 1926, in: *Rainer Maria Rilke. Marina Zwetajewa. Boris Pasternak. Briefwechsel* (1983) S. 60.

2 Boris Pasternak an Rilke, 12. 4. 1926, in: M. I. Cvetaeva, *Nesobrannye proizv.* (1971) S. 681-683 und in: *op. cit.*, S. 75, 76, 77.

3 Rainer Maria Rilke an Marina Zwetajewa, 3. 5. 1926, in: *op. cit.*, S. 103.

4 Rainer Maria Rilke an Marina Zwetajewa, 10. 5. 1926, in: *op. cit.*, S. 111.

5 Boris Pasternak an Marina Zwetajewa, 20. 4. 1926, in: *op. cit.*, S. 87f.

6 Boris Pasternak an Marina Zwetajewa, 19. 5. 1926, in: *op. cit.*, S. 129.

7 Boris Pasternak an Marina Zwetajewa, 23. 5. 1926, in: *op. cit.*, S. 140.

8 Marina Zwetajewa an Boris Pasternak, 23. 5. 1926, in: *op. cit.*, S. 147, S. 148 ff.

9 Marina Zwetajewa an Rainer Maria Rilke, 3. und 14. 6. 1926, in: *op. cit.*, S. 157 und 173.

10 »Elegie an Marina Zwetajewa-Efron«, 8. 6. 1926, in: *op. cit.*, S. 159f.

11 M. Cvetaeva, *Pis'ma k A. Teskovoj*, 2. 1. 1937, (1969) S. 148.
12 Marina Zwetajewa an Rainer Maria Rilke, 2. 8., 14. 8. 1926, in: *op. cit.*, S. 231, 234.
13 Marina Zwetajewa an Boris Pasternak, 31. Dezember 1926, in: *op. cit.*, S. 244.
14 Marina Zwetajewa an Rainer Maria Rilke, in: *op. cit.*, S. 241.
15 Marina Zwetajewa an Boris Pasternak, in: *op. cit.*, S. 211, 214.
16 M. Cvetaeva, *Pis'ma k A. Teskovoj* (1969) S. 90.
17 »S morja« (Vandeja, St. Gilles-sur-Vie, Mai 1926), in: *Stichotvorenija i poemy* (1983) Bd. 4, S. 247-252.
18 »Popytka komnaty« (St. Gilles-sur-Vie, 6. 6. 1926), in: *op. cit.*, S. 253 bis 259.
19 M. Cvetaeva, *Neizd. pis'ma* (1972) S. 322f.
20 *Lestnica* (Ijul' 1926), in: Volja Rossii 1926.11; gekürzt als *Poema Lestnicy*, in: *Izbr. proizvedenij* (1965) und in: *Stichotvorenija i poemy* (1983) Bd. 4, S. 260-272.
21 M. Cvetaeva, *Pis'ma k A. Teskovoj* (1969) S. 45.
22 M. Slonim, *O Marine Cvetaevoj*, in: Novyj žurnal 103.1971, S. 145.
23 *Novogodnee* (Bellevue, 2. 2. 1927), in: *Stichotvorenija i poemy* (1983) Bd. 4, S. 273. Vgl. I. Brodskij, *Ob odnom stichotvorenii*, (Vmesto predislovija), in: *op. cit.* (1980) Bd. 1, S. (39-80).
24 *M. Cvetaeva E. Černosvitovoj*, um 15. 1. 1927, in: Novyj mir 1969.4. S. 199.

Zum einundzwanzigsten Kapitel

1 A. Efron, *Pis'ma M. Cvetaevoj*, in: Novyj mir 1969.4. S. 185.
2 *9 pisem M. Cvetaevoj k L'vu Šestovu*, in: Vestnik RChD 129.1979 S. 124-130.
3 M. Cvetaeva, *Pis'ma k A. Teskovoj* (1969) S. 58.
4 E. Izvol'skaja, *Ten' na stenach*, in: Opyty 3.1954, S. 152-159.
5 Dies., *Poet obrečennosti*, in: Vozdušnye puti 3.1963, S. 157-158.
6 M. Cvetaeva, *Pis'ma k A. Teskovoj* (1969) S. 51 und 54f.
7 E. Izvol'skaja, *Ten' na stenach*, in: Opyty 3.1954.
8 *Pis'ma Mariny Cvetaevoj B. L. Pasternaku*, in: Novyj mir 1969.4. S. 196.
9 A. I. Cvetaeva, *Vospominanija* (1971) S. 503.
10 A. I. Cvetaeva, *Iz prošlogo*, in: Novyj mir 1966.1. S. 102.
11 *Gor'kij i sovetskie pisateli*, in: Lit. nasledstvo 70.1963, S. 300-302.
12 M. Cvetaeva, *Pis'ma k A. Teskovoj* (1969) S. 57.
13 M. Slonim, *O Marine Cvetaevoj*, in: Novyj žurnal 100.1970, S. 163.
14 P. Antokol'skij, *Kniga Mariny Cvetaevoj*, in: Novyj mir 1966.4. S. 217.
15 M. Cvetaeva, *Pis'ma k A. Teskovoj* (1969) S. 63f.
16 Über das Verhältnis zwischen M. Cvetaeva und Nikolaj Gronskij gibt es eine ungedruckte, auf den Briefen Cvetaevas an Tesková basierende

Arbeit von V. Morkovin, *Dama v golubom plašče;* vgl. auch Cvetaevas Brief an Ju. Ivask, 8. 3. 1935, in: Russkij literaturnyj archiv (1956) S. 221-224.

17 M. Cvetaeva, *Pis'ma k A. Teskovoj* (1969) S. 65.

18 N. Gronskijs Epos *Belladonna* erschien erstmals vollständig in: Vozdušnye puti 5.1967, S. 215-225, gleichzeitig mit *Posmertnyj podarok,* jenem Aufsatz, den die Poslednie novosti nicht veröffentlichten, in: *Izbr. proza* (1979) Bd. 2, S. 122-130. Zu Lebzeiten Cvetaevas war er nur in der gekürzten serbischen Version *Pesnik alpinist* erschienen.

19 *Razgovor s geniem* (Meudon, 4. 6. 1928), in: *Stichotvorenija i poemy* (1983) Bd. 3, S. 138. Aus dieser Zeit stammt auch *Najada* (Pontaillac 1. 8. 1928), in: *op. cit.,* S. 139.

20 *Krasnyj byčok* (Meudon, April 1928), in: *Stichotvorenija i poemy* (1983) Bd. 4, S. 287-289.

21 Epigraph zu *Perekop,* in: *op. cit.* (1983) Bd. 4, S. 290.

22 M. Cvetaeva, *Pis'ma k A. Teskovoj* (1969) S. 68.

23 Vgl. Anmerkung zu Brief 47, in: *op. cit.,* S. 194.

24 V. V. Majakovskij, *Polnoe sobranie sočinenij,* 13. Bde. (1955-1961) Bd. 12, S. 391.

Zum zweiundzwanzigsten Kapitel

1 M. Cvetaeva, *Pis'ma k A. Teskovoj,* 22. 1. 1929 (1969) S. 71.

2 Vgl. R. Gul', *Ja unes Rossiju,* in: Novyj žurnal 136.1979, S. 105-109.

3 M. Cvetaeva, *Pis'ma k A. Teskovoj* (1969) S. 72.

4 *Op. cit.,* S. 75.

5 M. Cvetaeva, *Natalja Gončarova. Žizn' i tvorčestvo,* in: Volja Rossii 1929.5.-9. und in: *Izbr. proza* (1979) Bd. 1, S. 283-340; (dt. Gedichte. Prosa, 1987).

6 M. Cvetaeva, *Neskol'ko pisem R. M. Ril'ke,* In: *Izbr. proza* (1979) Bd. 1, S. 268-273.

7 M. Cvetaeva, *Pis'ma k A. Teskovoj* (1969) S. 70.

8 *Perekop,* Erstveröffentlichung in: Vozdušnye puti 5.1967. und in: *Stichotvorenija i poemy* (1983) Bd. 4, S. 290-327.

9 Sämtliche Briefe in M. Cvetaeva, *Pis'ma k A. Teskovoj* (1969) S. 80 und 81. Dazu sagt Slonim: »Anfang 1929 beendete M. I. ihren *Perekop* und gab mir dieses ›weißgardistische Poem‹, wie sie es ironisch nannte, zu lesen. Bei unserer nächsten Zusammenkunft fragte sie mich, ob es dafürstünde, es ›Volja Rossii‹ anzubieten. Ich antwortete, wenn *Perekop* keinen anderen Abnehmer fände, würden wir es drucken – wir hätten bisher alles von ihr angenommen, würden dies aber, ehrlich gestanden, ohne große Begeisterung tun; sie möge selbst entscheiden. ›Das heißt, aus Freundschaft und Gnade, aber nicht aus Überzeugung‹, bemerkte M. I. und blickte zur Seite. Dann dachte sie nach und fügte hinzu. ›Das macht nichts, so soll es eben liegenbleiben.‹ Wie ich später erfuhr, riet

ihr Sergej Jakovlevič, die Sache mit *Perekop* nicht zu übereilen und – ein seltener Fall – sie hörte auf ihn . . .« in: Novyj žurnal 103.1971, S. 155.

10 M. Cvetaeva, *Neizd. pis'ma* (1972) S. 107.

11 Anmerkung zu Brief 60, in: M. Cvetaeva, *Pis'ma k A. Teskovoj* (1969) S. 195 f.

12 »Majakovskomu« (Savoyen, August 1930), in: *Stichotvorenija i poemy* (1983) Bd. 3, S. 142-148. Zur Vorgeschichte dieses Gedichtes vgl. S. Karlinsky, *M. Tsvetaeva* (1985).

13 *Pis'mo M. Cvetaevoj S. Vil'draku*, 1930, in: Novyj mir 1969.4. S. 203 bis 205.

14 E. Izvol'skaja, *Poet obrečennosti*, in: Vozdušnye puti 3.1963, S. 158.

15 *Op. cit.*, S. 160.

16 M. Cvetaeva, *Istorija odnogo posvjaščenija*, in: *Izbr. proza* (1979) Bd. 1, S. 341-366.

17 M. Cvetaeva, *Pis'ma k A. Teskovoj* (1969) S. 85.

Zum dreiundzwanzigsten Kapitel

1 Vgl. Z. Šachovskaja, *Marina Cvetaeva*, in: Novyj žurnal 87.1967 S. 130-135; (dt. *Eine Art zu leben* 1965).

2 *Pis'ma M. Cvetaevoj Ju. Ivasku*, in: Russkij literaturnyj archiv (1956) S. 212.

3 »Naša sovest' – ne vaša sovest'!« (*Stichi k synu* 2, Januar 1932), in: *Stichotvorenija i poemy* (1983) Bd. 3, S. 161-163.

4 M. Cvetaeva, *O novoj russkoj detskoj knige*, in: *Izbr. proza* (1979) Bd. 2, S. 573-578.

5 M. Cvetaeva, *Pis'ma k A. Teskovoj* (1969) S. 89.

6 »Sibir« (Meudon 1930), in: *Stichotvorenija i poemy* (1983) Bd. 4, S. 328.

7 M. Cvetaeva, *Pis'ma k A. Teskovoj* (1969) S. 87, 90 f. und 92.

8 N. Elenev, *Kem byla M. Cvetaeva?*, in: Grani 39.1959, S. 158 f.

9 *Stichi k Puškinu*, in: *Stichotvorenija i poemy* (1983) Bd. 3, S. 148-154. »Oda pešemu chodu«, in: *op. cit.*, S. 157. Das Gedicht sollte 1934 in den Sovremennye zapiski erscheinen, wurde aber, als es bereits gesetzt war, mit der Bemerkung zurückgeschickt, es sei für die Leser der Zeitschrift zu schwer verständlich. »Dom« (6. 9. 1931), in: *op. cit.*, S. 159.

10 M. Cvetaeva, *Iskusstvo pri svete sovesti*, in: *Izbr. proza* (1979) Bd. 1, S. 406.

11 *Pis'ma M. Cvetaevoj V. Rudnevu*, in: Novyj žurnal 133.1978, S. 191 bis 207.

12 M. Cvetaeva, *Poet i vremja*, in: *Izbr. proza* (1979) Bd. 1, S. 367-380.

13 *Pis'ma M. Cvetaevoj k G. P. Fedotovu*, in: Novyj žurnal 63.1961 S. 164-172.

14 M. Cvetaeva, *Epos i lirika sovremennoj Rossii. Majakovskij i Pasternak,* in: *Izbr. proza* (1979) Bd. 2, S. 7-26.
15 M. Cvetaeva, *Živoe o živom,* in: *Izbr. proza* (1979) Bd. 2, S. 27-79. An M. Vološin ist auch der Gedichtzyklus *Ici-haut* (28. 10. 1932), in: *Stichotvorenija i poemy* (1983) Bd. 3., S. 165-168 gerichtet.
16 Zitiert nach S. Karlinsky, *M. Tsvetaeva* (1985) S. 208-211.
17 M. Cvetaeva, *Mon frère féminin* (1979); (dt. Mein weiblicher Bruder, 1985).
18 Vgl. M. V. Višnjak, *Sovremennye zapiski,* Bloomington 1957 und seinen gleichlautenden Artikel, in: *Russkaja literatura v emigracii* (1972).
19 *Pis'ma M. Cvetaevoj k G. P. Fedotovu,* in: Novyj žurnal 63.1961 S. 170 und 172.
20 M. Cvetaeva, *Pis'ma k A. Teskovoj* (1969) S. 104.
21 M. Cvetaeva, *Le notti fiorentine* (1981) und M. Cvetaeva, *Florentijskie noči,* in: Novyj mir 1985.7. S. 155-170.
22 F. Kubka, *Hlasy od východu* (1960).
23 M. Cvetaeva, *Neizd. pis'ma* (1972) S. 424.
24 »Tridcataja godovčina« (Stol 2, ca. Mitte Juli 1933), in: *Stichotvorenija i poemy* (1983) Bd. 3, S. 171.

Zum vierundzwanzigsten Kapitel

1 V. Muromceva (Bunina), *U starogo Pimena,* in: M. C. *Neizd. pis'ma* (1972) S. 531-541.
2 M. Cvetaeva, *Dom u starogo Pimena,* in: *Izbr. proza* (1979) Bd. 2, S. 215.
3 M. Cvetaeva, *Bašnja v pljušče,* in: *op. cit.*, S. 191-197.
4 *Pis'ma M. Cvetaevoj Ju. Ivasku,* in: Russkij literaturnyj archiv (1956) S. 214.
5 Über die Beziehungen zwischen den beiden großen Dichtern der Emigration hat S. Karlinsky in seiner Einleitung zu den Briefen Cvetaevas an Chodasevič ausführlich berichtet. Zu Chodasevič siehe vor allem N. Berberova, *Kursiv moj* (1972).
6 *Pis'ma M. Cvetaevoj V. Chodaseviču,* 19. 7. 1933, in: Novyj žurnal 89.1967, S. 111.
7 *Pis'ma M. Cvetaevoj V. F. Chodaseviču,* Mai 1934, in: Novyj mir 1969.4. S. 207.
8 M. Cvetaeva, *Neizd. pis'ma* (1972) S. 490f.
9 V. Weidlé, *O poetach i poezii* (1973) S. 66f.
10 M. Tsvetaeva, *Tentative de jalousie* (1986) S. 189.
11 M. Cvetaeva, *Pis'ma k A. Teskovoj* (1969) S. 106.
12 M. Cvetaeva, *Plennyj duch,* in: *Izbr. proza* (1979) Bd. 2, S. 80-121.
13 Bis vor kurzem waren diese drei Werke nur in serbischen Übersetzungen bekannt. Im Ruski arhiv 26./27.1934, S. 101-142 und 32./33.1935 S. 62-88; 38./39.1936, S. 58-67 war der *Pesnik alpinist* erschienen,

dann in gekürzter russischer Fassung unter dem Titel *Posmertnyj podarok,* in: Vozdušnye puti 5.1967, S. 203-214 und dann in: *Izbr. proza* (1979) Bd. 2, S. 122-130. *Slovo o Bal'monte,* in: *op. cit.*, S. 329-337; *Poety s istoriej i poety bez istorii,* in: *Sočinenija* (1980) S. 424-457.

14 *Dva lesnych carja,* in: *Izbr. proza* (1979) Bd. 2, S. 314-318; *Chlystovki,* in: *op. cit.*, S. 145-150; *Otec i ego muzej,* in: *op. cit.*, S. 198-209; *Čert,* in: *op. cit.*, S. 151-166; *Mat' i muzyka,* in: *op. cit.*, S. 66-95; *Kitaec,* in: *op. cit.*, Bd. 1, S. 415-420; (dt. Auf eigenen Wegen, 1987); *Skazka materi,* in: *op. cit.*, S. 167-171.

15 Der Zyklus hieß ursprünglich *Pamjati Gronskomu* und wurde um ein Gedicht erweitert unter dem Titel *Nadgrobnoe* publiziert, in: *Stichotvorenija i poemy* (1983) Bd. 3, S. 181-183.

16 M. Cvetaeva, *Posmertnyj podarok* (Clamart, Weihnachten 1934), in: Vosdušnye puti 5.1967 S. 203-214, in diesem Heft wurde auch Gronskijs Hauptwerk *Belladonna* abgedruckt.

17 M. Cvetaeva, *Neizd. pis'ma* (1972) S. 424.

18 M. Slonim, *O Marine Cvetaevoj,* in: Novyj žurnal 104.1971, S. 169.

Zum fünfundzwanzigsten Kapitel

1 B. Pasternak, *Avtobiografičeskij očerk,* in: *Sočinenija,* 3 Bde. (1961) Bd. 2, S. 46-47.

2 M. Slonim, *O Marine Cvetaevoj,* in: Novyj žurnal 100.1970, S. 168.

3 In einem Ende Oktober 1935 geschriebenen und in Novyj mir 1969.4. abgedruckten Brief an Pasternak schreibt M. Cvetaeva: »Dich kann man nicht wie einen Menschen beurteilen. Auch wenn Du mich erschlägst, werde ich nicht begreifen, wie man im Zug vorbeifahren kann, ohne seine Mutter zu besuchen, vorbei an ihrer Hoffnung von 12 Jahren. Erwarte nicht, daß Deine Mutter das versteht. Hier liegt die Grenze meines Verstehens, des menschlichen Verstehens. In dieser Beziehung bin ich das Gegenteil von Dir, ich würde alles tun, um sie wiederzusehen (obwohl ich das vielleicht ebenso fürchten und ebenso ungern tun würde wie Du). Hier ist eine meiner Beobachtungen am Platz: *Alle* Menschen, die mir nahestanden – es waren nicht viele – erwiesen sich als unendlich viel weicher, als ich es bin. Sogar Rilke schrieb mir: *Du hast recht, doch Du bist hart.* [Im Original deutsch], und das kränkte mich, weil ich nicht anders konnte. Wenn ich nun meine Schlußfolgerungen ziehe, sehe ich: Meine angebliche Härte war nur die Form, die Kontur meines Wesens, die unbedingt notwendige Grenze der Selbstverteidigung – vor *Eurer* Weichheit, Rilke, Marcel Proust und Boris Pasternak. [. . .] Rilke starb, ohne seine Frau oder seine Tochter oder seine Mutter zu rufen. Sie liebten ihn alle. Er dachte nur an *seine* Seele. Wenn ich sterbe, werde ich nicht dazu kommen, an sie (an mich) zu denken; ich werde mir Sorgen machen, ob meine zukünftigen Trauergäste genug zu essen haben werden, ob meine Verwandten nicht zu viel für

Ärzte ausgegeben haben usw., vielleicht im *besten* egoistischen Fall: ob meine Konzepthefte beisammen bleiben werden. Ich war ich selbst (die Seele) nur in meinen Heften und auf meinen seltenen, einsamen Wegen, denn mein Leben lang habe ich ein Kind an der Hand geführt. Für ›Weichheit‹ im Umgang mit anderen haben meine Kräfte nicht gereicht, nur dafür: Umgang = Dienst = unentgeltliche Aufopferung . . .« M. Cvetaeva, *Pis'ma k A. Teskovoj* (1969) S. 134f.

4 O. Iwinskaja, *Lara* (1978) S. 153 auch S. 95-97.

5 M. Cvetaeva, *Pis'ma k A. Teskovoj* (1969) S. 127.

6 *Op. cit.*, S. 126.

7 M. Cvetaeva, *Neizd. pis'ma* (1972) S. 502-503.

8 E. Korkina, *Pevica,* in: Al'manach Poezija 30.1981, S. 134-135.

9 M. Cvetaeva, *Pis'ma k A. Teskovoj* (1969) S. 134f., 137f.

10 M. Cvetaeva, *Nezdešnij večer,* in: *Izbr. proza* (1979) Bd. 2, S. 131-141.

11 M. Slonim, *O Marine Cvetaevoj,* in: Novyj žurnal 104.1971, S. 167f.

12 M. Cvetaeva, *Lavrovyj venok,* in: *Izbr. proza* (1979) Bd. 2, S. 198-209.

13 Z. Šachovskaja, *Pis'ma M. Cvetaevoj,* in: Novyj žurnal 87.1967 S. 130-141 und Z. Š., *Otraženija* (1975) S. 162.

14 *Avtobus,* in: *Stichotvorenija i poemy* (1983) Bd. 4, S. 333-338 »Es ist schwer, Begeisterung, Liebe und Vertrauen zu beschreiben, wenn man weder das eine, noch das andre, noch das dritte hat, sondern als Draufgabe Kälte und Regen. Aber vielleicht entstehen so Begeisterung, Liebe, Vertrauen – und als Draufgabe gutes Wetter . . .« (Eintragung ins Konzeptheft, in: M. C., *Izbr. proizv.* (1965) S. 778).

15 Vgl. K. Vil'čkovskij, *Pis'ma M. Cvetaevoj Anatoliju Štejgeru,* in: Opyty 5.1955, S. 40-45.

16 *Pis'ma M. Cvetaevoj k A. Štejgeru,* in: *op. cit.*, S. 45-67 und in: *Opyty* 7.1956, S. 8-18, 8.1957, S. 21-25. Der 1. und 12. Brief sowie der Schluß der Korrespondenz fehlen. Ein Brief, der das Datum Ende September 1936 trägt, ist auszugsweise in: Novyj mir 1969.4. enthalten, dies dürfte der letzte Brief Cvetaevas an Štejger sein.

17 »Nakonec-to vstretila« (*Stichi sirote* 6, 11. 9. 1936), in: *Stichotvorenija i poemy* (1983) Bd. 3 S. 195.

18 M. Cvetaeva, *Pis'ma k A. Teskovoj* (1969) S. 143.

19 *Pis'mo M. Cvetaevoj k A. Štejgeru,* (Sept. 1936), in: Novyj mir 1969.4. S. 209.

20 *Pis'ma M. Cvetaevoj k Ju.P. Ivaskŭ,* in: Russkij literaturnyj archiv (1956) S. 231.

21 M. Cvetaeva, *Moj Puškin,* in: *Izbr. proza* (1979) Bd. 2, S. 262.

22 V. Serge, M. Wullens, A. Rosmer, *L'assassinat politique et l'U. R. S. S.* (1939).

23 K. Chenkin, *Ispanskij bloknot,* in: Kontinent (russ. Ausgabe) 16.1978, S. 265-288.

Zum sechsundzwanzigsten Kapitel

1 M. Cvetaeva, *Puškin i Pugačev,* in: *Izbr. proza* (1979) Bd. 2, S. 280-302.
2 M. Cvetaeva, *Pis'ma k A. Teskovoj* (1969) S. 150 und an V. Bunina, in: M. C., *Neizd. pis'ma* (1972) S. 509.
3 *Stichi k Puškinu* (1931), in: *Stichotvorenija i poemy* (1983) Bd. 3, S. 148 bis 155. »Ich kann mir nicht vorstellen, daß jemand außer mir es *wagen* wird, sie zu lesen. Sie sind schrecklich scharf, schrecklich frei, sie haben nichts mit dem kanonisierten Puschkin zu tun, sie sind das Gegenteil eines Kanons. Es sind *gefährliche* Gedichte. Ich habe sie in die Redaktion der Sovremennye zapiski gebracht, um mein Gewissen zu beruhigen, aber ich zweifle nicht daran, daß man sie nicht nehmen wird – man *kann* sie nicht nehmen.« (M. Cvetaeva, *Pis'ma k A. Teskovoj* (1969) S. 149).
4 Vgl. V. Serge, M. Wullens, A. Rosmer, *L'assassinat politique et l'U. R. S. S.* (1939) und E. Poretsky, *Our Own People* (1969).
5 M. Cvetaeva, *Pis'ma k A. Teskovoj* (1969) S. 151.
6 *Pis'ma M. Cvetaevoj k V. F. Chodaseviču,* in: Novyj žurnal 89.1967 S. 113.
7 M. Cvetaeva, *Povest' o Sonečke,* in: Neizdannoe (1972).
8 Vgl. E. Poretsky, *Our Own People* (1969); V. Serge, M. Wullens, A. Rosmer, *L'assassinat politique et l'U. S. S. R.* (1939) und W. Krivitsky, *Agent de Staline* (1940).
9 E. Izvol'skaja, *Poet obrečennosti,* in: Vozdušnye puti 3.1963, S. 158.
10 Z. Šachovskaja, *Otraženija* (1975) S. 165.
11 V. Lossky, *Marina Cvétaeva, Souvenirs de contemporains,* in: *M. Cvetaeva. Studien und Materialien.* Wiener Slawistischer Almanach (1981) Sonderband 3, S. 273 f.
12 M. Slonim, *O Marine Cvetaevoj,* in: Novyj žurnal 10.1971, S. 171-172.
13 N. Berberova, *Kursiv moj* (1972) S. 414.

Zum siebenundzwanzigsten Kapitel

1 M. Cvetaeva, *Pis'ma k A. Teskovoj* (1969) S. 158f.
2 *Op. cit.,* S. 159 und 163.
3 *Stichi k Čechii* T. 1: *Sentjabr'*, T. 2: *Mart,* 12. 11. 1938-21. 5. 1939, in: *Stichotvorenija i poemy* (1983) Bd. 3, S. 197-210.
4 »Gory – turam poprišče!« (*Stichi k Čechii,* zwischen dem 12. und 19. 11. 1938), in: *Stichotvorenija i poemy* (1983) Bd. 3, S. 199.
5 M. Cvetaeva, *Pis'ma k A. Teskovoj* (1969) S. 177.
6 I. Odoevceva, *Nesostojavšajasja vstreča,* in: Russkaja mysl' vom 21. 4. 1977.
7 E. M. Fedotova, *Pis'ma M. Cvetaevoj G. P. Fedotovu,* in: Novyj žurnal 63.1961, S. 163.

8 Ju. Ivask, *Blagorodnaja Cvetaeva,* in: M. Cvetaeva, *Lebedinyj stan. Perekop* (1971) S. 29.
9 M. Cvetaeva, *Pis'ma k A. Teskovoj* (1969) S. 181; 182; 183; 184.
10 M. Slonim, *O Marine Cvetaevoj,* in: Novyj žurnal 104.1971, S. 173 f.
11 M. Cvetaeva, *Pis'ma k A. Teskovoj* (1969) S. 184 f.
12 »O slezy na glazach« (15. 3.-11. 5. 1939, *Stichi k Čechii* T. 2: *Mart*), in: *Stichotvorenija i poemy* (1983) Bd. 3, S. 208.
13 Vgl. Z. Šachovskaja, *Otraženija* (1975) S. 167.
14 I. Odoevceva, *Marina Cvetaeva,* in: Russkaja mysl' vom 2. 9. 1976.

Zum achtundzwanzigsten Kapitel

1 L. K. Čukovskaja, *Predsmertie,* in: Vremja i my 66.1982, S. 202-231; V. Schweitzer, *Vozvraščenie domoj,* in: Sintaksis 11.1983, S. 188-204.
2 M. Cvetaeva, *Neizd. pis'ma* (1972) S. 629.
3 D. Sezeman, *M. Cvetaeva v Moskve,* in: Vestnik RChD 128.1979 S. 177-179.
4 V. Schweitzer, *Vosvraščenie domoj,* in: Sintaksis 11.1983, S. 189.
5 O. Iwinskaja, *Lara* (1978) S. 189 f., 195 f.
6 M. Cvetaeva, *Neizd. pis'ma* (1972) S. 630; Korrekturen, in: M. C., *Stichotvorenija i poemy* (1983) Bd. 3.
7 D. Sezeman, *M. Cvetaeva v Moskve,* in: Vestnik RChD 128.1979 S. 189.
8 M. Cvetaeva, *Neizd. pis'ma* (1972) S. 633.
9 M. Cvetajevová, in: J. Stroblová (Hg.) *Hodina duše* (1971) S. 9 f.
10 T. Kvanina, *Pis'ma,* in: Vestnik RChD 128.1979, S. 180-188.
11 V. Ardov, *Vstreča A. Achmatovoj s M. Cvetaevoj,* in: Grani 76.1970 S. 110-114.
12 M. Šaginjan, *Moskva malen'kaja,* in: Novyj mir 1977.1. S. 84-133.
13 M. Cvetaeva, *Pis'ma E. Tageru,* in: Tallinn 1986.2. S. 99.
14 M. Cvetaeva, *Stichi 1940-1941,* in: Neva 1982.4. S. 197.
15 M. Cvetaeva, *Neizd. pis'ma* (1972) S. 608-617.
16 P. Antokol'skij, *Kniga M. Cvetaevoj,* in: Novyj mir 1966.4. S. 223.
17 M. Cvetaeva, *Neizd. pis'ma* (1972) S. 611.
18 *Op. cit.*, S. 630 f.
19 »Vse povtorjaju pervyj stich«; »Pora snimat' jantar'« (Februar 1941), in: I. Korkina, *O poslednich stichach M. Cvetaevoj,* in: Neva 1982.4. S. 197 f. und in: *Stichotvorenija i poemy* (1983) Bd. 3, S. 212.
20 M. Cvetaeva, *Neizd. pis'ma* (1972) S. 617 f.
21 T. Kvanina, *Pis'ma,* in: Vestnik RChD 128.1979, S. 184-186 und T. K., *Tak bylo,* in: Oktjabr' 1982.9. S. 198 f.
22 M. Cvetaeva, *Neizd. pis'ma* (1972) S. 632.
23 V. Ardov, *Vstreča A. Achmatovoj s M. Cvetaevoj,* in: Grani 76.1970 S. 110-114; N. Il'ina, *Achmatova v poslednie gody ee žizni,* in: Oktjabr' 1977.2. S. 126 f.; L. Čukovskaja, *Zapiski ob A. Achmatovoj*

(1976-1980) Bd. 2, S. 373 f.; A. Efron, *Svjatoe remeslo poeta,* in: Literaturnoe obozrenie 1981.1. S. 98-100.
24 M. Cvetaeva, *Neizd. pis'ma* (1972) S. 631 f.
25 L. Čukovskaja, *Zapiski ob A. Achmatovoj* (1976-1980) Bd. 2, S. 534.
26 M. Cvetaeva, *Neizd. pis'ma* (1972) S. 618-621.
27 M. Cvetaeva, *Iz pis'ma dočeri. Vesna 1941,* in: Novyj mir 1969.4. S. 213 f.
28 S. S. Vikent'ev, *Stroki o syne,* in: Rodina 1975.3.
29 M. Cvetaeva, *Neizd. pis'ma* (1972) S. 605 f.

Zum neunundzwanzigsten Kapitel

1 O. Iwinskaja, *Lara* (1978) S. 193.
2 I. Ehrenburg, *Menschen, Jahre, Leben* (1962) Bd. 1, S. 307.
3 M. Slonim, *Beseda s Paustovskim,* in: Novoe russkoe slovo vom 10. 3. 1974.
4 Vgl. M. Korjakov, *Listki iz bloknota,* in: Novoe russkoe slovo vom 4. 7. 1965.
5 G. Quittner, *Weiter Weg nach Krasnogorsk* (1971).
6 M. Cvetaeva, *Zemal'ska obeležja* (1973) S. 19-20. Die Frage, ob M. Cvetaeva einen oder zwei Briefe hinterlassen hat, ist strittig.
7 M. Cvetaeva, *Neizd. pis'ma* (1972) S. 642-644.
8 L. Čukovskaja, *Predsmertie,* in: Vremja i my 66.1982, S. 202-232.
9 S. S. Vikent'ev, *Stroki o syne,* in: Rodiña 1975.3.
10 A. I. Cvetaeva, *Vospominanija,* in: Moskva 1981.5. S. 146.
11 S. S. Vikent'ev, *Stroki o syne,* in: Rodina 1975.3.
12 A. Efron, B. Pasternak, *Pis'ma iz ssylki* (1982); A. Efron, *Briefe an Pasternak aus der Verbannung 1948-1857* (1986).
13 A. Efron, *Iz vospominanij o E. G. Kazakeviče* (1963), in: *Vospominanija o E. Kazakeviče* (1979) S. 241-259.
14 A. Efron, *Stranicy vospominanij,* in: Zvezda 1973.3. S. 154-180; A. E. *Stranicy bylogo,* in: Zvezda 1975.6. S. 148-189 und A. E., *Stranicy vospominanij* (1979).
15 V. Lossky, *Marina Cvétaeva. Souvenirs de contemporains,* in: *M. Cvetaeva. Studien und Materialien.* Wiener Slawistischer Almanach (1981) Sonderband 3 S. 213-259.
16 *Končina A. S. Efron,* in: Russkaja mysl' vom 28. 8. 1975.

Zum dreißigsten Kapitel

1 L. Čukovskaja, *Iz knigi Zapiski ob A. Achmatovoj,* in: *Pamjati Anny Achmatovoj* (1974) S. 48.
2 P. Antokol'skij, *Kniga Mariny Cvetaevoj,* in: Novyj mir 1966.4. S. 223.
3 O. Iwinskaja, *Lara* (1978) S. 185 f. und in: Vestnik RSChD 106.1972 S. 222 f. Hier ist der ganze Brief abgedruckt.

4 N. Berberova, *Kursiv moj* (1972) S. 490.

5 A. Bachrach, *Zvukovoj liven'*, in: Russkij sbornik 1 (1946) S. 183.

6 Vgl. *Sternenflug und Apfelblüte* (1963) S. 146-47 »Sie nahmen schnell und mit Großmannsmut«, »Klage des Zorns und der Liebe«.

7 F. Stepun, *Vstupitel'naja stat'ja*, in: M. Cvetaeva, *Proza* (1953).

8 Ju. P. Ivask, *Blagorodnaja Cvetaeva*, in: M. Cvetaeva, *Lebedinyj stan. Perekop* (1971) S. 15.

9 M. I. Cvetaeva, *Nesobr. proizv.* (1971).

10 S. Karlinsky, *Marina Cvetaeva. Her Life and Art* (1966) und als konzeptionell neue Fassung, S. K., *Marina Tsvetaeva. The Woman, Her World and Her Poetry* (1985).

11 G. Adamovič, *Pamjati M. Cvetaevoj*, in: Novyj žurnal 102.1971.

12 I. Erenburg, *Poezija Mariny Cvetaevoj*, in: Literaturnaja Moskva (1956) Bd. 2, S. 707-715.

13 In: Literaturnaja gazeta vom 22. 5. 1957.

14 M. Cvetaeva, *Izbr. proizv.* (1965).

15 I. Ehrenburg, *Menschen, Jahre, Leben* (1962) Bd. 1, S. 305.

16 B. Pasternak, *Über mich selbst* (1959) S. 83.

17 P. Antokol'skij, *Kniga Mariny Cvetaevoj*, in: Novyj mir 1966.4. S. 213.

18 A. I. Cvetaeva, *Iz prošlogo*, in: Novyj mir 1966.1 und 2. In erweiterter und überarbeiteter Buchausgabe als *Vospominanija* (1971, 2. und 3. erg. Auflage 1974 u. 1984); A. I. C., *Korni i plody*, in: Zvezda 1979.4.; A. I. C., *Marinin dom*, in: Zvezda 1981.12. und vgl. ausführlicher Bibliographie.

19 A. Efron, *Stranicy vospominanij*, in: Zvezda 1973.3. S. 154-180; A. E., *Stranicy bylogo*, in: Zvezda 1975.6. S. 148-198; A. E., *Pis'ma Mariny Cvetaevoj*, in: Novyj mir 1969.4. S. 185-214; A. E., *M. Cvetaeva. Egoruška*, in: Novyj mir 1971.10. S. 119-131 und A. E., *Samofrakijskaja podeba*, in: Literaturnaja Armenija 1967.8. S. 80-84.

20 L. Čukovskaja, *Zapiski ob Achmatovoj* (1976-1980) Bd. 2, S. 466 und 618.

21 *Op. cit.*, S. 466.

22 *Poetičeskij stroj russkoj liriki* (1973).

23 W. Roždestvenskij, *Marina Cvetaeva*, in: M. C., Stichotvorenija i poemy (1979), vgl. Roždestvenskijs Korrekturen, in: M. C., Sočinenija, 2 Bde., (1980) Bd. 1.

24 M. Cvetaeva, *Izbr. proza* (1979); M. C., *Stichotvorenija i poemy* 5 Bde. (1980-).

25 M. Cvetaeva, *Sočinenija*, 2 Bde. (1980).

26 T. Kvanina, *Tak bylo*, in: Oktjabr' 1982.9. S. 201.

Bibliographie

Verzeichnis der Abkürzungen:

Izbr. proizv.: M. Cvetaeva, *Izbrannye proizvedenija,* hg. von A. Efron und A. Saakjanc. Vorwort von V. Orlov. Sovetskij pisatel', Moskau-Leningrad 1965 (Biblioteka poeta, Bol'šaja serija).

Nesobr. proizv.: M. Cvetaeva, *Nesobrannye proizvedenija,* hg. und mit einem Nachwort von Günther Wytrzens. Fink Verlag, München 1971 (Slavische Propyläen, Bd. 90).

Izbr. proza: M. Cvetaeva, *Izbrannaja proza v dvuch tomach,* 1917–1937, hg. von Alexander Sumerkin. Mit einem Nachwort von Josef Brodskij. Russica Publishers, New York 1979.

Neizd. pis'ma: M. Cvetaeva, *Neizdannye pis'ma,* hg. von G. Struve und N. Struve. YMCA-Press, Paris 1972.

Neizd.: M. Cvetaeva, *Neizdannoe.* Stichi. Teatr. Proza. YMCA-Press, Paris 1976.

Soč.: M. Cvetaeva, *Sočinenija v dvuch tomach,* hg. von Anna Saakjanc. Mit einem Vorwort von Vs. Roždestvenskij. Chudožestvennaja literatura, Moskau 1980.

Stichotvorenija i poemy: M. Cvetaeva, *Stichotvorenija i poemy* v pjati tomach, hg. von Alexander Sumerkin. Mit einem Vorwort von Josef Brodskij. Russica Publishers, New York, Bd. 1–4, 1980–1983.

Bibliographien zum Werk M. Cvetaevas

Gladkova, T. L., L. A. Mnuchin: *Marina Cvetaeva. Bibliografija.* Bibliographie der Werke von Marina Tsvetaeva, hg. von T. Gladkova und Lev Mnuchin. Einleitung von Veronique Lossky. Paris 1982. (*Bibliothèque russe de l'Inst. d'Etudes Slaves,* t. 61).

Mnuchin, L. A.: *M. I. Cvetaeva, Bibliografičeskij ukazatel' literatury o žizni i dejatel'nosti* (1910–1928), in: *Wiener Slawistischer Almanach,* Wien 1981 (Sonderbd. 3), S. 273–308.

Ausgewählte Werke nach ihren Erscheinungsdaten

Večernij al'bom. Stichi (1908–1910). Tip. Mamontova, Moskau 1910.
Volšebnyj fonar'. 2. kniga stichov (1908–1911). Ole-Lukoje, Moskau 1912 (Nachdruck: Ardis, Ann Arbor 1970).
Versty. Stichi (1917–1921). Kostry, Moskau 1921, 2. Aufl. 1922 (Nachdruck: Prideaux Press, Letchworth 1979).
Versty. Vyp. 1. 1916. Gos. Izdatel'stvo, Moskau 1922 (Nachdruck: Ardis, Ann Arbor 1972).
Car'-devica. Poema-skazka (14. 7.–17. 9. 1920). Epocha, Moskau – Berlin 1922; in: Izbr. proizv. (1965) (Nachdruck: Prideaux Press, Letchworth 1971).
Konec Kazanovy. Dramatičeskij etjud (1919). Moskau 1922. In erweiterter Form u. d. Titel »Feniks« in: Volja Rossii (Prag) 1924. 8.–9., S. 17–84; Sovremennaja dramaturgija 1983. 3.
Razluka (Mai–17. 6. 1921). Gelikon, Berlin 1922; in: Nesobr. proizv. (1971), S. 139–148.
Stichi k Bloku (1916–21). Ogon'ki, Berlin 1922; in: Izbr. Proizv. (1965). *Stichotvorenija i poemy* (1981) Bd. 2; Soč. (1980) Bd. 1.
Svetovoj liven'. Poezija večnoj mužestvennosti (Berlin 1922), in: Epocha 1922. 2.; London, Iskander 1969; in: *Izbr. proza* (1979) Bd. 1.
Fortuna. P'esa v 3 kartinach (1919). Versdrama, in: Sovremennye zapiski (Paris) 1923. 14.
Priključenie. P'esa v 5 kartinach (25. 12. 1918–28. 1. 1919). Drama, in: Volja Rossii (Prag) 1923. 18–19.; in: *Izbr. proizv*. (1965).
Psicheja. Romantika. Gržebin, Berlin 1923; ev, Paris 1979; *Stichotvorenija i poemy* (1982) Bd. 2.
Remeslo (April 1921–April 1922). Gelikon, Berlin – Moskva, 1923; in: *Nesobr. proizv*. (1971). Nachdruck: Meeuws, Oxford 1981; *Stichotvorenija i poemy* (1982) Bd. 2.
Pereuločki (Moskau, April 1922) in: Remeslo (1923); *Nesobr. proizv*. (1971); Soč. (1980); *Stichotvorenija i poemy* (1982) Bd. 2.
Čerdačnoe. Iz moskovskich zapisej 1919/1920g, in: Dni (Berlin – Paris) vom 25. 12. 1924; *Izbr. proza* (1979) Bd. 1.
Molodec. Skazka (Prag Sočel'nik, 1922g.). Plamja, Prag 1924; in: *Nesobr. proizv*. (1971).
Otryvki iz knigi »Zemnye primety« (Moskva 1919g.), in: Volja Rossii (Prag) 1924. 1.–2.; in: *Izbr. proza* (1979) Bd. 1.
Vol'nyj proezd (Moskva, Sept. 1918), in: Sovremennye zapiski (Paris) 21. 1924.; *Izbr. proza* (1979) Bd. 1.
Bal'montu. K 30-letiju poetičeskogo truda (Prag 25. 4. 1925), in: Svoimi putjami (Prag) 1925. 5.; in: *Izbr. proza* (1979) Bd. 1.
Geroj truda (Leto 1925), in: Volja Rossii (Prag) 1925. 9.–11.; in: *Izbr. proza* (1979) Bd. 1.
Krysolov. Liričeskaja satira (Prag, März–Paris, November 1925), in: Volja

Rossii 1925. 4.–8., 12., 1926. 1. Gekürzt in: *Izbr. proizv.* (1965). *Canto* 1 und 2, in: Novyj mir 1965. 3.; Nachdruck: Prideaux Pr., Letchworth 1978; *Stichotvorenija i poemy* (1983) Bd. 4.

Rodina ne est' uslovnost' territorii 1925, in: Svoimi putjami (Prag) 1925. 8.–9.; in: *Izbr. proza* (1979) Bd. 2; Ogonek, Juli 1982.

Moi služby. (Vospominanija 11. 11. 1918–7. 7. 1919), in: Sovremennye zapiski (Paris) 26. 1925.; *Izbr. proza* (1979) Bd. 1.

O Germanii. Vyderžki iz dnevnika 1919g, in: Dni (Berlin – Paris) vom 25. 12. 1925; *Nesobr. proizv.* (1971); *Izbr. proza* (1979) Bd. 1.

O ljubvi. Iz dnevnika 1917 goda (Moskau 1918–1919), in: Dni (Berlin – Paris) vom 25. 12. 1925; *Izbr. proza* (1979) Bd. 1.

Poema konca (Prag, 1. 2. 1924–Jiloviste 8. 6. 1924), in: *Kovčeg* (Prag) 1925; *Soč.* (1980) Bd. 1; *Stichotvorenija i poemy* (1983) Bd. 4.

Iz dnevnika (Smert' Stachoviča, Moskau, Febr., März 1919), in: Poslednie novosti (Paris) vom 21. 1. 1926; *Izbr. proza* (1979) Bd. 1.

Lestnica (Juli 1926), in: Volja Rossii (Prag) 1926. 11. Gekürzt u. d. Titel *Poema lestnicy*, in: *Izbr. proizv.* (1965); *Soč.* (1980) Bd. 1.

O blagodarnosti. Iz dnevnika 1919g. (Moskau, Juli 1919), in: Blagonamerennyj (Brüssel) 1926. 1.; *Izbr. proza* (1979) Bd. 1.

Poema gory (Prag, 1. 1.–1. 2. 1924), in: Versty (Paris) 1926. 1.; *Izbr. proizv.* (1965); *Soč.* (1980); *Stichotvorenija i poemy* (1983) Bd. 4.

Poet o kritike. (Paris, Anfang 1926), in: Blagonamerennyj (Brüssel) 1926. 3.–4.; *Izbr. proza* (1979) Bd. 1.

Vozroždenščina (Prag, 8. 10. 1925), in: Dni (Berlin – Paris) vom 16. 10. 1926; *Izbr. proza* (1979) Bd. 2.

Oktjabr' v vagone. Zapiski tech dnej. (Moskau, Oktober–November 1917), in: Volja Rossii (Prag) 1927. 11.–12.; *Nesobr. proizv.* (1971); *Izbr. proza* (1979) Bd. 1.

Tvoja smert' (Bellevue, 27. 2. 1927), in: Volja Rossii (Prag) 1927. 5.–6.; *Nesobr. proizv.* (1971); *Izbr. proza* (1979) Bd. 1.

Fedra (Tezej, 2. Teil). Tragödie (1926–1927), in: Sovremennye zapiski (Paris) 1928. 36.–37.; *Nesobr. proizv.* (1971); *Soč.* (1980) Bd. 1.

Popytka komnaty (St. Gilles-sur-Vie, 6. 6. 1926), in: Volja Rossii (Prag) 1928. 2.; *Nesobr. proizv.* (1971).

Posle Rossii (1922–1925), Paris 1928; YMCA-Press, Paris 1976; *Stichotvorenija i poemy* (1983) Bd. 3.

Natalja Gončarova. Žizn' i tvorčestvo (Anfang 1929), in: Volja Rossii (Prag) 1929. 5.–6. und 8.–9.; *Izbr. proza* (1979) Bd. 1.

Neskol'ko pisem Rajner-Maria Ril'ke (Meudon, Februar 1929), in: Volja Rossii (Prag) 1929. 2.; *Nesobr. proizv.* (1971); *Izbr. proza* (1979) Bd. 1.

Poema vozducha (Meudon, 1927), in: Volja Rossii (Prag) 1930. 1.; *Nesobr. proizv.* 1971; *Stichotvorenija i poemy* (1983) Bd. 4.

Sibir (Meudon 1930), in: Volja Rossii (Prag) 1931. 3.–4.; *Nesobr. proizv.* (1971); *Soč.* (1980).

Iskusstvo pri svete sovesti (1931–1932), in: Sovremennye zapiski (Paris) 1932. 50.–51.; *Izbr. proza* (1979) Bd. 1.

Poet i vremja. (Meudon, Januar 1932), in: Volja Rossii (Prag) 1932. 1.–3.; *Nesobr. proizv.* (1971); *Izbr. proza* (1979) Bd. 1.

Bašnja v pljušče (1933), in: Poslednie novosti (Paris) vom 16. 7. 1933; *Nesobr. proizv.* (1971); *Izbr. proza* (1979) Bd. 2; *Soč.* (1980) Bd. 2; *Proza* (1986).

Epos i lirika sovremennoj Rossii: Vladimir Majakovskij i Boris Pasternak (Clamart, Dezember 1932), in: Novyj grad (Paris) 1933. 6.–7.; *Nesobr. proizv.* (1971); *Izbr. proza* (1979) Bd. 2; *Soč.* (1980) Bd. 2; *Proza* (1986).

Živoe o živom (Sommer 1932), in: Sovremennye zapiski (Paris) 1933. 52.–53.; *Izbr. proza* (1979) Bd. 2; *Soč.* (1980) Bd. 2; *Proza* (1986).

Dom u starogo Pimena (Clamart, August–Oktober 1933), in: Sovremennye zapiski (Paris) 1934. 54; *Izbr. proza* (1979) Bd. 2; *Soč.* (1980) Bd. 2; *Proza* (1986).

Kitaec (1914), in: Poslednie novosti (Paris) vom 24. 10. 1934; *Izbr. proza* (1979) Bd. 1.

Otec i ego muzej (1933), Teil 1: *Lavrovyj venok,* in: Prostor 1965. 10.; *Izbr. proza* (1979) Bd. 2. Teil 2: *Otkrytie muzeja,* in: Vstreči 1934. 2.; Prostor 1965. 10.; *Izbr. proza* (1979) Bd. 2; *Soč.* (1980) Bd. 2; *Proza* (1986).

Pesnici sa istorijom i pesnici bez istorije. (Clamart, 1. 7. 1933), in: Ruski arhiv (Belgrad) 1934. 26.–27.

Poety s istoriej i poety bez istorii, die Rückübersetzung aus dem Serbischen von O. Kutasova, in: *Soč.* (1980) Bd. 2; *Proza* (1986).

Plennyj duch. Moja vstreča s Andreem Belym (8. 1.–Anfang März 1934), in: Sovremennye zapiski (Paris) 1934. 55; *Izbr. proza* (1979) Bd. 2; *Soč.* (1980) Bd. 2; *Proza* (1986).

Mat' i muzyka (1935), in: Sovremennye zapiski (Paris) 1935. 57; *Izbr. proza* (1979) Bd. 2; *Soč.* (1980) Bd. 2; *Proza* (1986).

Nadgrobnoe (Pamjati Gronskomu, 3. 1.–8. 2. 1935), in: Sovremennye zapiski (Paris) 1935. 58; um ein Gedicht erweitert in: *Izbr. proizv.* (1965).

Pesnik alpinist (Clamart, na Bozić 1934), in: Ruski arhiv (Belgrad) 1935. 32.–33. Gekürzt u. d. Titel *Posmertnyj podarok,* in: Vosdušnye puti (New York) 5. 1967; *Izbr. proza* (1979) Bd. 1.

Skazka materi (1934), in: Poslednie novosti (Paris) vom 17. 2. 1935; *Izbr. proza* (1979) Bd. 2; *Soč.* (1980) Bd. 2; *Proza* (1986).

Nezdešnij večer (März–Mai 1936), in: Sovremennye zapiski (Paris) 1936. 61; *Izbr. proza* (1979) Bd. 2.

Moj Puškin (Herbst 1936), in: Sovremennye zapiski (Paris) 1937. 64; *Izbr. proza* (1979) Bd. 2; *Soč.* (1980) Bd. 2; *Proza* (1986).

Puškin i Pugačev (1937), in: Russkie zapiski (Paris) 1937. 2.; *Izbr. proza* (1979) Bd. 2; *Soč.* (1980) Bd. 2; *Proza* (1986).

Povest' o Sonečke (Lacanau-Océan, Sommer 1937). Teil 1, in: Russkie zapiski (Paris) 1938. 3.; Teil 1 u. 2, in: *Neizd.* (1976).

Proza, mit einem Vorwort von Fedor Stepun. Izdatel'stvo im. Čechova, New York 1953.
Lebedinyj stan. München 1957.
Istorija odnogo posvjaščenija (Meudon, April–Mai 1931), in: Oxford Slavonic Papers 11. 1964; *Izbr. proza* (1979) Bd. 1; *Soč.* (1980) Bd. 2.
(*Avtobiografija*, 1922), in: Vozdušnye puti (New York) 5. 1967.
Perekop, Poema. (1. 8. 1928–15. 2. 1929), in: Vozdušnye puti (New York) 5. 1967; Paris 1971.
Lebedinyj stan; Perekop, hg. von G. Struve. YMCA-Press, Paris 1971.
Izbrannoe, hg. von V. Orlov. Goslitizdat, Moskau 1961.
Izbrannye proizvedenija, hg. von A. Efron, A. Saakjanc. Vorwort von V. Orlov. Sovetskij pisatel', Moskau – Leningrad 1965 (Biblioteka poeta, Bol'šaja serija).
Moj Puškin, hg. von A. Efron, A. Saakjanc. Vorwort von V. Orlov. Sovetskij pisatel', Moskau 1967.
Prosto serdce, Nachdichtungen von Cvetaeva aus französischen, deutschen, englischen, spanischen, polnischen u. a. Lyrikern. Progress, Moskau 1967.
Egoruška (1920–1921), hg. von A. Efron, (Fragment), in: Novyj mir 1971. 10.
Nesobrannye proizvedenija, hg. und mit einem Nachwort von Günther Wytrzens. Fink Verlag, München 1971 (Slavische Propyläen).
Červonnyj valet (1918), in: Novyj žurnal (New York) 115. 1974.
Neizdannoe. Stichi. Teatr. Proza. YMCA-Press, Paris 1976.
Stichotvorenija i poemy, hg. von A. Saakjanc, Vorwort von V. Roždestvenskij. Sovetskij pisatel', Leningrad 1979 (Biblioteka poeta, malaja serija).
Mon frère féminin. Lettre à l'Amazone. Mercure de France, Paris 1979.
Izbrannaja proza v dvuch tomach, 1917–1937, hg. von Alexander Sumerkin. Mit einem Vorwort von Josef Brodskij. Russica Publishers, New York 1979.
Stichotvorenija i poemy v pjati tomach, hg. von Alexander Sumerkin. Mit einem Vorwort von Josef Brodskij. Russica Publishers, New York, Bd. 1–4, 1980–1983.
Sočinenija v dvuch tomach, hg. von A. Saakjanc. Goslitizdat, Moskau 1980–1981.
Le notti fiorentine. Lettera all'Amazzone, hg. von Serena Vitale. Mondadori, Mailand 1983. Russische Übersetzung: M. C., *Florentijskie noči*. Übersetzt aus dem Französischen von R. Rodina, in: Novyj mir 1985. 8., S. 155–170.
Izbrannye proizvedenija, hg. von S. Buckin. Minsk 1984.
Proza, hg. von Anna Saakjanc. Lumina, Kišinev 1986.

Briefe

Sammlungen

Cvetaeva, Marina: *Pis'ma,* hg. und eingeleitet von Ariadna Efron, Kommentierung von Anna Saakjanc, in: Novyj mir 1969. 4, S. 185–214.

Cvetaeva, Marina: *Neizdannye pis'ma,* hg. von G. Struve u. N. Struve. YMCA-Press, Paris 1972.

Briefwechsel mit

Anna Achmatova: 26.4.1921; 31.8.1921; 12.11.1926, in: *Neizd. pis'ma* (1972) S. 53–61; 377–378, in: Novyj mir 1969. 4. S. 189–191.

G. V. Adamovič: 31.3.1933, in: *Neizd. pis'ma* (1972) S. 385–390.

Don Aminado: 31.5.1938, in: Novyj mir 1964. 4. S. 211–213, sowie in: Šachovskaja: *Otraženija* (1975) S. 230–233.

S. Andronikova-Halpern: 12.8.1932 (Fragment), in: Den' poezii, Moskva 1980, S. 139–140; 20.9.1930 und 18.5.1931, in: Čast' reči 2.–3. 1983, S. 38–45.

A. V. Bachrach: 9.5.1923–29.6.1928, in: Mosty 5. 1960. S. 303–318; 6. 1961. S. 319–346.

V. Ja. Brjusov: 15.3.1910, in: Novyj mir 1964. 4. S. 186.

V. N. Bunina: 20.3.1928–Februar 1937, in: *Neizd. pis'ma* (1972) S. 393–527.

E. Černosvitova: ca. 15.1.1927, in: Novyj mir 1964. 4. S. 199–200.

O. E. Černova-Kolbasina und *A. Černova*: 21.7.1924–26.10.1925, in: *Neizd. pis'ma* (1972) S. 65–228. 4.1.1925–11.12.1926, in: Wiener Slavistisches Jahrbuch 22. 1976, S. 109–115.

V. F. Chodasevič: 12.7.1933–13.3.1937, hg. und kommentiert von S. Karlinsky, in: Novyj žurnal (New York) 89. 1967, S. 102–114. 15.4.1934–Mai 1934, in: Novyj mir 1964. 4. S. 205–207.

L. E. Čirikova, 4.8.1922–November 1926 (recte 1925), in: Novyj žurnal (New York) 124. 1976, S. 140–151.

A. I. Cvetaeva: 17.12.1920, 3.5.1928, in: *Neizd. pis'ma* (1972) S. 41–48, 381–384.

A. S. Efron: 12.4.1941, in: *Neizd. pis'ma* (1972) S. 618–621. Frühjahr 1941, in: Novyj mir 1969. 4, S. 213–214.

Ellis: undatiert (1909) und 12.12.1910, in: *Neizd. pis'ma* (1972) S. 9–20. Brief Nr. 2 auch in: A. Cvetaeva, *Vospominanija* (1971) S. 342–343.

G. P. Fedotov: 16.5.1932–24.5.1933, in: Novyj žurnal (New York) 63. 1961, S. 162–172.

V. V. Gol'cev: 2.2.1940–26.2.1940, in: Vestnik RChD (Paris) 128. 1979, S. 189–191.

A. M. Gor'kij: August 1927–Oktober 1927, in: Novyj mir 1969. 4. S. 200–201.

N. P. Gronskij: August–September 1928 (Nur Auszüge, Korrespondenz bisher nicht veröffentlicht), in: Novyj mir 1969. 4. S. 202–203.

R. B. Gul': 12. 11. 1922–11. 8. 1924, in: Novyj žurnal (New York) 58. 1959, S. 169–189; 165. 1986, S. 275–290.

Ju. P. Ivask: 4. 4. 1933–27. 2. 1937, in: Russkij literaturnyj archiv (1956) S. 207–237. Ende des letzten Briefes (27. 2. 1939), in: Vestnik RChD (Paris) 128. 1979, S. 175–176.

M. L. Kantor: 23. 5. 1934, in: *Neizd. pis'ma* (1972) S. 391–392.

A. S. Kočetkov: 10. 6. 1941, in: *Neizd. pis'ma* (1972) S. 621.

E. M. Kuprina: 21. 1. 1926, in: K. A. Kuprina, *Kuprin, moj otec* (1971) S. 161.

M. I. Kuznecova: 16. 3. 1921, in: *Neizd. pis'ma* (1972) S. 49–50.

T. N. Kvanina: 17. 11. 1940–25. 5. 1941, in: Vestnik RChD (Paris) 128. 1979, S. 184–188.

V. V. Majakovskij: 3. 12. 1928, in: V. Katanjan, *Majakovskij* (1961) S. 375–376.

V. A. Merkur'eva: 20. 2. 1940–31. 8. 1940, in: *Neizd. pis'ma* (1972) S. 605–614.

O. A. Močalova: 20. 5.–31. 5. 1940, in: *Neizd. pis'ma* (1972) S. 614–617.

N. Ja. Moskvin: 9./22. 3.–28. 3. 1940, in: Vestnik RChD (Paris) 128. 1979, S. 180–184.

E. F. Nikitina: 22. 1. 1922, in: *Neizd. pis'ma* (1972) S. 51–52.

B. L. Pasternak: 29. 6. 1922–9. 2. 1927, in: *Neizd. pis'ma* (1972) S. 263–337. 11. 2. 1923–Oktober 1935, in: Novyj mir 1969. 4. S. 194–198. 10. 2. 1923, in: Vestnik RChD (Paris) 128. 1979, S. 169–174.

Ders.: *Iz perepiski Ril'ke, Cvetaevoj i Pasternaka v 1926 godu,* hg. von K. Azadovskij und E. Pasternak. In: Voprosy literatury 1978. 4. S. 233–280.

Ders.: Rilke (12.4. 1926), in: *Nesobr. proizv.* (1971) S. 681–683.

Rainer Maria Rilke. Briefwechsel mit Marina Zwetajewa und Boris Pasternak, hg. von Jewgenij Pasternak, Jelena Pasternak und Konstantin M. Asadowskij. Aus dem Russischen von Heddy Pross-Weerth. Insel Verlag Frankfurt am Main 1983.

L. O. Pasternak: 29. 7. 1922–20. 3. 1928, in: *Neizd. pis'ma* (1972) S. 249–262, sowie Novyj mir 1969. 4. S. 202.

R. M. Rilke: 9. 5.–7. 11. 1926, in: Zs. f. slavische Philologie 41. 1980. 1. S. 146–173.

V. V. Rozanov: 7. 3.–18. 4. 1914, in: *Neizd. pis'ma* (1972) S. 21–39; Brief Nr. 2, in: Novyj mir 1969. 4. S. 186–189.

D. A. Šachovskoj: 6. 10. 1925–18. 5. 1926, in: *Neizd. pis'ma* (1972) S. 339–376.

D. A. Šachovskoj: 1. 6. 1926, in: Šachovskoj, *Biografija junosti,* S. 417–418.

D. A. Šachovskaja: 18. 5.–21. 9. 1936, in: Novyj žurnal 1967. 87, S. 135–141; Šachovskaja, *Otraženija* (1975) S. 169–175.

L. I. Šestov: 25. 1. 1926–31. 7. 1927, in: Vestnik RChD (Paris) 129. 1979, S. 124–130.
E. Somov: Ende 1940/Anfang 1941, in: *Neizd. pis'ma* (1972) S. 617–618.
V. B. Sosinskij: 14. 7. 1926–16. 6. 1938, in: *Neizd. pis'ma* (1972) S. 229–248; 11. 5. 1926–Oktober 193?, in: Vestnik RChD (Paris) 114. 1974, S. 207–214.
A. S. Štejger: 29. 7.–17. 8. 1936, in: Opyty (New York) 5. 1955, S. 45–67; 7. 1955, S. 8–18; 8. 1955, S. 21–25; 1. 9. September 1936, in: Novyj mir 1969. 4. S. 208–210.
G. P. Struve: 30. 6. 1923–29. 11. 1925, in: Mosty (New York) 13.–14. 1968, S. 395–398.
E. B. Tager: Golicyno, 22. 1. 1940, in: Tallinn 1986. 2. S. 99–100.
N. A. Teffi: Oktober 1932, in: Novyj mir 1969. 4. S. 205.
Anna Tesková: 2./15. 1. 1922–12. 6. 1939, in: M. Cvetaeva, *Pis'ma k Anne Teskovoj* (V. Morkovin, Hg.). Academia, Prag 1969.
A. N. Tolstoj: Berlin, 3. 6. 1922, in: Russica, Moskau 1981, S. 347–349.
Charles Vildrac: 1930, in: Novyj mir 1969. 4. S. 203–205.
M. A. Vološin: 23. 12. 1910–10. 1. 1912, in: Novyj mir 1977. 2. S. 231–246 (Einleitung von I. Kudrova).
M. A. Vološin: 23. 12. 1910–10. 5. 1923, in: Ežegodnik rukopisnogo otdela Puškinskogo doma 1975, S. 151–185 (hg. von P. Kupčenko).
V. K. Zvjaginceva: 18. 9. 1919–20. 10. 1920, in: Russian literature 9. 1981. 4. S. 323–356.

Übersetzungen

»*Dein Lächeln noch unbekannt gestern*«. Verse russischer Frauen. Übertragen und hg. sowie mit einem Nachwort versehen von Johannes von Guenther. Heidelberg 1958.
Marina Zwetajewa: *Gedichte* (russ.-dt.). Aus dem Russischen von Christa Reinig. Wagenbach, Berlin 1968.
»*Europäische Lyrik*« Bd. III. Übersetzt von M. Rygalov, Sepp Österreicher, Paul Wiens, Christa Reinig. Progress, Moskau 1971.
M. Zwetajewa: *Prosa*, hg. von Ilma Rakusa. Benziger, Zürich 1973 (Benziger Broschur).
Marina Zwetajewa. Auswahl von Fritz Mierau. Neues Leben, Berlin/DDR 1974 (Poesiealbum 81).
Dies.: *Mein Puschkin. Puschkin und Pugatschow*. Aus dem Russischen von Elke Erb. Volk und Welt, Berlin 1978.
Dies.: »*Gedichte*«. 1909–1939. Auswahl, Übersetzung und Einleitung von Maria Razumovsky. Europäischer Verlag, Wien 1979.
Dies.: »*Maßlos in einer Welt nach Maß*«. Gedichte (russ.-dt.), hg. und mit einem Nachwort von Edel Mirowa-Florin. Volk und Welt, Berlin/DDR 1980.

»*Russische Lyrik*. Gedichte aus drei Jahrhunderten«. Übersetzung: Irmgard Wille, Ludolf Müller, Kay Borowsky, Karl Mickel u. a. Ausgewählt und eingeleitet von Efim Etkind. Piper, München, Zürich 1981.

M. Zwetajewa: *Krysolov. Der Rattenfänger*, hg., übersetzt und kommentiert von Marie-Luise Bott. Mit einem Glossar von Günther Wyrtzens. Wiener Slawistischer Almanach, Wien 1982 (Sonderband 7).

Rainer Maria Rilke. Briefwechsel mit Marina Zwetajewa und Boris Pasternak, hg. von Jewgenij Pasternak, Jelena Pasternak und Konstantin M. Asadowskij. Aus dem Russischen von Heddy Pross-Weerth. Insel Verlag Frankfurt am Main 1983.

M. Zwetajewa: *Erzählung von Sonečka*. Aus dem Russischen von Margarete Ditterich. Lilith, Berlin 1983.

Dies.: *Die Kirillstöchter. Die Kunst im Lichte des Gewissens*. Aus dem Russischen von Ilma Rakusa, in: Akzente 1984. 3.

Dies.: *Gedicht vom Berg*. Aus dem Russischen von Felix Philipp Ingold, in: Akzente 1984. 3.

Dies.: *Mein weiblicher Bruder*. Nachwort und aus dem Französischen von Ralph Dutli. Matthes und Seitz, München 1985.

Dies.: *Mutter und die Musik*. Autobiographische Prosa. Aus dem Russischen und mit einem Nachwort von Ilma Rakusa. Suhrkamp Verlag, Frankfurt am Main 1986.

Dies.: *Vogelbeerbaum*. Ausgewählte Gedichte, hg. und mit einem Nachwort von Fritz Mierau. Aus dem Russischen von Elke Erb, Sarah Kirsch, Christa Reinig, Rainer Kirsch, Karl Michel, Richard Pietraß. Wagenbach, Berlin 1986.

Dies.: *Tentative de jalousie et autres poèmes*. Aus dem Russischen von Eve Malleret. La Découverte, Paris 1986.

Dies.: *Auf eigenen Wegen*. Tagebuchprosa. Aus dem Russischen und mit einem Nachwort von Marie-Luise Bott. Suhrkamp Verlag Frankfurt am Main 1987.

Dies.: *Irdische Zeichen*. Übersetzt von Ruth Malez und Marga Erb. Mit einem Nachwort von I. Schäfer. Leipzig 1987.

Dies.: *Gedichte*. Prosa, russisch und deutsch, hg. von Fritz Mierau. Aus dem Russischen von Adolf Endler, Elke Erb, Uwe Grüning, Rainer Kirsch, Uwe Kolbe, Richard Pietraß u. a., Verlag Philipp Reclam jun., Leipzig 1987.

Dies.: *Ein gefangener Geist*. Essays. Aus dem Russischen und mit einem Nachwort versehen von Rolf-Dietrich Keil. Suhrkamp Verlag Frankfurt am Main 1989.

Ausgewählte Werke der Sekundärliteratur

Adamovič, Georgij Viktorovič: *Kommentarii.* V. Kamkin, Washington 1967.

Ders.: *Odinočestvo i svoboda.* New York 1955.

Ders.: *Pamjati Mariny Cvetaevoj,* in: Novyj žurnal (New York) 102. 1971.

Andreev, Nikolaj Efremovič: *Ob osobennostjach i osnovnych ėztapach razvitija literatury za rubežom,* in: *Russkaja literatura v emigracii.* Pittsburgh 1972, S. 15–38.

Andronikov-Halpern, Salomea: *Iz pisem k G. P. Struve 1965–1968,* in: Vestnik RChD (Paris) 138. 1983, S. 164–167.

Antokol'skij, Pavel: *Kniga Mariny Cvetaevoj,* in: Novyj mir 1966. 4. S. 213–224.

Antologija. Musagetes, Moskau 1911.

Ardov, Viktor Efimovič: *Vstreča Anny Achmatovoj s Marinoj Cvetaevoj,* in: Grani (Frankfurt am Main) 76. 1970, S. 110–114.

Bachrach, Aleksandr Vasil'evič: *Marina Cvetaeva i ee doč',* in: Russkaja mysl' (Paris) vom 5. 7. 1979.

Ders.: *Marina Cvetaeva v Pariže,* in: Russkaja mysl' (Paris) vom 20. 12. 1979.

Ders.: *Zvukovoj liven',* in: *Russkij sbornik.* Paris 1946, S. 183–186.

Bal'mont, Konstantin D.: *Marina Cvetaeva,* in: Sovremennye zapiski (Paris) 7. 1921, S. 92.

Ders.: *Gde moj dom?* Očerki 1920–1923. Prag 1924.

Belkina, Marija: *Skreščenie sudeb.* Kniga, Moskau 1988.

Belyj, Andrej: *Meždu dvuch revoljucij.* Moskau 1935. (Nachdruck: Russian Language Specialities, Chicago 1967).

Ders.: *Vospominanija oA. A. Bloke.* Moskau–Berlin 1922–23. (Nachdruck: Fink Verlag, München 1969).

Berberova, Nina: *Kursiv moj.* Fink Verlag, München 1972.

Bott, Marie-Luise: *Krysolov. Der Rattenfänger.* Hg., übers. und kommentiert von Marie-Luise Bott. Mit einem Glossar von G. Wytrzens, in: Wiener Slawistischer Almanach. Wien 1982 (Sonderband 7).

Dies.: *Studien zum Werk Marina Cvetaevas.* Das Epitaph als Prinzip der Dichtung M. Cvetaevas. Peter Lang Verlag, Frankfurt am Main / Bern / New York 1984. (Slavische Sprachen und Literatur 31).

Brjusov, Valerij Jakovlevič: *Novye sborniki stichov,* in: Russkaja mysl' 2. 1911, S. 227–235.

Ders.: *Segodnjašnij den' russkoj poezii; 50 sbornikov stichov 1911–1912,* in: Russkaja mysl' 7. 1912.

Brodskij, Iosif: *Ob odnom stichotvorenii. (Vmesto predislovija),* in: M. Cvetaeva, *Stichotvorenija i poemy* v 5 tomach, hg. von A. Sumerkin. Russica Publishers, New York, Bd. 1–4, 1980–83, Bd. 1, S. (39)–(80).

Brook-Shepherd, Gordon: *The Storm Petrels.* Collins, London 1977.

Bunin, Ivan Alekseevič: *Vospominanija.* Paris 1950.

Černova-Kolbasina, Ol'ga Eliseevna: *O Marine Cvetaevoj,* in: Mosty (New York) 15. 1970, S. 311–317.
Chambrun, Charles de: *Lettre à Marie: Pétersbourg-Petrograd 1914 bis 1918*. Plon, Paris 1941.
Chenkin, Kirill: *Ispanskij bloknot,* in: Kontinent (Paris) 16. 1978, S. 265–288.
Chernov-Andreyev, Olga: *Cold spring in Russia.* Ardis, Ann Arbor 1979.
Chodasevič, Vladislav Felicianovič: *Marina Cvetaeva: »Molodec«: Zametki o stichach,* in: Čast' reči 4./5. 1984, S. 44–49.
Čukovskaja, Lidija Korneevna: *Iz knigi »Zapiski ob Anne Achmatovoj«,* in: Pamjati Achmatovoj. YMCA-Press, Paris 1974.
Dies.: *Zapiski ob Anne Achmatovoj. Dnevniki. V dvuch knigach.* YMCA-Press, Paris 1976, 1980.
(Tschukowskaja): *Aufzeichnungen über Achmatova,* übersetzt von Kay Borowsky unter Mitarbeit von Nelli Kosko. Mit einem Nachwort von Raissa Orlowa-Kopelew. Gunter Narr Verlag, Tübingen 1987.
Dies.: *Predsmertie,* in: Vremja i my (New York) 66. 1982, S. 202–231.
Cvetaeva, Anastasija Ivanovna: *Glavy iz knigi,* in: Daugava (Riga) 1980. 7. S. 58–72.
Dies.: *Iz prošlogo,* in: Novyj mir 1966. 1. S. 79–133; 1966. 2. S. 98–128.
Dies.: *Iz vospominanij,* in: Zvezda 1985. 2. S. 169–174.
Dies.: *Korni i plody: po povodu stat'i I. Kudrovoj »List'ja i korni«,* in: Zvezda 1979. 4. S. 186–193.
Dies.: *Marinin dom,* in: Zvezda 1981. 12. S. 142–157.
Dies.: *Vospominanija.* Sovetskij pisatel', Moskau 1971; 2. und 3. Auflage 1974 und 1984.
Dies.: *Kindheit mit Marina.* Aus dem Russischen von Alexander Kaempfe. Limes Verlag, Wiesbaden 1977.
Dies.: *Erinnerungen. Autobiographie.* Aus dem Russischen von Beate Petras. Kiepenheuer Verlag, Weimar 1979.
Dies.: *Vospominanija,* Teil 2, in: Moskva 1981. 3. S. 116–160; 1981. 4. S. 117–160; 1981. 5. S. 112–159.
Marina Cvetaeva, Studien und Materialien. Wien 1981 (Wiener Slawistischer Almanach, Sonderband 3).
Efron, Ariadna Sergeevna, Saakjanc, Anna: *Marina Cvetaeva: perevodčik,* in: Don 1966. 2.
Dies.: *Samofrakijskaja pobeda,* in: Lit. Armenija 1967. 8. S. 80–84.
Dies.: *Stranicy vospominanij,* in: Zvezda 1973. 3. S. 154–180; Auszüge in: Vestnik RChD (Paris) 116. 1975, S. 179–184.
(Končina A. S. Efron), in: Russkaja mysl' (Paris) vom 28. 5. 1975.
Dies.: *Stranicy bylogo,* in: Zvezda 1975. 6. S. 148–149.
Dies.: *Iz vospominanij o E. G. Kazakeviče* (1963), in: *Vospominanija o E. Kazakeviče.* Moskau 1979.
Dies.: *Stranicy vospominanij.* Lev, Paris 1979.
Dies.: *Pis'ma iz ssylki.* YMCA-Press, Paris 1982.

Dies.: *Briefe an Pasternak aus der Verbannung 1948–1957*. Mit zwölf Briefen von Boris Pasternak. Aus dem Russischen und mit einem Nachwort von Wolfgang Kasack. Suhrkamp Verlag Frankfurt am Main 1986.

Elenev, Nikolaj: *Kem byla Marina Cvetaeva?*, in: Grani (Frankfurt am Main) 39. 1958, S. 141–159.

Eniserlov, V.: *Esli duša rodilas' krylatoj*, in: Ogonek, Okt. 1982, S. 18–19.

Erenburg, Ilja Grigor'evič: *Poezija Mariny Cvetaevoj*, in: Literaturnaja Moskva 1956, Bd. 2.

Ders.: *Ljudi, gody, žizn'*. Vospominanija, v trech knigach. Sovetskij pisatel', Moskau 1961–1966.

Ders.: *Menschen, Jahre, Leben*. Autobiographie. 2 Bde. Aus dem Russischen von Alexander Kaempfe. Kindler Verlag, München 1962 und 1965.

Ders.: *Portrety russkich poetov*. Agronavty, Berlin 1922 (Nachdruck: Fink Verlag, München 1972).

Fedotova, E. N.: Einleitung zu: *Pis'ma Mariny Cvetaevoj k G. N. Fedotovu*, in: Novyj žurnal (New York) 63. 1961, S. 162–164.

Fleijšman, L., Kh'juz (Hughes), R., Raevskaja-Kh'juz, O.: *Russkij Berlin 1921–23: Po materialam archiva B. I. Nikolaevskogo*. YMCA-Press, Paris 1983.

Gercyk, Evgenija: *Vospominanija*. YMCA-Press, Paris 1973.

Gippius, Zinaida Nikolaevna: *Pis'ma k Berberovoj i Chodaseviču*, hg. von Erika Freiberger Sheiksolesami. Ardis, Ann Arbor 1978.

Gor'kij i sovetskie pisateli. Neizdannaja perpiska. Moskau 1963 (Literaturnoe nasledstvo Bd. 70).

Guenther, Johannes von: *Ein Leben im Ostwind*. Biederstein Verlag, München 1969.

Gul', Roman: Ja *unes Rossiju. Apologija emigracii*. Teil 1, *Rossija v Germanii*. New York 1981. Teil 2, *Rossija vo Francii*. New York 1984.

Gumilev, Nikolaj Stepanovič: *Sobranie sočinenij* v 4 tomach, Washington 1962–1968.

Il'ina, Natalja: *Anna Achmatova v poslednie gody ee žizni*, in: Oktjabr' 1977. 2. S. 107–134.

Istorija Gos. ordena Lenina Biblioteki SSSR im. V. I. Lenina za 100 let 1862–1962. Izdatel'stvo biblioteki, Moskau 1962.

Ivanov, Georgij Vladimirovič: *Kitajskie teni*, in: Poslednie novosti (Paris) vom 22. 2. 1930 (Depositum Marina Cvetaeva, Basel).

Ivask, Jurij Pavlovič: *Blagorodnaja Cvetaeva*, in: M. Cvetaeva, *Lebedinyj stan*. YMCA-Press, Paris 1971, S. 15–34.

Ders.: *Proščanie s Marinoj Cvetaevoj: Roždestvo 1938*, in: Russkaja mysl' (Paris) vom 12. 10. 1978.

Ivinskaja, Ol'ga: *V plenu vremeni: Gody s B. Pasternakom*. Paris 1978.

Dies.: *Lara*. Meine Zeit mit Pasternak. Aus dem Russischen von Heddy Pross-Weerth. Hoffmann und Campe, Hamburg 1978.

Izvol'skja, Elena: *Poet obrečennosti*, in: Vozdušnye puti (New York) 3. 1963, S. 150–160.

Dies.: *Ten' na stenach. O Cvetaevoj*, in: Opyty (New York) 3. 1954, S. 153–159.
Kannak, Evgenija: *Vospominanij o »Gelikone«*, in: Russkaja mysl' (Paris) vom 17. 1. 1974.
Karlinsky, Simon: *Marina Cvetaeva. Her Life and Art*. University of California Press, Berkeley / Los Angeles 1966.
Ders.: *Marina Tsvetaeva. The Woman, her World and her Poetry*. Cambridge University Press, London / New York 1985.
Korjakov, Michail: *Listki iz bloknota. Marina Cvetaeva v Moskve*, in: Novoe russkoe slovo vom 4. 7. 1965.
Korkina, Irma: *O poslednich stichach M. Cvetaevoj*, in: Neva 1982. 4.
Kovalevskij, P. E.: *Zarubežnaja Rossija*. Librairie des Cinq Continents, Paris 1971.
Kovčeg: Sbornik russkich pisatelej v Čechoslovakii, hg. von V. Bulgakov, S. V. Zavadskij, Marina Cvetaeva. Legiografie, Prag 1926.
Krajnyj, Anton (Pseudonym von Z. Gippius): *Stichi, um i glupost'*, in: Poslednie novosti (Paris) vom 22. 7. 1926 (Depositum Marina Cvetaeva, Basel).
Krivitsky, W. G.: *Agent de Staline*. Coopération, Paris 1940.
Kubka, František: *Smutna romance o Marine Cvetajevové*, in: Hlasy od východu. Československý spisovatel, Prag 1960, S. 14–25.
Kudrova, Irma: *Polgoda v Pariže: k biografii M. Cvetaevoj*, in: Wiener Slawistischer Almanach, Wien 1981 (Sonderband 3), S. 129–159.
Dies.: *Dom na gore: Marina Cvetaeva, 1923 god*, in: Zvezda 1987. 8. S. 156–177.
Kupčenko, V. P.: *Ostrov Koktebel'*. Moskau 1981.
Kuprina, Ksenija A.: *Kuprin – moj otec*. Sovetskaja Rossija, Moskau 1971.
Kvanina, Tatjana: *Tak bylo*, in: Oktjabr' 1982. 9. S. 195–201.
Lampl, Horst: *Briefe Marina Cvetaevas an Ol'ga Kolbasina-Černova*, in: Wiener Slavistisches Jahrbuch 22. 1976, S. 109–116.
50 let Gosudarstvennomu Muzeju izobrazitel'nych iskusstv im. A. S. Puškina. Moskau 1962.
Letopis' žizni i tvorčestva M. Gor'kogo v 4 tomach. AN, Moskau 1958–1960.
Lossky, Véronique: *M. Cvetaeva. Souvenirs de contemporains*, in: Wiener Slawistischer Almanach, Wien 1981 (Sonderband 3), S. 213–259.
Dies.: *Marina Tsvétaeva: Un itinéraire poétique*. Malakoff, Solin 1987.
Lur'e, Vera: *M. Cvetaeva: Remeslo*, in: Novaja russkaja kniga 3.–4. 1923, S. 14–15.
Majakovskij, Vladimir Vladimirovič: *Polnoe sobranie sočinenij* v 13 tomach. Moskau 1955–1961.
Mandel'štam, Nadežda Jakovlevna, *Vospominanija*. Izdatel'stvo im. Čechova, New York 1970.
Dies.: *Das Jahrhundert der Wölfe*. Eine Autobiographie. Aus dem Russischen von Elisabeth Mahler. S. Fischer Verlag, Frankfurt am Main 1971.

Dies.: *Vtoraja kniga*. YMCA-Press, Paris 1972.
Dies.: *Generation ohne Tränen*. Erinnerungen. Aus dem Russischen von G. Schramm. S. Fischer Verlag, Frankfurt am Main 1975.
Mandel'štam, Osip Emilevič: *Sobranie sočinenij* v 4 tomach. Washington / Paris 1964–1981.
Mindlin, E. L.: *Neobyknovennye sobesedniki*. Sovetskij pisatel', Moskau 1968.
Mirskij, Dmitrij S.: *Geschichte der russischen Literatur*. Piper Verlag, München 1964.
Mnuchin, Lev A.: *Svjatoe remeslo poeta. Pis'ma i vospominanija A. Efron o materi,* in: Literaturnoe obozrenie 1982. 12. S. 89–103.
Muromceva (Bunina), Vera Nikolaevna: *U starogo Pimena,* in: M. Cvetaeva, *Neizdannye pis'ma,* hg. von L. G. Struve und N. Struve. YMCA-Press, Paris 1972, S. 531–541.
Nicolas Mikhailovitch, Grand Duc: *La fin du tsarisme: Lettres inédites à Frédéric Masson 1914–18,* hg. von der Bibliothèque Slave de Paris. Payot, Paris 1968.
Nikolić, Milica: *Odgovori Marine Cvetajeve,* in: M. Cvetaeva, *Zemaljska obeležja*. Belgrad 1973, S. 7–51.
Odoevceva, Irina: *Nesostojavšajasja vstreča,* in: *Russkaja mysl'* (Paris) vom 21. 4. 1977.
Orlov, Vladimir, *Marina Cvetaeva. Sud'ba. Charakter. Poezija,* in: M. Cvetaeva, *Izbrannye proizvedenija*. Moskau–Leningrad 1965. (Biblioteka poeta, Bol'šaja serija.)
Otčet Moskovskago Publičnago i Rumjancovskago muzeev za 1909 god. Moskau 1910.
Pamjati A. A. Achmatovoj. YMCA-Press, Paris 1974.
Parnok, Sofija Jakovlevna: *Sobranie stichotvorenij,* hg. von S. Poljakova. Ardis, Ann Arbor 1979.
Pasternak, Boris Leonidovič: *Sočinenija,* v 3 tomach. Ardis, Ann Arbor 1961. S. »Avtobiografičeskij ocerk, Tri teni«, S. 45–48; »Ochrannaja gramota«, S. 203–293; »Posmertnoe pis'mo R. M. Ril'ke«, S. 343–345.
Pauli, Ruth: *Das russische Versmärchen von Puškin bis Cvetaeva*. Wien 1978. (Dissertation der Universität Wien 140.)
Pjatidesjatiletie Rumjancovskago Muzeja v Moskve 1862–1912. Moskau 1913.
Poljakova, Sofija: *Poezija i pravda v cikle stichotvorenij Cvetaevoj »Podruga«,* in: Wiener Slawistischer Almanach, Wien 1981 (Sonderband 3), S. 113–121.
Dies.: *Zakatnye ony dni. Cvetaeva i Parnok*. Ardis, Ann Arbor 1982.
Poretsky, Elisabeth K.: *Our Own People. A Memoir of »Ignace Reiss« and his Friends*. Oxford University Press, London 1969.
Rakusa, Ilma, Ingold, Felix Philipp: *M. I. Cvetaeva im Briefwechsel mit R. M. Rilke,* in: Zeitschrift für slavische Philologie 41. 1980. 1, S. 127–173.

Razumovsky, M.: *Marina Zwetajewa: Mythos und Wahrheit.* Age d'Homme/Karolinger, Wien 1981.

Dies.: *Marina Cvetaeva. Mif i dejstvitel'nost'.* Overseas Publications Interchange, London 1983.

Dies.: *Marina Tsvetaieva: Mythe et réalité.* Aus dem Russischen von Alexandra Pletnioff-Boutin. Les Editions Noir sur Blanc, Montricher/Suisse 1988.

Reznikova, Natalja Viktorovna: *Pamjati Mariny Ivanovny Cvetaevoj,* in: Vestnik RChD (Paris) 135. 1981, S. 159–163.

Rilke, Rainer Maria: *Sämtliche Werke* in 6 Bänden. Insel Verlag Frankfurt am Main 1987.

Russkaja literatura konca XIX – načala XX veka (1908–1917), hg. von B. Bjalik. Moskau 1972.

Russkaja literatura v èmigracii, Sbornik statej, hg. von N. Poltorackij. Pittsburgh 1972.

Saakjanc, Anna Aleksandrovna: *'O pravde ›letopisi‹ i pravde poeta,* in: Voprosy literatury 1983. 11. S. 208–215.

Dies.: *Marina Cevetaeva. Stranicy žizni i tvorčestva (1910–1922).* Sovetskij pisatel', Moskau 1986.

Dies.: *Stranicy žizni. Beseda o tvorčestve Mariny Cvetaevoj,* in: Knižnoe obozrenie No. 34 vom 22. 8. 1986.

Šachovskaja, Zinaida Alekseevna: *Marina Cvetaeva,* in: Novyj žurnal (New York) 87. 1967, S. 130–135; dass., in: Z. Šachovskaja: *Otraženija.* YMCA-Press, Paris 1975, S. 160–175.

Šachovskoj, Ioann, Archiepiskop: *Biografija junosti.* YMCA-Press, Paris 1977.

Šaginjan, Marietta S.: *Čelovek i vremja. Vospominanija,* Teil 5, *Moskva malen'kaja,* in: Novyj mir 1977. 1. S. 79–134.

Dies.: *Samaja nastojaščaja poezija* (1911), in: Voprosy literatury 1983. 12. S. 203–209.

Schweitzer, Viktoria: *Byt i bytie Mariny Cvetaevoj.* Sintaksis, Fontenay-aux-Roses 1988.

Dies.: *Poezdka v Elabugu,* in: M. Cvetaeva: *Neizdannye pis'ma,* hg. von L. G. Struve und N. Struve. YMCA-Press, Paris 1972, S. 639–647.

Dies.: *Svoimi putjami.* Biografičeskij očerk, in: M. Cvetaeva, *Stichotvorenija i poemy* v 5 tomach, hg. von A. Sumerkin. Russica Publishers, New York 1980. Bd. 1, S. (7)–(39).

Dies.: *Vozvraščenie domoj,* in: Sintaksis 11. 1983. S. 188–204.

Serge, Victor, Wullens, Maurice, Rosmer, Alfred: *L'assassinat politique et l'URSS: Crime à Lausanne en marge des procès de Moscou (La mort d'Ignace Reiss).* Tisné, Paris 1939.

Sezeman, D.: *M. Cvetaeva v Moskve (Po ličnym vospominanijam),* in: Vestnik RChD (Paris) 128. 1979, S. 177–179.

Slonim, Mark L'vovič: *Beseda s Paustovskim,* in: Novoe russkoe slovo vom 10. 3. 1974.

Ders.: *O Marine Cvetaevoj. Iz vospominanij*, in: Novyj žurnal (New York) 100. 1970, S. 155–179; 103. 1971, S. 143–176.
Sosinskij, Vladimir Bronislavovič: *Dopolnitel'nye stranicy k tomu »Neizdannych pisem« M. Cvetaevoj*, in: Vestnik RChD (Paris) 114. 1974, S. 212–214.
Stenogramma členov Komissii uvekovečenija pamjati M. Cvetavoj: O Marine Cvetaevoj (Elabužskie svedenija), in: M. Cvetaeva, *Neizdannye pis'ma*, hg. von G. Struve und N. Struve. YMCA-Press, Paris 1972, S. 635–638.
Stepun, Fedor: *Das Antlitz Rußlands und das Gesicht der Revolution*. Aus meinem Leben 1884–1922. Kösel-Verlag, München 1961.
Ders.: Einleitung zu: M. Cvetaeva, *Proza*. Izdatel'stvo im. Čechova, New York 1953.
Stroblová, Jana (Hg.): *Marina Cvetajevová: Hodina duše*. Československý spisovatel, Prag 1971.
Struve, Gleb Petrovič: *Ob Adamoviče – kritike*, in: Grani (Frankfurt am Main) 34./35. 1957, S. 365–369.
Ders.: *Russkaja literatura v izgnanii*. Izdatel'stvo im. Čechova, New York 1956.
Tarasenkov, A.: *Russkie poety 20 veka: 1900–1955*. Sovetskij pisatel', Moskau 1966.
Tarusskie stranicy. Literaturno-chudožestvennyj illjustrirovannyj sbornik. Kaluga 1961.
Terapiano, Jurij: *Vstreči*. Izdatel'stvo im. Čechova, New York 1953.
Varšavskij, Vladimir: *Nezamečennoe pokolenie*. Izdatel'stvo im. Čechova, New York 1956.
Vikent'ev, S.: *Stroki o syne*, in: Rodina 1975. 3. S. 28–29.
Vil'čkovskij, Kiril: Einleitung zu: *Perepiska Mariny Cvetaevoj s Anatoliem Štejgerom*, in: Opyty (New York) 5. 1955, S. 40–45.
Višnjak, Mark V.: *Sovremennye zapiski*. Bloomington 1957.
Volkonskij, Sergej (Fürst): *Byt i bytie*. Berlin 1924 (Nachdruck: Paris 1978).
Volosov, V. M., Kudrova, I. M.: *Pis'ma M. C. Evgeniju Lannu*, in: Wiener Slawistischer Almanach, Wien 1981 (Sonderband 3), S. 162–194.
Weidlé, Vladimir: *Cvetaeva – do Elabugi*, in: *O poetach i poezii*. YMCA-Press, Paris 1973, S. 65–73.
Weiss, Louise: *Mémoires d'une européenne*. Payot, Paris 1970.
Williams, Robert C.: *Culture in Exile: Russian Emigrés in Germany 1881–1941*. Cornell University Press, Ithaca 1972.
Wytrzens, Günther: *Das Deutsche als Kunstmittel bei Marina Cvetaeva*, in: Wiener Slavistisches Jahrbuch 1969.
Ders.: Eine russische dichterische Gestaltung der Sage vom Hamelner Rattenfänger. Verlag der Österreichischen Akademie der Wissenschaften, Wien 1981.
Zajcev, Boris K.: *Dalekoe*. Inter-Language Lit. Association, Washington 1965.

Žernakova-Nikolaeva, Aleksandra: *Cvetaevskij dom,* in: Russkaja mysl' (Paris) vom 23. 3. und 26. 3. 1963.

Namenverzeichnis

(Das Verzeichnis nennt nur die für die Biographie wichtigsten Namen)

Achmatova, (eig. Gorenko) Anna Andreevna, Lyrikerin, 1889–1966 Leningrad. Publizierte ab 1907 Gedichte, 1910–1919 Ehe mit Gumilev. Gemeinsam mit Mandel'štam, Gumilev u.a. bildet sie die Lyrikergruppe des Akmeismus, die sich gegen den Symbolismus und Futurismus abgrenzte.

Adamovič, Georgij Viktorovič, Lyriker, Kritiker, 1894–1972 Nizza. Publizierte ab 1916, nach der Revolution wurde er Mitglied der Akmeisten. 1922 emigrierte er nach Paris, wurde dort einer der maßgeblichen Kritiker.

Ajchenval'd, Julij Isaevič, Lektor und Literaturkritiker, 1872–1928 Paris.

Andreev, Leonid Nikolaevič, Schriftsteller und Dramatiker, 1871–1919 Mustamäki (Finnland).

Andreev, Vadim Leonidovič, Schriftsteller, 1902–1976, verheiratet mit Olga V. Tschernowa.

Andreev, Valentin Leonidovič, geb. 1912.

Andreeva, Anna Il'inišna, geb. Denisevič, 1885–1948 Paris. Zweite Frau von Leonid Andreev. Emigrierte nach Prag und Paris.

Andronikova-Halpern, Salomeja Nikolaevna, 1888–1982 London. Freundin von A. Achmatova, O Mandel'štam, M. Cvetaeva.

Antokol'skij, Pavel Grigor'evič, Lyriker, 1896–1978. War 1919–1934 als Regisseur unter E. Vachtangov und in dem späteren Vachtangov-Theater tätig. Trat 1943 der KP bei. Schrieb auch Essays über Dichter.

Ardov, Viktor Efimovič, Schriftsteller, 1900–1976.

Aseev, Nikolaj Nikolaevič, Lyriker, 1889–1963. Erste Gedichtpublikationen seit 1909. Freundschaft mit Majakovskij und Chlebnikov. Seit 1922 Mitglied der LEF (Linke Front der Kunst), die vornehmlich aus früheren Anhängern des Futurismus entstand.

Bachrach, Aleksandr Vasil'evič, Literaturkritiker und Schriftsteller, 1902–1986 Paris. Emigrierte nach der Revolution nach Berlin, dann nach Frankreich.

Bal'mont, Konstantin Dmitrievič, Lyriker, 1867–1942 Paris. Eine der führenden Gestalten des russischen Symbolismus. Seine ersten Gedichtbände erschienen seit 1890. Zwischen 1902 und 1915 verbrachte B. aus politischen Gründen viele Jahre im Ausland. 1920 verließ er die Sowjetunion legal, blieb aber in der Emigration in Paris.

Baškirceva, Marija, 1860–1884 Paris, russische Malerin in Paris. Vor allem berühmt wegen ihres Tagebuchs.

Belyj, Andrej (eig. Boris Nikolaevič Bugaev), Lyriker, Prosaiker, 1880–1934. Einer der wichtigsten Schriftsteller des russischen Symbolismus. Um 1903 schloß er sich dem Petersburger Symbolisten-Kreis um Merežkovskij und Hippius an. Erste Publikationen seit 1902. 1910–1911 Reisen nach Italien, Tunis, Ägypten und Palästina. 1912–1916 lebte B. zumeist in Westeuropa, auch in Dornach bei Rudolf Steiner. 1921 reiste Belyj erneut nach Berlin, zahlreiche Publikationen. 1923 kehrte er nach Rußland zurück.

Bem, Alfred Ljudvigovič, Literaturwissenschaftler, 1886–1945 Prag. Professor an der Karlsuniversität in Prag, Leiter des Prager Dichterkreises »Skit«.

Berberova, Nina Nikolaevna, Prosaschriftstellerin, geb. 1901. Erste Gedichtpublikationen in Petersburg seit 1921. Zusammen mit ihrem ersten Mann, Chodassewitsch, verließ sie 1922 legal die Sowjetunion. Lebte in Berlin und Italien bei Gor'kij, dann in Paris, wo sie auch bei den »Poslednie novosti« mitarbeitete. Seit 1950 lebt B. in den USA.

Berdjaev, Nikolaj Aleksandrovič, russ. Philosoph, 1874–1948 Clamart bei Paris. 1917 Professor in Moskau. 1922 wurde er aus Rußland ausgewiesen und lebte seit 1924 in Paris. Gründete dort eine »Religionsphilosophische Akademie«. Steht in der Tradition der ostkirchlichen Mystik und der deutschen philosophischen Gnosis von J. Böhme, F. W. J. Schelling.

Bessarabov, Boris Ivanovič, Agronom, 1903–ca. 1970.

Blok, Aleksandr Aleksandrovič, Lyriker, 1880–1921. 1902 schließt sich B. dem Kreis der Petersburger Symbolisten an. Erste Gedichtpublikationen seit 1903. Regelmäßige Reisen nach Westeuropa, die in seiner Dichtung Widerhall finden. Die Revolution von 1917 verklärt er als kosmische Revolution. Er ist der wichtigste Dichter des russischen Symbolismus.

Brjusov, Valerij Jakovlevič, Lyriker, Romanschriftsteller, Übersetzer, 1873–1924. Erste Veröffentlichungen seit 1894/95. 1904–1909 leitete er die symbolistische Zeitschrift »Vesy« (Die Waage), war einer der wichtigsten Dichter des Moskauer Symbolismus. Nach der Revolution schloß sich B. dem kommunistischen Regime an, wurde 1920 Mitglied der KP.

Bulgakov, Sergej Nikolaevič (Pater Sergij), russ. Theologie, 1871–1944 Paris. Unter dem Einfluß des Religionsphilosophen V. Solo'vev wandte sich B. vom Marxismus ab und wurde 1918 Priester. Von 1925–1939 war er Professor am orthodoxen Theologischen Institut des hl. Sergius in Paris. Hier entwickelte er seine Lehre von Sophia als dem Urbild der Schöpfung.

Bulgakov, Valentin Fedorovič, letzter Sekretär L. Tolstojs, 1886–1966. Emigrierte nach Prag und kehrte 1949 nach Rußland zurück.

Bunin, Ivan Alekseevič, Schriftsteller und Lyriker, 1870–1953 Paris. Seit 1887 erste Publikationen. 1899 schloß er sich dem Kreis der realistischen Autoren um den Verlag »Znanie« an. 1909 Ehrenmitglied der Russischen Akademie der Wissenschaften. B. emigrierte 1920 nach Frankreich. 1933 wurde ihm als erstem russ. Schriftsteller der Nobelpreis verliehen.

Bunina, Vera Nikolaevna geb. Muromceva, 1881–1961. Verheiratet mit Ivan Bunin.

Chambrun Charles Comte de, Ambassadeur de France, französ. Diplomat und Schriftsteller, 1875–1952. 1917 1. Sekretär an der französ. Botschaft in Petersburg.

Čabrov-Podgaeckij, Aleksej Aleksandrovič, 1888–1935? Schauspieler am Vachtangov-Theater, ab 1922 im Westen, gestorben in den Dreißigerjahren als katholischer Mönch.

Čackina, Sofija Isaakovna, bis 1917 Herausgeberin der »Severnye zapiski« (Zeitgenössische Annalen), Petersburg.

Černov, Viktor Michajlovič, 1876–1952, Vorsitzender der Sozialrevolutionären Partei, in der Provisorischen Regierung Landwirtschaftsminister, 1920 Emigration, USA.

Černova-Kolbasina, Olga Eliseevna, 1886–1964, in 1. Ehe verh. mit V. M. Černov, Emigration in Prag und Paris, 1964 Rückkehr nach Rußland, 3 Monate später in Moskau gestorben.

Černova-Sosinskaja, Ariadna Viktorovna, 1909–1978. Tochter der obigen. Jugend und Krieg in Frankreich (Widerstandsbewegung), 1964 Rückkehr nach Moskau.

Černyj, Saša (richtiger Name Aleksandr Michajlovič Glikberg), 1880–1932. Dichter, Emigration in Berlin und Paris.

Cetlin, Michail Osipovič (Pseud. Amari), 1882–1946, Moskauer Dichter und Besitzer einer Tee-Importfirma, Emigration in Paris. 1942, Begründer der Zeitschrift »Novyj žurnal«, New York.

Chlebnikov, Velemir (eig. Viktor Vladimirovič), Lyriker, 1885–1922. Erste Gedichtpublikationen seit 1908. Zusammen mit Burljuk, Kručenych Begründer des russischen Futurismus.

Chodasevič, Vladislav Felicianovič, Lyriker, 1886–1939 Billancourt bei Paris. Erste Gedichtpublikationen seit 1908. Ch. schloß sich weder den Symbolisten noch den Akmeisten an. Zusammen mit Nina Berberova emigrierte er 1922 nach Berlin, dann nach Paris. Seit 1927 ist Ch. einer der führenden Literaturkritiker der Zeitschrift »Vozroždenie« (Erneuerung).

Čirikov, Evgenij Nikolaevič, Schriftsteller, 1864–1932. Er schloß sich dem Kreis realistisch schreibender Autoren um Gor'kij an. Emigrierte nach Prag.

Čukovskaja, Lidija Korneevna, Schriftstellerin (geb. 1907). Tochter des Schriftstellers Kornej Čukovskij. Unter dem Pseudonym A. Uglov 1928 erste Publikationen. Der größte Teil ihrer Prosa konnte bislang nur im Westen erscheinen. 1974 wurde sie aus dem Schriftstellerverband ausgeschlossen.

Čukovskij, Kornej Ivanovič, Lyriker, Literaturwissenschaftler, 1882–1969. Ab 1921 erschienen seine ersten Kinderbücher.

Čurilin, Tichon Vasil'evič, Lyriker, 1885–1946.

Cvetaev, Andrej Ivanovič, 1890–1933. Stiefbruder von Marina Cvetaeva.

Cvetaev, Ivan Vladimirovič, Philologe, Kunsthistoriker, 1846–1913. Vater von Marina Cvetaeva. Direktor des Rumjancev-Museums, Begründer des Museums der Schönen Künste (Puškin-Museum) in Moskau.

Cvetaeva, Anastasija Ivanovna, Schriftstellerin (1894-1993). Schwester von Marina Cvetaeva.

Cvetaeva, Marija Aleksandrovna geb. Meyn, 1868–1906. Mutter von Marina Cvetaeva.

Cvetaeva, Valerija Ivanovna, 1883–1966. Stiefschwester von Marina Cvetaeva.

Djakonova, Galina Dmitrievna (gest. 1981). Schulfreundin von Anastasja Cvetaeva. In erster Ehe mit Paul Eluard verheiratet, in zweiter mit Salvador Dalí.

Don Aminado (eig. Aminad Petrovič Špoljanskij), Dichter, Satiriker, 1888–1957 (?) Paris (?). Emigrierte 1919 über Konstantinopel nach Paris.

Durnovo, Nikolaj Nikolaevič, Linguist, 1876–1936. Nach der Revolution Professor an der Universität Brünn.

Dymšic, Aleksandr L'vovič, Literaturkritiker, 1910–1970.

Efron, Ariadna Sergeevna, Schriftstellerin, Übersetzerin, 1912–1975. Tochter von Marina Cvetaeva, kehrte vor ihrem Vater Sergej Efron 1937 nach Rußland zurück.

Efron, Elizaveta Jakovlevna, Regisseurin, 1885–1976.

Efron, Elizaveta Petrovna geb. Durnovo, 1855–1910, Revolutionärin, Mutter von Sergej Efron.

Efron, Georgij Sergeevič, 1925 in der Tschechoslowakei – 1944 Lettland. Sohn von Marina Cvetaeva.

Efron, Jakov Konstantinovič (gest. ca. 1910), Vater von Sergej Efron.

Efron, Sergej Jakovlevič, 1893–1941, erschossen im Gefängnis in Moskau. Verheiratet mit Marina Cvetaeva.

Efron, Vera Jakovlevna, Schauspielerin und Pädagogin, 1888–1945.

Eisner, Aleksej Vladimirovič, Dichter, 1905–1987. Emigrierte nach Prag und Paris, 1939 Rückkehr nach Rußland.

Elenev, Nikolaj Artem'evič, Historiker, 1894–1957. Emigrierte nach Prag.

Ellis (eig. Lev L'vovič Kobylinskij), Übersetzer und Publizist, 1876–1947 Locarno-Montini. Übersetzte Baudelaire und schloß sich 1903 den Symbolisten an. Von 1911 bis 1916 galt sein Interesse der Theosophie, und 1911 bis 1913 folgte er Rudolf Steiner auf dessen Reisen. Um 1915 konvertierte er zum Katholizismus. Einer der wichtigen Theoretiker des russischen Symbolismus.

Elpat'evskij, Sergej Jakovlevič, Schriftsteller, 1854–1933. Arbeitete nach der Revolution als Arzt in Moskau.

Erenburg, Il'ja Grigor'evič, Schriftsteller, 1891–1967. 1910 erste literarische Publikationen, seit 1913 journalistische. 1908 emigrierte er nach Paris, kehrte 1917 nach Rußland zurück. Zwischen 1921 und 1941 immer wieder in offizieller Mission in Berlin, Paris, 1936/37 in Spanien,

1940/41 im besetzten Paris. Maßgeblich beteiligt an der literarischen Entstalinisierung nach 1956.

Esenin, Sergej Aleksandrovič, Lyriker, 1895–1925 (Selbstmord). Seit 1914 erste Gedichtpublikationen. Schloß sich den Bauerndichtern, u. a. N. Klujev, an. 1919 schloß er sich der Gruppe der Imaginisten an. War verheiratet mit der amerikanischen Tänzerin Isadora Duncan.

Fedin, Konstantin Aleksandrovič, Prosaschriftsteller, 1892–1977. 1959–1971 Generalsekretär des Sowjet. Schriftstellerverbandes.

Fedotov, Georgij Petrovič, Prosaschriftsteller und Essayist, 1886–1951. Emigrierte nach Paris.

Fondaminskij (Bunakov), Il'ja Isidorovič, Politiker (Sozialrevolutionär), 1880–1942 im KZ Dachau. Nach der Revolution Publizist und Zeitschriftenherausgeber in Paris.

Frank, Semen Ljudvigovič, Religionsphilosoph, 1877–1950 in England. Wurde 1922 aus Rußland ausgewiesen, lebte bis 1932 in Berlin, danach in Frankreich, und seit 1945 in London.

Gercyk, Adelaida Kazimirovna, verh. Žukovskaja, Lyrikerin, 1870–1925.

Gercyk, Evgenija Kazimirovna, Übersetzerin, 1875–1944.

Gol'cev, Viktor Viktorovič, Kritiker und Literaturwissenschaftler, 1901–1955.

Gončarova, Natal'ja Sergeevna, Malerin, 1883–1963. Bedeutende Vertreterin der russischen Avantgarde in Moskau. Lebte seit 1915 in Paris.

Gor'kij, Maxim (eig. Aleksej Maksimovič Peškov), Prosaschriftsteller, Dramatiker 1868–1936, Vorbild des sozialistischen Realismus, 1921–28 im Ausland, Rückkehr nach Moskau auf besonderen Wunsch von Stalin.

Gronskij, Nikolaj Pavlovič, 1909–34, Pariser russischer Dichter, gestorben bei einem Verkehrsunfall.

Gul', Roman Borisovič, Schriftsteller, Kritiker, 1896–1986 New York. G. wurde 1918 nach Berlin ausgewiesen. Arbeitete dort u. a. an der sowjetfreundlichen Zeitschrift »Nakanune« (Am Vortag), publizierte einen ersten historischen Roman. Im September 1933 emigrierte er nach Paris und lebte seit 1950 in den USA, wo er ab 1966 als Redakteur an der Zeitschrift »Novyj žurnal« arbeitete.

Gumilev, Nikolaj Stepanovič, Lyriker, 1886–1921, wurde wegen konterrevolutionärer Tätigkeit erschossen. War 1910–1919 mit Anna Achmatova verheiratet, begründete zusammen mit ihr und Osip Mandelstam die literarische Gruppe der »Akmeisten«.

Hippius (Gippius), Zinaida Nikolaevna, Lyrikerin, Kritikerin, Prosaikerin, 1869–1945 Paris. Erste Publikationen ab 1888. Unter dem Pseudonym Anton Krajnij publizierte sie literaturkritische Beiträge in der religions-philosophischen Zeitschrift »Novyj put'« (Neuer Weg). 1905–1917 führte sie in Petersburg einen Salon, Treffpunkt der Symbolisten. 1919 emigrierte sie zusammen mit ihrem Mann, Dmitrij Merežkovskij, nach Paris.

Holliday (Gollidej), Sof'ja Evgen'evna, 1896–1935, Schauspielerin am Vachtangov-Theater, Moskau.

Il'ina, Natal'ja Iosifovna, geb. 1914, Kindheit und Jugend in China, 1948 Rückkehr in die Sowjetunion.

Ilovajskij, Dmitrij Ivanovič, Historiker, 1832–1919. Stiefgroßvater von Marina Cvetaeva.

Ivanov, Georgij Vladimirovič, Lyriker, 1894–1958 Hyères/Frankreich. Seine ersten Gedichte sind vom Egofuturismus geprägt. Dann Mitarbeiter der Zeitschrift »Appolon« und dem Kreis um die Akmeisten nahe. 1923 emigrierte I. nach Paris.

Ivanov, Vjačeslav Ivanovič, Lyriker, Historiker, 1866–1949 Rom. Nach vielen Auslandsreisen ließ sich der Klassische Philologe in Petersburg nieder, wo sein »Turm« bis 1910 regelmäßiger Treffpunkt von Dichtern, Künstlern und Wissenschaftlern war. 1920–1924 war er Dozent in Baku, reiste 1924 legal nach Rom und hatte Lehraufträge an der Universität Pavia. Er gehört zu den Dichtern des russischen Symbolismus.

Ivask, Jurij Pavlovič, Lyriker, Literaturwissenschaftler, 1907–1986 Amherst. Seit 1930 publizierte I. der seit 1920 in Estland lebte, erste literaturkritische Essays in Emigrantenzeitschriften. 1944 flüchtete er nach Deutschland und siedelte 1949 in die USA über. Publizierte Lyrik in Paris und in den USA.

Ivinskaja, Ol'ga Vsevolodovna, Übersetzerin, geb. 1912. Im Westen wurde sie durch ihre Erinnerungen an Pasternak bekannt: O. L., *Lara,* Meine Zeit mit Pasternak, Hamburg 1978.

Izvol'skaja, Elena Aleksandrovna, Tochter des Ministers, 1897–1975, emigrierte nach Paris und Rom.

Jakobson, Roman Osipovič, Linguist, 1896–1982 Cambridge, Mass. Gehörte zum literaturkritischen Kreis der »Formalen Schule«, 1934–1939 lehrte er an der Universität Brünn, wurde 1942 Professor in New York, 1949–1967 an der Harvard University. Strukturalist und Slawist auch der »Prager Schule«.

Jašvil, Natalja Grigor'evna, Fürstin, 1861–1939. Emigrierte nach Prag und hatte eine leitende Position am Kondakov-Institut inne, wo sie auch als Übersetzerin tätig war.

Kandaurov, K. B., Maler, 1865–1930. Gehörte zu dem Künstler- und Dichterkreis um Max Vološin.

Kannak, Evgenija Osipovna, Schriftstellerin, 1903–1987. Nach der Revolution lebte sie in Deutschland, seit 1933 in Frankreich.

Kannegießer, Leonid Ioakimovič, Lyriker, (?) – 1919. Wurde nach seinem Attentat auf den KP-Minister Urickij hingerichtet.

Kantor, Michail L'vovič, 1884–1970. Gab in Paris die Zeitschrift »Zveno« (Glied) heraus.

Kerenskij, Aleksandr Fedorovič, russ. Politiker, 1881–1970 New York. Rechtsanwalt, seit 1912 Abgeordneter der sozialistischen Partei der Trudowiki, Justizminister in der ersten Provisorischen Regierung. Seit

1917 Ministerpräsident in drei Koalitionsregierungen, konnte er die Besetzung des Winterpalais durch die Bolschewiken nicht verhindern. Er emigrierte 1918 und lebte in den USA seit 1940.

Kočetkov, Aleksandr Sergeevič, Dichter und Übersetzer, 1900–1953.

Kogan, Petr Semenovič, Historiker, 1872–1932. Nach der Revolution Volkskommissar.

Kondakov, Nikodim Pavlovič, Historiker und Byzantinist, 1844–1925. Seit 1919 Professor an der Prager Universität, Begründer des nach ihm benannten Instituts, das bis 1939 bestand.

Kručenych, Aleksej Eliseevič, Lyriker, 1886–1968. Einer der wichtigsten Dichter und Theoretiker des Futurismus.

Kubka, František, tschechischer Schriftsteller, 1894–1969 Prag.

Kuprin, Aleksandr Ivanovič, Schriftsteller, 1870–1938. K. publizierte seine erste Erzählung 1889. Übte zahlreiche Berufe aus. 1903–1907 stand er dem Kreis realistisch schreibender Autoren um Gor'kij nahe. 1919 verließ er Rußland und lebte in Paris. 1937 wurde ihm offiziell erlaubt, nach Rußland zurückzukehren.

Kuzmin, Michail Alekseevič, Lyriker, Prosaiker, Dramatiker, 1875 bis 1936. Publizierte seit 1905, war Mitarbeiter der Zeitschrift »Apollon« und veröffentlichte dort 1910 sein poetologisches Traktat wider den Symbolismus »Über die schöne Klarheit«, das Manifest des Akmeismus.

Kvanina, Tatjana Nikolaevna, verheiratet mit N. J. Moskvin, Moskau.

Lann (eig. Lozman, Evgenij L'vovič), Literaturwissenschaftler, 1896 bis 1958.

Lebedev, Vladimir Ivanovič, Politiker, 1884–1956. Minister in der Provisorischen Regierung. Emigrierte 1920 über Prag, wo er Redakteur an der Zeitschrift »Volja Rossii« (Die Freiheit Rußlands) war, nach Paris. Seit 1938 lebte er in den USA.

Lebedeva, Margarita Nikolaevna, geb. Baronin Spengler, 1881–1958. Verheiratet mit Vladimir Lebedev. Nach revolutionärer Tätigkeit verläßt sie Rußland 1908. War als Ärztin in Paris, danach in den USA tätig.

Libedinskaja, Lidija Borisovna, geb. Tolstoj, Lyrikerin und Prosaistin, geb. um 1925.

Losskij, Nikolaj Onufrievič, Religionsphilosoph, 1870–1965. Lehrte seit 1916 an der Universität Petersburg, wurde 1922 des Landes verwiesen und emigrierte nach Prag. 1936 lehrte er an den Universitäten Brünn und seit 1941 in Preßburg. Er übersiedelte von 1946–1961 in die USA, dann nach Frankreich.

Lunačarskij, Anatolij Vasil'evič, Kulturpolitiker, Schriftsteller, 1875 bis 1933 Menton (Dép. Alpes-Maritimes). Lebte seit 1906 als Revolutionär in der Emigration, von 1917–1929 war er als Volkskommissar mit der Kulturpolitik betraut. Obwohl er für die Bewahrung des kulturellen Erbes eintrat, schätzte er die Avantgarde und unterstützte sie. Verfasser von Ideendramen.

Luríe, Vera Osipovna, Lyrikerin des Gumilev-Kreises, Kritikerin, Emigration.

Mahler, Elisabeth, 1882 Moskau – 1970 Basel. Schweizerin russischer Abstammung, ab 1920 Professorin für Russisch an der Universität Basel.

Majakovskij, Vladimir Vladimirovič, Lyriker, Dramatiker, 1893–1930 Selbstmord. 1912 publizierte M. erste Gedichte und zusammen mit Chlebnikov das Manifest des Futurismus. Er gehörte der Gruppe der Kubofuturisten an. Verfaßte das kommunistische Regime unterstützende agitatorische Werke. Seine späten Stücke richten sich satirisch gegen die Preisgabe revolutionärer Ideale in der sowjetischen Politik.

Mandel'štam, Nadežda Jakovlevna, geb. Chazin, Schriftstellerin, 1899–1980. Verheiratet mit Osip Mandel'štam. Ihre Memoiren zu Mandel'štam und seinem Werk sind biographisch und kulturpolitisch von Bedeutung.

Mandel'štam, Osip Emil'evič, Lyriker, 1891–1938. Dichter des Petersburger Akmeisten-Kreises um Gumilev und Achmatova. Seine sich vom Symbolismus und Futurismus abgrenzende Lyrik publiziert er seit 1913. 1934 Verhaftung, Verurteilung zu 3 Jahren Verbannung in Cernodynsk und Voronež. 1937 erneute Verhaftung und Tod während der Deportation.

Medtner, Emil (Emilij Karlovič, Pseudonym Wölfing). War seit 1901 mit Andrej Belyj befreundet und Vorstand der Goethegesellschaft in Rußland. Gründete 1909 den Verlag und Almanach »Musagetes«.

Merežkovskij, Dmitrij Sergeevič, Schriftsteller, 1865–1941 Paris. Erste Gedichte erschienen seit 1881, 1889 Eheschließung mit Zinaida Hippius. 1905–1912 lebte er in Paris, seine Werke konnten weiterhin in Rußland erscheinen. Ende 1919 floh er über Warschau nach Paris. Verfaßte weiterhin religionsphilosophische und religionsgeschichtliche Werke, bis 1940 zusammen mit Zinaida Hippius führend in dem Kreis russischer Intellektueller »Grüne Lampe« in Paris.

Merkur'eva, Vera Aleksandrovna, Dichterin und Übersetzerin, 1876–1943.

Meyn, Aleksandr Danilovič, ca. 1837–1899. Hoher Beamter, später Bankdirektor und Zeitungsinhaber. Kunstmäzen. Großvater Marinas mütterlicherseits.

Meyn, Maria geb. Bernacka, Großmutter Marinas mütterlicherseits, stirbt im Alter von 27 Jahren bei der Geburt ihrer Tochter.

Miljukov, Pavel Nikolaevič, Historiker, 1859–1943. Einer der führenden Vertreter des radikalen bürgerlichen Liberalismus. Außenminister der Provisorischen Regierung. Paris, Herausgeber der Zeitschrift »Poslednie novosti«.

Minc, Mavrikij A., 1886–1917. Zweiter Mann von Anastasija Cvetaeva.

Mindlin, Emilij L'vovič, Schriftsteller, geb. 1900–1981.

Močalova, Ol'ga Alekseevna, Dichterin, 1898–1978. Moskau.

Močul'skij, Konstantin Vasil'evič, Schriftsteller, Kritiker, 1892–1948. Emigrierte nach Paris.

Morkovin, Vadim Vladimirovič, russischer Lyriker, 1912–1973. Lebte seit 1935 in Prag.

Moskvin, Nikolaj Jakovlevič, Schriftsteller, 1900–1968.

Nabokov, Vladimir Vladimirovič (Pseudonym bis 1940 Vladimir Sirin), Schriftsteller, 1899–1977 Montreux. Erste Gedichtpublikationen seit 1914. Von 1922 bis 1937 lebte N. in Berlin, emigrierte nach Paris und 1941 in die USA. Seit dieser Zeit schrieb er seine Romane englisch.

Nikitina, Evdoksija Fedorovna, Dichterin, 1895–1973.

Nikolaj Michajlovič, Großfürst von Rußland, Historiker, Schriftsteller, Landwirtschaftsexperte, 1859–1919, Onkel des Zaren Nikolaus II. Erschossen in der Peter-Pauls-Festung am 28. 1. 1919.

Nilender, Vladimir Ottonovič, klassischer Philologe, 1883–1965. Moskauer Dichter und Übersetzer.

Obolenskaja, Julija Leonidovna, Malerin, 1889–1945.

Ocup, Nikolaj Andreevič, Lyriker, 1894–1958 Paris. Stand Gumilev und der akmeistischen Richtung in der Lyrik nahe. Publizierte seit 1921. Emigrierte 1922 über Berlin nach Paris. Regelmäßige Mitarbeit an Zeitschriften und gründete die Zeitschrift »Čisla« (Ziffern).

Odoevceva, Irina Vladimirovna (eig. Iraida Gustavovna Ivanova, geb. Gejnike), Lyrikerin, Schriftstellerin, geb. 1901. O. war Schülerin von Gumilev und publizierte seit 1922. Im gleichen Jahr emigrierte sie mit ihrem Mann Georgij Ivanov über Berlin nach Paris. 1987 kehrte sie nach Rußland zurück.

Osorgin, Michail (eig. Michail Andreevič Il'in), Schriftsteller, 1878–1942 Chabris. Als Mitglied der sozialrevolutionären Partei wurde er 1905 verhaftet, konnte 1906 emigrieren und lebte bis 1916 in Italien. Im gleichen Jahr kehrte er nach Rußland zurück, war kulturpolitisch tätig, wurde 1922 nach Deutschland geschickt und übersiedelte 1923 nach Paris.

Parnok, Sofija Jakovlevna, Lyrikerin, Übersetzerin, 1885–1933.

Pasternak, Boris Leonidovič, Lyriker, Prosaiker, 1890–1960. Erste Gedichtpublikationen seit 1913, schloß sich einer Gruppe innerhalb des Futurismus an. In Versepen gestaltete er das revolutionäre Geschehen und veröffentlichte seit 1922 auch Prosa. Seit 1934 mußte sich Pasternak in Übersetzungen zurückziehen. 1958 wurde ihm der Nobelpreis verliehen, den er abzulehnen gezwungen wurde.

Pasternak, Leonid Osipovič, Maler 1862–1945.

Paustovskij, Konstantin Georgievič, Prosaiker, 1892–1968. Erste Publikationen seit 1912. Arbeitete als Journalist während der Revolutionsjahre. Nach 1956 einer der vehementen Verteidiger einer apolitischen, nicht von Parteidoktrinen bestimmten Literatur.

Peškova, Ekaterina Pavlovna, 1876–1965, erste Frau Maxim Gor'kijs, nach der Revolution Begründerin und Leiterin des »Politischen Roten Kreuzes«.

Poplavskij, Boris Julianovič, Lyriker, 1903–1935 Paris. Emigrierte 1919 zusammen mit seinen Eltern nach Paris. Seine Lyrik erschien in den Emigrantenzeitschriften »Volja Rossii« (Die Freiheit Rußlands) und »Sovremennye zapiski« (Zeitgenössische Annalen).

Poretsky, Ignaz Stanislavovič (alias »Ludwik«, alias Ignaz Reiss), 1899–1937, hochrangiger NKWD-Agent, ermordet im September 1937 bei Lausanne.

Remizov, Aleksej Michajlovič, Prosaiker, 1877–1957 Paris. Seit 1907 publizierte er seine ornamentale Prosa, Volkslegenden, Sagen, Märchen. 1921 konnte er nach Berlin emigrieren, 1923 siedelte er dann nach Paris über.

Reznikov, Daniil Georgievič, Journalist und Prosaist, 1904–1970 Paris.

Rodzevič, Konstantin Boleslavovič, 1895–1986? Paris. Offizier in der Weißen Armee, danach Student in Prag; Paris; Teilnehmer am Spanischen Bürgerkrieg.

Rozanov, Vasilij Vasil'evič, Philosoph und Schriftsteller, 1856–1919.

Rudnev, Vadim Viktorovič, 1879–1940. Nach der Februarrevolution Leiter der Stadtverwaltung von Moskau, Emigration nach Paris, Redakteur der »Sovremennye zapiski« (Zeitgenössische Annalen).

Šachovskaja, (Schakovskoy), Zinaida Alekseeva, Prinzessin, geb. 1906, Dichterin und Prosaschriftstellerin, Emigration in Brüssel und Paris, Widerstandsbewegung, nach dem Krieg bis 1978 Herausgeberin der Zeitung »Russkaja mysl'« (Der russische Gedanke) in Paris.

Šachovskoj, Dmitrij Alekseevič, Fürst (im geistlichen Stand Ioann Erzbischof von San-Francisco), geb. 1902, Emigration nach Berlin und in die USA, Dichterpseudonym »Strannik«.

Šaginjan, Marietta Sergeevna, Schriftstellerin, 1888–1982.

Samjatin, s. Zamjatin.

Sawadskij, s. Zavadskij.

Schachowskaja, s. Šachovskaja.

Schachowskoj, s. Šachovskoj.

Schaginjan, s. Šaginjan.

Sajzew, s. Zajcev.

Scherschenewitsch, s. Šeršenevič.

Schestow, s. Šestov.

Schmeljow, s. Šmelev.

Schmidt, s. Šmid.

Šeršenevič, Vadim Gabrielevič, Lyriker, 1893–1942. Seine frühe Lyrik steht unter dem Einfluß des Symbolismus. Schließt sich später den Egofuturisten an. Begründete zusammen mit anderen die Gruppe der »Imaginisten«. Zog sich aus politischen Gründen zunehmend in Übersetzungen zurück.

Šestov, Lev (eig. Lev Isaakovič Švarcman), russ. Philosoph, 1866–1938 Paris. Seit 1920 Professor an dem Russischen Institut der Sorbonne in Paris.

Severjanin, Igor' (eig. Igor' Vasil'evič Lotarev), Lyriker, 1887–1941 Tallinn. Seit 1911 gehörte er zum engsten Kreis der Egofuturisten, dann zu den Kubofuturisten. Er emigrierte 1918 nach Estland.

Shdanow, s. Ždanov.

Slonim, Mark L'vovič (Prof. Marc Slonim), 1894–1976. Literaturkritiker und Historiker, Schriftsteller. Emigration in Prag, Redakteur der Zeitschrift »Volja Rossii« (Freiheit Rußlands), dann Paris und New York, letzte Lebensjahre in Genf.

Šmelev, Ivan Sergeevič, Prosaiker, 1873–1950 Paris. Erste Publikationen um 1895, 1900 schließt er sich den realistisch schreibenden Autoren um Gor'kij an. 1922 emigrierte er nach Berlin und übersiedelte dann nach Paris.

Šmidt, Petr Petrovič, 1867–1906, Leutnant auf dem Panzerkreuzer »Potemkin«, Anführer der Matrosenrebellion 1905, 1906 hingerichtet.

Solov'ev, Sergej Michajlovič, Lyriker, Theologe, 1885–1942. S. war der Neffe des Philosophen V. S. Solov'ev, Mitglied des Kreises um Andrej Belyj in Moskau, verheiratet mit Tanja Turgeneva, nach d. Revolution zuerst orthodoxer, dann katholischer Priester, 1926 kath. Bischof d. östlichen Ritus. 1931 verhaftet, bei Entlassung geistesgestört.

Solov'ev, Vladimir Sergeevič, Religionsphilosoph, Lyriker, 1853–1900. Seine Philosophie übte einen starken Einfluß auf den russischen Symbolismus aus.

Sosinskij, Vladimir Bronislavovič, 1903–1987. Verheiratet mit A. V. Černova. War literarisch und journalistisch in Paris tätig, während des Krieges war er im Widerstand. 1964 kehrte er nach Rußland zurück.

Spiridonova, Marija Aleksandrovna, 1884–1941, Revolutionärin 1905, lebenslanger Kerker, 1917 frei, 1918 Teilnahme an Putschversuch gegen Bolschewiki, lebte Anfang der dreißiger Jahre in Ufa.

Stachovič, Aleksej A., Gutsbesitzer und Schauspieler, 1856–1919.

Štejger (Steiger), Anatolij Sergeevič, Baron, russischer Lyriker Schweizer Abstammung, 1907–1944.

Stepun, Fedor Avgustovič, Kulturphilosoph, Essayist, 1884–1965 München. Während der Provisorischen Regierung war er Regierungsfunktionär und wurde 1922 nach Deutschland ausgewiesen. Seit 1947 Professor für russische Geistesgeschichte in München.

Struve, Gleb Petrovič, 1898–1986, Kritiker, Literaturhistoriker, nach dem Krieg Lehrtätigkeit an amerikanischen Universitäten. Verfasser der ersten Geschichte der russischen Emigrantenliteratur.

Struve, Petr Bernhardovič, Nationalökonom, Publizist, 1870–1944 Belgrad. Emigrierte nach Paris, Chefredakteur von »Vozroždenie«, dann Übersiedelung nach Belgrad.

Surkov, Aleksej Aleksandrovič, Lyriker, Literaturfunktionär, 1899–1983. Seit 1925 Parteimitglied und von 1953–1959 Sekretär des sowjetischen Schriftstellerverbandes.

(Svjatopolk)-Mirskij, Dmitrij Petrovič, Fürst, Literaturkritiker und -wissenschaftler, 1890–1939 (?). Emigrierte nach England, dort Beitritt zur KP und Rückkehr in die Sowjetunion, 1937 verhaftet, gestorben im Lager.

Swjaginzewa, s. Zvjaginceva.

Tager, Evgenij Borisovič, Literatur- und Kunstwissenschaftler, 1906–1984.

Tairov, Aleksandr Jakovlevič, Regisseur, 1885–1950. Begründer des Moskauer Kammertheaters, dort tätig bis zu seinem Lebensende. War als Gründer und Leiter des Moskauer Kammertheaters seit den vierziger Jahren ein Gegenspieler von K. Stanislavskij. Er forderte die absolute Freiheit des Regisseurs und des Schauspielers.

Teffi (eig. Nadežda Aleksandrovna Bučinskaja, geb. Lochvickaja), Prosaikerin, 1872–1952 Paris. 1917 floh sie vor der Oktoberrevolution auf die Krim und 1919 nach Paris. Mitarbeit an Emigrantenzeitungen.

Terapiano, Jurij Konstantinovič, Lyriker, Literaturkritiker, 1892–1980 Gagny. Emigrierte 1925 nach Paris, war einer der Gründer und Vorsitzender des »Verbands junger Dichter und Schriftsteller«. Erste Lyrik-Publikationen seit 1926, Mitarbeit an verschiedenen Emigrantenzeitschriften.

Tesková, Anna, 1872–1954, in Prag geborene, in Rußland aufgewachsene tschechische Literatin. In den zwanziger Jahren Vorsitzende des Prager Vereins »Česko-ruská Jednota«.

Tichonov, Nikolaj Semenovič, Schriftsteller, 1896–1979.

Tolstoj, Aleksej Nikolaevič, Graf, 1882–1945, Prosaschriftsteller, 1919–1923. Emigration, danach Rückkehr nach Moskau.

Trubetzkoy (Trubeckoj), Nikolaj Sergeevič, Fürst, 1890–1938, Linguist, Mitbegründer der Prager linguistischen Schule, danach Professor an der Universität Wien.

Truchačev, Boris Sergeevič, 1893–1920, Erster Mann von A. Cvetaeva.

Tschabrov-Podgajetzki, s. Čabrov-Podgaeckij.

Tschatskina, s. Čackina.

Tschernow, s. Černov.

Tschernowa-Kolbasina, s. Černova-Kolbasina.

Tschernowa-Sossinskaja, s. Černova-Sosinskaja.

Tschorny, s. Černyj.

Tukalevskaja, Nadežda Nikolaevna, geb. um 1890, Schauspielerin bei Komissarževskaja, Emigration Tschechoslowakei, dann Paris, arbeitete bei »Vozroždenie«.

Turgeneva, Anna Alekseevna (Assja), 1892(?)–1966, Großnichte des Schriftstellers, erste Frau von Andrej Belyj, von 1911 bis zu ihrem Tod in der Schweiz.

Urickij, Moisej Solomonovič, Politiker, 1873–1918 Attentat. Zunächst war U. Menschewik, nach 1917 Funktionär der bolschewistischen Regierung.

Vejdle (Weidlé), Vladimir Vasil'evič, Schriftsteller, Kunst- und Kulturhistoriker, 1895–1979. Emigrierte nach Paris.

Vildrac, Charles (eig. Messager), französischer Dichter, 1882–1971. Freund von Romain Rolland.

Višnjak, Abram G., 1895–1943. Seit 1922 Besitzer des russischen Verlags »Helikon« in Berlin. Gestorben in einem deutschen Konzentrationslager.

Volkonskij, Sergej Michajlovič, Fürst, Schriftsteller, 1860–1937. Direktor der kaiserlichen Theater in Petersburg. Emigrierte nach Paris.

Vološin, Maksimilian Aleksandrovič (eig. Kirijenko), Lyriker, Publizist, Maler, 1877–1932. Im Kreis der Symbolisten vermittelte er vor allem die französische Literatur und Kultur. Sein Haus in Koktebel' war Zufluchtsstätte vieler Künstler.

Vološina, Elena Ottobal'dovna, 1850–1923.

Vyšeslavcev, Nikolaj Nikolaevič, Maler und Graphiker, ca. 1890–1952.

Woloschin, s. Vološin.

Zajcev, Boris Konstantinovič, Prosaiker, 1881–1972 Paris. Seit 1901 publizierte er. 1922 wurde er Vorsitzender des »Allrussischen Schriftstellerverbandes«. Im gleichen Jahr erhielt er die Ausreisegenehmigung, lebte in Deutschland und Italien, seit 1924 in Paris.

Zamjatin, Evgenij Ivanovič, Prosaiker, Dramatiker, 1884–1973 Paris. Schiffsbauingenieur und literarische Publikation seit 1908. Lebte 1916 längere Zeit in England. Bat 1931 Stalin um Ausreise, die 1932 nach Paris gelang.

Zavadskij, Jurij Aleksandrovič, Schauspieler und Regisseur, 1894–1977.

Ždanov, Andrej Aleksandrovič, 1896–1948, Parteifunktionär und enger Mitarbeiter Stalins. Sein Name ist verknüpft mit der Schriftstellerverfolgung ab 1946, die den Ausschluß von Anna Achmatova und Michail Zoščenko zur Folge hatte.

Zvjaginceva, Vera Klavdievna, Lyrikerin, Übersetzerin, 1894–1972.

Zwetajew, s. Cvetaev.

Zwetajewa, s. Čvetaeva.

[illegible]

[illegible] suhrkamp taschenbuch [illegible]

[illegible]

[illegible]

[illegible]

[illegible]

[illegible]

[illegible]

[illegible]

[illegible]

[illegible]

[illegible]

[illegible]

[illegible]

[illegible]

[illegible]

[illegible]

[illegible]

[illegible]

Russische Literatur in der edition suhrkamp und in den suhrkamp taschenbüchern

Ales Adamowitsch: Henkersknechte. Aus dem Russischen von Thomas Reschke. es 1447

Wassili Afonin: Im Moor. Aus dem Russischen von Wolfgang Kasack. es 1096

Tschingis Aitmatow: Dshamilja. Erzählung. Mit einem Vorwort von Louis Aragon. st 1579

– Der weiße Dampfer. Aus dem Russischen übersetzt von Hans-Joachim Lambrecht. st 51

Marija Belkina: Die letzten Jahre der Marina Zwetajewa. Aus dem Russischen von Schamma Schahadat und Dorothea Trottenberg. st 2213

Valeri Brjussow: Die Republik des Südkreuzes. Erzählungen und zwei Dramen. Deutsch von Margit Bräuer. PhB 270. st 1814

Jurij Galperin: Die Brücke über die Lethe. Praxis der Prosa. Aus dem Russischen von Therese Madeleine Rollier. es 1627

Lidia Ginsburg: Aufzeichnungen eines Blockade-Menschen. es 1672

Alexander Grin: Wogengleiter. Phantastischer Roman. Deutsche Bearbeitung durch Hanns A. Windorf. PhB 274. st 1830

Arsenij Gulyga: Immanuel Kant. Aus dem Russischen übertragen und mit einem Nachwort versehen von Sigrun Bielfeldt. st 1093

Anatolij Kim: Nachtigallenecho. Aus dem Russischen von Hartmut Herboth. es 1463

Wladimir Majakowski: Her mit dem schönen Leben. Gedichte, Poeme, Aufsätze, Reden, Briefe und Stücke. Ausgewählt von Thomas Brasch. Deutsche Nachdichtung von Hugo Huppert. st 766

Boris Moshajew: Die Abenteuer des Fjodor Kuskin. Aus dem Russischen von Aljonna Möckel. es 1072

Timur Pulatow: Die Schildkröte des Tarasi. Aus dem Russischen von Ingeborg Schröder. es 1464

Valentin Rasputin: Natascha. Erzählungen. Aus dem Russischen von Erich Ahrndt. st 1270

Maria Razumovsky: Marina Zwetajewa. Eine Biographie. st 1570

Wadim Schefner: Bescheidene Genies. Phantastische Erzählungen. Ausgewählt von Hannelore Menke. Aus dem Russischen von Helga Gutsche, Renate Landa, Gisela Leiste, Erika Pietraß und Hella Pymarowicz. PhB 246. st 1704

Michail Sostschenko: Das Himmelblaubuch. Aus dem Russischen von Thomas Reschke. st 1618

Arkadi Strugatzki / Boris Strugatzki: Die bewohnte Insel. Roman. Aus dem Russischen von Erika Pietraß. st 1946

108/1/9.93

Russische Literatur
in der edition suhrkamp und
in den suhrkamp taschenbüchern

Arkadi Strugatzki / Boris Strugatzki: Die dritte Zivilisation. Roman. Aus dem Russischen von Aljonna Möckel. st 2163
– Der ferne Regenbogen. Eine utopische Erzählung. Deutsche Übersetzung von Aljonna Möckel. PhB 111. st 956
– Fluchtversuch. Science-fiction-Roman. Deutsche Übersetzung von Dieter Pommerenke. PhB 89. st 872
– Die gierigen Dinge des Jahrhunderts. Phantastischer Roman. Aus dem Russischen von Heinz Kübart. PhB 79. st 827
– Die häßlichen Schwäne. Science-fiction-Roman. Deutsche Übersetzung von Hans Földeak. PhB 177. st 1275
– Der Junge aus der Hölle. Roman. Aus dem Russischen von Erika Pietraß. PhB 238. st 1658
– Das lahme Schicksal. Roman. PhB 262. st 1766
– Eine Milliarde Jahre vor dem Weltuntergang. Aus dem Russischen von Welta Ehlert. PhB 186. st 1338
– Mittag. 22. Jahrhundert. Erzählungen. Aus dem Russischen von Aljonna Möckel. st 2272
– Montag beginnt am Samstag. Utopisch-phantastischer Roman. Aus dem Russischen von Hermann Buchner. PhB 72. st 780
– Picknick am Wegesrand. Utopische Erzählung. Mit einem Nachwort von Stanisław Lem. Aus dem Russischen von Aljonna Möckel. PhB 49. st 670
– Troika. Phantastischer Roman. Aus dem Russischen von Helga Gutsche. st 2221
– Die Wellen ersticken den Wind. Phantastische Erzählung. Aus dem Russischen von Erik Simon. PhB 206. st 1598
– Die zweite Invasion der Marsianer. Zwei Science- fiction-Erzählungen. Deutsch von Giuseppina Morbioli. PhB 139. st 1081

Wladimir Tendrjakow: Die Abrechnung. Roman. Aus dem Russischen von Wolfgang Kasack. st 965
– Auf der seligen Insel des Kommunismus. Erzählungen. Aus dem Russischen von Annelore Nitschke. st 1777
– Frühlingsspiel. Aus dem Russischen von Hilde Angarowa. st 1364
– Die Nacht nach der Entlassung. Aus dem Russischen von Heddy Pross-Weerth. st 860

Marina Zwetajewa: Auf eigenen Wegen. Tagebuchprosa. Moskau 1917-1920, Paris 1934. Übersetzung und Nachwort von Marie-Luise Bott. st 1921

108/2/9.93

Deutschsprachige Literatur in den suhrkamp taschenbüchern: Lyrik

Artmann, H. C.: Gedichte über die Liebe und über die Lasterhaftigkeit. Ausgewählt von Elisabeth Borchers. st 1033
– How much, schatzi? st 136
The Best of H. C. Artmann. Herausgegeben von Klaus Reichert. st 275
Becker, Jürgen: Gedichte. 1965-1980. st 690
Bernhard, Thomas: Gesammelte Gedichte. Herausgegeben von Volker Bohn. st 2262
Brasch, Thomas: Der schöne 27. September. Gedichte. st 903
Braun, Volker: Gedichte. st 499
Brecht, Bertolt: Gedichte. Ausgewählt von Autoren. Mit einem Geleitwort von Ernst Bloch. st 251
– Gedichte über die Liebe. Ausgewählt von Werner Hecht. st 1001
– Hauspostille. Mit Anleitungen, Gesangsnoten und einem Anhang. st 2152
Celan, Paul: Gesammelte Werke. Band 1-3: Gedichte. st 1331
– Atemwende. st 850
– Fadensonnen. Gedichte. st 2165
Deutsche Lyrik. Eine Anthologie. Herausgegeben von Hanspeter Brode. st 1607
Enzensberger, Hans Magnus: Der Fliegende Robert. Gedichte, Szenen, Essays. st 1962
– Gedichte. 1950-1985. st 1360
– Zukunftsmusik. Gedichte. st 2223
Handke, Peter: Als das Wünschen noch geholfen hat. Fotos von Peter Handke. st 208
– Das Ende des Flanierens. st 679
Hesse, Hermann: Die Gedichte. 1892-1962. 2 Bde. Neu eingerichtet und um Gedichte aus dem Nachlaß erweitert von Volker Michels. st 381
Huchel, Peter: Gezählte Tage. Gedichte. st 1097
Kaschnitz, Marie Luise: Kein Zauberspruch. Gedichte. st 1310
Kraus, Karl: Gedichte. st 1319
Loerke, Oskar: Die Gedichte. Herausgegeben von Peter Suhrkamp. Neu durchgesehen von Reinhard Tgahrt. st 1049
Malkowski, Rainer: Gedichte. Eine Auswahl. st 1641
Mayröcker, Friederike: Ausgewählte Gedichte. 1944-1978. st 1302
Rothmann, Ralf: Kratzer und andere Gedichte. st 1824
Sachs, Nelly: Fahrt ins Staublose. Gedichte. st 1485
Das Buch der Nelly Sachs. Herausgegeben von Bengt Holmquist. st 398

255/1/7.93

Deutschsprachige Literatur in den suhrkamp taschenbüchern: Lyrik

Walser, Robert: Die Gedichte. st 1113

Zschorsch, Gerald: Glaubt bloß nicht, daß ich traurig bin. Prosa, Lieder, Gedichte. Mit einem Text von Rudi Dutschke. st 1784

255/2/7.93